国家社科基金
GUOJIA SHEKE JIJIN HOUQI ZIZHU XIANGMU
后期资助项目

互联网驱动的创新与贸易：
边际、动态与质量

Internet-driven Innovation and Trade:
Margins, Dynamics, and Quality

胡馨月 著

ZHEJIANG UNIVERSITY PRESS
浙江大学出版社
·杭州·

图书在版编目（CIP）数据

互联网驱动的创新与贸易：边际、动态与质量 / 胡
馨月著. — 杭州：浙江大学出版社，2024.10

ISBN 978-7-308-25050-4

Ⅰ. ①互… Ⅱ. ①胡… Ⅲ. ①互联网络－应用－出口
贸易－贸易发展－研究－中国 Ⅳ. ①F752.62-39

中国国家版本馆 CIP 数据核字(2024)第 107565 号

互联网驱动的创新与贸易：边际、动态与质量
胡馨月　著

策划编辑	陈思佳(chensijia_ruc@163.com)
责任编辑	陈思佳　秦　瑕
责任校对	汪　潇　徐梦恬
封面设计	周　灵
出版发行	浙江大学出版社
	（杭州市天目山路 148 号　邮政编码 310007）
	（网址：http://www.zjupress.com）
排　　版	杭州晨特广告有限公司
印　　刷	杭州钱江彩色印务有限公司
开　　本	710mm×1000mm　1/16
印　　张	22
字　　数	382 千
版 印 次	2024 年 10 月第 1 版　2024 年 10 月第 1 次印刷
书　　号	ISBN 978-7-308-25050-4
定　　价	98.00 元

国家社科基金后期资助项目
出版说明

后期资助项目是国家社科基金设立的一类重要项目,旨在鼓励广大社科研究者潜心治学,支持基础研究多出优秀成果。它是经过严格评审,从接近完成的科研成果中遴选立项的。为扩大后期资助项目的影响,更好地推动学术发展,促进成果转化,全国哲学社会科学工作办公室按照"统一设计、统一标识、统一版式、形成系列"的总体要求组织出版国家社科基金后期资助项目成果。

全国哲学社会科学工作办公室

前　言

最近10余年来,全球贸易发展呈现出两大特征:一方面,主要大国贸易摩擦持续,外部需求冲击风险加大,国际贸易环境不确定性和不稳定性明显上升(Auboin and Ruta,2013;周定根,2019),成为影响贸易增长的新因素与新壁垒(贺灿飞和陈韬,2019)。从微观数据看,国内企业在国际市场中的风险抵御能力较弱,频繁、低效地进入、退出市场,出口扩张水平下降,且波动性增大,同时,出口质量长期未得到根本提升。另一方面,全球贸易领域发生的另一重大新变化是,经由互联网实现的网上贸易在国际贸易风险增大环境下仍然实现高速增长。这一新变化为国际贸易学界带来了崭新的研究课题:互联网的使用是否可以减少企业的出口信息不对称、延长出口持续时间? 在提升出口韧性同时,互联网能否通过激励创新等多种渠道,激励出口稳步扩张和出口质量升级? 在当前的国际贸易环境不确定性上升、构建国内国际双循环相互促进的新发展格局背景下,深入研究上述问题,既具有理论研究价值,亦具有特别的现实意义。

相比其他主要大国,中国国内具有突出的互联网应用优势,与此同时,贸易高质量发展面临重大压力。现有文献大多从企业规模、生产率、出口集群、汇率变动等方面讨论企业贸易行为,鲜少专门从信息不对称、风险规避、知识搜寻、创新模式等视角,深入分析和实证检验互联网对企业出口动态、出口边际、出口质量的影响及其与创新激励的交互效应。本书正是基于这一背景,力求弥补上述缺陷,厘清理论机制,检验主导机制,形成政策启示。

全书主体共包含10章。首尾分别安排导论和结论,主体内容分为上、中、下三篇。

"导论"对问题缘起、框架设计、研究基础、研究方法和核心概念等进行了全面概览式阐述。

上篇为"出口动态"。互联网对出口贸易的影响效应首先将从出口企业或产品进入、退出、持续时间等动态现象得到反映,为此,本书将全面考察互联网对出口动态的影响及其基于创新的传递机制。

第一章为"创新决策与出口动态：理论机制"。异质性贸易理论指出生产率差异是企业出口动态的关键性因素，技术创新则是提高生产率，越过贸易成本门槛，延长出口持续时间的主要依托。本章将构建基准理论，分析企业通过是否采取创新行为以及采取何种创新模式，即产品创新、工艺创新的选择进而影响企业出口动态。接着，构建扩展模型，深挖创新决策引致的出口动态效应及其提升机制与作用渠道。

第二章为"创新决策与出口动态：实证检验"。基于第一章成果，利用中国出口企业数据，全面考察企业出口动态的真实影响因子，提炼典型化事实、主导因素和趋势规律。从企业、产品两个维度，进入、退出、持续时间三个层面，就创新决策与出口动态的关系进行计量检验。

第三章为"互联网、创新决策与出口动态"。在数字经济条件下，互联网因其创新溢出效应对企业创新决策选择具有显著的影响，进而影响企业的出口动态。本章将互联网因子纳入创新决策与出口动态的理论框架，构建了一个数字经济背景下互联网、创新决策和出口动态的理论分析框架，并在此基础上使用中介模型检验互联网对企业创新决策即不同创新行为和不同创新模式选择的微观影响机制，以及其在互联网与出口动态之间的中介效应。

第四章为"不确定性冲击下互联网的'稳出口'效应再检验"。贸易风险增大和不确定性提升构成了当前全球贸易鲜明新特征，并成为日益升高的贸易新壁垒。互联网的使用可减少跨国信息不对称约束，增强对国际贸易不确定及其风险的预判与提早规避能力，进而减少出口退出风险，延长出口持续时间。本章将从风险匹配效应、风险分散效应与知识溢出效应三大渠道，实证分析互联网使出口风险实现"软着陆"的机制，对互联网与出口动态，特别是出口持续时间进行再检验。

中篇为"出口边际"。企业通过出口动态变化进入出口市场后，对于在位出口企业，横向边际扩展或垂直质量升级是两类贸易行为，分别构成中篇和下篇主题。本部分从产品、空间两个视角深入分析互联网对出口边际的影响及其机制，以及创新决策在其中的中介效应。

第五章为"互联网、搜寻效应与边际扩张：产品集合视角"。构建基础理论模型，纳入基于信息的搜寻匹配成本，主要分析互联网影响企业出口产品集合边际的理论机制。互联网存在双面性的市场搜寻效应，直接表现为降低企业出口门槛的成本降低效应，间接表现为降低跨国信息不对称程度引致出口市场竞争。本章使用最新中国工业企业与海关数据匹配数据库,对直接效应和间接效应进行检验。

第六章为"互联网、搜寻效应与边际扩张:空间集合视角"。类似第五章,空间也即目的国市场是观察企业出口边际变化的另一重要维度。本章将在空间扩展边际和集约边际的基础上,进一步构建空间结构边际指标,并使用中国工业企业数据库与海关数据,对互联网与空间三元边际的影响效应及其作用机制进行实证检验。

第七章为"互联网、创新决策与出口边际扩张"。互联网的使用使得其对知识搜寻的宽度、广度和深度都得到了前所未有的突破,进而能通过对创新决策的选择影响企业的边际扩张。本章将从知识搜寻的角度,对互联网、搜寻效应与创新决策之间的关系进行理论梳理,并分析互联网由知识搜寻带来的创新决策的变化从而导致出口边际变化的链式关系,进而使用中介模型对"互联网→企业创新决策→产品边际和空间边际"关系进行实证检验。

下篇为"出口质量"。出口质量是贸易竞争力、效益的根本与落脚点,本部分将分析互联网、创新对企业出口质量升级的影响及其两者的交互效应。

第八章为"互联网、创新决策与出口质量升级"。在已有研究成果的基础上,厘清互联网影响企业出口质量动态的两类机制,门槛机制即"互联网→出口门槛成本降低→低质量进入",创新机制即"互联网→市场竞争加强→创新加大→质量升级"。使用中国工业企业数据库与海关数据对两大理论机制进行效应检验,并观察加总效应。进一步拓展分析企业自身技术水平以及不同创新模式在出口产品质量升级中的遮掩作用。

第九章为"互联网与出口竞争力升级:来自核心产品的证据"。核心产品是拥有企业最高技术竞争力的高等级出口产品,核心产品出口增多,通常表明企业平均出口质量提升。本章将构建多产品出口模型,厘清互联网通过降低信息成本使出口核心度降低,表现出选择效应,以及同时出口竞争强度加大、蚕食效应(cannibalization effect)加大使企业缩减出口产品种类从而聚焦核心产品出口,表现出倾斜效应的双重影响机制,并构建计量模型对理论命题进行实证检验。

第十章为"'互联网+'赋能企业转型升级的案例研究"。本书前文已经从理论和大样本实证的角度对互联网、创新决策以及出口行为的关系进行了充分的论证。本章将选取具有代表性的分属于不同行业以及具有不同创新模式的两家企业,对前文相关命题从实践的角度进行再验证。

"结论　主要观点与政策启示"严格基于理论机制与实证检验结果,提炼本书主要研究成果，并结合当前新发展格局以及中国数字贸易新优势条件，提出优化出口动态、出口边际方向和出口质量升级的体系化政策启示与建议。

目　录

上篇　出口动态

中篇 出口边际

下篇 出口质量

导　论

第一节　问题提出

过去 10 多年来的经济全球化过程呈现出两大截然相反的典型化事实：一方面是受益于互联网技术飞速进步和终端接入成本的大幅下降，互联网在全球范围内迅速普及并对各国产业变革、跨国交易的方式与速度产生了深刻影响，这一过程可归结为"e-全球化"，特别是中国跃然成为推动"e-全球化"的前沿主导力量；另一方面则是伴随金融危机、欧债危机、英国启动脱欧进程，区域保守主义和贸易保护主义日益强化，这一过程可归结为"逆全球化"，特别是美国退出《跨太平洋伙伴关系协定》(TPP)并发起针对我国的全面贸易摩擦，使国际经济领域的"逆全球化"风险明显上升。世界贸易组织(WTO)发布的全球贸易增长报告表明，1990—2007 年全球国际贸易总额增长将近 7%，而 2008—2022 年平均增长率仅为 3% 左右，相比危机前阶段年增长率下跌幅度超过 50%。与此形成鲜明对比的是，经由跨境电子商务渠道实现的互联网贸易却高速逆势成长，特别是 2018 年后，中国互联网进出口贸易总额均实现两位数增长。

上述正反两面的客观事实，促使我们不得不思考一组兼具现实意义与理论拓展的交叉型问题：企业接入互联网究竟如何影响企业出口行为？其深层传导机制何在？已有前期研究文献指出，全球互联网的兴起正在创造一种新的生产力，互联网以其独有的交互、开放、共享等性质，可有效打破传统跨国交易模式边界，可能为国际贸易的发展提供新的动力源和转型升级机遇(Anderson and Wincoop，2003；Blum and Goldfarb，2006；马淑琴和谢杰，2013；江小涓，2013；施炳展，2016)。现有大量实证文献大多基于引力模型框架，考察国家层面的互联网发展水平对企业出口贸易增长的影响，尚未深入分析微观层面的互联网行为对企业出口进入决策、出口产品集合扩展、目的国范围扩张、出口质量升级等出口行为的影响与作用机制。

自改革开放以来，中国对外贸易在国际市场上的迅猛增长得到了广泛的关注。然而，2015 年的统计数据显示，虽然我国外贸总体情况仍然好于全球其他经济体，但我国进出口贸易首次出现了改革开放以来罕见的负增长。特别是 2018 年以来，新一轮中美贸易摩擦持续深化，国际经贸环境不确定性持续上升。因此，面对持续低迷的国际市场，探寻中国贸易持续增长的影响机制要比仅仅关注增长结果本身更具现实意义（陈勇兵等，2012）。

以 Melitz(2003)为代表的新新贸易理论（new-new trade theory）的发展，为以企业行为动态为研究主体来解释宏观贸易增长提供了新的视角。不少学者意识到，在实际的出口贸易活动中，出口企业、出口产品以及出口目的国的进入与退出每时每刻都在不断发生，这一复杂的动态过程反映着出口内部决策的根本动因。因此，我们不仅需要对宏观出口规模进行分解，更要注重对分解到微观层次的企业动态性进行考虑，这样可以让我们从另一个层面解读中国出口贸易的增长，并分析出口贸易增长背后的微观层面的原因，从而通过提升微观企业层面的出口竞争力来维系总体出口贸易的持续发展，为我国出口贸易的健康发展提供有益的政策建议。

随着各国技术贸易壁垒的兴起，以及国际贸易规则从产品领域逐渐过渡到技术标准、环境标准等技术领域，中国日益认识到通过科技创新提升出口贸易竞争力的重要性。创新是一种重要的生产要素，自熊彼特（Schumpeter）首次提出之后，国内外学者围绕着创新与贸易发展的关系开展了广泛的研究。从分类来看，创新根据对象的不同可以划分为产品创新和工艺创新。产品创新和工艺创新最早是由熊彼特在其经典著作《经济发展理论》（*Theory of Economic Development*）中提出的。他指出：产品创新是指企业研发一种新产品，且该产品不被消费者熟悉，抑或是对已有产品进行质量升级，其最终目的是提高产品差异化程度；工艺创新则是指开发一种新的生产流程，包括新工艺、新设备以及新的组织管理形式等，旨在降低企业生产成本。那么，在企业异质性的视角下，不同创新类型是否影响企业出口行为选择，能否对企业出口动态的生产率效应产生差异化的影响等，是我国企业开展国际贸易活动，提高企业在出口市场上的竞争力时必须考虑的重要问题。

这一新变化为国际贸易学界带来了崭新的研究课题：互联网的使用是否可以减少企业的出口信息不对称、延长出口持续时间？在提升出口韧性的同时，互联网能否通过激励创新等多种渠道，激励出口稳步扩张和出口质量升级？在当前国际贸易环境不确定性上升新背景、构建新发展格局的情况下，深入研究上述问题，既具有理论研究价值，亦具有特别的现实意义。

相比于其他主要大国，中国具有突出的互联网应用优势，与此同时贸易高质量发展面临重大压力。现有文献大多从企业规模、生产率、出口集群、汇率变动等方面讨论企业贸易行为，鲜少专门从信息不对称、风险规避、知识创新成本等视角，深入分析和实证检验互联网对企业出口动态、出口边际、出口质量的影响及其与创新激励的交互效应。本书正是基于这一背景，力求弥补上述缺陷，厘清理论机制，检验主导机制，形成政策启示。

第二节　框架设计

全书围绕一条主线展开，即探讨互联网对中国企业的出口动态、出口边际以及出口质量的影响效应，挖掘互联网贸易效应背后的创新机制。着重讨论产品创新、工艺创新两种最为广泛利用的创新模式各自在互联网背景下对出口动态、出口边际以及出口质量的异质性及其与互联网在出口动态、出口边际以及出口质量中的协同作用。

全书共包含 10 章。首尾分别安排导论和结论，主体内容分为上、中、下三篇：前 4 章为上篇，从理论与实证角度分析了产品创新、工艺创新对出口动态的影响，并纳入互联网因子，分析数字经济背景下，互联网、创新决策与出口动态三者之间的影响机制与协同作用；第五章、第六章和第七章为中篇，从产品、空间两个视角深入分析了互联网对出口边际的影响及其机制，以及创新决策在其中的中介效应；下篇包含第八章和第九章，从产品质量和核心产品视角分析了互联网、创新决策对出口质量升级的影响及其交互效应。第十章则在前文理论与大数据样本的基础上，选取不同行业及不同创新模式下的具有代表性的企业进行案例补充，从实践的角度对全书命题进行再验证。

第三节　研究基础

一、互联网与创新的关系研究

创新是经济发展的第一动力，以互联网为代表的通信技术所引领的数字经济代表了新一轮科技革命的方向，两者作为我国重要的发展动能将在中国发展历史中长期共存（韩兆安等，2022）。如何理解以互联网为代表的通信技术与企业、城市乃至国家创新之间的关系？如何利用互联网等通信技术实现中国的创新发展？此类问题具有重要的学术研究价值。

（一）互联网与创新能力研究

目前，信息技术、互联网技术、数字技术等对创新能力的正向影响作用已经被大量研究验证。Kafouros and Buckley(2008)较早证实了互联网技术能提高企业的研发创新能力。Varian(2010)则从知识传播和知识编码的角度分析了互联网对创新能力的影响。Audretsch et al.(2015)、Cui et al.(2015)、Lyytinen et al.(2016)实证检验了宽带基础设施对企业创新能力的影响。Fores and Camison(2016)则从区域层面分析了信息技术对区域创新能力的影响，均得到了正面的结论。对于中国相关领域的研究而言，大部分的研究仍然肯定了互联网对企业、区域创新能力的积极影响（王春燕和张玉明，2018；王可和李连燕，2018；李珊珊和徐向艺，2019；蒋仁爱等，2021）。

另一批文献则偏重从互联网影响创新能力的动因、机制等方面进行探究，得到的大部分结论也支持互联网对创新能力的积极作用。Goldfarb and Tucker(2019)认为互联网能降低企业的信息搜寻成本、知识复制成本、货物运输成本以及产品追踪成本，从而提升了企业的创新能力。Paunova and Rollo(2016)从企业吸收能力和效率的视角分析了互联网的创新溢出效应。基于Bertschek(1995)的创新模型，林峰等(2022)构建了寡头市场局部均衡模型，并据此讨论了"互联网＋"与创新之间的逻辑关系。文章指出"互联网＋"可以降低企业创新要素的获取成本，提高创新要素配置效率，保证创新活动资金以及减少无效创新流程，从而成为创新的强劲引擎。其中国城市数据的实证研究进一步支持了上述理论假说。韩兆安等(2022)认为以互联网为代表的一系列数字技术的产生能促进创新知识传播存量增加、创新知识传播效率提升、创新知识传播准确率提高，从而总体上带来了创新能力的提高。文章利用发明专利授权数、外观设计专利授权数、实用新型专利授权数对城市创新能力进行测度，利用中国地级市层面数据证实了这一假说，并实证指出数字技术对不同类型的创新能力具有显著的结构性以及地区性驱动作用。韩璐等(2021)同样以中国地级市层面数据为研究样本，以城市专利数量及专利价值为创新能力代理变量，认为数字技术赋能城市创新能力，并且人才集聚和金融发展等组成的创新环境对这一赋能起到了正向的调节作用。余永泽等(2016)则利用中国地级市层面数据，从实证的角度着重检验了互联网发展对创新的影响及其传导机制，指出互联网带来的竞争效应及知识外溢效应显著有效地推进了城市的创新活动。杜明威等(2022)则认为，互联网等数字化转型企业出口产品质量显著高于非数字化转型企业，数字化转型带来的创新能力提升则是提升出口产品质量重要渠道之一。杨德明和刘泳文(2018)则认为互联网的持续累积作用能刺激企业加强创新投入，提升企业的创新能力。

（二）互联网与创新效率研究

不少关于创新的研究仅仅停留在创新能力上，而忽略了对创新效率的研究。探讨互联网与创新效率之间的关系可能会为该领域的研究提供更深入的研究视角和相关理论支撑（韩先锋等，2019）。任跃文（2022）从投入与产出的角度，利用随机前沿分析方法（stochastic frontier approach，SFA）分析了互联网发展与创新效率之间的关系，并指出互联网发展不仅能直接促进中国创新效率的提升，而且能够正向调节政府研发资助产生的创新效率提升效应。韩先锋等（2019）基于中国省级层面数据，发现了互联网对区域创新效率的直接和间接双重影响的事实，并证明了互联网的网络效应和梅特卡夫法则在中国的存在性，从而打破了关于互联网提升创新效率的线性观点。霍丽和宁楠（2020）从互联网技术、互联网平台以及互联网思维三个维度分析了互联网对创新效率影响的动力机制，从研发生产部门和应用部门之间的前向、后向关联角度分析了互联网对创新效率影响的传导机制，并在此基础上利用中国省级层面数据实证检验了互联网是提升创新效率的有效驱动力。李佳珏和周宇（2018）虽然也证实了互联网对创新效率的正向作用，但是进一步发现，该正向作用存在一定的阶段异质性。互联网对初期阶段的技术开发效率的促进作用要明显强于对后期阶段的技术转化效率的促进作用。

另外，创业活动是提升创新效率的重要途径（关祥勇和王正斌，2011；霍丽和宁楠，2021）。创业活动不仅可以刺激创新成果的商业化转化，而且还能作为中间渠道强化企业家精神、优化创新环境、拓宽融资渠道等，从而对创新效率起到提升作用（冯蕊，2019；李胜文等，2016；赵放和刘禹君，2017；刘刚等，2021）。

（三）互联网与创新模式研究

早在 20 世纪 70 年代，Utterback and Abernathy（1975）根据创新对象的不同，将创新模式划分为产品创新和工艺创新。这一研究为后来学者提供了一个清晰的研究框架与方向。Dosi et al.（1993）依据创新的程度将创新划分为根本性创新、渐进性创新、技术系统性创新以及技术经济范式创新四种创新模式。梅姝娥（2018）以创新要素的来源不同，将企业创新模式划分为独立创新、合作创新以及引进再创新。张永凯（2018）以苹果公司、三星公司以及华为公司为研究对象，以创新主体的演变为视角，指出当今企业创新模式正在从封闭转向开放，并将最终走向合作创新的模式。现有文献对互联网这一外部因素对创新模式选择的影响的研究较为匮乏。仅有的研究从创新模式的演化视角出发，认为企业在确定创新模式时应该充分考虑互联网资源对创新模式的影响（李柏洲等，2018）。Musiolik et al. (2012)认为互联网背景下，企业更应该以客户价值为核心，实现资源网络时代下的创新模式迭代。尹士等（2018）基于互联网资源性特征，从网络增强与维持、资源关系强度匹配两个维度构建了企业创新模式的周期性演化和伴随性演化模型。刘阳绪（2020）基于层次分析法和TOPSIS方法，以互联网企业为研究样本，构建了互联网企业创新模式选择模型，指出互联网背景下，企业创新模式主要有四种类型："独立—自主式"创新、"独立—模仿式"创新、"联合—自主式"创新和"联合—模仿式"创新。而在互联网对创新模式变革的影响机制方面，王弘扬（2017）认为互联网所带来的信息利用能力、资源获取能力等是促进企业创新模式变革的关键动力，并通过构建互联网背景下创新模式变革模型，采用专家打分的方式指出了新技术背景下的创新模式变革趋势。

另一批与之相关的文献集中在研究互联网与商业模式的创新关系上。立足于商业模式创新，现有文献认为以互联网为核心的通信技术的发展模糊了产业之间的边界，为企业商业模式的创新提供了良好的外部环境与时代背景（McAFee and Brynjolfsson，2012；李文莲和夏健明，2013；杨林等，2021）。李文莲和夏健明（2013）从大数据等数字技术驱动商业模式的企业、行业、产业链三维视角揭示出了基于大数据的商业模式创新的规律。冯华和陈亚琦（2016）认为原有对互联网环境下B2B、B2C、C2C等平台的解释大多沿袭传统的价值链、价值网络和双边市场理论，并没有考虑互联网对物理时空的突破。为此，文章沿着时空契合变化的思路，从收入模式、价值创造和要素支撑体系三个方面讨论了互联网对平台商业模式创新的驱动效应。在商业模式中，产品创新模式在互联网环境中展现了新的特征。董洁林和陈娟（2014）以小米公司为例探讨了互联网环境下的产品创新模式，认为小米公司所采用的"无缝开放式创新"模式值得众多企业学习和模仿。

二、出口动态的影响因素研究

出口动态的概念最早是产业组织理论中关于企业动态（firm dynamics）的概念在国际贸易领域的延伸。对于国际贸易的研究往往局限在静态的贸易规模与贸易结构中，不少学者常常忽略了其微观产品或者企业的动态变化（陈勇兵等，2013）。然而不少经验证据却表明，一国稳定出口贸易增长的背后存在着大量出口关系的建立和终止、新企业新产品的进入与退出等出口动态现象。为此，深入研究静态数据后面隐藏的大量动态事实,探究企业出口动态的决定因素,对进一步了解我国出口贸易增长的源泉具有重要的意义。

基于新新贸易理论的思想,凡影响企业出口利润的因素都将或多或少地影响企业的出口决定,并对在位出口企业决定是否继续出口等行为具有一定的影响作用。在这部分,我们将从贸易自由化与出口动态、金融因素与出口动态、创新与出口动态、互联网与出口动态以及其他因素与企业出口动态等研究视角对相关文献进行整理。

(一)贸易自由化与出口动态

基于产业组织理论的思想以及国际贸易理论模型,Baldwin and Jaimovich(2012)预测了贸易自由化带来的关税减让对企业进入退出行为的影响。在沉没成本的模型下,当且仅当利润的现值超过进入固定成本时,追求利润最大化的企业才会选择进入出口市场。同样,对于在位出口企业而言,当且仅当预期的利润现值超过沉没成本时,在位出口企业才会持续出口。由于高效率的企业较低效率企业而言能获取更高的利润水平,即使支付了高额的出口沉没成本,也能获得利润。因此较高效率的企业能够选择进入出口市场并在出口市场上持续。鉴于以上研究发现,能够影响企业出口利润的因素都能影响企业进入出口市场的决定。Baldwin and Jaimovich(2012)指出,由贸易自由化带来的关税减让能够提升企业的出口利润,从而促进企业进入出口市场,延长企业在出口市场上的持续时间,并利用加拿大微观企业数据的实证研究进一步支持了上述理论假说。毛其淋和盛斌(2013)利用大样本微观数据分析了微观层面企业的出口动态及贸易自由化对出口动态的影响,将企业层面出口行为细分为进入、退出出口市场,出口强度,进入出口市场时间以及持续出口时间,同时利用投入品关税减让以及产出关税减让对贸易自由化进行刻画,分别利用二元选择Probit模型、Heckman两阶段模型以及生存分析和反事实方法对其展开实证分析。实证结果显示,贸易自由化对出口决策以及出口强度具有显著的影响,但对于出口强度的作用大于出口决策,即贸易自由化更多的是通过出口企业的集约边际对出口产生影响。就企业动态而言,贸易自由化总体上缩短了企业进入出口市场的时间,降低了企业退出出口市场的概率,并延长了企业在出口市场的持续时间。除此之外,企业的出口动态对企业生产率也存在一定的影响作用,是贸易自由化对企业生产率影响的一个重要中间途径。随着当前贸易保护主义愈演愈烈,王开和佟家栋(2019)指出,商签和升级自由贸易协定(Free Trade Agreement,FTA)能够构建稳定的贸易联系,提升贸易稳定性,其中,以经济贸易利益为目标的"天然"形成的区域内 FTA 带来的稳出口效应比"非天然"形成的跨区域 FTA 的作用更显著。

(二)金融因素与出口动态

不少研究在新新贸易理论的基础上提出了企业进入出口市场的金融门槛，认为金融脆弱性是企业进入出口市场的一个重要的贸易障碍，只有具有较高生产率或者金融水平达到一定程度的企业才能进入出口市场 (Manova，2008；Berman and Hericourt，2010；Minetti and Zhu，2010；等等)。实证研究进一步表明，融资约束对发展中国家的企业进入出口市场的约束比对发达国家企业的抑制作用更为显著。Bellone et al. (2010)将不完全资本市场纳入新新贸易理论模型中，发现良好的金融环境是企业进入出口市场的重要推动力量。融资约束较小的企业能较容易地获得外部资金支持，从而提升企业出口的概率，同时缩短企业出口前持续时间。利用法国数据的实证研究表明，企业进入出口市场确实存在融资约束上的自选择效应，即融资约束越小的企业越容易进入出口市场。但出口事后效应并没有在法国企业数据中得到证实，即企业进入出口市场的行为并没有促进法国企业提升自身金融水平。Jaud et al. (2018)基于发展中国家研究样本，认为金融危机增加了企业进入出口市场的沉没成本，从而降低了企业进入出口市场的概率，同时提升了企业退出出口市场的概率。

Eaton et al. (2008)、Ruhl and Willis(2017)首先对沉没成本与出口动态之间的关系提出了疑问，认为沉没成本本身并不能解释企业的出口动态，特别是解释新出口企业动态。Ruhl and Willis(2017)指出，虽然出口沉没成本是国际贸易领域中分析异质性企业出口行为的标准化工具，但是它并不能解释新出口企业的出口动态。Ruhl and Willis(2017)利用哥伦比亚的数据，发现对于新出口企业而言，其起初的出口份额较少，且比有过出口经历的企业更容易退出出口市场，但基于沉没成本的模型并不能很好解释新出口企业的以上情况。Kohn et al. (2016)从运营资本的角度分析了金融摩擦对新出口企业出口决策的扭曲效应。在理论模型中，文章假设生产率异质性企业在出口时将面临固定成本以及可变成本的约束。除此之外，更重要的是，企业是否出口的决定还依赖于金融约束以及运营资本的要求。企业为了生产产品，必须从外部或者内部融资以获得相应的金融支持，但外部融资需要先垫付担保资金，预先支付的担保资金的金额要大于在国外市场上的销售额。理论模型的结论指出对于新出口企业而言，影响企业出口动态的因素不再是进入沉没成本而是金融市场的摩擦，而且在金融约束的情况下，贸易自由化对企业出口动态的影响将会减小。

(三)创新与出口动态

企业的进入、退出是不同行业结构变化的最重要的因素。其中,创新对企业进入或者退出市场的决定至关重要(Gangopadhyay and Mondal, 2012；Tavassoli and Karlsson,2016)。企业的创新活动如新技术引进、新技术模仿抑或新技术淘汰,影响着企业在出口市场上的进入、退出以及持续时间等出口动态。

1. 创新与企业出口动态:产品生命周期理论

产品生命周期理论在 20 世纪的早期就已经被 Schumpeter(1940)、Kuznets(1955)等引入,之后,Vernon(1966)将其发展。该理论完整描述了一个产品从创新到引进市场再到退出市场的全部过程。Vernon(1966)指出,对技术投入的需求会随着产品生命周期的不同过程而有所变化。这意味着企业在不同产品生命周期阶段的进入、退出行为与企业自身的技术水平密切相关。Tavassoli and Karlsson(2016)在产品生命周期理论的框架下讨论了创新与企业进入、退出以及持续时间等行为。Tavassoli and Karlsson(2016)认为在产品生命周期的初期,大量不确定性因素的存在使得进入出口市场的企业必须是具有较多人力资本的创新型企业。而当产品生命周期进入成熟期后,由于在出口市场上的竞争逐渐变为依赖标准化生产的价格竞争形式,因此进入出口市场的企业将比在产品生命周期初期进入出口市场的企业在创新上具有相对劣势。除此之外,文章对在产品生命周期的不同阶段退出出口市场的企业的创新水平进行了比较,认为在初期退出出口市场的企业要比在后期退出出口市场的企业更具创新优势。

2. 创新与企业出口动态:基于新新贸易理论

随着新新贸易理论的发展,学者将研究对象转移到了微观企业层面。Melitz(2003)提出的具有重要意义的异质性贸易模型就涉及企业在出口市场上的动态行为研究。然而,Melitz(2003)的模型并没有纳入创新因素,而是假定生产率的异质性是外生给定的。Yeaple(2005)打破了 Melitz(2003)企业生产率外生给定的假设,认为企业的异质性可以通过自由选择技术以及劳动力而形成。在引入出口固定成本之后,Yeaple(2005)得出只有采用了降低单位成本的创新企业才能够出口,并首次将创新与企业出口动态纳入统一框架进行分析。之后,Bustos(2009)认为企业可以通过创新投入,从而提升产品质量或者降低边际成本,以达到不同的生产率,进而内生化 Melitz (2003)的外生生产率,并指出创新企业较非创新企业出口的可能性要大,因为在固定成本相同的情况下,创新企业能够产生高利润率的期望，因而创新促进了企业进入出口市场。Caldera（2010）在 Bustos（2009）的基础上，建立了异质性企业出口和创新的模型，直接比较了创新企业与非创新企业的出口决策差异。在模型中，Caldera（2010）假设企业在生产率上是异质的，高生产率的企业较低生产率的企业具有更多的优势，如管理能力、吸收能力等。企业可以进行降低边际成本的创新活动，但创新活动会引致较高的固定成本。只有生产率高的企业才会发现创新活动的收益性。理论模型的推导得出，创新企业促进了企业出口。因为进行了创新活动的企业具有更低的边际成本，因而在需求有弹性的情况下，它们可以以更低的价格销售更多的产品。

（四）互联网与出口动态

在互联网与出口动态的研究中，大部分基于出口动态中出口稳定性视角进行分析。[①] 互联网作为一种重要的通信技术，无论是以官方主页为载体还是以电子邮箱为载体，其重要的信息交换效应不仅能够减少企业与上下游供应商之间的信息沟通摩擦，也使得消费者通过搜索减少信息不对称的约束，从而可能起到"稳出口"的作用（Limao and Venables, 2001; Anderson and Wincoop, 2004; Tang, 2006）。目前关于互联网与出口稳定性的研究主要基于国家层面、企业层面以及"企业—产品"层面展开。胡馨月等（2021）利用 2001—2007 年中国微观企业数据发现，互联网完美地弥补了企业出口市场信息不确定性的缺陷，并能通过风险匹配、风险分散以及知识溢出效应延长出口企业的出口持续时间，从而使得中国出口贸易实现"软着陆"。赵瑞丽等（2021）基于 Fernandes and Tang（2014）的研究框架，利用中国企业以及"企业—产品"层面的数据也发现，互联网使得企业通过贝叶斯更新动态调整其预期，从而延长企业（产品）的出口持续时间，维持出口行为的平稳性。张彭杨等（2023）则指出中国出口不稳定性的关键因素之一在于出口供应链的不确定性，并利用中国跨境电商数据的实证研究发现，企业使用互联网后能促进低不确定性新供应链构建，降低存续供应链的不确定性，并能加快高不确定性供应链的退出，从而使得整个供应链达到稳定，凸显了互联网对出口贸易的"稳定器"作用。从宏观角度而言，Ivanov et al.（2019）也提出了数字技术对出口供应链冲击风险的涟漪效应（ripple effect）的控制作用。

[①] 当然，也有不少文献基于企业（产品）进入的视角对互联网与出口动态之间的关系展开了研究（Freund and Weinhold, 2004; Wheatley and Roe, 2008; 李兵和李柔, 2017; 等等）。但由于以企业进入为表现形式的出口动态也可以认为是企业边际上的变化，因此互联网与企业进入的相关文献将在本章后文中进行梳理。

（五）其他因素与出口动态

完善的执法体制是双方开展国际贸易的重要的前提条件。不少实证研究都证明完善的法制体系促进了国际贸易的发生（Anderson and Marcouiller，2002；Ranjan and Lee，2007；等等）。Araujo et al.（2016）指出，出口目的国的执法力度不仅能影响两国出口贸易总额，而且这种由执法力度造成的差异也体现在了企业的出口动态上，法制体系越完善，出口企业在该市场上的持续时间越长。Alvarez and Lopez（2008）首次将产业组织理论中的进入、退出概念引入国际贸易市场，利用智利1990—1999年的数据研究发现，不同产业的企业进入与退出出口市场的概率不同，而且随着时间的变化而变化。同时，进入和退出之间存在着显著的正相关关系。另外，在影响企业进入与退出的因素方面，文章归纳出如下几个方面：产业内的异质性是产业进入、退出的重要原因，而贸易成本、要素密集度等对于进入与出口决策的作用并不明显。Rahu（2015）从信息不确定性的角度分析了出口动态中的持续时间问题，认为对出口国市场的不了解以及企业出口经验的缺乏都能使得企业面临较大的退出市场的风险，从而缩短企业在出口市场的持续时间。Rahu（2015）指出，初始出口额高的企业在出口市场上的持续时间也相对长久，因为，初始出口的份额（initial export engagement）是一个度量企业是否熟悉国外市场的重要指标。另一个度量熟悉度的方法则是出口产品的异质性。价格并不是影响出口市场上买家行为的唯一因素，对于同质出口产品而言，买家对其的选择一般是基于价格比较，因而较异质性产品更容易发现更低价格的产品，从而缩短了同质产品在出口市场上的持续时间。

三、出口边际的影响因素研究

出口增长的实质是一个极为复杂的过程，不仅涉及新企业进入与退出出口市场这一出口动态问题[①]，而且对于在位企业而言，也同时发生着企业内部产品种类甚至是目的国的不断调整。随着微观数据的可获得性以及多产品企业相关文献的迅速发展，对于出口边际的界定也逐渐从企业层面的出口边际逐渐转变为产品层面的出口边际。新近对一国出口结构分解的研究发现，出口贸易的增长主要来源于贸易集约边际（intensive margin）和扩展边际（extensive margin）。所谓的集约边际是指一国出口

[①]　出口动态与企业层面出口边际的区别在于，前者更加关注动态性，而后者则更关注对贸易结构的分解，更强调某一时段贸易结构的静态性。

贸易的增长来源于现有企业或者产品在数量上的增加,而扩展边际则是新企业进入或者出口产品种类的增加(钱学锋和熊平,2010;张凤等,2019)。已有考察出口边际影响因素的研究着重强调了不同贸易成本变动的影响(Melitz,2003;Anderson and Wincoop,2004;Dutt et al.,2013)。还有不少文献从贸易自由化、贸易政策、汇率变化等角度,具体分析能引起贸易成本变动进而影响出口边际的因素。

(一)贸易自由化与出口边际

Eckel and Neary(2010)、胡馨月等(2017)揭示,贸易自由化并不一定带来多产品企业出口产品种类增加,多产品企业增加产品种类将对自身在位产品产生产品间的市场自我蚕食效应。相比而言,企业产品在不同目的国的竞争效应较弱。在经验研究上,Eckel and Neary(2010)对加拿大签订FTA、NAFTA(北美自由贸易协定)后企业出口行为进行研究时便发现,贸易自由化使企业通过资源再配置聚焦于核心产品的生产与出口,导致企业出口产品集合普遍缩小,Masso and Vahter(2012)发现爱沙尼亚加入欧盟后,其企业的出口产品集合有所扩大。Dutt et al.(2013)考察了多边贸易组织 WTO 对二元边际的影响。实证结果表明,加入 WTO 促使成员的出口扩展边际提高了 25%,但集约边际却有所下降。

另一批与之相关的文献则反向观察各种贸易壁垒对出口边际的影响。大量研究表明,无论是关税措施还是非关税壁垒,都会给双边贸易造成一定程度上的冻结效应(Vandenbussche and Zanardi,2010)。这一效应在边际上可以分解为数量上的减少和产品种类上的减少。梁俊伟和代中强(2015)考察了非关税壁垒对出口二元边际的影响,发现企业会通过降低企业的扩展边际来提高集约边际,从而减少非关税壁垒所带来的远期风险。技术性贸易壁垒是非关税壁垒中最为重要的一种形式(Bao and Qiu,2010)。鲍晓华和朱达明(2014)利用 WTO 的技术性贸易壁垒(technical barriers to trade,TBT)通报数据,就技术性贸易壁垒对出口边际的影响进行了机制分析与实证检验。研究表明,技术性贸易壁垒同时提高了出口企业的出口变动成本和固定成本,进而降低了企业的出口集约边际和扩展边际。基于国家层面的实证研究也证实了这一理论分析。

(二)汇率因素与出口边际

汇率变动对出口企业的成本和收益会产生直接的影响。张会清和唐海燕(2012)率先从企业层面分析了人民币汇率的变动对出口贸易二元边际的影响。之后,Chatterjee and Careiro(2013)则从更加微观的企业视角分析了汇率波动对巴西企业的二元边际的影响及其产品销售分布特征。

Berthou and Fontagne（2013）以欧元的诞生为契机，认为欧元产生意味着汇率波动的减弱，从而会促进企业增加产品集合。陈婷和向训勇（2015）通过构建企业层面的实际有效汇率水平，实证检验了汇率水平对企业出口二元边际的影响。结果显示，汇率水平通过集约边际和扩展边际两个方面共同影响了企业的出口水平，而且在所有制和地区上具有异质性的效果。田朔等（2015）从汇率变化和汇率波动两个维度对该问题进行了实证分析。研究结论显示，汇率波动对企业扩展边际具有显著的负面影响；汇率变化则在产品层面上降低了企业的扩展边际，在目的国层面上提高了企业的扩展边际。

（三）互联网、信息搜寻成本与出口边际

大部分对互联网与出口边际的研究集中于企业层面（Yadav，2014；茹玉骢和李燕，2014；李兵和李柔，2017；Hagsten and Kotnik，2017；耿伟和杨晓亮，2019）。李兵和李柔（2017）利用工业企业数据的研究表明，企业互联网化能显著促进企业出口，主要通过出口扩展边际的提高来实现。胡馨月和宋学印（2020）则发现互联网的搜寻效应存在两面性：一方面是通过降低出口门槛使得更多企业和更多产品进入出口市场，促进扩展边际的提高；另一方面是互联网的搜寻效应使得出口市场竞争程度加大，从而蚕食效应产生作用，使得企业不得不减少出口产品，从而降低扩展边际。2004—2007 年的中国工业企业数据显示，互联网的综合效应在中国体现为在企业层面、产品层面的扩展边际的提高。刘超和李瑞（2020）则指出互联网不仅能提升企业出口的概率，即提高扩展边际，而且还能转变企业的出口模式，促进企业更多地采用直接的出口方式，而非依赖中间商的间接出口模式。马述忠等（2023）认为，互联网的搜寻效应能产生极强的需求适配性：一方面使得贸易出口方能够更加有效地识别消费者的偏好，压缩了传统贸易模式中的垂直化结构；另一方面还能够通过智能制造，提供更具个性化、差异化的产品，从而为出口方提供有效供给。利用中国跨境电商数据的实证检验也表明，互联网的搜寻效应能提高企业的出口扩展边际以及集约边际，而且这一出口边际扩展效应会随着目的国的收益以及企业所在行业对信息的依赖程度提高而放大。闫林楠等（2022）基于中国城市数据的研究表明，互联网发展水平的提高仅仅对出口扩展边际产生了正向影响，而对集约边际的影响并不显著。究其研究渠道而言，贸易成本降低、本地市场潜能扩大以及一般贸易比重增加是互联网影响出口扩展边际的重要路径。当然这一效应也会随着地区、产品以及贸易模式的不同而产生差异化的效果。施炳展（2013）率先将出口二元边际拓展到三元边际范畴，认为除了扩展边际和集约边际之外,价格边际也是观察企业出口行为的一个重要维度。基于此,朱勤(2021)利用 2013—2018 年的中国上市公司数据,认为城市互联网的发展会通过创新效应和成本效应提高企业的价格边际,从而增强了企业以价格加成衡量的市场势力。

(四)其他因素与出口边际

知识产权保护水平是影响国际贸易流量的重要因素(Talor,1993;Smith,1999;Lawless,2010)。余长林(2016)将知识产权保护水平纳入异质性贸易理论框架中,具体分析了知识产权水平影响出口二元边际的作用机制。理论模型和实证检验均指出,知识产权水平通过降低出口企业的固定成本提高了企业扩展边际,降低了企业集约边际。另外,随着中国经济的复苏,产业政策对出口二元边际影响的文献逐渐增多。就目前研究而言,不同类型的产业政策会给二元边际带来异质性的影响,甚至同种产业政策也会因为作用时间或者样本差异而产生不一样的研究结论。就政府研发补贴政策而言,张杰和郑文平(2015)发现,研发补贴政策与企业的扩展边际呈现倒 U 形关系,而对集约边际的影响并不显著。Bernard et al.(2009)则认为研发补贴能降低企业进入出口市场的成本,从而提高了企业的扩展边际。Giram et al.(2010)以中国企业为研究样本,发现生产性补贴对企业扩展边际的影响作用远远大于集约边际。张鹏杨等(2019)以主导产业扶持政策为视角,从目的国层面和产品层面两个维度探讨了产业政策与出口二元边际的关系。研究指出:从目的国层面而言,产业政策提高了集约边际,而对以开拓新目的国为主要特征的扩展边际的影响并不显著;从产品层面看,产业政策提高了新产品出口这一扩展边际,而并没有在产品层面提高集约边际。除了外部因素对出口二元边际的影响之外,企业内部结构也能通过资源再分配等渠道影响二元边际。通过整合并拓展产品空间理论与多产品企业异质性模型,陈紫若和刘林青(2022)从企业内部产品结构的视角探讨了企业二元边际的影响因素,并提出了企业跳跃距离这一反映企业内部出口结构的综合性指标。研究指出,企业跳跃距离对集约边际具有负面影响,而对扩展边际的影响并不显著。

四、出口质量的影响因素研究

(一)出口质量的测算

贸易质量差异在最近 10 余年来的新新贸易理论研究中受到越来越多的关注。从微观视角看,企业不仅需要进行横向选择,比如决定是否出口以及出口多少产品种类;而且也需要进行纵向选择,如决定出口产品的质量。从模型结构看,Baldwin and Harrigan(2011)将质量作为外生变量引入效用函数,讨论其对消费者效用的影响,但并没有讨论质量变动的来源。大多数模型则将企业产品质量内生化,认为质量选择是企业利润最大化的均衡结果,如果企业产品质量越高,企业的固定成本与可变成本越高,出口价格也相应越高(Gervais,2015；Kugler and Verhoogen, 2012；Amit and Khandelwal,2013),这为实证研究产品质量的决定因素提供了理论基础。但目前实证研究遇到的一个主要问题是并没有被广泛接受的产品质量测算方法,如 Schott(2004)使用世界各国对美国出口产品的单位价值法差异,用其直接代理产品质量差异。后来的研究则认为单位价值法无法隔离要素投入本身价格对产品质量的影响,因而转向使用需求函数法测算质量(Khandelwal et al. ,2013；Feenstra and Romalis, 2012；王明益,2013)。

(二)产品质量影响因素研究

已有不少文献讨论了产品质量的影响因素。Hallak and Silvadasan(2013)认为出口企业比非出口企业定价更高,并且企业规模与企业出口质量正相关。Brambilla et al. (2009)发现出口到发达国家的企业会支付更高的工资,并且出口的产品质量也更高。Manova and Zhang(2012)使用海关数据发现,出口价格更高的中国企业的出口销售值以及出口销售量更大,并会进口价格更高的投入品。殷德生(2011)的实证研究发现,出口规模的扩大、生产成本的下降都会促进中国产品质量的升级。汤超和祝树金(2022)利用上市公司的数据发现,外部大股东退出威胁的增加能显著促进企业出口产品升级。

另外一批文献则观察关税变化、汇率变化、市场竞争或者政府补贴等外部宏观变量如何影响企业的质量选择。Amit and Khandelwal(2013)实证检验了 56 个经济体向美国出口的产品质量与进口关税之间的关系,指出关税下降对产品质量存在显著的马太效应,即关税减免能进一步提升处于国际质量前沿产品的出口质量,而进一步降低远离国际质量前沿产品的出口质量。Fan et al. (2015)发现关税下降使得国内市场的竞争更加激烈,从而促使企业提高产品质量,但这一质量升级效应在低效率企业中体现得更为明显。在中美贸易摩擦下,李长英等(2022)认为美国对中国加征关税以及美国的拟加征关税清单都降低了中国向美国出口的产品质量,但前者的负向作用更大。同时,美国加征关税也产生了显著的贸易转移效应。Feng et al. (2017)则从贸易自由化的角度分析了出口产品质量的影响因素,认为中国加入 WTO 加剧了市场竞争,提高了要素配置效率,整体上提升了出口产品质量,但贸易自由化则可能降低产品质量门槛,从而整体上降低了出口产品质量（苏理梅等，2016；张夏等，2019）。

（三）互联网与出口质量

尽管大量文献讨论了出口产品质量的决定因素，但互联网与产品质量的关系及其影响机制的相关研究却较为匮乏。沈国兵和袁征宇（2020）对Kugler and Verhoogen（2012）的模型进行了拓展，引入了管理产品能力和差异化的中间品投入因素，构建了互联网、创新保护以及企业出口产品质量的理论模型，并使用企业层面数据对其进行了实证检验，发现互联网引致的管理产品能力的提升能加强创新保护对出口产品质量的促进作用，具有显著的协调效应。金详义和施炳展（2022）在 Hallak and Sivadasan（2013）的基础上，构建了互联网对企业出口产品质量影响的理论模型，指出互联网以接近零成本的方式为企业提供了大量的海外信息，大幅降低了企业信息成本，增加了企业提升出口产品质量的边际收益及其对应的最优边际成本，从而提升了产品质量。实证检验通过构建"省份—产品—进口国—年份"层面的加权互联网搜寻指数，证明了互联网确实显著提升了企业的出口产品质量，其主要通过生产率水平的提升、创新效率的升级以及信息成本的削减渠道实现。刘金焕和万广华（2021）将互联网、最低工资标准以及出口产品质量纳入同一个分析框架，基于微观企业数据探究了三者之间的关系。研究认为，最低工资标准和互联网都显著提升了中国出口产品质量，而且都集中在产品的成熟阶段，而互联网在最低工资标准和中国出口产品质量提升之间起到了显著的强化作用。

第四节　研究方法

一、运用新古典主义数理模型方法进行理论分析

本书针对出口动态、出口边际、出口质量，分别构建基于新古典范式的贸易出口动态模型、出口二元边际理论分析基本框架以及贸易质量升级理论分析框架，纳入信息成本，借助动态优化和逻辑推演等经济学方法，洞悉主要外生冲击或政策变量对动态选择、边际选择、创新模式选择以及出口质量选择的微观机制。

二、运用多种现代计量回归模型验证揭示规律

本书对于计量模型，主要运用面板数据模型（FE、GMM）；对于出口动态，主要使用半参数离散时间 Cloglog 模型；对于计量模型涉及的内生性问题，主要以倾向得分匹配模型（PSM）、双重差分（DID）模型、工具变量法

(2SLS)解决；对于机制检验，主要使用中介模型法、GSEM 模型以及因果中介模型，并特别注意利用国内相关数字化政策出台时间提供的政策断点进行 DID 检验。

（一）Malmquist 指数分解

对于企业工艺创新指标的衡量，本书采用了 Malmquist（马尔姆奎斯特）指数思想，通过 Malmquist 指数分解将企业生产效率指数作为企业工艺创新的替代指标。

（二）PSM 模型、MPSM 模型以及 GPS 的计量回归模型

对于产品创新、工艺创新与出口动态的影响关系，本书采用了 MPSM（多项式倾向得分匹配）模型，通过对企业在不同类型创新行为和不同创新模式框架下的创新决策选择打分，再根据打分情况进行匹配，算出在不同创新决策下的企业出口决策情况，以得到不同类型创新行为和创新模式对企业出口决策影响的净效应。研究不同创新模式对企业出口动态效应的提升作用时，本书采用了广义倾向指数匹配（GPS）模型对在不同出口强度下的企业出口动态效应进行回归检验。除此之外，本书多处用到 PSM 模型，以对 OLS（普通最小二乘法）回归模型得到的结果进行稳健性检验。

（三）参数、半参数以及非参数等生存分析模型

在对出口动态的持续时间的研究中，本书采用了参数、半参数以及非参数等多种生存分析模型对产品创新、工艺创新与企业或者产品的出口持续时间的关系进行估计，以期得到稳健的回归结果。

（四）系统 GMM 以及差分 GMM 的回归模型

在涉及动态面板数据的分析时，本书采用了系统 GMM（GMM-sys）以及差分 GMM（GMM-diff）的回归模型，以消除 OLS 回归模型带来的估计偏差。

（五）中介模型的方法

在分析互联网、创新模式及出口贸易行为三者关系的过程中，涉及中介变量的识别、存在性及其贡献率的分析时，本书采用了中介模型、GSEM（广义线性回归模型）以及因果中介模型的方法进行回归估计，以期得到相应的稳健回归结果。

三、运用案例研究法对理论机制与大样本结果进行深度印证

相对于理论推理和计量回归方法，案例研究能够提供更为详细的信息并且能避免公司行为的独特性被平均化。因此，本书将选择具有代表性的

分属于不同行业和不同创新模式的两个企业进行深入调查，并分析使用互联网对其出口动态、出口边际、出口质量升级的影响，讨论创新在其中的作用，以及可能存在的问题与应对方案，从抽象回到具象，为全书结论提供深度案例印证。

第五节　核心概念的界定

本节对全书核心概念的内涵进行清晰界定，并在必要处与相关概念进行辨析，具体如下。

互联网。借鉴李兵和李柔（2017）等的定义，本书中，互联网指的是企业使用互联网的情况，具体以企业是否建设官方主页或者企业是否建设电子邮箱来识别。

贸易。本书主要研究企业的出口贸易行为，包括出口动态、出口边际以及出口质量。

产品创新。借鉴 Schumpeter（1911）的定义，本书中的产品创新是指企业开发出一种不为消费者熟悉的新产品，抑或是对于已有产品进行质量升级，旨在提高产品差异化程度。

工艺创新。企业通过开发一种新的生产流程，包括新工艺、新设备以及新的组织管理形式等，降低企业或产品生产成本，旨在提高企业成本竞争力。

创新行为。本书中，创新行为指企业是否进行创新活动。

创新决策。本书中的创新决策包含了不同创新行为的选择和不同创新模式的选择。其中，创新模式主要指产品创新和工艺创新。本书认为，企业对于创新决策的选择存在一定的秩序性：首先应该选择是否进行创新活动，即不同创新行为的选择；其次在决定进行创新活动之后，企业方可再选择进行何种模式的创新，即不同创新模式的选择。

出口动态。本书中，出口边态包括企业出口动态和产品出口动态两个层面。具体而言，指企业或产品在出口市场上的进入、退出行为以及在出口市场上的持续时间。

出口边际。本书中，出口边际包括出口集约边际和出口扩展边际。前者指出口强度的变化，后者指出口广度的变化。本书将分别从产品、空间两个视角对出口边际进行深入分析。

出口学习效应。企业在出口行为中因吸收国际知识溢出或竞争程度加强而获得的生产率提升就是出口学习效应。由于出口行为本身包括出口持续时间、出口进入及退出（出口广度变化）、出口强度变化等动态行为，不同类型的出口行为将预期产生不同的生产率提升效应。

核心产品。多产品企业在其出口产品集合中,拥有最高技术水平进而一般表现为具有最高出口份额的产品。

核心产品出口动态。原核心产品被新的核心产品替代或退出出口市场。核心产品在多产品企业的出口产品集合中具有最高技术水平,一般不容易直接退出出口市场,所以核心产品出口动态一般指核心产品的更替。

学习吸收能力。企业通过研发创新而不断地吸收外部知识溢出并转化为提高企业自身技术或生产率水平的能力就是学习吸收能力。持续的不同类型的创新行为将使企业获得并累积异质性的学习吸收能力。

上篇　出口动态

第一章 创新决策与出口动态:理论机制

经典异质性贸易模型指出,企业生产率的差异是企业进入出口市场的关键性因素(Melitz,2003)。Melitz(2003)将企业生产率差异的来源视为外生给定的,并没有对生产率异质性来源进行探讨。Yeaple(2005)对Melitz(2003)进行了拓展,认为企业生产率水平不仅仅是由先天决定的,企业还能够通过有意识的创新行为改变企业的生产率水平,开启了学界对创新与企业出口行为之间关系的大量研究。创新对企业出口行为的影响会依据企业的不同出口状态而变化,对于潜在进入企业而言,创新影响着企业是否进入出口市场;而对于已经存在于出口市场的企业而言,企业的创新行为则会改变企业的边际收益以及企业的产量,从而影响企业在出口市场上的竞争优势,并反映在企业在出口市场上的退出行为以及持续时间上。总而言之,企业的创新行为会影响企业的出口动态。本章将构建相应的理论模型,从企业层面和产品层面分析创新决策对出口动态的影响机制。

本章的安排如下:首先,从单一产品即企业层面研究出口动态行为。在异质性框架下,将企业层面的出口动态细分为企业进入行为、企业退出行为以及企业在出口市场上的持续时间。其次,从多产品企业维度构建理论模型,讨论创新决策对出口动态的影响。再次,分析创新决策所带来的出口动态效应及其影响机制。最后,对本章内容进行小结。

第一节 创新决策与出口动态:企业层面

本节从理论上阐述了不同创新决策[①]影响企业出口动态的微观机制。基于现有的 Bustos(2009)、Caldera(2010)以及 Turco and Maggioni(2014)等的模型,本节分别从供给与需求两个方面探讨了创新对企业出口动态的影响。在展开具体分析之前,我们假设世界上仅存在两个国家,Home 和

[①] 正如导论第五节中对核心概念界定所述,本书涉及的创新决策包括两个层面的含义:第一,企业是否进行创新活动,后文简称为创新行为;第二,企业采取何种模式的创新,即对产品创新和工艺创新的选取,后文简称为创新模式选择。

Foreign，为了更好地区分不同国家的变量，我们将 Foreign 的所有变量加 * 以示区别。另外，在模型中每个企业具有异质性，且体现在企业不同的生产率水平上，而且每种产品仅由一个企业生产，企业均为单一产品企业。需要注意的是，我们在分析创新决策对企业出口动态的影响时利用局部均衡（partial equilibrium）的方法，因此企业的出口决策是基于相对不变的行业特征而做出的。

一、消费者需求函数

为了分析创新决策对企业出口边际动态的影响，我们假设消费者的效用函数为 CES 形式，不同种类产品之间的替代弹性 σ 恒定不变。另外在 CES 函数的基础上，我们参照 Grossman and Helpman(1991,1995)的质量阶梯模型加入质量提升因子 q，说明消费者对于高质量产品更具偏好。具体效用函数 U 形式如下，

$$U = \left\{ \int_{j \in \Omega} \left[q(j) \right]^\rho \right\}^{1/\rho} \tag{1.1}$$

其中，ρ 为主观贴现因子，Ω 为消费者可选择的产品集合，$x(j)$ 为代表性消费者对 j 种产品的消费量。从式(1.1)我们可以计算出不同种类之间的替代弹性，$\sigma = 1/(1-\rho)$ 且 $\sigma > 1$。根据效用最大化原则，我们可以得出对 j 种产品的需求函数为：

$$x(j) = \frac{\widetilde{\left[p(j)/q(j) \right]}^{-\sigma}}{P^{1-\sigma}} E = \frac{p(j)^{-\sigma}}{P^{1-\sigma}}。$$

其中，E 为消费者预算约束，$p(j)$ 为 j 种产品的产品价格，$\widetilde{p(j)}/q(j)$ 为调整后的 j 种产品的价格，P 为价格指数，$P = \left[\int_{j \in \Omega} p(j)^{1-\sigma} \right]^{\frac{1}{1-\sigma}}$。

二、生产者供给

根据 Melitz(2003)的经典异质性模型，假定每个企业在生产率水平 φ 上具有异质性，但各企业具有相同的单位可变成本 c。那么在 CES 效用函数下的利润最大化的定价即为企业加成率与边际成本的乘积，即 $\widetilde{p(j)} = \frac{\sigma}{\sigma-1} \cdot \frac{c}{\varphi}$。

为了进入国内市场，企业 i 必须支付生产的固定成本 f，然后随机获得相应的生产率水平 φ。在观测到自身生产率水平之后，企业决定是否进入市场以及进入市场后是否进行生产活动。借鉴 Turco and Maggioni (2014)的理论假设，我们假定企业在决定进入市场之后再根据其自身的生

产率水平选择是否进行创新活动。

若企业不进行创新活动,那么企业仅需支付生产的固定成本 f,容易得到不进行任何创新时的企业的收益 $r_0(\varphi)$ 以及利润 $\Pi_0(\varphi)$:

$$r_0(\varphi) = \left[\frac{\sigma-1}{\sigma}\frac{\varphi q(j)}{c}P\right]^{\sigma-1}E \tag{1.2}$$

$$\Pi_0(\varphi) = \frac{r_0(\varphi)}{\sigma} - f \tag{1.3}$$

若企业进行工艺创新活动,根据 Schumpeter(1911)的定义,我们将工艺创新活动定义为企业为降低生产成本所进行的设备改进、管理水平提高等活动。因此,当企业进行工艺创新时,企业的单位成本降低为 c_{pc}[①] ($c_{pc} <$ c),除此之外,企业进行工艺创新也将支付额外的创新成本 f_{pc}。基于此,我们同样可以得到进行工艺创新的企业的收益 $r_{pc}(\varphi)$ 以及利润 $\Pi_{pc}(\varphi)$ 的表达式:

$$r_{pc}(\varphi) = \left[\frac{\sigma-1}{\sigma}\frac{\varphi q(j)}{c_{pc}}P\right]^{\sigma-1}E \tag{1.4}$$

$$\Pi_{pc}(\varphi) = \frac{r_{pc}(\varphi)}{\sigma} - f - f_{pc} \tag{1.5}$$

若企业进行产品创新活动,同样根据 Schumpeter(1911)的定义,我们将产品创新活动定义为对产品质量的提升活动。因此企业的产品创新活动对企业的影响主要体现在对需求函数中质量提升因子 $q_{pd}(j)$[②] 的改进上 $[q_{pd}(j) > q(j)]$,同时,企业进行产品创新也需要支付额外的创新成本 f_{pd}。基于此,我们可得到进行产品创新的企业的收益 $r_{pd}(\varphi)$ 以及利润 $\Pi_{pd}(\varphi)$:

$$r_{pd}(\varphi) = \left[\frac{\sigma-1}{\sigma}\frac{\varphi\, q_{pd}(j)}{c}P\right]^{\sigma-1}E \tag{1.6}$$

$$\Pi_{pd}(\varphi) = \frac{r_{pd}(\varphi)}{\sigma} - f - f_{pd} \tag{1.7}$$

若企业同时进行两种创新活动,为了分析的简化,我们参照 Turco and Maggioni(2014)的假定,设定企业同时进行产品创新和工艺创新对企业成本以及企业产品质量的优化作用的效果,与单独进行某一种创新时的效果相同,即此时,企业不仅生产成本降低为 c_{pc},而且企业的产品质量提升到 $q_{pd}(j)$。对于同时进行两种创新活动的企业而言,其支付的额外成本为 λ $(f_{pd} + f_{pc})$。Beveren and Vandenbussche(2010)的实证结论指出,产品创新和工艺创新之间存在一定的互补作用,因此我们假定 $\lambda < 1$。从而得到

---

① 脚标 pc 代表工艺创新企业的相关变量。
② 脚标 pd 代表产品创新企业的相关变量。

同时进行两种创新的企业的收益 $r_{pd,pc}(\varphi)$ 以及利润 $\Pi_{pd,pc}(\varphi)$:

$$r_{pd,pc}(\varphi) = \left[\frac{\sigma-1}{\sigma}\frac{\varphi}{c_{pc}}q_{pd}(j)P\right]^{\sigma-1}E \qquad (1.8)$$

$$\Pi_{pd,pc}(\varphi) = \frac{r_{pd,pc}(\varphi)}{\sigma} - f - \lambda(f_{pc}+f_{pd}) \qquad (1.9)$$

在对创新决策与企业出口动态之间的关系进行分析之前,我们首先分析企业对不同类型创新模式的选择。比较式(1.3)和式(1.5),当 $\Pi_{pc}(\varphi) > \Pi_0(\varphi)$ 时,企业会选择进行工艺创新活动,即

$$\left(\frac{1}{c_{pc}^{\sigma-1}} - \frac{1}{c^{\sigma-1}}\right)\left[\varphi\frac{\sigma-1}{\sigma}Pq(j)\right]^{\sigma-1}E > f_{pc} \qquad (1.10)$$

同样比较式(1.3)和式(1.7),当 $\Pi_{pd}(\varphi) > \Pi_0(\varphi)$ 时,企业会选择进行产品创新活动,即

$$\left[q_{pd}(j)^{\sigma-1} - q(j)^{\sigma-1}\right]\left(\frac{\sigma-1}{\sigma}\frac{\varphi}{c}P\right)^{\sigma-1}E > f_{pd} \qquad (1.11)$$

最后比较式(1.3)和式(1.9),当 $\Pi_{pd,pc}(\varphi) > \Pi_0(\varphi)$ 时,企业会选择既进行工艺创新又进行产品创新活动,即

$$\left\{\left[\frac{q_{pd}(j)}{c_{pc}}\right]^{\sigma-1} - \left[\frac{q(j)}{c}\right]^{\sigma-1}\right\}\left(\frac{\sigma-1}{\sigma}\varphi P\right)^{\sigma-1}E > \lambda(f_{pc}+f_{pd}) \qquad (1.12)$$

我们发现,当企业产品质量提升幅度足够大时,即产品创新活动带来的收益的提升大于产品创新活动带来的额外成本,企业将会选择进行产品创新;当企业生产成本的降低幅度足够大时,即工艺创新通过降低成本带来的收益大于工艺创新所带来的额外成本,企业将会选择进行工艺创新活动。同样,对于既进行工艺创新又进行产品创新的企业而言,产品质量提升以及生产成本降低共同作用带来的企业收益增加大于同时进行两种创新活动的额外成本时,企业会选择同时进行两种创新活动。

不同创新活动模式存在不同成本,一般认为用于获得更高质量或更高技术水平的产品创新,蕴含较大的创新不确定性,前期研发支出较大。相比而言,工艺创新在于既有技术路径上对生产单位生产成本进行压缩,相应的研发支出较小,在产品创新与工艺创新的互补作用不够大,即 λ 并未远小于 1 时,创新成本具有如下关系[①]:

---

① 关于不同创新行为的成本大小假设比较符合经验事实。我们利用 1998—2007 年的中国工业企业数据进行分析,可以发现在 2001—2006 年,仅进行工艺创新的企业有 47055 家,仅进行产品创新的企业有 18595 家,而同时进行产品创新和工艺创新的企业有 29310 家。各种创新行为发生的频率可能是企业在融资约束下创新成本大小的一种反映,而同时进行产品和工艺创新的企业数目反而大于只进行产品创新的企业数目,一定程度上表明产品创新和工艺创新之间存在互补作用,但其综合成本仍然最高。

$$f_{pc} < f_{pd} < \lambda(f_{pc} + f_{pd}).$$

回忆式(1.10)、(1.11)、(1.12)，在保持 c、P、E 等参数不变时，企业会根据其最终抽取的生产率(innate productivity)辅助不同创新模式，并且工艺创新、产品创新、同时创新等行为下的收益曲线斜率关系为：

$$\frac{q(j)}{c} < \frac{q(j)}{c_{pc}} < \frac{q_{pd}(j)}{c} < \frac{q_{pd}(j)}{c_{pc}} \tag{1.13}$$

图 1.1 简明示意了企业的创新模式选择。

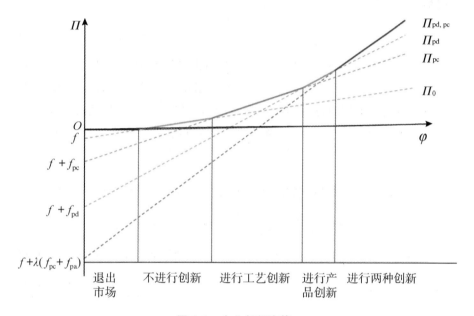

图 1.1　企业创新决策

三、创新决策与企业出口动态

现在分析贸易开放条件下，企业创新与是否进入出口市场的决策。Melitz(2003)指出，企业随机抽取的生产率水平是企业是否进入出口市场的关键因素。Yeaple(2005)则指出，企业生产率水平不仅仅通过随机分布决定，企业有意识的创新行为也能影响企业后续的生产率水平。前述封闭条件下的分析已经表明抽取生产率与企业创新行为的关系，并且与 Yeaple(2005)不同的是，创新并不影响企业层面的生产率，而是通过提升质量(产品创新引致的质量升级效应)与降低边际成本的方式(工艺创新引致的成本缩减效应)调节收益和利润，使企业可进入出口市场的最低门槛生产率降低，从而在生产率分布不变条件下，改变企业进入出口市场倾向。

假定进入出口市场需要支付进入成本 f_{exp} 以及可变冰山成本 $\tau(\tau > 1)$。

企业通过比较在国内市场上的利润以及企业出口时的利润决定是否进入出口市场。当 $\Pi^* > \Pi$ 时，企业选择出口。

对于非创新企业而言，当式（1.14）成立时，企业将会选择出口：

$$\frac{\tau^{(1-\sigma^*)}}{\sigma^*} r_0^*(\varphi) > f_{\exp} \qquad (1.14)$$

其中，$r_0^*(\varphi) = \left[\dfrac{\sigma^*-1}{\sigma^*}\dfrac{\varphi q(j)}{c} P^*\right]^{\sigma^*-1} E^*$，容易得出，非创新企业面临出口门槛生产率值

$$\overline{\varphi}_0 = \left[\frac{\sigma^* f_{\exp}}{(1-\sigma^*)\tau E^*}\right]^{\frac{1}{\sigma^*-1}} \cdot \frac{\sigma^*}{\sigma^*-1} \cdot \frac{c}{q(j)P^*} \qquad (1.15)$$

回忆式（1.4）、（1.6），如果贸易开放后市场规模扩大（E 扩大），企业有激励进行工艺创新和产品创新，由于工艺创新和产品创新的互补作用，我们首先分析企业同时进行两种创新后的出口倾向。对于既进行产品创新又进行工艺创新的企业而言，当式（1.16）成立时，企业将会选择出口：

$$\frac{\tau^{(1-\sigma^*)}}{\sigma^*} r_{\mathrm{pd,pc}}^*(\varphi) > f_{\exp} \qquad (1.16)$$

由式（1.8），容易得到同时进行两种创新企业的出口门槛生产率值：

$$\overline{\varphi}_{\mathrm{pd,pc}} = \left[\frac{\sigma^* f_{\exp}}{(1-\sigma^*)\tau E^*}\right]^{\frac{1}{\sigma^*-1}} \cdot \frac{\sigma^*}{\sigma^*-1} \cdot \frac{c_{\mathrm{pc}}}{q_{\mathrm{pd}}(j)P^*} \qquad (1.17)$$

鉴于工艺创新的规模经济性质，不失一般性，可以假定工艺创新所获得成本降低与工艺创新性研发支出具有负向关系，即 $\dfrac{\partial c_{\mathrm{pc}}}{\partial f_{\mathrm{pc}}} < 0$，而质量升级与产品创新型研发支出的关系为 $\dfrac{\partial q_{\mathrm{pd}}(j)}{\partial f_{\mathrm{pd}}} > 0$，然后可根据式（1.9）推导出均衡的 $\Pi_{\mathrm{pd,pc}}^*(\varphi)$ 以及企业创新行为的内生选择有 $c_{\mathrm{pc}} < c$，$q_{\mathrm{pd}}(j) > q(j)$，然后代入式（1.17），显然有 $\overline{\varphi}_{\mathrm{pd,pc}} < \overline{\varphi}_0$，同理也会有 $\overline{\varphi}_{\mathrm{pd,pc}} < \overline{\varphi}_{\mathrm{pd}} < \overline{\varphi}_0$ 且 $\overline{\varphi}_{\mathrm{pd,pc}} < \overline{\varphi}_{\mathrm{pc}} < \overline{\varphi}_0$。据此，我们提出命题：

命题 1.1：相比非创新企业，发生创新行为的企业可降低出口门槛生产率值，提升企业进入出口市场的概率，抑制出口退出和延长出口持续时间。同时进行两种创新的企业进入出口市场的概率要明显大于仅进行一种创新的企业，同时进行两种创新的企业在抑制出口退出以及延长出口持续时间方面要显著强于进行单一创新的企业。

Melitz（2003）提出，生产率是企业出口进入行为的决定因素，命题1.1则在不违背这一基本假设的情况下，刻画出企业出口前研发行为对是否出口的重要调节作用。其关键在于，决定企业利润的因素并非只有生产率，还有单位边际生产成本以及产品质量，同时进行工艺创新和产品创新的企

业可获得质量升级效应与成本压缩效应,使得即使抽取到较低的先天生产率,仍然可以获取覆盖出口成本的正利润,因此企业出口概率增大,相应地,出口失败概率减小,出口持续时间延长。

为进一步观察不同模式的创新行为给企业出口倾向可能带来的不同,可将 c_{pc}、$q_{pd}(j)$ 与相应的研发支出 f_{pc}、f_{pd} 建立函数关系。假定企业对创新决策的选择逻辑为:当付出同等规模的工艺创新成本和产品创新成本,如果前者带来的收益远大于后者并且能覆盖出口成本,那么企业将会选择通过前者进入出口市场;反之,则选择通过产品创新进入出口市场。为此,我们借鉴 Aghion et al. (2005)、Montinari et al. (2015) 等关于研发支出与技术进步的对应关系,考虑如下性质的创新函数[①]:

$$c_{pc} = c_{pc}(f_{pc}) = \frac{c}{f_{pc}},$$
$$q_{pd}(j) = q_{pd}(f_{pd}) = q(j) + \beta f_{pd}^{0.5}。$$

其中,β 为研发支出所带来的质量提升效应,f_{pc}、f_{pd} 均大于 1(最低研发支出)。企业的研发决策为:付出同等的研发成本的情况下,即 $f_{pc} = f_{pd}$,选择带来更大出口利润的创新模式。企业出口前不同性质的研发带来相应的利润分别为:

$$\begin{cases} \Pi_{pc}^*(\varphi) = \dfrac{\tau^{(1-\sigma^*)}}{\sigma^*} r_{pc}^*(\varphi) - f - f_{pc} - f_{exp} \\ \Pi_{pd}^*(\varphi) = \dfrac{\tau^{(1-\sigma^*)}}{\sigma^*} r_{pd}^*(\varphi) - f - f_{pd} - f_{exp} \end{cases}$$

此时,令 $f_{pc} = f_{pd}$,并将创新函数代入,企业实际上根据式(1.18)进行创新选择:

$$\frac{q_{pd}(j)}{q(j)} \cdot \frac{c_{pc}}{c} \geqslant 1 \tag{1.18}$$

通过运算得知,当初始产品质量 $q(j)$ 较小,由于 $\frac{\partial q_{pd}(j)}{\partial f_{pd}} > 0$,$\frac{\partial q_{pd}^2(j)}{\partial f_{pd}^2} < 0$,对于初次进入出口市场的企业,出口前产品创新获得边际质量升级幅度较大,进而取得的边际创新收益将比工艺创新大。相应地,与产品创新相对应的门槛生产率也将下降更多,因此企业通过产品创新更能提高出口进入概率。但是对于成功进入出口市场的在位出口企业而言,初始产品质量 $q(j)$ 已较大,单位产品创新带来的边际质量升级幅度逐渐减小,最终导致工艺创新带来收益增加超过产品创新,因此工艺创新更能抑制在位企业出

[①]　在满足基本的偏导性质要求后,具体的函数形式并不会对结论构成方向性影响,本书所假定的创新函数形式仅为简化运算,且直观表达两种创新对企业决策的异质性影响。

口退出,并延长出口持续时间。

综上所述,我们可得到异质性创新模式与企业出口动态关系:

命题 1.2:当初始产品质量较低时,相比工艺创新,产品创新更能提高企业出口进入概率。

命题 1.3:对于在位出口企业,当初始产品质量较高时,相比产品创新,工艺创新更能抑制企业出口退出,延长出口持续时间。

命题1.2、命题1.3背后的逻辑是一致的,即不同创新模式引致的边际收益具有动态性质。对于准备初次进入出口市场的企业而言,初始产品质量一般处于较低水平,此时同等规模的产品创新支出引致的质量升级效应将大于工艺创新引致的成本缩减效应,企业通过产品创新进入出口市场的概率较大。而对于在位出口企业,产品质量水平一般较高,产品创新难度加大,同时国际市场竞争使质量升级带来的利润增加日趋减少。而工艺创新则可通过规模经济压缩单位产品成本,提高与同类出口企业的成本竞争力,从而更有助于降低出口退出概率,延长在位企业出口持续时间。

对于经验研究,命题 1.1、命题 1.3 一般可以预期得到验证,而命题 1.2 在不同国家可能具有不同结果,具体依赖于企业出口前的技术水平和产品质量。鉴于中国企业内销市场产品质量一般远低于出口产品质量,因此我们的一个初步判断是,命题 1.2 在中国出口企业情境下是成立的。在第二章中,本书将以中国出口企业面板数据对上述命题进行计量检验。

第二节 创新决策与出口动态:产品层面

本节基于由 Bernard et al. (2010,2011)等发展起来的多产品贸易模型,吸收最早由 Eckel and Neary(2010)等提出的多产品企业内部产品存在蚕食效应的思想,构建起一个在产品层面观察企业产品创新、工艺创新与产品出口动态行为的一般理论模型。

一、多产品消费环境

一个国家内部一般存在两个部门:同质产品部门 M 和异质产品部门 H。存在无差异个体总数为 L,个体为 OLG 型,不失一般性,假定个体生存周期仅为 1 期,消费者和生产者因此并不关心长期收益,仅追求当期效用和效益最大化。代表性消费者 l 具有以下形式的拟线性效用函数:

$$U = m^l + h^l \tag{1.19}$$

其中,m^l 表示个体对同质产品的消费效用函数,h^l 则为个体对异质产品消费量构成的嵌套效用函数:

$$h^l = a \int_j \eta_j^l \, \mathrm{d}j - \frac{b}{2} \int_j \int (\eta_{j,k}^l)^2 \, \mathrm{d}k \mathrm{d}j - \frac{e}{2} \int_j (\eta_j^l)^2 \, \mathrm{d}j - \frac{\theta}{2} \left(\int_j \eta_j^l \, \mathrm{d}j \right)^2$$

其中，a、b、e、θ 均严格为正数。结合式(1.1)，可知 a、θ 为同质和异质产品部门间的替代弹性。$\eta_{j,k}^l$ 指个体对异质部门 H 下产品种类 j 内产品 k 的消费量，相应地，$\eta_j^l = \int_k \eta_{j,k}^l \, \mathrm{d}k$，则指个体对异质部门产品种类 j 的加总消费量。[1] e、b 分别指种类 j 之间以及种类 j 内产品 k 间的差异化程度。[2] e、b 越小，表示种类间以及产品间的异质性越小，从消费者意愿来看，表示消费者的多元化偏好越弱。

根据消费者 l 的效用最大化，容易导出产品的逆需求函数：

$$p_{j,k} = a - b \eta_{j,k}^l - e \eta_j^l - \theta Q^l \tag{1.20}$$

其中，$Q^l = \int_j q_j^l \, \mathrm{d}j$，表示代表性消费者 l 对异质性部门所有产品的加总消费量。产品异质性(e、b)在模型分析中具有中心作用，式(1.20)则为观察多产品环境下产品异质性对消费者偏好和需求函数影响提供了一个较好窗口：$p_{j,k}$ 代表消费者对产品的最大支付意愿，b 越小表示产品 k 间的异质性越小，当 $\eta_{j,k}^l$ 上升时，不会导致对该产品评价显著降低[3]，因为即使消费者转向对种类 j 内其他产品的消费，也并不能带来多少差异。式(1.20)揭示的另外一层重要含义在于，相对于 Melitz and Ottaviano(2008)的单一产品模型，产品价格 $p_{j,k}$ 不仅受到 $\eta_{j,k}^l$ 的影响，并且还受到同类产品的影响，而影响大小则由种类间异质性 e 直接调节。[4]

鉴于个体的无差异环境，均衡状态下个体的消费量 $\eta_{j,k}^l$ 均相同，令 $\eta_{j,k} = L\eta_{j,k}^l$，则 j 种产品 k 面临的总需求函数为：

$$\eta_{j,k} = \frac{L}{b} \left(a - p_{j,k} - e \frac{\eta_j}{L} - \theta \frac{Q}{L} \right) \tag{1.21}$$

多产品情境下需求函数中各参数含义与式(1.20)并无根本差异，然而，与单一产品情形相比，该需求函数使多产品企业的最优决策表现出新的含义。

---

① 直观理解部门 M、H，种类 j，产品 k，可将 M 理解为农业部门，H 理解为产品异质性显著的制造业部门。j 可理解为制造业下的 4 位码产品种类，k 则可理解为 4 位码种类下的 5 位码或 6 位码的具体产品品种。

② 为简化分析，假设无论任何种类，内部各产品的差异化程度均一致。

③ 但反过来，b 越小表示产品替代弹性越大，当产品 i 的价格略微上升时，将引致大量消费者转向其他产品。背后逻辑仍然一致，产品异质性小，消费者也并无明显的多元化偏好，该产品价格上升，消费者自然大量消费其他产品进行替代。

④ e 的影响逻辑与 b 一致。

二、多产品企业的创新行为：工艺创新与产品创新

类似于 Melitz(2003)，企业通过支付进入的固定生产成本 f，可自由进入异质产品部门。不同的是，企业具有关于"成本—生产率"联系的完美信息：支付进入的固定生产成本 f，可获得一个类似于企业层面的平均边际成本 m。支付进入的固定生产成本后，企业将在生产选择框内进行生产决策：进入何种产品种类（j 的选择）①、产品范围（该种类下多少种具体产品，k 的上下区间选择）、各产品产量（$\eta_{j,k}$）和价格。假定在生产面，企业面临垄断竞争环境，产品价格取决于各产品边际生产成本基础上的成本加成。进而，引出本章对工艺创新与产品创新的界定。

工艺创新。代表性企业（为简化分析，我们选择生产 j 种产品的企业为代表性企业）在获得企业层面的平均边际成本后，可进一步对种类范围内各产品 k 进行旨在降低成本的工艺创新性研发（R&D），由成本为 $\omega_{j,k}$ 的工艺创新性研发可得到产品 k 的边际成本为：

$$c(w_{j,k}) = c - c\,\omega_{j,k}^{0.5} \tag{1.22}$$

显然，有一阶导数 $c'(\cdot) < 0$，二阶导数 $c''(\cdot) > 0$，$c(0) = c$ 表示企业选择不进行工艺创新。

产品创新。Flach and Irlacher(2018)等认为，对多产品企业而言，产品创新与企业产品选择范围扩展的含义相同。另一批多产品企业文献，如 Eckel(2009)、Kugler and Verhoogen(2012)，则认为产品创新是产品质量或技术含量的提升。作为一个拓展，本书吸收 Grossman and Helpman(1991) 以来垂直形式的质量阶梯模型传统，并综合考虑上述两种情况，认为：多产品企业对在位产品进行产品创新，主要指产品质量的升级；如果对潜在进入产品的创新，导致有新产品进入市场，则为产品范围扩展。本书关于多产品企业产品创新概念的拓展，更吻合企业现实，且从最终数据计量结果来看，大大增强了既有多产品模型对发展中国家多产品贸易企业的出口产品创新动态的解释力。

创新的本质是不确定性，无论产品创新还是工艺创新，前提是企业获得某种关于产品和工艺创新的思想，才能付诸研发。不失一般性，假设企业的单位产品创新以及产品范围集内每个产品工艺创新发生的概率分别是 μ_{Ω_j}、$\mu_{w_{j,k}}$，概率越大，企业付诸研发的成本支出越大，因此该概率实际上

---

① 企业对种类 j 的选择在模型中与选择其他种类并无差异，因此并不需要额外的专门分析。

捕捉了企业产品创新性研发和工艺创新性研发的成本支出情况。

三、局部均衡下的企业决策

代表性企业在支付进入的固定生产成本 f 后,将决定产品范围(产品创新性研发的反映)、产品产量以及各产品边际成本(工艺创新性研发的反映),以追求利润最大化:

$$\underset{\omega_{j,k},\eta_{j,k},\Omega_j}{\text{Max}}\ \Pi_j=\int_0^{\Omega_j}\{\left[p_{j,k}-m(\omega_{j,k})\right]\eta_{j,k}-\mu_{\omega_{j,k}}\omega_{j,k}-\mu_{\Omega_j}\}dk-f。$$

其中,Ω_j 表示选择生产 j 种产品的代表性企业选择的产品范围。由于我们假定企业具有关于创新发生概率的信息,可以预计企业将对各产品施加同等的创新支出进而各产品面临同样的产量决定。该假设的另外一个好处是,可使我们集中对企业产品创新和工艺创新是否发生的影响因素进行比较静态分析,而不用过多关注产品创新和工艺创新的绝对量。为此,可略去下标,并且有 $\eta_j=\int\eta_{j,k}dk=\Omega\eta$,进而 Π_j 的表达式,可简化为:

$$\underset{\omega,\eta,\Omega}{\text{Max}}\Pi=\Omega\left[p-m(\omega)\eta-\mu_\omega\omega-\mu_\Omega\right]-f=\Omega\pi-f \tag{1.23}$$

其中,$\pi=p-m(\omega)\eta-\mu_\omega\omega-\mu_\Omega$,为每个产品 k 的利润。

显然,企业需要在式(1.5)情况下寻求最优行为,对此,可分别通过三个一阶条件(FOC)相应求得均衡情况。

$$\frac{\partial\pi}{\partial\eta}=\left[p-\frac{(b+e\Omega)\eta}{L}\right]-m(\omega)=0 \tag{1.24}$$

$$\frac{\partial\pi}{\partial\omega}=-m'(\omega)\eta-\mu_\omega=0 \tag{1.25}$$

$$\frac{\partial\Pi}{\partial\Omega}=\pi-\Omega\eta(e\eta/L)=0 \tag{1.26}$$

其中,重点关注工艺创新[式(1.25)]和产品创新[式(1.26)]传递的信息。由式(1.25)可知,工艺创新具有扩大产品产量即规模效应的性质,即在 μ_ω 不变情况下,提高 ω,由于 $m'(\omega)<0,m''(\omega)>0$,因此 $|-m'(\omega)|$ 变小,企业必然选择扩大既有在位产品产量 η,直至满足式(1.25)。而式(1.26)则传递出产品创新具有与产品异质性或差异化程度密切相关的蚕食效应性质:通过产品创新而新进入市场的产品带来的边际利润,随着 Ω、e 的扩大而迅速减小。$\Omega\eta$ 表示既有在位产品的总产量,e 则表示产品种类间的异质性程度,回忆式(1.20),在产品消费量不变情况下,如果 e 较大,该产品价格将较大程度下降。由此,我们得到:

引理 1.1:工艺创新具有降低成本的规模效应,引致多产品企业倾向于扩大产品产量和利润。产品创新具有扩大内部竞争的蚕食效应,新产品进入带来的边际利润随着既有产品范围和产品异质性增大而缩小。

从微观经济理论来看,蚕食效应实际上是需求面产品间的异质性程度进而是消费者的多元化偏好的反映。其背后的经济直觉是,企业扩大本身产品范围提高了本企业各产品的市场竞争程度,在本企业各产品差异化程度 b 不变情况下,如果其他企业与本企业产品种类间的异质性程度 e 上升,消费者对其他企业产品种类的偏好增强,使得对本企业产品消费量以及支出意愿(即价格)均下降,最终出现降低企业利润的负向的蚕食效应。

根据式(1.24)、式(1.25)、式(1.26)以及自由进出条件 $\Omega\pi - f = 0$,不难推出,企业在均衡状态下的各产品产量、工艺创新支出、产品范围的均衡选择:

$$\eta = (\mu_\Omega)^{0.5} / \left(\frac{b}{L} - \frac{m^2}{4\mu_\omega} \right)^{0.5} \tag{1.27}$$

可见,多产品企业对各产品的最优产量取决于产品创新和工艺创新的成本参数(在 b、m、L 不变情况下)。当产品创新思想难以获得,换言之,产品创新成本 μ_φ 上升时,企业倾向于选择扩大既有产品产量。反过来,当工艺创新成本减小,企业有动力加大工艺创新力度,降低产品成本,从而提高市场竞争力,进而选择扩大既有产品产量。

企业均衡的工艺创新支出 ω 和产品创新(产品范围)支出 Ω 分别为:

$$\omega = \left(\frac{m}{2\mu_\omega} \right)^2 \mu_\Omega / \left(\frac{b}{L} - \frac{m^2}{4\mu_\omega} \right) \tag{1.28}$$

$$\Omega = \left[Lf \left(\frac{b}{L} - \frac{m^2}{4\mu_\omega} \right) / e\mu_\Omega \right]^{0.5} \tag{1.29}$$

现在,我们已经准备好对多产品企业在贸易开放条件下的产品创新、工艺创新与出口动态,即产品进入与退出关系,进行比较静态分析。

四、产品创新、工艺创新与产品出口动态

Eckel and Neary(2010)、Dhingra and Perla(2013)、Flach and Irlacher(2018)均以扩大 L 的方式来观察开放条件下市场规模、产品创新、工艺创新与多产品动态的关系,本书借鉴这一传统对开放条件下的产品出口动态进行比较分析。

无出口沉没成本的市场规模扩大。如式(1.28)、式(1.29),当贸易开放,即市场规模 L,也就是无差异个体总数扩大后,企业面临新的创新决策与产品集调整决策,不难得到:

$$\frac{\partial \omega}{\partial L} > 0, \frac{\partial \Omega}{\partial L} < 0 \tag{1.30}$$

式(1.30)表明,贸易开放后,本国企业将优先选择工艺创新,降低单位产品成本,提高生产率,促进原内销产品进入国际市场,同时将减少产品创新,收缩产品种类,抑制由式(1.26)反映的企业产品在国际市场面临的蚕食效应。这意味着,在开放条件下,企业将趋向于通过工艺创新促进产品进入出口市场。

纳入出口沉没成本的市场规模扩大。然而,上述无出口沉没成本的假定与主流文献、客观现实存在较大程度脱节,特别对发展中国家首次进入出口市场的企业或企业内首次进入出口市场的产品而言,改进产品外观设计、质量标准,进行出口前研发以及海外销售渠道建立,均需要付出额外相当可观的固定成本(Melitz,2003;Aw et al.,2011;戴觅和余淼杰,2011)。当进入国际市场时,企业如果既面临市场规模的扩大,同时又面临出口沉没成本,企业出口产品集合或者产品创新决策将发生显著的调整。

为在数理上更清晰观察出口沉没成本的影响,借鉴 Melitz(2003)做法,可将进入国际市场的出口沉没成本纳入多产品企业利润函数:

$$\underset{\omega,\eta,\Omega}{\text{Max}}\Pi = \Omega\left[p - m(\omega)\eta - \mu_\omega\omega - \mu_\Omega\right] - f - f_{\exp} = \Omega\pi - (f + f_{\exp})$$

$$(1.31)$$

最终得到开放条件的产品范围:

$$\Omega_{\exp} = \left\{(f + f_{\exp})\left[b - \frac{m^2(L + L_{\exp})}{4\mu_\omega}\right] \Big/ e\mu_\Omega\right\}^{0.5} \qquad (1.32)$$

其中,$L_{\exp}$、$f_{\exp}$分别表示本国多产品企业面临的出口市场规模以及相应的出口前需支付的新增进入成本。式(1.32)表明,当出口市场规模较小,而企业为实现出口而新增的出口沉没成本较显著大于本国市场进入成本时,企业反而有激励通过扩大产品范围即产品创新方式进入国际市场。为此,我们提出命题:

命题 1.4:当蚕食效应较强时,规模效应较大,多产品企业有激励选择工艺创新实现产品出口进入;当蚕食效应较弱时,规模效应较小,多产品企业有激励选择产品创新实现产品出口进入。

相对于 Eckel and Neary(2010)等既有文献,命题 1.4 明显扩展了多产品企业贸易模型对贸易动态特别是发展中国家多产品企业出口动态的解释力。其背后的经济直觉正是与市场需求联系的蚕食效应:出口市场规模扩大,本国企业面临的外部市场竞争加大,蚕食效应增强,相比产品创新,工艺创新并不会带来新的产品,而是提升与其他企业产品相比的成本竞争力,因此更能进入出口市场;出口市场规模并不大,而面向该国的出口前准备、海外营销等进入成本加大,可阻碍低效率的企业进入,实际减弱本国出口企业面临的企业间和产品间蚕食效应，企业可能更有激励通过产品创新进入出口市场。

从另一角度来看，针对大部分发展中国家加工贸易占比较高、产品出口扩展边际较弱的现实，可对本书企业内各产品间差异化程度 b 不变的假设进行拓展：加工贸易企业如通过内部产品创新，获得较大产品异质性 b，将规避企业内各产品间的蚕食效应，企业同样有激励通过产品创新方式扩大出口产品集合。

相应地，对于不同创新类型与多产品企业产品出口退出及出口持续时间，我们提出命题：

命题 1.5：对于多产品企业的在位出口产品，产品创新将增强企业面临的蚕食效应，提高在位产品出口退出率，缩短产品出口持续时间；工艺创新可利用规模效应，降低产品出口退出率，延长产品出口持续时间。

其背后的经济机制仍然可以用工艺创新的规模效应和产品创新的蚕食效应来清晰解释：对多产品企业在位出口产品实施产品创新，意味着将对既有出口产品实施类似质量升级换代的产品创新，无疑将对本企业上一代出口产品构成直接的蚕食效应。相反，针对在位出口产品的工艺创新，只是降低本产品的单位生产成本，并不涉及新的下一代高质量产品诞生，只是累积提升相对于其他企业同类产品的成本竞争力，这使得企业在位出口产品出口失败概率降低，出口持续时间延长。

在对多产品企业的研究中，Eckel and Neary（2010）、Mayer et al.（2014）、Montinari et al.（2015）颇具启发性地指出，多产品企业可能在产品集合内的某种产品上具有核心技术，拥有显著比较优势，其他产品则依据与核心技术的距离，距离越远，生产率越低，比较优势与竞争优势则越弱。不少文献指出，企业或者国家竞争优势是一个动态发展的过程，其形成本身就是一个不断的由非均衡到均衡再打破均衡而形成全新的均衡的动态过程（李朝明和黄丽萍，2010）。一般认为，出口企业的核心产品即出口贸易额占企业出口总额比例最高的产品，因此核心产品的出口动态更多地体现为企业核心产品的更替倾向。核心产品的更替在一定程度上可以认为是企业核心竞争力变更以及企业比较优势转换的代表。因此，与多产品企业内部其他产品动态的研究相比，对多产品企业内部核心产品动态的研究具有更为特殊的意义。

由式（1.10），以及 $\omega = \left(\dfrac{m}{2\mu_\omega}\right)^2 \mu_\Omega \Big/ \left(\dfrac{b}{L} - \dfrac{m^2}{4\mu_\omega}\right)$，我们可以发现，对于核

心产品集合内的每个核心产品,企业将施加同样规模的工艺创新支出,引致同等规模的成本下降,因此工艺创新前后,核心产品集合内每个核心产品的成本或生产率排序并无变化,从企业视角来看,核心产品排序自然并不会转换。即使根据 Mayer et al.(2012)、Montinari et al.(2015),工艺创新支出根据核心产品排序进行由大到小分配,那么排序第一的核心产品成本将下降得更多,比较优势更强,仍然不会引致核心产品排序的变化。然而,产品创新与工艺创新的效应存在较大区别,正如命题1.5所述,对在位核心产品施加产品创新,推出处于质量技术更高阶梯的下一代核心产品,将对上一代核心产品构成直接的自相竞争——蚕食效应,企业有激励主动使上一代核心产品退出市场或者缩小原有核心产品产量,从而缩小核心产品内的蚕食效应,实现资源再配置。另外,由于产品创新具有更大的不确定性,施加同样规模的产品创新支出,在不同核心产品上取得技术进步的幅度存在异质性,导致产品创新后,下一代产品与核心技术的距离即排序存在变化,最终导致核心产品更换以及比较优势转换的可能性更大,因此,针对多产品企业内核心产品出口边际动态,我们可以得出命题:

命题 1.6:相比工艺创新的规模经济效应,对在位核心产品实施产品创新,将通过质量升级效应和蚕食效应,引致核心产品转换可能性更大,比较优势转换能力相对更强。

综合来看,本节的理论命题揭示出,多产品企业在贸易开放条件下,是工艺创新还是产品创新更能促进产品出口进入以及抑制产品出口退出,依赖于不同国家出口企业面临的出口进入成本(f_{exp})、出口市场规模(L_{exp})、出口产品差异化程度(e)等系列异质性因素。但对于核心产品的出口动态而言,产品创新则是推动企业核心产品变更的主要力量。在第二章,本书将基于中国出口企业面板数据,在产品层面上对产品创新、工艺创新与产品出口动态以及产品创新、工艺创新与核心产品出口动态的关系进行计量分析。

第三节　一个拓展:创新决策与出口动态效应

本章的前两节分别从企业层面、产品层面分析了创新决策对出口动态的影响机制,而且也进一步从产品创新和工艺创新的视角分析了不同的创新模式对出口动态的不同层面的差异化的直接影响。然而,不少学者指出,当企业进入出口市场后,创新仍然能够通过提高企业的出口学习能力间接对企业出口动态所引致的生产率效应(带来的企业生产率的变动)产生影响(Aw et al.,2011)。本节将以创新决策引致的出口学习能力为视角，着重对已经进入出口市场的企业的不同创新决策与出口动态生产率效应(以下简称出口动态效应)两者之间的关系进行分析，以期得到企业创新活动对出口动态效应的影响机制以及作用渠道。

大量的国际贸易文献指出，出口企业在生产率水平上较非出口企业具有更显著的优势。基于此现象，学者有针对性地提出了两种理论进行解释，即自选择效应与"出口中学"效应。所谓"出口中学"效应，是指企业进入出口市场后所产生的生产率的提升效果。不少文献指出，不仅是出口行为本身，出口企业在出口市场上的出口广度、强度以及持续时间等任何由出口动态的变化所产生的出口相对静态结果都能提升企业的生产率，因此在更广义上，企业的"出口中学"效应也可认为是由出口动态行为所产生的生产率提升效应，即出口动态效应。[①] 本节将着重分析企业的出口动态效应以及创新决策对企业出口动态效应的影响机制。

针对企业的出口动态效应，学界普遍认同的观点是企业在进行出口贸易时所产生的知识溢出是使得出口行为提升企业生产率的关键因素。通过与国外消费者或者生产商联系，出口企业在国外市场上能够积累知识储备以及提升技术水平，获得来自国外消费者以及生产商的技术溢出(Evenson and Westphal, 1995; Greenaway and Kneller, 2007; 等等)。虽然在理论上认为企业的出口行为能够通过出口动态效应提升企业的生产率水平，但是在针对出口动态效应的实证研究中，并没有得到一致的结论(Aw et al., 2011; Delgado et al., 2002; Arnold and Hussinger, 2005; 等等)。学者一般认为，出口动态效应检验结果的不一致除了受到计量模型、计量方法、回归样本等因素的影响之外，更主要的原因是忽略了企业自身通过创新活动而获得的对外部技术的学习、吸收、模仿等能力。郑慕强(2011)指出，从出口中获取的技术虽然具有公共品的特征，但并不意味着所有企业都能从该技术中获得相应的能力提升。企业自身的吸收能力是决定企业能否从出口中获得生产率水平提升的重要因素。从企业吸收外部技术溢出的过程来看，出口企业在出口市场上获取相关技术溢出，经过消化和转化，最终应用到市场中，这是企业出口动态效应的完整过程。在这个过程中，任何步骤的完成都离不开创新活动。具体而言，首先，创新企业较非创新企业具有更加敏锐的嗅觉，能快速获取国外生产者外溢的有价值的知识；其次，知识的消化与转化同样依赖于企业自身的创新水平，技术

---

① 相比出口动态效应，"出口中学"效应更能反映企业在出口中获得生产率提升的作用机制。但是限于本书研究主题，使用出口动态效应更切合研究内容。

水平较高的企业拥有更高的消化与转化能力；最后，创新企业的开发能力使得其在最后的知识应用上也存在着较高成功率。Katharine(1998)对印度企业的研究表明，企业自身技术水平与外部技术水平的差异是影响技术溢出效应的关键。企业只有不断地对"学习"进行投资才能更好地吸收外部技术的溢出。戴觅和余淼杰(2011)针对中国企业的出口动态效应的研究表明，平均而言，中国企业的出口能在出口当年提升企业的生产率水平，表现出一定的出口学习能力，但该出口动态效应并不持久。企业出口前持久的、有意识的研发行为能增强企业的吸收能力从而显著增强企业的出口动态效应。基于以上分析我们可以得到命题：

命题 1.7：创新行为所带来的学习吸收效应是创新影响企业出口动态效应的重要机制。

Lucas(1988)率先提出了"干中学"效应由于不同的作用渠道可能存在的异质性，观察到不同产品的生产过程将具有不同的学习效应，并假定从高技术产品的生产过程中获取的"干中学"效应要强于传统产品。Anderson(2009)指出企业的出口强度、出口广度(出口产品多样化及出口市场多元化)以及出口持续时间影响了企业出口学习的范围。出口强度更大、出口广度更广以及出口持续时间更长的企业能够从出口中获取更强的出口溢价效应，因为更大的出口强度、出口广度以及更持久的出口持续时间使得企业能够接触更多的消费者或者出口商，面临更多样化的需求从而获得更多的新知识和新技术。胡翠等(2015)表明，出口额、出口商品种类、出口贸易方式都是影响企业出口动态效应的关键因素。陈勇兵等(2014)对出口持续时间与企业出口增长之间的关系进行了研究，发现贸易关系的持续时间是影响企业出口动态效应的重要因素之一。而由上文的分析可知，企业的出口动态效应离不开企业自身创新水平所引致的学习吸收能力，而学习吸收能力的大小又依赖于出口学习的广度、出口学习的强度以及出口学习累积时间的长短，这三者共同构成了企业在出口市场中学习的基础。何郁冰和陈劲(2010)指出：学习的广度是企业获得更多互补性知识和信息的基础；学习的强度是企业深入挖掘某一领域知识的前提；学习的持续时间是学习得以持续和深入的必要条件。综合上述分析，我们可以发现在出口中，企业的出口强度、出口广度以及出口持续时间为企业的学习吸收提供了基础，是企业创新引致的学习吸收能力得以影响企业出口动态效应的三种重要渠道。为此，我们得出命题：

命题 1.8：创新行为的学习吸收效应会通过出口学习强度、出口学习广度以及出口学习累积三个渠道影响企业的出口动态效应。

不同的创新模式会引致不同的学习吸收能力：旨在降低企业生产成本的工艺创新引致的利用型学习吸收能力（何郁冰和陈劲，2010）更依赖于企业学习的强度与学习的累积时间，从外部技术溢出中深入挖掘已有的相关知识以进一步降低企业的成本；旨在提供多样化产品的产品创新活动所引致的探索型学习吸收能力则更依赖于外部多样化的出口种类所带来的学习广度，从更多样化的产品中吸取更多技术外溢，并经过转化提高企业自身的生产能力。基于此，我们得出命题：

命题 1.9：在不同创新模式框架下，工艺创新所引致的利用型学习吸收能力对出口动态效应的影响更依赖于出口学习强度与出口学习累积，而产品创新所引致的探索型学习吸收能力对出口动态效应的影响则更依赖于出口学习广度。

第四节　小　结

本章从企业层面和产品层面构建了相应的理论模型，分析了企业创新决策与出口动态之间的关系以及不同创新模式对代表企业核心竞争力的核心产品出口动态行为的影响，并针对已经进入出口市场的企业的不同创新决策与出口动态效应两者之间的关系及其影响机制和渠道进行了深入探究。本章将创新决策分为创新行为（是否进行创新活动）和创新模式（产品创新和工艺创新），将出口动态分为企业/产品进入、企业/产品退出，以及企业/产品在出口市场上的持续时间。本章主要结论可归纳如下。

第一，从企业层面上来看，企业进入出口市场不仅要看生产率水平的高低，企业的创新行为也能够从需求以及供给两个方面促进企业进入出口市场，同时增强企业在出口市场上的竞争优势，从而降低企业退出出口市场的概率，并延长企业在出口市场上的持续时间；在产品创新和工艺创新的框架下，当初始产品质量较低时，产品创新对企业进入出口市场概率的影响比工艺创新的影响更为显著；从企业退出出口市场以及企业在出口市场上的持续时间来看，由于进入出口市场的企业产品质量普遍获得了较大幅度的提升，此时，工艺创新对企业退出出口市场的抑制作用以及对于延长企业在出口市场上的持续时间的影响都要明显强于产品创新的影响。

第二，从产品层面上来看，总体而言，企业的创新行为能够显著提高新产品进入率，同时降低旧产品退出率，并在一定程度上延长了产品在出口市场上的持续时间。在不同创新模式的理论框架下，产品创新与工艺创新对产品进入的促进作用的相对大小取决于相应的蚕食效应和规模效应。当蚕食效应较大时，规模效应较大，此时多产品企业倾向于选择工艺创新的方式促进产品的进入；相反，则采用产品创新的方式促进产品的进入。对在位产品的退出以及持续时间而言，由于产品创新会带来相应正向的蚕食效应，而工艺创新不会带来新的产品，而仅仅是针对现有产品缩减成本，因此工艺创新在抑制产品退出以及延长产品在出口市场的持续时间上具有更加显著的优势。

第三，就多产品企业中的核心产品而言，相较于工艺创新，产品创新通过质量升级效应以及蚕食效应引致核心产品转换的可能性将会更大，能更好地避免核心刚性，从而强化竞争优势。

第四，从创新决策对出口动态效应来看，创新所带来的学习吸收能力是企业出口动态效应的重要中坚力量，对企业出口与生产率之间的关系具有关键的调节作用，是企业出口活动提升企业生产率水平的重要保障。进一步对企业学习吸收能力进行剖析发现，企业创新所产生的学习吸收能力能分别通过出口学习强度、出口学习广度以及出口学习累积三个渠道影响企业的出口动态效应。在不同创新模式框架下，产品创新和工艺创新均能通过提升企业的学习吸收能力促进企业出口生产率水平的提高。但由于产品创新和工艺创新所产生的差异性的学习吸收能力，企业通过创新促进企业出口动态效应的渠道在不同创新模式框架下存在差异。产品创新所产生的探索型的学习吸收能力在出口学习广度上对企业出口动态效应的作用更显著，而工艺创新所产生的利用型的学习吸收能力在出口学习强度以及出口学习累积上对企业出口动态效应的作用更显著。

第二章 创新决策与出口动态：实证检验

本章将在第一章的基础上，对相关命题进行实证检验。本章的内容安排如下：首先，采用相关的计量策略对创新行为与企业出口动态之间的关系进行基准实证模型检验；其次，基于不同的创新模式，分别对产品创新、工艺创新与企业出口动态之间的关系进行计量回归检验；再次，比较分析不同创新决策差异化的出口动态效应及其异质性影响渠道；最后，对本章内容进行小结。

第一节 不同创新行为与出口动态

一、创新行为与企业出口动态

我们尝试利用 2001—2007 年的中国工业企业数据库数据，对创新行为与企业出口动态的三个层面即企业进入、企业退出以及企业在出口市场上的持续时间进行计量模型检验。在进行具体阐述之前，先对本节利用的数据进行简单的说明。

本节利用企业的研发投入衡量企业的创新行为，而中国工业企业数据库缺失 2004 年的研究开发费数据，这给研究带来了不便。为此，本节采用平均值的方法，利用企业 2003 年与 2005 年的平均值作为企业 2004 年的研究开发费数据。除此之外，参照李玉红等（2008）的方法对数据进行了如下处理：删除企业总产值、工业增加值、利润总额、固定资产净值年平均余额中任一项存在零值、负值或者缺失值的数据；删除主营业务收入在 500 万元以下的企业；删除从业人员数缺失或者小于 10 的企业；删除企业开工时间早于 1949 年的企业；删除新产品产值大于总产值的企业。

（一）创新行为与企业进入、退出行为

1. 企业进入行为

由上一章的理论模型可知，无论以何种形式出现的创新行为都能显著促进企业进入出口市场。Melitz（2003）表明，企业进入出口市场具有自选择效应，也即只有生产率较高的企业才会选择进入出口市场。而已有关于

企业创新行为决定因素的文献表明，企业选择创新行为本身也具有自选择效应，即只有在生产率较高的情况下，企业才会选择创新行为（Lee and Rodriguez-Pose，2012）。因此为了控制生产率较高的企业会自选择进行创新而给估计结果带来的偏差，我们选择采用倾向得分匹配模型对创新行为与企业进入出口市场的相互关系进行回归检验。

倾向得分匹配模型最早是由 Rosenbaum and Rubin（1985）提出来的。该方法基于"反事实"的思想，通过倾向得分值对处理组与非处理组进行匹配，从而减少控制变量等可观测变量对结果变量的混杂偏移。结合本节研究主题，我们先对企业采取创新行为的概率进行倾向打分以测算其倾向得分值。

以企业研究开发费是否等于零为标准，我们将总体样本分为两大类：一是处理组，即企业进行创新活动，记为 $\text{Treat}_i=1$；二是控制组，企业没有进行创新活动，记为 $\text{Treat}_i=0$。用企业的多个特征 X_i 来估计倾向得分值，则在给定企业行为特征 X_i 的情况下，企业 i 有创新行为的条件概率为：

$$P(X_i)=\text{Pr}(\text{Treat}_i=1|X_i)=E(\text{Treat}_i|X_i)。$$

倾向得分匹配模型根据有无创新活动的企业间的倾向概率对企业进行配对。在已有文献的基础上，我们将匹配向量 X_i 中包括的变量设定如下：企业生产率（tfp），我们借鉴 Olley and Pakes（1996）的方法（OP 法）测算企业生产率；企业外资属性（foreign），我们定义若企业的境外资本之和大于零即为外资企业；企业资本劳动比（capital），采用固定资产净值年平均余额与从业人员人数比值的对数来衡量资本劳动比，并对固定资产净值年平均余额用 1998 年为基期的固定资产投资价格指数进行平减处理；企业融资约束（finance），利用企业利息支出费用与企业的工业销售产值比值的对数表示；企业支付工人工资（wage），参照毛其淋（2013）的做法，利用企业应付工资和企业应付福利之和与从业人数的比作为企业支付工人工资；企业的利润率（profit），用企业利润总额与工业销售总产值的比值的对数表示。

通过二元选择 Logit 模型获得倾向得分值之后，我们剔除了非重合区域的样本以满足共同支持（common support）假定，同时我们采用了最近邻匹配（nearst neighbor matching）的方法对处理组和控制组的数据进行了匹配。为了检验回归结果的稳健性，我们还利用了核匹配和半径匹配的方法。最近邻匹配为处理组企业寻找倾向得分值最近的控制组企业[①]，即

$$C(i)=\min_j\|P_i-P_j\| \tag{2.1}$$

[①]　在这里，我们仅使用一对一匹配（one-to-one matching）的方法。

其中，i、j 分别表示处理组企业和控制组企业，P_i、P_j 则分别表示处理组企业和控制组企业的倾向得分值。$C(i)$ 表示与第 i 个处理组成员配对的控制组成员。从式（2.1）我们可以知道，在最近邻匹配中，只要处理组得分与非处理组得分最近即可认为两组企业是匹配的，而没有对两者的距离施加任何的约束条件。因此即使"最近邻"也可能"相去甚远"，从而失去可比性。为此，Rosenbaum and Rubin（1985）提出了限制倾向得分绝对距离的半径匹配的方法，即

$$C(i) = \{ \, |P_i - P_j| < \gamma \}。$$

第三种核匹配的方法属于整体匹配法，对处理组样本进行加权处理从而与控制组样本进行配对。权重依据个体距离的不同而进行分配，近者权重大，远者权重小，具体权重的表达式为：

$$\omega(i,j) = \frac{K[(P_i - P_j)/h]}{\sum\limits_{j \in C} K[(P_i - P_j)/h]}。$$

其中，h 为指定带宽，$K(\cdot)$ 为核函数。表 2.1 列出了利用最近邻匹配方法下的主要变量在匹配前后的样本特征情况以及平衡性检验结果。根据 Rosenbaum and Rubin（1985）的结论，当匹配后的标准偏差显著小于 20%时，我们即可认为匹配是合理的。在我们的结果中，所有变量都满足该条件，可以认为本部分的匹配是可靠的。

表 2.1　匹配前后的样本特征对比

变量	样本	平均值		标准偏差/%
		处理组	控制组	
tfp	匹配前	1.0973	1.0652	7.8
	匹配后	1.0973	1.0915	1.4
foreign	匹配前	−5.7726	−5.2246	−24.5
	匹配后	−5.7726	−5.7435	1.0
capital	匹配前	4.3244	3.9519	36.9
	匹配后	4.3244	4.3545	−3.0
finance	匹配前	−4.4499	−4.6352	14.6
	匹配后	−4.4499	−4.4344	−1.2
wage	匹配前	2.8783	2.6231	46.2
	匹配后	2.8783	2.8698	1.6
profit	匹配前	−3.2276	−3.5331	22.5
	匹配后	−3.2276	−3.2613	2.5

资料来源：2001—2007 年的中国工业企业数据库数据。

在匹配后的样本中，我们利用创新行为的参与者平均处理效果（average effect of treatment on the treatment，ATT）来估计创新行为对企业出口倾向的影响，即

$$ATT = E(Y_{1,i} - Y_{0,i} \mid Treat_i = 1)$$
$$= E\{E[Y_{1,i} - Y_{0,i} \mid Treat_i = 1, p(X_i)\}$$
$$= E\{E[Y_{1,i} \mid Treat_i = 1, p(X_i)] - E[Y_{0i} \mid Treat_i = 0,$$
$$p(X_i)] \mid Treat_i = 1\}。$$

其中，$Y_{1,i}$ 和 $Y_{0,i}$ 分别表示同一家企业在进行创新和不进行创新两种情况下的出口倾向。PSM 回归结果汇报于表 2.2。

表 2.2　创新行为与企业进入的 PSM 模型回归结果

匹配方法	样本	处理组	控制组	ATT	标准差	t
最近邻匹配	匹配后	0.6309	0.5044	0.1265***	0.0078	16.32
半径匹配	匹配后	0.6309	0.4932	0.1377***	0.0057	23.91
核匹配	匹配后	0.6309	0.4935	0.1374***	0.0058	23.83

资料来源：2001—2007 年的中国工业企业数据库数据。

注：*** 表示参数的估计值在 1% 的统计水平上显著。

表 2.2 的实证结果显示，用最近邻匹配方法匹配后，处理组的企业出口倾向为 0.6309，控制组企业的出口倾向为 0.5044，ATT 为 0.1265，在 1% 的水平上通过显著性检验，即创新行为对企业出口倾向具有显著的增强效应。表 2.2 中还汇报了另外两种匹配方法，即半径匹配以及核匹配的 ATT，发现无论用哪种方法进行匹配，ATT 都是类似的：有创新行为的企业的出口倾向显著强于没有创新行为的企业的出口倾向。这一结论证实了第一章的命题 1.1，说明企业是否进入出口市场不仅仅取决于生产率因素，创新行为的选择在一定程度上能够弥补企业生产率较低的缺陷，从提升需求以及降低成本两个角度促使企业进入出口市场。

2. 企业退出行为

接下来，我们分析企业出口动态的另一方面：企业退出行为。对于已经存在出口市场的企业而言，能够存活在出口市场上是衡量企业成功的基本标准。第一章的命题 1.1 揭示了对于在位的出口企业而言，创新投入的增加能够提升企业在出口市场上的获利能力，从而在一定程度上降低企业退出出口市场的概率。我们仍然采用 PSM 模型对企业创新行为与企业出口市场退出之间的关系进行检验。表 2.3 列出了分别利用最近邻匹配、半径匹配以及核匹配的 PSM 模型回归结果。

表 2.3　创新行为与企业退出的 PSM 模型回归结果

匹配方法	样本	处理组	控制组	ATT	标准差	t
最近邻匹配	匹配后	0.3137	0.4052	-0.0915^{***}	0.0076	-12.01
半径匹配	匹配后	0.3137	0.4175	-0.1038^{***}	0.0057	-18.15
核匹配	匹配后	0.3137	0.4197	-0.1061^{***}	0.0056	-18.69

资料来源：2001—2007 年的中国工业企业数据库数据。

注：*** 表示参数的估计值在 1% 的统计水平上显著。

　　表 2.3 的回归结果显示，无论以何种匹配方法得出的任何一种处理效应都支持创新行为在整体上能够抑制企业退出出口市场，而且在 1% 显著水平上显著，支持了第一章的命题 1.1。总体而言，创新行为能够促进企业进入出口市场，同时在一定程度上通过提高在位出口企业的竞争力，抑制了在位出口企业退出出口市场——与 Nelson and Winter(1982)、Cefis and Marsili(2005)等的研究结果一致。

（二）创新行为与企业出口持续时间

　　已有研究发现，虽然企业具有频繁地进入与退出出口市场的动态特征，但是企业在出口市场上的持续时间也是企业出口动态行为的一部分，是提高企业生产率的一个重要来源。企业在国内市场或者出口市场上的不同持续时间是市场选择机制(market selection process)的反映。熊彼特早在 1942 年就指出，创新对企业的持续时间起到了关键性的作用。创新行为不仅影响着在位企业的边际收益以及产出，而且也影响着企业在市场上的持续时间(Schumpeter，1942)。我们利用已有数据，首先采用非参数法对创新行为与中国企业在出口市场上的出口持续时间之间的关系进行初步直观的分析与刻画，然后在此基础上利用参数 Weilbull 模型、半参数连续时间 Cox 模型以及半参数离散时间 Cloglog 模型，对创新行为和企业出口持续时间的关系进行回归检验与分析。

　　我们定义企业出口持续时间为企业从进入出口市场到退出出口市场所经历的年数，定义企业从出口市场上退出为失败，即风险事件。[①] 在利用生存分析法进行分析的时候，我们必须注意删失数据(censored data)以及企业多出口片段(multiple spell)的问题。其中，删失问题分为左删失和右删失。左删失指的是对于 2001 年已经存在于出口市场的企业，我们无

---

　　① 我们利用的是中国工业企业数据库的数据，企业退出出口市场可能有三种情况：(1)企业的出口交货值在该年为 0 但并未退出国内市场，即出口转内销；(2)企业倒闭，退出国内市场；(3)由于中国工业企业数据库统计的是主营业务收入在 500 万元及以上的企业，那么企业也有可能当年出口转内销，且生产总值低于 500 万元。

法判断企业真正进入出口市场的年份,而忽略该问题可能会导致我们对企业在出口市场上持续时间的低估。为此,我们将样本设定为 2001 年未出口,而在 2002—2007 年出口的企业。右删失问题是指企业在样本期间内并没有风险事件的发生,对于这些企业而言,我们无法判断其退出出口市场的时间,但生存分析法为我们提供了一个很好的解决右删失问题的方法(陈勇兵等,2012;毛其淋,2013;蒋灵多和陈勇兵,2015)。对于一个企业而言,可能在 2001—2007 年退出出口市场,但是又在之后选择进入出口市场,这个企业在 2001—2007 年就会存在两个出口片段。对于这种类型的企业,不同学者有不同的处理方法。陈勇兵等(2012)、蒋灵多和陈勇兵(2015)将这些不同的出口片段看作不同的样本;魏自儒和李子奈(2013)则为了保证每个企业只有唯一的持续时间,选取了多出口片段企业的第一个持续时间进行分析;陈勇兵等(2015)则采取了间隔调整的方法处理多出口片段,即认为企业间隔 1 年的两个出口片段很可能是统计误差造成的,因而将只存在 1 年间隔的企业的两个出口片段视为一个持续出口时间片段。Besedes and Prusa(2006)发现前两种处理方法对结果的影响并不显著,因此本书在此对多片段的处理采用将多出口片段视为不同出口片段的处理方法以及间隔调整的方法。

对于创新行为与出口持续时间的分析,我们首先利用生存分析模型中的 Kaplan-Meier 乘积极限法对创新行为与企业出口持续的影响进行研究。Kaplan-Meier 乘积极限法属于生存分析模型中的非参数分析方法,对具体的生存函数形式不做任何假定。记企业在出口市场上的生存函数,即企业在出口市场上持续时间为 $S(t)$,那么 Kaplan-Meier 的乘积极限式为:

$$S(t) = \prod_{k=1}^{t} \frac{n_k - d_k}{n_k}$$

其中,n_k 为在样本期初存在出口市场上的企业个数,d_k 为在 k 期内退出出口市场的企业个数。

为了采用 Kaplan-Meier 乘积极限法对创新行为与出口持续时间的关系进行研究,我们以是否存在研究开发经费为指标,将样本划分为有创新行为的企业以及没有创新行为的企业,并分别绘制不同创新行为决策下的企业出口生存曲线(见图 2.1)。

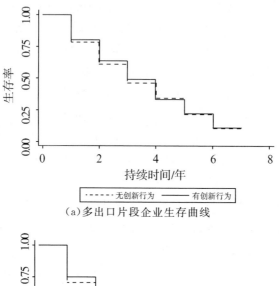

（a）多出口片段企业生存曲线

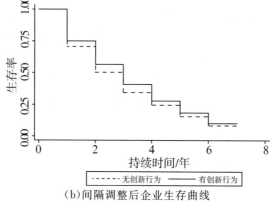

（b）间隔调整后企业生存曲线

图 2.1　创新行为与企业出口生存曲线①

资料来源：2001—2007 年的中国工业企业数据库数据。

　　从图 2.1(a)中我们可以直观地发现，对于持续时间在 4 年以内的企业而言，有创新行为的企业的生存曲线位于没有创新行为的企业的生存曲线上方，而在第 5 年内，有创新行为的企业的生存曲线略低于没有创新行为的企业，之后则又呈现出往上偏移的趋势。但总体而言，有创新行为的企业的出口中位持续时间为 3.60 年，而没有创新行为的企业的出口中位持续时间为 3.53 年，略微短于有创新行为的企业的持续时间。而对于间隔调整之后的企业的生存曲线而言，有创新行为的企业的生存曲线在其出口持续时间内一直位于没有创新行为的企业的生存曲线上方，且可以发现对

---

　　①　我们也绘制了单一片段生存曲线，发现利用多出口片段企业数据绘制的生存曲线与利用单一片段企业数据绘制的生存曲线之间并没有显著的差异，这与 Besedes and Prusa(2006)的结论一致。为此，本书在此只列出利用多出口片段企业数据绘制的生存曲线和调整间隔后的生存曲线。

于调整间隔后的企业而言，有创新行为企业的出口持续时间中位数为
3.29 年，而没有创新行为的企业的出口持续时间中位数为 3.04 年。

　　生存曲线直观地反映了创新行为对于企业在出口市场上持续时间的
影响。但由于未引入其他解释变量，以上分析只是对企业在出口市场上持
续时间的无条件分布的初步分析。本书接下来将利用多出口片段企业样
本，分别采用参数 Weibull 模型、半参数连续时间 Cox 模型以及半参数离
散时间 Cloglog 模型，分析创新行为对企业出口持续时间的影响。其中，
半参数离散时间 Cloglog 模型形式如下[①]：

$$F(h_{j,i,t}) = \text{Cloglog}(1-h_{j,i,t})$$
$$= \alpha + \beta \, \text{inno}_{j,i,t} + \gamma_1 \text{Controls}_{j,i,t} + \gamma_2 \text{Controls}_{j,t} + \varphi_0 + \varepsilon_{j,i,t} \tag{2.2}$$

其中，$h_{j,i,t}$ 表示 j 行业中的企业 i 在 t 期面临的市场风险，$F(h_{j,i,t})$ 表示相
应的离散时间风险函数，φ_0 表示基准风险，$\text{inno}_{j,i,t}$ 表示 j 行业中的企业 i
在 t 期的创新行为，我们参考前一部分的处理办法，用企业是否有研究开
发费为衡量标准，作为核心解释变量。$\text{Controls}_{j,i,t}$ 为企业层面控制变量，
包括：企业生产率（tfp），我们利用 OP 法测算企业生产率；企业规模
（scale），我们利用工业销售产值与所在二位码行业的平均销售额之比来衡
量企业规模以消除企业规模与企业生产率之间的共线性问题（毛其淋和盛
斌，2013）；企业年龄（age），我们用当年年份与企业成立年份之差表示；企
业资本劳动比（capital），我们采用固定资产净值年平均余额与从业人员人
数比值的对数来衡量资本劳动比，并对固定资产净值年平均余额用 1998
年为基期的固定资产投资价格指数进行平减处理；企业融资约束
（finance），我们用企业利息支出费用与企业的工业销售产值比值的对数表
示；企业支付工人工资（wage），我们参照毛其淋（2013）的做法，利用企业

---

　　① 常用的生存分析模型包括参数 Weibull 模型、参数 AFT 模型、半参数连续时间 Cox 模型、
以及半参数离散时间 Cloglog 模型。虽然以上模型在已有的相关文献中均有一定的适用性，但半参数
离散时间 Cloglog 模型是以上模型中使用最广泛的生存分析模型。首先，参数 Weibull 模型
和参数 AFT 模型需要对基准风险函数有具体形式设定，从而使得回归结果具有一定的主观性。
其次，半参数连续时间 Cox 模型具有半参数分布特征，相较于前两者而言，无须对基准风险函数的
分布形式进行具体设定，因此在一定程度上能克服参数模型的弊端。但半参数连续时间 Cox 模型
需要满足苛刻的等比例前提假定，而现实中大部分经济变量对风险函数的影响程度都无法满足，
过会使得回归结果产生偏差。同时，半参数连续时间 Cox 模型需要时间变量的连续性，从而在估
计时会存在大量的时间节点的问题。另外，半参数连续时间 Cox 模型无法测量回归方程中的非观
测异质性效果，也会高估核心解释变量对被解释变量的影响效果。最后，半参数离散时间 Cloglog
模型能有效地解决以上模型存在的问题，因此大部分文献都采用该方法。本章也采用了半参数离
散时间 Cloglog 模型，但同时作为辅助，也列出了参数 Weibull 模型以及半参数连续时间 Cox 模型
的回归结果，三种模型回归估计时采用的协变量相同，在此只列出了半参数离散时间 Cloglog 模型
的回归计量式。

应付工资、企业应付福利之和与从业人数的比作为企业支付工人工资；企业外资属性（foreign），我们定义若企业的境外资本大于零即为外资企业；政府补贴率（subsidy），我们用企业获得的补贴金额与企业营业收入之比表示。$Controls_{j,t}$为行业层面控制变量，包括：行业竞争程度（hhi），我们利用赫芬达尔指数表示，该指数值越大表明行业竞争越不激烈；企业所在行业利润率（profit），我们用企业所在二位码行业的利润总额与工业销售总产值的比值的对数表示。$\varepsilon_{j,i,t}$表示多维随机误差项。回归结果如表2.4所示。

表 2.4　创新行为与企业出口持续时间的回归结果

变量	未控制不可观测异质性模型			控制不可观测异质性模型	
	参数 Weibull 模型	半参数连续时间 Cox 模型	半参数离散时间 Cloglog 模型	参数 Weibull 模型	半参数离散时间 Cloglog 模型
	(1)	(2)	(3)	(4)	(5)
inno	−0.028*** (0.005)	−0.027*** (0.005)	−0.014** (0.007)	−0.063*** (0.011)	−0.043*** (0.014)
tfp	−0.289*** (0.018)	−0.266*** (0.028)	−0.248*** (0.030)	−0.444*** (0.029)	−0.321*** (0.035)
scale	−0.044*** (0.007)	−0.037*** (0.006)	−0.040*** (0.009)	−0.054*** (0.008)	−0.058*** (0.010)
age	−0.114*** (0.011)	−0.094*** (0.010)	−0.109*** (0.016)	−0.130*** (0.013)	−0.127*** (0.017)
capital	0.030*** (0.010)	0.024*** (0.008)	0.032** (0.014)	0.038*** (0.011)	0.017 (0.015)
finance	−0.049*** (0.007)	−0.041*** (0.006)	−0.067*** (0.010)	−0.054*** (0.008)	−0.052*** (0.010)
wage	−0.598*** (0.018)	−0.494*** (0.017)	−0.436*** (0.027)	−0.674*** (0.023)	−0.432*** (0.028)
foreign	−0.040** (0.018)	−0.343*** (0.015)	0.036 (0.025)	−0.053*** (0.021)	−0.031** (0.013)
subsidy	0.044*** (0.005)	0.037*** (0.004)	0.017*** (0.006)	0.056*** (0.006)	0.023*** (0.007)
hhi	0.237*** (0.013)	0.194*** (0.012)	0.137*** (0.017)	0.268*** (0.015)	0.206*** (0.008)
profit	0.014** (0.007)	0.012** (0.006)	0.026*** (0.009)	0.016** (0.008)	0.022** (0.010)
Cons	−1.583*** (0.109)		1.703*** (0.152)	−1.404*** (0.130)	−8.554*** (0.463)

续　表

变量	未控制不可观测异质性模型			控制不可观测异质性模型	
	参数 Weibull 模型	半参数连续时间 Cox 模型	半参数离散时间 Cloglog 模型	参数 Weibull 模型	半参数离散时间 Cloglog 模型
	(1)	(2)	(3)	(4)	(5)
θ				0.0000	0.0000
Obs	77799	262213	255461	77799	416411

资料来源:2001—2007 年的中国工业企业数据库数据。

注:括号内为标准误。*** 、** 分别表示参数的估计值在 1%、5% 的统计水平上显著。估计结果为系数的指数形式。

从表 2.4 可以发现,在控制了不可观测的异质性的模型中,$\theta=0$,表明模型强烈地拒绝无异质性的原假设,即在该模型中存在异质性。但无论何种模型对创新行为与出口持续时间的估计结果都表明,创新行为在一定程度上减少了企业在出口市场上的风险,延长了企业在出口市场上的持续时间,且至少在 5% 的置信水平上显著,证明了第一章命题1.1的合理性。

对于其他控制变量而言,其回归系数在 6 种不同的回归方法中都具有大体相同的符号,我们接下来的描述将以(4)列为主要的分析基础。由(4)列可知,企业的生产率(tfp)的估计系数显著为负,表明企业生产率的提高在一定程度上减少了企业在出口市场上的风险,延长了企业在出口市场上的持续时间。企业规模(scale)的估计系数显著为负,表明企业的规模越大,其在出口市场上的持续时间越长,这可能是因为较大规模的企业在应对外界不利的经济冲击时具有更加充足的资源,从而能够顺利度过危机。企业年龄(age)的回归系数显著为负,且在 1% 的水平上显著,说明企业年龄越大,越具有丰富的经验从而越具备在出口市场上生存的能力。企业规模和企业年龄对企业出口持续时间的影响是以往关于企业出口持续时间研究中的核心问题,大部分的理论和实证研究都认为企业在出口市场上的经验延长了企业在出口市场上的持续时间,与表 2.4 的实证研究结果一致(Jovanovic,1982;Geroski,1995;Pakes and Ericson,1998)。企业资本劳动比(capital)的回归系数显著为正,说明资本劳动比提升所代表的资本深化型的技术创新已经不能满足企业在出口市场上的要求,从而缩短了企业在出口市场上的持续时间。企业融资约束(finance)的估计系数显著为负,表明若企业能够获得较多的外部融资,将会大大减少企业在出口市场的风险,从而延长企业在出口市场上的持续时间。企业支付工人工资(wage)的估计系数显著为负,因为工资在一定程度上代表了企业所拥有的人力资本，当工资水平提高时，企业具有较大的人力资本从而增强了企业在出口市场上应对风险的能力，延长了企业在出口市场上的持续时间。企业外资属性（foreign）的估计系数显著为负，但是在利用未控制不可观测因素的半参数离散时间 Cloglog 模型中，该系数为正但并不显著，表明外资属性在一定程度上能够减少企业在出口市场上所面临的风险，从而延长了企业在出口市场上的持续时间。企业的补贴率（subsidy）显著为正，说明企业获得政府补助越高，企业进行自我提升的积极性越低，从而削弱了企业在国外市场上应对外在风险的能力，缩短了企业出口持续时间。行业竞争程度（hhi）显著为正，表明国内同行业内的企业竞争程度低反而有利于企业延长其在出口市场上的持续时间，与蒋灵多和陈勇兵（2015）的研究结论一致。行业利润率（profit）的回归系数显著为正，说明行业内利润率越高，企业在出口市场上的持续时间越短，这可能是因为越高的利润率表示行业内企业间的竞争越激烈，从而缩短了企业在出口市场上的持续时间。

二、创新行为与产品出口动态

通过前文创新行为对企业层面的进入、退出的实证结果我们知道，企业的创新行为促进了企业进入出口市场，同时降低了企业退出出口市场的概率。那么从企业内部而言，企业的不同创新行为是否对产品出口动态具有相同的影响效果呢？在这部分的研究中，我们在不划分产品创新和工艺创新等创新模式的基础上，着重考察企业内产品的动态调整，从新产品的进入率与旧产品的退出率以及产品在出口市场上的持续时间三个层面，分析创新行为对产品出口动态的影响。

（一）产品进入、退出行为

基于 Bernard et al.（2010）、Soderbom and Weng（2012）、Masso and Vahter（2012）等对产品层面的进入、退出的分析，我们以 2001—2006 年持续出口企业为样本来对中国多产品出口企业进行研究与分析。① 对于持续出口企业而言，我们根据出口企业对于企业内部产品集合的调整将其划分为相互独立的四个类型：第一种为企业从 $t-1$ 期到 t 期没有改变企业内部的产品集合（con）；第二种为企业从 $t-1$ 期到 t 期仅仅增加了新产品的出口（add）；第三种为企业从 $t-1$ 期到 t 期仅仅淘汰了旧产品的出口（drop）；第四种为企业从 $t-1$ 期到 t 期既增加了新产品的出口，又淘汰了

---

① 通过匹配 2001—2006 年中国工业企业数据库和海关数据，我们得到 6 年内持续出口企业 25137 家。

旧产品的出口(churn)。图 2.2 为 2001—2006 年全部持续出口企业内部产品的变动情况,我们可以观察得出在持续出口企业中,既选择增加新产品又选择淘汰旧产品的企业占全部企业总数的大部分,而另外三种类型的企业数目则在 2001—2006 年都显著小于既增加新产品又淘汰旧产品的企业数目,与 Bernard et al. (2010)、Eckel et al. (2015)等的研究结果相似。四种企业类型的数目在样本期间都维持了稳定,没有较大幅度的波动。表 2.5 则汇报了 2001—2006 年各种类型企业的平均数目,以及通过出口额加权的各种类型出口企业的出口占比。

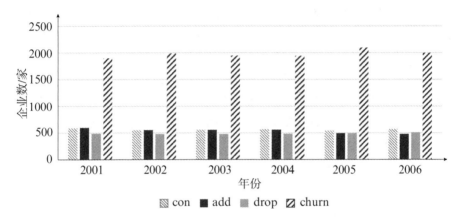

图 2.2　持续出口企业产品变动情况

表 2.5　2001—2006 年持续出口企业的产品动态变化

企业类型	企业数目占比			出口份额占比		
	全部企业	单一出口产品企业	多产品出口企业	全部企业	单一出口产品企业	多产品出口企业
	(1)	(2)	(3)	(4)	(5)	(6)
con	0.164	0.620	0.092	0.117	0.728	0.072
add	0.153	0.345	0.122	0.109	0.265	0.097
drop	0.135	0	0.157	0.093	0	0.100
churn	0.548	0.035	0.629	0.681	0.008	0.731

资料来源:2001—2006 年的中国工业企业数据库和海关数据。

表 2.5 的(1)—(3)列反映了不同类型企业的数目占比情况,(4)—(6)列则反映了不同类型企业的出口额占比情况。我们可以发现:首先,企业内产品的变动在样本期间是一种稳定状态,超过 80% 的企业会选择调整企业内部产品集合。在对产品集合进行调整的企业中,企业选择同时增加新产品和淘汰旧产品的方案对企业内产品集合进行调整,又是最为普遍

的。正如表 2.5 的(1)列所示，54.8％的企业选择了通过同时增加新产品和淘汰旧产品的方式对企业内部产品集合进行调整，而 15.3％的企业则选择通过仅增加新产品的方式调整产品集合，13.5％的企业选择通过仅淘汰旧产品的方式对企业内部产品集合进行优化。其次，从表 2.5 的(4)列我们可以发现，选择通过同时增加新产品和淘汰旧产品的方式进行产品集合优化的企业不仅在企业数量上占据优势，而且在出口额占比上也有68.1％。最后，通过比较表 2.5 的(2)、(3)列的统计结果，我们可以发现单一产品出口企业更倾向于维持现有的出口产品集合，而多产品出口企业则更倾向于调节企业内部产品集合，特别是通过同时增加新产品和淘汰旧产品的方式对产品集合进行优化，这与其他针对智利、印度等发展中国家或者美国等发达国家的研究都具有相似之处。

通过图 2.2 和表 2.5 的描述性统计，我们发现在持续出口企业的内部，对产品集合的调整是普遍存在的。那么，是什么因素导致了企业做出对产品集合进行调整的决策？企业创新行为的异质性作为企业的异质性的最根本的来源，又是如何影响企业调整内部产品集合的呢？为了准确估计企业创新行为对企业内部产品集合调整的影响，我们设置计量模型如下：

$$\text{change}_{j,i,t} = \beta_0 + \beta_1 \, \text{inno}_{j,i,t-1} + \sum \beta_i \, X_{j,i,t-1} + \xi \qquad (2.3)$$

其中，核心解释变量$\text{inno}_{j,i,t-1}$为利用中国工业企业数据库中的研究开发费构造的虚拟变量，若研究开发费的值大于零，则令$\text{inno}_{j,i,t-1}=1$，即企业进行了创新活动，反之则取值为零。$X_{j,i,t}$为一组控制变量的集合，分为企业层面的控制变量、行业层面控制变量。企业层面控制变量包括企业生产率（tfp）、企业规模（scale）、企业资本劳动比（capital）、企业年龄（age）、企业支付工人工资（wage）、企业外资属性（foreign）、企业融资约束（finance）以及企业是否为多产品出口企业的虚拟变量（type）。行业层面控制变量包括行业竞争程度（hhi）。$\xi = \upsilon_j + \upsilon_t + \varepsilon_{j,i,t}$，$\upsilon_j$、$\upsilon_t$ 分别为行业和年份特定效应，即模型施加行业与时间的双向固定效应，$\varepsilon_{j,i,t}$为随机效应扰动项，所有变量都采用滞后一期的对数形式表达以消除内生性和时间趋势对回归结果的影响。被解释变量$\text{change}_{j,i,t}$采用两种形式的虚拟变量对模型进行分析。首先，采用二元选择 Probit 模型对式(2.3)进行分析，根据企业是否选择调整产品集合设置$\text{change}_{j,i,t}$虚拟变量：若企业选择调整内部产品集合，则$\text{change}_{j,i,t}=1$；反之，若企业选择维持现有产品集合，则$\text{change}_{j,i,t}=0$。其次，为了进一步分析企业创新行为对调整产品集合的不同形式的影响，我们选择利用多元选择 Logit 模型对式(2.3)进行回归。此时，被解释变量change$_{j,i,t}$依据以上调整形式对其赋予 4 个不同的数值：change$_{j,i,t}$＝0 即企业选择不对其产品集合进行调整，change$_{j,i,t}$＝1 即企业选择通过仅增加新产品的方式调整产品集合，change$_{j,i,t}$＝2 即企业选择通过仅淘汰旧产品的方式调整产品集合，change$_{j,i,t}$＝3 即企业选择通过同时增加新产品和淘汰旧产品的方式调整企业内部产品集合。回归结果如表 2.6 所示。

表 2.6　技术创新行为对企业内部产品集调整的回归结果

变量	二元选择 Probit 模型	多元选择 Logit 模型		
	(churn,0)	(add,0)	(drop,0)	(churn,0)
	(1)	(2)	(3)	(4)
inno	0.124*** (0.033)	0.179*** (0.072)	0.173*** (0.081)	0.313*** (0.067)
tfp	0.195 (0.014)	−0.007 (0.030)	0.003 (0.034)	0.055*** (0.028)
scale	0.081*** (0.011)	0.104*** (0.025)	0.033 (0.028)	0.220*** (0.023)
capital	−0.007 (0.010)	−0.002 (0.022)	0.001 (0.026)	−0.017 (0.021)
age	−0.121*** (0.021)	−0.271*** (0.045)	−0.152*** (0.053)	−0.249*** (0.044)
wage	0.043** (0.022)	0.021 (0.047)	0.116** (0.053)	0.119*** (0.044)
foreign	−0.071* (0.044)	−0.229*** (0.104)	−0.152* (0.096)	−0.099 (0.090)
type	1.584*** (0.028)	0.849*** (0.053)	20.263 (45.419)	4.698*** (0.107)
finance	2.140*** (0.707)	3.613*** (0.136)	3.877*** (1.430)	3.820*** (1.373)
hhi	−0.073*** (0.013)	−0.054* (0.028)	−0.0002 (0.032)	−0.227*** (0.026)
Cons	−0.346*** (0.115)	0.009 (0.248)	−19.374 (20.421)	−3.450*** (0.253)
year	Yes	Yes	Yes	Yes
industry	Yes	Yes	Yes	Yes
Obs	20899	20899	20899	20899
$p>\chi^2$	0.000	0.000	0.000	0.000

资料来源：2001—2006 年的中国工业企业数据库和海关数据。

注：括号内为标准误。*、**、*** 分别表示在 10％、5％、1％的水平上显著。

　　表 2.6 汇报了分别利用二元选择 Probit 模型和多元选择 Logit 模型的回归结果。首先,表 2.6 的(1)列中,被解释变量为企业对自身内部产品集合是否进行了调整,该调整既包括了产品种类数目的变化,也包括了产品种类不变情况下产品集合的变化。核心变量创新行为(inno)的系数显著为正,说明有创新行为的企业更倾向于对自身产品集合进行调整,即企业创新行为是影响产品出口动态的关键因素之一。这可能是因为:一方面,创新行为本身会带来新的产品,从而促进出口企业增加产品种类;另一方面,创新行为使得企业整体技术水平得到提高,根据技术差距理论,与企业技术水平相当的产品出口利润将会比与企业技术水平相差甚远的产品的出口利润高,因而企业会淘汰与企业技术水平相差较大的产品,达到企业出口利润最大化的目的。

　　对于其他控制变量而言,企业滞后期的生产率(tfp)并不是企业是否进行企业内部产品集合调整的决定性因素,其系数为正但并没有通过10%水平的显著性检验。这可能是因为企业进行产品的调整需要投入大量的沉没成本,而具有较高生产率的企业因为获得了较高的利润,在短期内并没有调整产品集合的动机。企业规模(scale)的系数为正,且通过了1%水平的显著性检验,说明企业规模越大,越有可能提高产品集合内部调整的概率,这与 Bernard et al.(2010)的研究结论相同,即较大规模的企业在调整产品集合上更为活跃。企业资本劳动比(capital)的估计系数为负,但并没有通过10%水平的显著性检验。企业年龄(age)的估计系数显著为负,说明年龄越小的出口企业在调整企业内部产品集合上越活跃,这可能是因为年龄小的企业更加具有活力,愿意通过不断试错的方式调整自己的产品集合,从而获得最优的内部产品集合,达到利润最大化的目的。企业支付工人工资(wage)能够显著促进企业调整产品集合,因为较高的企业工人平均工资在一定程度上代表了较高的人力资本水平,而较高的人力资本水平往往与较为频繁的创新活动紧密联系,进一步创新活动的频繁出现则会导致更多新产品的进入,最终表现为企业对内部产品集合的调整。企业融资约束(finance)显著为正,说明企业在获得外部资金的支持时受到的阻力越小,企业越容易调整其内部产品集合。这与 Manole and Spatareanu(2009)、Bellone et al.(2010)以及 Nagaraj(2014)的研究结果一致,即当企业获得外部融资时面临的障碍较大,将会阻碍企业的投资行为,从而降低了企业对产品集合调整的概率。行业的竞争程度(hhi)的估计系数显著为负,说明企业所在行业的竞争强度越大,企业进行产品调整的概率越高。企业是否为多产品出口企业虚拟变量(type)的系数显著为正,说明与单一产品出口企业相比，多产品出口企业对企业内部产品结构进行调整的概率更大。这与图 2.2 和表 2.6 的结果一致。由于多产品出口企业已经在较大产品范围内进行出口，因此在新产品的生产、分销、出售上拥有更加丰富的经验，从而有利于提高企业调整内部集合的概率。企业外资属性（foreign）的回归系数显著为负，表明具有外资属性的企业相对于内资企业而言在调整产品集合上并没有太大优势，这可能是因为在中国，大部分外资企业在生产上都处于被动的地位，境外母公司对其的生产操控使得其不能自主选择产品集合结构。

为了更加清晰地了解企业的创新行为对于企业内部产品集合调整的影响，表 2.6 的(2)—(4)列分别对企业内部产品出口动态行为中的增加新产品行为、淘汰旧产品行为以及同时增加新产品、淘汰旧产品的行为进行了细致的划分，并将不进行任何调整行为的企业作为对照组。回归结果显示，利用多元选择 Logit 模型进行回归的结果与利用二元选择 Probit 模型进行回归的结果相似。对于核心变量创新行为（inno）而言，企业的创新行为对任一种产品动态调整行为都具有显著的促进作用，具体来说，企业创新行为对于企业增加新产品具有显著的促进作用，对于淘汰旧产品也同样存在显著的促进作用，但对增加新产品的促进作用要略大于对淘汰旧产品的促进作用。

以上分析通过构造虚拟变量的方法将企业内部产品集合的调整划分为四种类型，但该种方法无法明确描述企业调整产品集合的幅度。为此，我们构建了 2 个指标，新产品创造率（variety creation rate）和旧产品破坏率（variety destruction rate），对企业产品集合调整进行进一步的分析。基于 Bernard et al.（2010）对美国多产品企业的研究以及 Masso and Vahter（2012）对爱沙尼亚的分析，我们定义新产品创造率为 t 期新出口的产品种类数与 $t-1$ 期、t 期出口产品种类均值的比值，即产品进入率。同样，旧产品破坏率为第 t 期退出出口市场的产品种类数与 $t-1$ 期、t 期出口产品种类均值的比值，即产品退出率。总变动率则为企业新产品创造率和企业旧产品破坏率之和（Eckel et al.，2015），而净变动率则为企业新产品创造率和企业旧产品破坏率之差。表 2.7 和图 2.3 汇报了中国持续出口企业 2001—2006 年的新产品创造率、旧产品破坏率、总变动率与净变动率随时间变化的趋势。

表 2.7　出口企业产品变动

变量	2001 年	2002 年	2003 年	2004 年	2005 年	2006 年
新产品创造率	0.380	0.386	0.344	0.329	0.328	0.289
旧产品破坏率	0.302	0.304	0.286	0.281	0.299	0.311
总变动率	0.682	0.690	0.630	0.610	0.627	0.600
净变动率	0.078	0.082	0.058	0.048	0.029	−0.022

资料来源:2001—2006 年的中国工业企业数据库和海关数据。

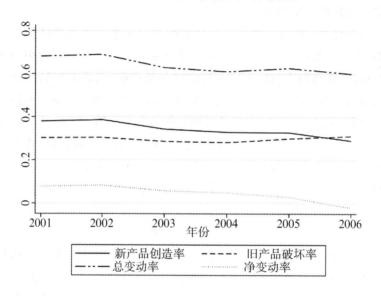

图 2.3　出口企业产品变动程度

可以发现,企业的新产品创造率在观测样本期间有下滑的趋势,而企业的旧产品破坏率则在样本期间出现了上升的趋势,与企业的新产品创造率曲线的差距逐渐缩小,并且在 2005 年、2006 年与之相交,并于 2006 年起高于新产品创造率。这两条曲线反映在净变动率上,净变动率曲线在样本观测区间呈现逐渐下滑的趋势,并于 2006 年首次出现小于零的情况。总变动率曲线的变化相对平稳,在 2001—2006 年一直维持在 60% 以上的水平。

正如 Masso and Vahter(2012)指出的,表 2.7 和图 2.3 所反映的企业年均变动率实际上掩盖了重要的行业异质性的差异。图 2.4 则反映了不同行业的平均新产品创造率和旧产品破坏率之间的关系。其中,行业代码为 37 的铁路、船舶、航空航天和其他运输设备制造业以及行业代码为 27 的医药制造业在 2001—2006 年拥有最高的新产品创造率和旧产品破坏

率。而有色金属矿采业(行业代码为 9)以及化学纤维制造业(行业代码为
28)则具有最低的产品变动率。这可能是因为有色金属矿采业和化学纤维
制造业在一定程度上仍然属于劳动密集型行业，这些行业的技术含量较
低，自身发展较为缓慢，从而在出口时并不会通过调整产品集合的结构来
实现利润最大化，而是选择进一步降低行业成本。相反，医药制造业以及
铁路、船舶、航空航天和其他运输设备制造业则是技术含量较高的行业，具
有资本密度高和研发投入大的特征，最终在出口产品上表现出更为活跃的
变动态势。行业变动率的分布图初步反映了我国产品变动率在一定程度
上与行业技术水平具有相关关系。

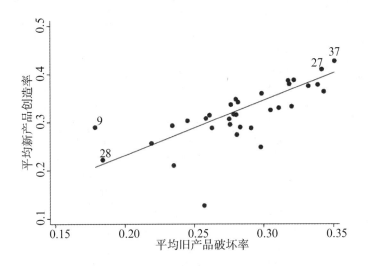

图 2.4　行业新产品创造率与旧产品破坏率

为了进一步研究创新行为与新产品创造率、旧产品破坏率之间的关
系，我们构建了如下的计量方程：

$$\text{rate}_{j,i,t-1} = \beta_0 + \beta_1 \text{inno}_{j,i,t-1} + \sum \beta_i X_{j,i,t-1} + \xi \qquad (2.4)$$

其中，被解释变量 $\text{rate}_{j,i,t-1}$ 分别用新产品创造率、旧产品破坏率、总变动率
以及净变动率表示。核心解释变量 $\text{inno}_{j,i,t-1}$ 仍然按照式(2.3)的规则进行
定义。$X_{j,i,t-1}$ 控制变量的集合与式(2.3)的定义也完全一致，所有解释变
量采用滞后期的对数形式表示，以消除内生性与时间趋势因素对回归结果
的影响。$\xi = \upsilon_j + \upsilon_t + \varepsilon_{j,i,t}$，$\upsilon_j$、$\upsilon_t$ 分别为行业和年份固定效应，即模型施加行
业与时间的双向固定效应。[①] OLS 回归结果如表 2.8 所示。

———————————

① 图 2.3、图 2.4 的趋势与分布也支持了我们在计量模型中施加行业和时间的双重固定效应。

表 2.8 创新行为与产品变动的 OLS 回归结果

变量	新产品创造率 （1）	旧产品破坏率 （2）	总变动率 （3）	净变动率 （4）
inno	0.033*** （0.007）	−0.068*** （0.008）	0.014*** （0.006）	0.056*** （0.010）
tfp	0.025*** （0.005）	−0.038*** （0.016）	−0.016 （0.011）	−0.022 （0.019）
scale	0.017*** （0.007）	0.010 （0.009）	0.026*** （0.006）	0.028*** （0.010）
capital	−0.031*** （0.005）	−0.009 （0.008）	−0.019*** （0.005）	−0.048*** （0.008）
age	−0.286*** （0.008）	0.047*** （0.009）	−0.255*** （0.007）	−0.326*** （0.012）
wage	0.014** （0.006）	−0.007* （0.004）	0.027*** （0.006）	0.065*** （0.020）
finance	0.010*** （0.002）	−0.007*** （0.004）	0.008*** （0.002）	0.014*** （0.003）
hhi	−0.046*** （0.006）	−0.009 （0.008）	−0.042*** （0.005）	−0.051*** （0.008）
type	−0.444*** （0.046）	0.550*** （0.085）	0.017* （0.01）	0.894*** （0.067）
foreign	−0.044*** （0.009）	−0.032*** （0.008）	−0.070*** （0.013）	−0.013 （0.011）
Cons	1.050*** （0.169）	0.721*** （0.106）	1.955*** （0.058）	0.784*** （0.093）
year	Yes	Yes	Yes	Yes
industry	Yes	Yes	Yes	Yes
Obs	19905	19905	19905	19905
$p > \chi^2$	0.000	0.000	0.000	0.000

资料来源：2001—2006 年的中国工业企业数据库和海关数据。

注：括号内为标准误。***、**、* 分别表示在 1％、5％、10％的水平上显著。

表 2.8 分别汇报了企业创新行为与新产品创造率、旧产品破坏率、总变动率和净变动率的回归结果。首先，企业创新行为对总变动率有显著的提升作用，表明有创新行为的企业较没有创新行为的企业在调整产品组合上具有更强的主动性，与表 2.7 所得到的回归结论一致。就其他变量而言，大部分解释变量的回归结果的符号与表 2.7 中的结果相同，但资本劳动比的系数变为显著为负。其次，企业创新行为通过新产品创造效应以及旧产品破坏效应影响了总变动率。具体而言，企业创新行为在提升新产

创造率的同时降低了旧产品破坏率。企业创新行为能够通过投入研发资本以及研发人员开发新产品,同时通过提升企业生产率水平提高在位产品的竞争能力,从而表现为新产品创造率的上升以及旧产品破坏率的下降。而就其他变量而言,要注意企业是否为多产品企业的虚拟变量(type)对新产品创造率的影响显著为负,说明多产品企业中的新产品创造率要低于单一产品企业中的新产品创造率。这一结论与新古典增长理论不谋而合。新古典增长理论指出,初始人均 GDP 较低的国家将会拥有较快的增长率。这一定律在本章对产品层面的研究中同样适用。最后,企业的创新行为对于企业产品的净变动率有显著的提升作用,且通过了 1% 水平的显著性检验。其他变量的符号并没有发生显著的改变,说明我们的回归结果稳健。

Bernard et al. (2010)指出,企业产品的进入、退出是企业内部资源再配置的动态表现,企业内部产品的动态变化在很大程度上解释了企业整体生产率的提高。基于此我们可以推断,新产品创造率和旧产品破坏率在一定程度上也影响着企业的创新活动。为此,我们采用 PSM 模型对创新行为与产品出口动态之间的关系进行稳健性检验,回归结果如表 2.9 所示。

表 2.9 创新行为与产品出口动态 PSM 模型回归结果

匹配方法	新产品创造率	旧产品破坏率
最近邻匹配	0.089***	−0.016***
	(0.007)	(0.005)
半径匹配	0.024***	−0.011***
	(0.003)	(0.002)
核匹配	0.011***	−0.005***
	(0.003)	(0.002)

注:括号内为标准误。*** 表示在 1% 的水平上显著。

表 2.9 汇报了利用最近邻匹配、半径匹配以及核匹配三种方法对创新行为与产品出口动态之间关系的 PSM 模型回归结果。三种匹配方法下的回归结果显示,企业的创新行为能够促进企业内部新产品的创造并在一定程度上抑制在位产品的退出,与前述 OLS 回归结果一致。

(二)产品出口持续时间

虽然本节以持续企业作为研究样本,但从"企业—产品"层面而言,"企业—产品"的出口并非持续的,接下来我们依然利用生存分析模型对"企业—产品"的出口持续时间进行分析。在利用生存分析模型对"企业—产品"出口持续时间进行分析时,多片段持续时间仍然是我们关心的问题,表 2.10 和表 2.11 分别列出了有关"企业—产品"贸易关系以及"企业—产品"出口持续时间的典型化事实。

表 2.10 "企业—产品"贸易关系典型化事实

出口片段数	"企业—产品"数/个	百分比/%	累积百分比/%	出口额占比/%
1	174318	79.45	79.45	95.73
2	40814	18.60	98.05	4.14
3	4226	1.93	99.98	0.13
4	40	0.02	100	0
总计	219398	100	—	100

资料来源：2000—2006 年的中国工业企业数据库和海关数据。

表 2.11 "企业—产品"出口持续时间典型化事实

出口持续时间/年	"企业—产品"数/个	百分比/%	累积百分比/%	出口额占比/%
1	47903	56.72	56.72	1.73
2	12969	15.36	72.09	5.33
3	5853	6.93	79.02	6.92
4	3824	4.53	83.55	9.24
5	3176	3.76	87.31	10.08
6	2464	2.92	90.23	6.59
7	8268	9.78	100	60.11
总计	84457	100		100

资料来源：2000—2006 年的中国工业企业数据和海关数据。

表 2.10 描述了"企业—产品"贸易关系的典型化事实，其中有近 80% 的"企业—产品"仅有 1 个出口片段，而多于 2 个出口片段的"企业—产品"仅占 2%，说明企业在选择淘汰旧产品之后很少重新再出口该种产品。表 2.11 描述了"企业—产品"出口持续时间的典型化事实，出口持续时间仅为 1 年的"企业—产品"仍然占据了总体样本的一半以上，而出口持续时间长达 7 年的"企业—产品"则仅占 10%，但其出口贸易总额占总体样本出口总额的 60%。这与企业层面的结论在很大程度上具有相似性，即企业或者"企业—产品"的进入、退出大量并频繁地发生，但是持续存在的企业或者"企业—产品"仍然是出口贸易增长中的重要部分。接下来，我们利用 Kaplan-Meier 乘积极限法对创新行为与产品出口持续时间之间的关系进行初步的描绘。

图 2.5 展示了有创新行为企业与无创新行为企业出口产品的生存曲线。我们可以直观地发现，有创新行为企业的产品生存曲线在样本期间一

直位于无创新行为企业产品生存曲线的上方，且有创新行为企业的产品出口持续时间的中位数为 3.52 年，而无创新行为企业的产品出口持续时间的中位数为3.48年，虽然差异不大，但是 Log-rank 检验（对数秩检验）[①]结果仍然表明该差异是显著的。

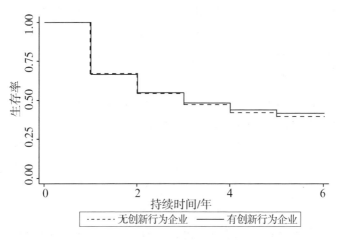

图 2.5　创新行为与产品生存曲线

资料来源：2001—2006 年的中国工业企业数据库与海关数据。

生存曲线直观地反映了创新行为对于产品在出口市场上持续时间的影响。但由于未引入其他解释变量，以上分析只是对产品在出口市场上持续时间的无条件分布的初步分析。接下来，我们利用 2001—2006 年的中国工业企业数据库和海关数据，采用参数 Weibull 模型、半参数连续时间 Cox 模型以及半参数离散时间 Cloglog 模型对创新对于产品出口持续时间的影响作用进行回归。我们参照蒋灵多和陈勇兵（2015），在回归模型中纳入了企业、"企业—产品"、行业三个层面的变量作为控制变量。

首先，企业层面。**企业生产率**（tfp），我们仍然采用 OP 法估算企业的生产率水平。Bernard et al.（2010）表明企业的生产率水平越高，产品在出口市场上越具有竞争力，从而产品的出口持续时间越长。基于此，我们预测企业生产率的回归系数为负。**企业规模**（scale），与前文保持一致，我们利用工业销售产值与所在二位码行业的平均销售额的比例来衡量企业规模以消除企业规模与企业生产率之间的共线性问题（毛其淋和盛斌，2013）。企业规模越大，企业在出口市场上的竞争力越强，从而产品出口的失败率越低，产品出口持续时间越长，我们预测该系数的回归结果小于零。

———————

① Log-rank 检验结果显示，$p > \chi^2$，$p = 0.000$，即生存曲线存在显著差异。

企业年龄（age），根据 Vernon（1966）的生命周期理论，企业在市场上的持续时间越长，其生产管理经验越成熟，从而出口产品在出口市场上的风险越小。基于此，我们预期企业年龄的回归系数为负。**企业资本劳动比**（capital），资本劳动比在一定程度上反映了企业的比较优势，在中国，由于大部分企业仍然是以劳动密集型的出口产品为主，因此我们预期较高的资本劳动比反而加大了产品在出口市场上的风险。**企业融资约束**（finance），该指标反映了企业融资能力的大小。根据 Chaney（2008），企业融资约束在很大程度上影响了企业的出口能力，我们预测该变量的回归结果小于零。**企业支付工人工资**（wage），企业工资反映了企业人力资本水平，当企业的工资水平提高时，企业的人力资本水平相应得到提高，从而减少了产品在出口市场上的风险，延长了产品的出口持续时间，最终在回归结果中表现为负号。**政府补贴率**（subsidy），政府补贴有利于降低企业的生产成本，从而提高了企业竞争力，优化了企业出口产品在出口市场上的表现，减少了风险，延长了出口持续时间，表现为负的回归系数。

其次，"企业—产品"层面。**出口规模**（scale_pd），我们利用 t 期"企业—产品"出口额与企业 t 期出口总额的比值表示。根据 Gorg et al.（2012）、蒋灵多和陈勇兵（2015）等，我们预期"企业—产品"出口规模的系数为负，即"企业—产品"出口规模越大，"企业—产品"出口持续时间相应越长。**出口种类数**（total_n），用企业在 t 期的出口产品种类的对数值表示，出口产品种类的多样化能够增强企业抵御外来风险的能力，而且出口产品种类的增加也能提升企业"出口中学"效应，从而预期具有负的回归系数。

最后，行业层面。**行业竞争程度**（hhi），用赫芬达尔指数表示，该指数值越大表明行业竞争越不激烈，但行业竞争程度与企业出口产品持续时间的关系并不确定。一方面，行业竞争激烈将会倒逼企业通过更新技术提升企业的竞争能力，从而有利于出口产品持续时间的延长；另一方面，蒋灵多和陈勇兵（2015）的实证研究结果显示国内行业竞争程度越低，越有利于产品出口持续时间的延长。**企业所在行业利润率**（profit），我们利用行业产品销售利润与行业销售产值比值的对数衡量行业的利润率，**企业所在行业利润率**越大说明国内市场或者国外市场对该行业的需求越大，越有利于减少该行业产品的出口风险，预期回归系数小于零。具体回归结果如表2.12所示。

表 2.12　创新行为与产品持续时间的回归结果

变量	未控制不可观测异质性模型			控制不可观测异质性模型	
	参数 Weibull 模型 (1)	半参数连续时间 Cox 模型 (2)	半参数离散时间 Cloglog 模型 (3)	参数 Weibull 模型 (4)	半参数离散时间 Cloglog 模型 (5)
inno	−0.132*** (0.018)	−0.104*** (0.018)	−0.155*** (0.029)	−0.160*** (0.027)	−0.102*** (0.046)
tfp	−0.391*** (0.027)	−0.254*** (0.028)	−0.330** (0.067)	−0.238*** (0.016)	−0.163* (0.090)
scale	−0.037*** (0.008)	−0.019** (0.008)	−0.037*** (0.014)	−0.008** (0.003)	−0.004*** (0.002)
age	−0.460*** (0.017)	−0.243*** (0.016)	−0.185*** (0.026)	−0.541*** (0.024)	−0.175*** (0.014)
capital	0.032*** (0.009)	0.022*** (0.009)	0.015 (0.014)	0.032*** (0.013)	0.018 (0.014)
finance	−0.027*** (0.007)	−0.016** (0.007)	−0.040*** (0.011)	−0.041*** (0.010)	−0.039*** (0.012)
wage	−0.234*** (0.019)	−0.150*** (0.019)	−0.143*** (0.032)	−0.291*** (0.029)	−0.151*** (0.029)
hhi	−0.007 (0.011)	−0.015** (0.006)	0.001 (0.018)	−0.001 (0.016)	−0.046*** (0.023)
profit	−0.011 (0.005)	−0.015** (0.007)	0.006 (0.012)	−0.015 (0.011)	0.007 (0.010)
subsidy	0.004 (0.005)	0.009* (0.005)	−0.009 (0.008)	0.008 (0.008)	−0.009 (0.009)
scale_pd	−0.010*** (0.003)	−0.006*** (0.002)	−0.005 (0.004)	−0.014*** (0.004)	−0.004** (0.002)
total_n	−0.053*** (0.010)	−0.022*** (0.006)	−0.075*** (0.016)	−0.059*** (0.015)	−0.084*** (0.015)
Cons	0.063 (0.099)		2.369*** (0.173)	0.913*** (0.151)	2.313*** (0.167)
θ				0.000	0.000
Obs	29956	29956	29956	29956	29956

资料来源：2001—2007 年的中国工业企业数据库和海关数据。

注：括号内为标准误。***、**、* 分别表示参数的估计值在 1%、5%、10% 的统计水平上显著。估计结果为系数的指数形式。

我们可以发现，在控制了不可观测的异质性模型中，$\theta = 0$，表明模型强烈地拒绝无异质性的原假设，换言之，该模型中存在异质性。但无论用何种方式，对创新行为与产品出口持续时间的估计结果都表明，创新行为在一定程度上减少了产品在出口市场上的风险，且均通过了 1% 水平的显著性检验,说明企业进行创新活动能够增强企业内产品的出口竞争力,从而相对抑制了产品的退出,延长了产品在出口市场上的持续时间。

对于其他控制变量而言,其回归系数在不同的回归方法中都具有大体相同的符号,我们在接下来的描述中,将以表 2.12 的(4)列为主要的分析基础。

对于企业层面控制变量而言:企业生产率(tfp)的估计系数显著为负,表明企业生产率的提高在一定程度上减少了产品在出口市场上的风险,延长了产品在出口市场上的持续时间,这与 Bernard et al.(2010)等的研究结果相同,即生产率越高的企业放弃出口产品的概率越小,产品在出口市场上的持续时间越长。企业规模(scale)的估计系数显著为负,表明企业的规模越大,其内部产品在出口市场上的持续时间越长,这可能是因为较大规模的企业内部产品的份额也相应较大,从而相应延长了产品在出口市场上的持续时间,降低了出口产品的失败率。企业年龄(age)的回归系数为负数,且在 1% 的水平上显著,说明企业年龄越大,在出口市场上的生存经验越丰富,从而其内部产品相应在出口市场上的持续时间越长。企业资本劳动比(capital)的回归系数显著为正,说明资本劳动比提升所代表的资本深化型的技术创新已经不能满足产品持续存活在出口市场上的要求,从而缩短了产品在出口市场的持续时间。企业融资约束(finance)的估计系数显著为负,表明若企业能够获得较多的外部融资,将会大大减少产品在出口市场的风险,从而延长产品在出口市场上的持续时间。这可能是因为获取外部资金的可能性越大,企业越可能对自身产品集合进行创新,不断提升产品在出口市场上的竞争力,从而产品在出口市场上的持续时间越长。企业支付工人工资(wage)的估计系数显著为负,是因为工资在一定程度上代表了企业所拥有的人力资本,当工资水平提高时,企业的人力资本增多从而提高了企业内产品的技术含量,减少了产品退出出口市场的风险。政府补贴率(subsidy)的估计系数为正,但并没有通过 10% 水平的显著性检验,说明企业是否获得政府补贴对于其内部产品的持续时间的影响并不显著。

对于行业控制变量而言:行业竞争程度(hhi)的回归系数为负,说明行业竞争程度越大,产品在出口市场上的存活时间越长,但并没有通过 10% 置信水平的显著性检验。企业所在行业利润率(profit)的回归系数也为负而且也没通过置信水平为 10% 的显著性检验。

对于"企业—产品"控制变量而言,产品的出口规模(scale_pd)的回归系数为负,且通过了 1% 水平的显著性检验,说明产品出口规模越大,产品在出口市场上的持续时间越长,这可能是因为规模越大的产品,国外消费者对其的需求越大,从而了其退出出口市场的概率越低(Gorg et al.,2012)。企业出口产品种类(total_n)的回归系数为负,且通过了1%水平的显著性检验,说明企业出口产品种类越多,出口产品的持续时间越长。因为越多出口产品的企业在出口市场上抵御风险的能力越强,从而产品失败的概率越低(Bernard and Jensen,2004;Cottrell and Nault,2004;等等)。

(三)核心产品更替

核心产品作为企业在出口市场上的主要竞争优势所在,在一定程度上能够促进企业在出口市场上获取相对有利的地位,然而若企业在长期内固守原有的核心优势,而不随着外部动态复杂的环境改变其核心产品,那么将不利于企业长期发展以及其持续竞争力的形成。其概率在一定程度上反映了企业在出口市场上的动态竞争优势情况,核心产品更替是避免企业陷入"核心刚性"的主要渠道所在(李朝明和黄丽萍,2010),其概率在一定程度上反映了企业在出口市场上的动态竞争优势情况。

基于第一章的分析,本节主要分析了创新行为对企业核心产品更替概率的影响作用。我们首先根据 Bernard et al.(2010)以及 Eckel and Neary(2010)等的定义,测算出企业每年的核心产品 k,并将核心产品在样本期间更替概率以二元选择变量的形式看作被解释变量:当企业在 t 年调整核心产品 k,将其变为核心产品 k' 时,我们将其定义为 $\text{Dum}_{i,t}=1$,反之,当核心产品不发生变化时,我们将其定义为 $\text{Dum}_{i,t}=0$。在此基础上,我们分别建立二元选择 Probit 模型和二元选择 Logit 模型,通过创新行为核心变量以及一系列控制变量分析创新行为对企业核心产品更替概率的影响,具体计量模型形式如式(2.5)所示:

$$\Pr(\text{Dum}_{j,i,t}=1)=\Phi\left(\beta_0+\beta_1\,\text{inno}_{j,i,t-1}+\sum\beta_i\,X_{j,i,t-1}+\xi\right)\ (2.5)$$

其中,核心解释变量 $\text{inno}_{j,i,t-1}$ 为利用中国工业企业数据库中研究开发费构造的虚拟变量,若研究开发费的值大于零,则 $\text{inno}_{j,i,t-1}=1$,即企业进行了创新活动,反之则取值为零;$X_{j,i,t-1}$ 则为一组与第一章相同的控制变量组的集合;$\xi=\upsilon_j+\upsilon_t+\varepsilon_{j,i,t}$,$\upsilon_j$、$\upsilon_t$ 分别为行业和年份特定效应,即模型施加行业与时间的双向固定效应;$\Phi(\cdot)$ 则为企业内部核心产品更替概率的分布函数,我们利用 Probit 和 Logit 两种形式的概率分布函数对其进行估计,二元选择 Probit 模型服从标准正态的累积分布函数,二元选择 Logit 模型则服从逻辑分布的累积分布函数,具体回归结果如表 2.13 所示。

表 2.13 创新行为与核心产品更替概率二元选择模型回归结果

变量	二元选择 Logit 模型			二元选择 Probit 模型		
	(1)	(2)	(3)	(4)	(5)	(6)
inno	0.156*	0.161***	0.293***	0.092*	0.095***	0.173***
	(0.095)	(0.054)	(0.096)	(0.055)	(0.035)	(0.056)
tfp	0.272**	0.239*	0.288*	0.159**	0.140*	0.170*
	(0.135)	(0.136)	(0.163)	(0.079)	(0.079)	(0.095)
scale	−0.007	−0.014	−0.036	−0.001	−0.009	−0.021
	(0.036)	(0.039)	(0.040)	(0.022)	(0.023)	(0.023)
capital	0.130***	0.135***	0.166***	0.076***	0.079***	0.097***
	(0.044)	(0.044)	(0.046)	(0.026)	(0.026)	(0.027)
age	−0.175**	−0.165***	−0.116*	−0.102***	−0.096***	−0.068**
	(0.064)	(0.064)	(0.063)	(0.037)	(0.037)	(0.026)
hhi	−0.227***	−0.253***	−0.243**	−0.132***	−0.147***	−0.144**
	(0.049)	(0.051)	(0.115)	(0.029)	(0.029)	(0.070)
wage	0.204**	0.153*	0.114***	0.119**	0.089*	0.066***
	(0.092)	(0.094)	(0.001)	(0.054)	(0.055)	(0.024)
finance	−0.003	−0.003	−0.008	−0.002	−0.002	−0.005
	(0.031)	(0.034)	(0.033)	(0.019)	(0.019)	(0.019)
foreign	−0.262***	−0.290***	−0.361***	−0.160***	−0.168***	−0.208***
	(0.083)	(0.089)	(0.090)	(0.052)	(0.052)	(0.052)
profit	−0.242	−0.046	−0.016	−0.025	−0.027	−0.009
	(0.436)	(0.034)	(0.034)	(0.020)	(0.020)	(0.020)
year	No	Yes	Yes	No	Yes	Yes
industry	No	No	Yes	No	No	Yes
Cons	−2.036***	−2.266***	−1.295***	−1.191***	−1.324***	−0.764***
	(0.517)	(0.526)	(0.022)	(0.300)	(0.301)	(0.012)
Obs	5785	5785	5785	5785	5785	5785
$p > \chi^2$	0.000	0.000	0.000	0.000	0.000	0.000

资料来源：2001—2006 年的中国工业企业数据库和海关数据。

注：括号内为标准误。*** 、** 、* 分别表示在 1%、5%、10% 的水平上显著。

表 2.13 报告了技术创新行为对企业核心产品更替概率的影响的基准模型回归结果。其中，(1)—(3)列采用了二元选择 Logit 模型进行估计，可以看出创新行为的回归系数都显著为正，且至少通过了 10% 水平的显著性检验，说明创新行为显著地提升了企业内部核心产品更新换代的概率。(4)—(6)列采用了二元选择 Probit 模型进行估计，回归结果仍然支持创新行为对企业核心产品更新换代的促进作用，支持了前文关于创新行为影响企业持续竞争力的理论结果。在知识经济的时代中，企业在出口市场

的竞争能力越来越依赖于企业的创新能力。创新行为不仅给企业带来了一连串的短暂的竞争优势(黄江圳和谭力文,2002),即短期获利的核心产品,而且有助于企业在长期中积累知识储备,适时根据外部动态环境调整自己的相对比较优势,从而有效避免"核心刚性陷阱",获得长久的竞争优势,实现比较优势的动态转换。

对于其他控制变量而言,企业生产率(tfp)的提升能显著提升企业核心产品的更新换代的概率,说明企业生产率水平越高,企业对外部环境的动态适应能力越强,从而依据外部环境调整其核心产品的概率也会随之增大。企业规模(scale)的回归系数为正,但并不显著,说明企业规模并不能反映企业维持持续竞争力的动态能力。企业资本劳动比(capital)的回归系数为正,且通过了 1% 水平的显著性检验,说明企业的资本劳动比越大,企业越能在复杂动态的环境中保持高度的敏感性以及灵活性,从而越能对外部环境的不利变化做出有效的调整。企业年龄(age)的回归系数为负,且通过了 1% 水平的显著性检验。这可能是因为年龄大的企业的生产活力没有年轻企业的生产活力大,在进行技术创新活动时也并没有年轻企业活跃,因此在其面对外部环境对其竞争力的负向冲击时,其应对能力也并没有年轻企业的应对能力强。企业所在行业的竞争程度(hhi)的回归系数在 1% 的显著性水平上为负,说明激烈的外部环境将会对企业潜在的变革更新能力形成有效的倒逼机制,从而提升了企业维持持续竞争力的能力。企业支付工人工资(wage)的回归系数显著为正,说明企业工人工资水平的提升有利于企业持续竞争力的形成。企业支付工人工资在一定程度上是企业人力资源的反映,企业支付工人工资越高,企业具有的人力资本越多。企业持续竞争力的形成与企业本身对资源的有效利用、对外部环境的洞察力以及企业自身调整能力密切相关,而所有这一切都依赖于并在一定程度上取决于企业自身人力资本的水平。企业人力资本水平越高,企业根据外部环境调整自身竞争优势来源的能力也会相对越强。企业融资约束(finance)的回归系数为负,但并没有通过显著性检验。企业外资属性(foreign)的回归系数为负,且通过了 1% 水平的显著性检验,说明外资企业可能更不利于我国企业在出口市场上维持竞争力。究其原因可能是,对于具有外资属性的企业而言,其出口产品的种类以及规模几乎完全由外资控制,外国母公司根据自身的利益诉求以及利润最大化的原则调整子公司的生产活动,往往忽略子公司本身的利益,从而子公司自身根据外部环境调整产品结构的能力非常微弱。企业所在行业利润率(profit)的回归系数为负,但并没有通过显著性检验。

正如前文分析指出的,简单地通过比较创新企业与非创新企业在核心产品更替概率上的差异存在一定的偏误,因为我们很难将企业开展创新活动与其他影响企业核心产品变更的因素分割开,于是我们进一步采用前文所述的 PSM 模型对创新行为与核心产品更替概率之间的关系再一次进行回归检验。

基于 PSM 模型,我们首先选取企业生产率、企业规模、企业资本劳动比、企业年龄、企业支付工人工资、企业外资属性、企业融资约束以及企业所在行业利润率等匹配变量,运用二元选择 Logit 模型对企业创新行为进行倾向打分,进一步根据打分情况进行样本匹配并计算 ATT。表 2.14 汇报了对匹配变量的平衡性检验的结果。

表 2.14　匹配变量的平衡性检验结果

变量	样本	平均值		标准偏差/%	t 检验	
		处理组	控制组		t	p
tfp	匹配前	1.174	1.1755	−0.4	−0.24	0.814
	匹配后	1.174	1.1718	0.6	0.26	0.798
scale	匹配前	−0.0227	−0.5495	40.9	22.19	0.000
	匹配后	−0.0229	−0.0024	−1.6	−0.69	0.489
capital	匹配前	4.0029	3.5523	38.8	20.41	0.000
	匹配后	4.003	4.0429	−3.4	−1.50	0.133
age	匹配前	2.1412	1.8575	36.6	19.89	0.000
	匹配后	2.1414	2.1343	0.9	0.40	0.692
wage	匹配前	2.9102	2.7294	33.9	18.45	0.000
	匹配后	2.9122	2.9147	−0.5	−0.21	0.836
foreign	匹配前	0.4147	0.5564	−28.6	−15.17	0.000
	匹配后	0.4145	0.4296	−3.1	−1.39	0.166
profit	匹配前	−3.2767	−3.6344	27.3	14.38	0.000
	匹配后	−3.2765	−3.3−45	2.1	1.00	0.317
finance	匹配前	−4.7632	−5.0292	19.8	10.46	0.000
	匹配后	−4.7629	−4.7417	−1.6	−0.74	0.461

注:匹配比例为 1:1,表中 t 检验的原假设为"处理组和控制组的样本均值相等"。

由表 2.14 可知,除企业生产率外,匹配前的协变量在 1% 的置信水平上存在显著的差异,而匹配后,根据处理组和控制组的双样本 t 检验的结果我们可以发现,8 个协变量均在 1% 的显著性水平上无法拒绝原假设,说明匹配变量在匹配后不再存在显著性差异，符合平衡性条件。表 2.15 汇报了基于以上平衡性检验的 PSM 模型的回归结果。

表 2.15　创新行为与核心产品更替概率 PSM 模型回归结果

匹配方法	样本	处理组	控制组	ATT	标准差	t
最近邻匹配	匹配后	0.6488	0.4817	0.1671***	0.0089	18.87
半径匹配	匹配后	0.6488	0.4783	0.1705***	0.0070	24.38
核匹配	匹配后	0.6488	0.4746	0.1743***	0.0065	26.69

资料来源：2001—2006 年的中国工业企业数据库和海关数据。

表 2.15 汇报了利用三种匹配方法计算的 ATT。我们可以发现，在三种匹配方法下，PSM 模型回归结果与上文利用 OLS 回归模型估算的结果完全一致，即创新行为均显著提升了企业内部核心产品更新换代的概率。正如 Skilton and Bernardes(2015)指出，企业内部产品的更新换代是企业的战略性工具，以及观察企业成功或者失败的新的指标，同时也是新的评判标准和新的视角。因此，创新作为提升企业竞争力的重要源泉，不仅能塑造企业的核心竞争力与比较优势，而且能通过培育企业对外部环境敏锐的洞察力，提高对资源的利用率以及产品集合的更替概率，维持企业在出口市场上的动态调整能力，从而形成企业在出口市场上的持续核心竞争力，使其实现比较优势的动态转化。

第二节　不同创新模式与出口动态

一、产品创新与工艺创新刻画与测度

产品创新和工艺创新最早是由熊彼特提出的。他指出：产品创新是指企业研发一种新产品，且该产品不被消费者熟悉，抑或是对已有产品进行质量升级；工艺创新则是指一种新的生产流程。Simonetti et al.(1995)指出，企业对产品创新与工艺创新的选择受到经济和贸易的各方面影响。特别是在不同的商业周期内，企业会根据经济所处的不同状态选择不同的创新模式。具体而言，在经济的低迷期，企业会选择工艺创新合理化其生产流程并降低生产成本，而相反，在经济的扩张期，企业会选择研发新产品的产品创新行为。Utterback and Abemathy(1975)从更加微观的层面指出，企业选择的创新类型会根据产品生命周期而变化。在起步期，企业会选择产品创新，而在成熟期，则会选择工艺创新。

根据不同创新模式的定义确定各创新类型的测度指标是本节的难点。

以上关于产品创新与工艺创新的界定为我们测算产品创新和工艺创新提供了有利的理论基础。本节将依据最早由 Schumpeter(1911)提出的对产品创新和工艺创新的定义界定本书的产品创新与工艺创新的内涵。在欧美地区的研究中，对于产品创新和工艺创新的界定一般基于欧共体创新调查数据库(Community Innovation Survey，CIS)。其针对每个企业设计"是否进行产品创新"或者"是否进行工艺创新"等调研问题，并依据企业所有者给出的回答得到相关产品创新和工艺创新的二元变量数据(Rope and Love,2002；Cassiman et al.，2010；Beveren and Vandenbussche,2010；Becker and Egger,2013)。该数据库大大降低了学者测算产品创新和工艺创新相应指标的难度，但正因为是调研数据，数据本身的主观性也是主要缺陷之一。在国内，细化研究产品创新和工艺创新的研究并不多见。杨媛(2014)、刘欣和陈松(2015)利用不同类型的专利数衡量不同类型的创新，徐欣(2013)、孙晓华和王昀(2013)利用技术升级投资的数据衡量企业的工艺创新行为，毕克新和孙德花(2010)、黄先海等(2017)则利用新产品产值表示产品创新，而利用劳动生产率水平表示工艺创新。

我们基于以往经验研究，将企业新产品产值作为企业是否进行产品创新的代理指标，将企业的生产效率指数的提升作为企业是否进行工艺创新的代理指标。我们采用 Fare et al. (1992)等提出的基于面板数据，并辅以距离函数的 Malmquist 指数[①]中的效率变化指数$eff_{i,t}$，作为每个企业从 t 期到 $t+1$ 期的生产效率值的变化值。该指数为我们构造企业工艺创新提供了有力的基础。若$eff_{i,t}>1$，那么我们认为当期企业生产效率有所提高，企业进行了工艺创新活动，即$DUM\_eff_{i,t}=1$，否则，当期没有进行工艺创新，即$DUM\_eff_{i,t}=0$。同时，利用中国工业企业数据库中的新产品产值[②]，我们同样可以得出企业产品创新的虚拟变量，若当期企业的新产品产值大于零，即$prod_{i,t}>0$，那么我们则认为该企业在当年进行了产品创新活动，即$DUM\_prod_{i,t}=1$，否则，当期没有进行产品创新行为，即$DUM\_prod_{i,t}=0$。

基于以上测算方法，表 2.16 列出了不同的创新模式下的企业出口数目情况。

---

① Malmquist 指数具体测算原理见附录。

② 采用新产品产值数据衡量本书中的产品创新，而并非采用 Malmquist 指数测算的技术进步指数，是因为本书对产品创新的界定参考了 Schumpter(1911)的定义，产品创新不仅仅指技术水平提高而带来的产品质量的提升，也即技术进步指数的提升，还包括了新产品的进入，因此采用新产品产值对其进行衡量更能准确反映本书研究的目的。

表 2.16　创新模式与企业样本数目

处理组	出口		汇总	
	0	1		
$(0,0)$	115796 (0.661)	59312 (0.339)	175108 (1.000)	175108 (0.435)
$(0,c)$	90846 (0.659)	47055 (0.341)	137901 (1.000)	137901 (0.343)
$(d,0)$	11810 (0.388)	18595 (0.612)	30406 (1.000)	30406 (0.076)
(d,c)	29386 (0.501)	29310 (0.499)	58696 (1.000)	58696 (0.146)
汇总	247838 (0.616)	154272 (0.384)	402110 (1.000)	402110 (1.000)

资料来源:1998—2007 年的中国工业企业数据库数据。

注:$(0,0)$代表不进行创新的企业,$(0,c)$代表仅进行工艺创新的企业,$(d,0)$代表仅进行产品创新的企业,(d,c)代表既进行工艺创新又进行产品创新的企业。

表 2.16 汇报了利用 1998—2007 年的中国工业企业数据库数据对制造业企业创新模式与出口之间的关系进行简单的描述性统计的结果。总体而言,共有制造业企业 40211 家,总样本数为 402110。从表 2.16 我们可以发现,制造业企业中仅有 38.4% 的企业会进行出口,且有超过半数(56.5%)的企业会进行创新。其中,仅进行工艺创新的企业占 34.3%,仅进行产品创新的企业占 7.6%,而同时进行产品创新和工艺创新的企业则占到 14.6%。与此同时,我们发现:在仅进行工艺创新的企业中,有 34.1% 的企业进行了出口;在仅进行产品创新的企业中,有 61.2% 的企业进行了出口。这在一定程度上证明了在企业出口决策上,产品创新对企业的促进作用要大于工艺创新对企业的促进作用。

二、产品创新、工艺创新与企业出口动态

(一)进入、退出行为

基于上一部分对企业产品创新和工艺创新指标的测度,在接下来的部分,我们将分析产品创新、工艺创新模式下的企业进入、退出行为。我们将沿用上述 PSM 模型思路,针对不同创新模式选择的事实利用 MPSM 模型衡量不同的创新模式对企业出口动态的影响。由于纳入了不同的创新模式,企业 i 的创新选择集不能再仅仅用二元响应变量来表示,而是构成了 2×2 的相互独立的选择集矩阵。我们分别利用 0、d 以及 c 代表企业没有进行任何创新、企业进行产品创新以及企业进行工艺创新。那么企业 i 的

选择集可以表示为如图 2.6 所示矩阵形式,即(0,0)(企业不进行创新活动),(d,0)(企业进行产品创新),(0,c)(企业进行工艺创新)以及(d,c)(企业既进行产品创新又进行工艺创新)。

(0, 0) 不进行创新	(d, 0) 仅进行产品创新
(0, c) 仅进行工艺创新	(d, c) 既进行产品创新 又进行工艺创新

图 2.6　企业创新模式选择

我们仍然是对企业选择不同创新模式的倾向打分。对于多项选择的企业而言,我们借鉴 Lechner(1991)的做法,调整传统的 PSM 模型,通过采用多元选择 Logit 模型对企业的倾向打分,进行 MPSM 模型的估算。表2.17汇报了企业选择不同创新模式的多元选择 Logit 模型,回归结果显示,生产率的提高是企业进行创新活动的重要因素。无论企业是选择进行工艺创新还是产品创新,抑或是同时进行两种创新活动,企业选择进行创新时的前置生产率水平都要比不进行创新活动时的生产率水平高,这在一定程度上说明企业选择创新行为也存在自选择效应,只有在生产率足够高时企业才会进行创新活动。除此之外,表 2.17 还汇报了二元选择 Probit 模型的回归结果。首先,二元选择 Probit 模型的对数似然函数值(Log-likelihood)为−286578.71,而多元选择 Logit 模型下的对数似然函数值为−285827.56。Mackinnon et al.(2004)给出了根据对数似然函数值选择非嵌套、非线性选择模型的标准:

$$LR = 2\left| LL_{probit} - LL_{logit} \right| \tag{2.6}$$

式(2.6)服从$\chi^2(6)$的分布。从而我们得出 LR=1502.3,在 1% 的水平上显著。因此,我们利用多元选择 Logit 模型来对企业进行打分。

表 2.17 创新的多元选择 Logit 模型以及二元选择 Probit 模型回归结果

变量	多元选择 Logit 模型			二元选择 Probit 模型	
	$(0,c)$	$(d,0)$	(d,c)	$(0,c)$	$(d,0)$
tfp	0.083***	0.087***	0.096***	0.049***	0.038***
	(0.005)	(0.006)	(0.008)	(0.002)	(0.003)
capital	−0.131***	0.144***	0.035***	−0.027***	0.010***
	(0.005)	(0.007)	(0.006)	(0.002)	(0.002)
finance	0.169***	0.143***	0.123***	0.081***	0.036***
	(0.004)	(0.006)	(0.005)	(0.002)	(0.002)
foreign	0.0002	−0.442***	−0.174***	0.016***	−0.157***
	(0.012)	(0.019)	(0.015)	(0.006)	(0.007)
profit	−0.038***	0.050***	−0.029***	−0.027***	0.010***
	(0.003)	(0.005)	(0.004)	(0.002)	(0.002)
scale	0.080***	0.384***	0.227***	0.033***	0.147***
	(0.004)	(0.006)	(0.005)	(0.002)	(0.002)
Cons	0.974***	−0.916***	−0.434***	0.520***	−0.642***
	(0.031)	(0.052)	(0.040)	(0.017)	(0.019)
Obs	235704	235704	235704	235704	235704
Log-likelyhood	−285827.56	−285827.56	−285827.56	−286578.71	−286578.71

资料来源:1998—2007 年的中国工业企业数据库数据。
注:括号内为标准误。*** 表示在 1% 的水平上显著。

利用多元选择 Logit 模型完成打分后,我们进一步根据最常用的最近邻匹配的方法对处理组和控制组进行匹配,分析产品创新以及工艺创新对企业出口倾向的不同效应。结果如表 2.18 所示。

表 2.18 不同创新模式与企业进入的 MPSM 模型回归结果

匹配组别	T−C	ATT			ATE	ATU
		标准差	t	差值		
	(1)	(2)	(3)	(4)	(5)	(6)
(1)	$(d,c)-(0,0)$	0.009	11.07	0.102	0.098	0.096
(2)	$(0,0)-(d,c)$	0.006	−14.82	−0.096	−0.098	−0.096
(3)	$(d,c)-(0,c)$	0.013	4.19	0.054	0.055	0.056
(4)	$(0,c)-(d,c)$	0.011	−5.14	−0.056	−0.055	−0.056
(5)	$(d,0)-(d,c)$	0.006	−3.64	−0.023	−0.021	−0.015
(6)	$(d,c)-(d,0)$	0.007	2.23	0.015	0.021	0.015

续 表

匹配组别	T−C	ATT			ATE	ATU
		标准差	t	差值		
	(1)	(2)	(3)	(4)	(5)	(6)
(7)	$(0,0)-(d,0)$	0.006	−13.71	−0.082	−0.083	−0.085
(8)	$(d,0)-(0,0)$	0.007	11.30	0.084	0.083	0.085
(9)	$(0,0)-(0,c)$	0.012	−2.28	−0.028	−0.026	−0.016
(10)	$(0,c)-(0,0)$	0.012	1.17	0.015	0.026	0.016
(11)	$(0,c)-(d,0)$	0.011	−4.26	−0.046	−0.049	−0.050
(12)	$(d,0)-(0,c)$	0.013	3.84	0.050	0.049	0.050

资料来源：1998—2007 年的中国工业企业数据库数据。

注：T 代表处理组，C 为控制组。$(0,0)$ 表示没有进行创新的企业，$(d,0)$ 代表仅进行产品创新的企业，$(0,c)$ 代表仅进行工艺创新的企业，(d,c) 代表既进行工艺创新又进行产品创新的企业。

表 2.18 分别汇报了总体平均处理效应（average treatment effect，ATE）、参与者平均处理效应（average treatment effect on the treated，ATT）以及非参与者平均处理效应（average treatment effect on the untreated，ATU）。在(1)列中，我们用 T 代表处理组，用 C 代表控制组。(1)行代表既进行产品创新又进行工艺创新的企业相对于不进行任何创新的企业的出口倾向变化。

总体而言，表 2.18 的结果显示了产品创新能够显著增强企业的出口倾向。(1)和(2)行的结果指出，既进行产品创新又进行工艺创新的企业相对于不进行任何创新的企业而言，其出口倾向要强 10.2％，而不进行任何创新的企业的出口倾向比进行两种创新企业的出口倾向弱 9.6％。这两种 ATT 显著不同，但对于 ATE 以及 ATU 而言，相反的处理组改变的仅仅是 ATE 及 ATU 的符号。对比(1)和(2)行、(3)和(4)行以及(5)和(6)行的回归结果，我们发现同时进行两种创新的企业的出口倾向比单独进行一种创新时的出口倾向要强，而且这一作用对于仅进行工艺创新的企业而言更为显著，且对于 ATT、ATE 以及 ATU 三种效应均成立，进一步证明了第一章的命题 1.1。对比(3)和(4)行、(7)和(8)行以及(11)和(12)行的回归结果，我们发现进行产品创新的企业与进行工艺创新的企业相比具有更强的出口倾向，而工艺创新本身对于企业出口倾向的强化作用并不显著。这一结论与 Caldera(2010)、Cassiman et al. (2010)以及 Becker and Egger(2013)相似，且这一结论背后的原因与一国产品生命周期密切相关。

在本书中,基于中国现实情况以及前文所述理论模型结论,针对本节计量模型的实证结果,我们认为其背后的机制主要存在于:由于在进入出口市场后所面临的国外消费者较高的需求标准,以及国外市场的进入技术门槛等条件,初始进入出口市场的企业的产品质量较低,此时企业发现产品创新带来的收益要比工艺创新带来的成本压缩的收益更显著,因此中国大部分企业在进入出口市场的初期,选择了产品创新。

对于在不同创新模式框架下的企业退出行为而言,我们参照对企业进入行为的研究方法,利用 MPSM 模型对不同控制组与处理组的组合进行回归,比较产品创新与工艺创新对企业退出出口市场的影响。回归结果如表 2.19 所示。

表 2.19 不同创新模式与企业退出的 MPSM 模型回归结果

匹配组别	T—C	ATT			ATE	ATU
		标准差	t	差值		
	(1)	(2)	(3)	(4)	(5)	(6)
(1)	$(d,c)-(0,0)$	0.010	-6.68	-0.069	-0.056	-0.051
(2)	$(0,0)-(d,c)$	0.009	5.68	0.052	0.056	0.069
(3)	$(d,c)-(0,c)$	0.015	-1.96	-0.029	-0.025	-0.018
(4)	$(0,c)-(d,c)$	0.004	1.88	0.018	0.025	0.029
(5)	$(d,0)-(d,c)$	0.006	1.98	0.011	0.007	0.008
(6)	$(d,c)-(d,0)$	0.005	3.58	-0.016	-0.007	-0.011
(7)	$(0,0)-(d,0)$	0.013	2.16	0.029	0.027	0.019
(8)	$(d,0)-(0,0)$	0.003	3.81	-0.017	-0.027	-0.029
(9)	$(0,0)-(0,c)$	0.007	8.65	0.062	0.060	0.059
(10)	$(0,c)-(0,0)$	0.008	-7.18	-0.058	-0.060	-0.062
(11)	$(0,c)-(d,0)$	0.013	-1.95	-0.013	-0.023	-0.025
(12)	$(d,0)-(0,c)$	0.014	1.75	0.025	0.023	0.013

资料来源:1998—2007 年的中国工业企业数据库数据。

注:T 代表处理组,C 为控制组。$(0,0)$ 表示没有进行创新的企业,$(d,0)$ 代表仅进行产品创新的企业,$(0,c)$ 代表仅进行工艺创新的企业,(d,c) 代表既进行工艺创新又进行产品创新的企业。

表 2.19(1)和(2)行、(3)和(4)行以及(5)和(6)行的结果显示,进行工艺创新和产品创新的企业相较于不进行任何创新的企业而言,其退出出口市场的概率显著降低了 6.9%,不进行任何创新的企业退出出口市场的概率则显著高于进行两种创新企业退出的概率,而且同时进行两种创新的企

业的退出概率要比只进行一种创新行为的企业的退出概率更低，支持了命题 1.1。由(7)、(8)行的估计结果可知，企业进行产品创新能够使其退出出口市场的概率降低 1.7%，而(9)、(10)行的回归结果说明，企业进行工艺创新使其退出出口市场的概率降低了 6.2%。对比以上两个估计结果我们可以发现，与产品创新相比，工艺创新更能通过弱化市场的选择效应，抑制企业退出出口市场。同时若企业转变创新模式，从产品创新转为工艺创新，企业退出出口市场的概率也随之降低 1.3%，但只能通过 10% 水平的显著性检验。这一实证结论证实了技术生命周期理论的假说（Abernathy and Utterback，1978）以及命题 1.3。正如命题 1.3 所述，对于已经存在于出口市场的企业而言，由于较强的国际市场竞争，以及日趋成熟的生产技术，价格竞争成为企业获得竞争优势的主要手段，因而企业适时调整创新模式，从产品创新转向工艺创新，降低生产成本，提升生产效率。因此，对于在位企业而言，工艺创新是相对于产品创新更优的企业策略。

（二）企业出口持续时间

企业在出口市场上的持续时间是衡量企业在出口市场上是否成功的基本因素。为了细分不同创新模式对企业在出口市场上持续时间的影响，图 2.7 分别刻画了仅进行产品创新、仅进行工艺创新以及既进行产品创新又进行工艺创新这三个子样本相对于不进行任何创新的企业的生存曲线。[①]

从图 2.7 中我们可以发现，无论企业进行何种创新，进行创新的生存曲线一直位于不进行创新企业的生存曲线的上方。而且，仅进行工艺创新对企业在出口市场上持续时间的作用效果要显著大于进行产品创新。从总体而言，不进行创新企业的出口持续时间中位数为 4.475 年，仅进行产品创新企业的出口持续时间中位数为 4.883 年，仅进行工艺创新企业的出口持续时间中位数为 5.513 年，而既进行产品创新又进行工艺创新的企业的出口持续时间中位数为 5.568 年，即：

$$AGE_{(d,c)} > AGE_{(c,0)} > AGE_{(d,0)} > AGE_{(0,0)}。$$

其中，AGE 代表企业在出口市场上持续时间的中位数。

---

① 多片段企业与单一片段企业对于整体效果的影响并不显著，为此本部分仅利用多片段企业与创新之间的关系进行描述性统计和计量测算。

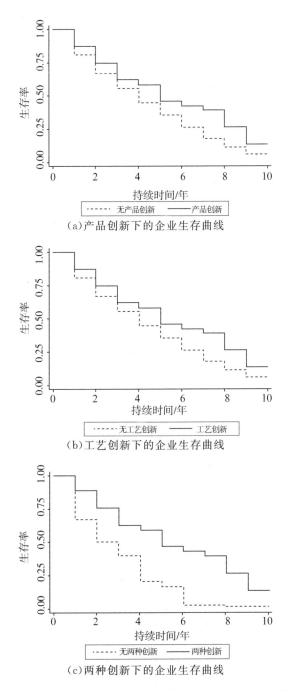

（a）产品创新下的企业生存曲线

（b）工艺创新下的企业生存曲线

（c）两种创新下的企业生存曲线

图 2.7　不同创新模式下的企业在出口市场上的生存曲线

资料来源：1998—2007 年的中国工业企业数据库数据。

　　为了检验创新企业与非创新企业间的生存曲线的差距是否显著，我们利用 Log-rank 检验对两组企业间的出口持续时间差异进行显著性检验，检验结果如表 2.20 所示。表 2.20 中，(1)、(2)列为仅进行产品创新的企业的检验结果，(3)、(4)列为仅进行工艺创新企业的检验结果，而(5)、(6)列为既进行产品创新又进行工艺创新企业的检验结果。结果显示，上部分根据 Kaplan-Meier 乘积极限法绘制的生存曲线所表示的不同创新模式与出口持续时间的差异是显著的，即无论企业采用何种创新模式，都能显著延长企业在出口市场上的持续时间。

表 2.20　不同创新模式下企业出口生存曲线的 Log-rank 检验结果

分组检验	产品创新		工艺创新		两种创新	
	观测到的出口退出数量	预期的出口退出数量	观测到的出口退出数量	预期的出口退出数量	观测到的出口退出数量	预期的出口退出数量
	(1)	(2)	(3)	(4)	(5)	(6)
非创新(0)	122509	117103	70959	47915	122509	117103
创新(1)	14998	20404	66548	89592	14998	20404
总计	137507	137507	137507	137507	137507	137507

资料来源：1998—2007 年的中国工业企业数据库数据。

在接下来的部分，我们将加入解释变量，对不同创新模式与出口持续时间之间的关系进行计量回归，进一步分析不同创新模式对出口持续时间的影响。回归结果如表 2.21 所示。

表 2.21　不同创新模式与出口持续时间的回归结果

变量	产品创新		工艺创新		同时进行两种创新	
	参数 Weibull 模型	半参数离散时间 Cloglog 模型	参数 Weibull 模型	半参数离散时间 Cloglog 模型	参数 Weibull 模型	半参数离散时间 Cloglog 模型
inno	−0.308*** (0.011)	−0.425*** (0.0265)	−0.482*** (0.019)	−0.392*** (0.024)	−0.743*** (0.008)	−0.433*** (0.046)
tfp	−0.310*** (0.008)	−0.432*** (0.040)	−0.324*** (0.008)	−0.405*** (0.038)	−0.303*** (0.016)	−0.381*** (0.041)
scale	−0.064*** (0.003)	−0.088*** (0.010)	−0.065*** (0.003)	−0.067*** (0.010)	−0.050*** (0.006)	−0.050*** (0.010)
age	−0.218*** (0.005)	−0.141*** (0.017)	−0.200*** (0.005)	−0.136*** (0.016)	−0.114*** (0.009)	−0.163*** (0.017)
capital	0.034*** (0.004)	0.021 (0.015)	0.027*** (0.004)	0.018 (0.015)	0.030*** (0.009)	0.040*** (0.013)
finance	−0.055*** (0.003)	−0.038*** (0.010)	−0.053*** (0.003)	−0.042*** (0.010)	−0.075*** (0.013)	−0.041*** (0.011)

续　表

变量	产品创新		工艺创新		同时进行两种创新	
	参数 Weibull 模型	半参数离散时间 Cloglog 模型	参数 Weibull 模型	半参数离散时间 Cloglog 模型	参数 Weibull 模型	半参数离散时间 Cloglog 模型
wage	−0.481*** (0.007)	−0.376*** (0.027)	−0.434*** (0.007)	−0.400*** (0.027)	−0.550*** (0.016)	−0.403*** (0.028)
foreign	−0.082*** (0.008)	−0.062** (0.027)	−0.087*** (0.008)	−0.028 (0.026)	−0.0007 (0.016)	−0.054*** (0.023)
hhi	0.192*** (0.006)	1.202*** (0.058)	0.143*** (0.006)	1.223*** (0.058)	0.165*** (0.011)	1.354*** (0.064)
profit	0.003 (0.003)	0.023** (0.010)	0.006** (0.003)	0.017* (0.009)	−0.003 (0.006)	0.018* (0.010)
subsidy	0.279*** (0.087)	0.028*** (0.007)	0.207*** (0.045)	0.020*** (0.006)	0.055*** (0.004)	0.025*** (0.007)
Cons	−1.280*** (0.045)	−3.780*** (0.333)	−1.512*** (0.045)	−4.102*** (0.333)	−1.850*** (0.095)	−4.642*** (0.362)
θ	0.000	0.000	0.000	0.000	0.000	0.000
Obs	84404	21687	84404	21687	84404	21687

资料来源：1998—2007 年的中国工业企业数据库数据。

注：括号内为标准误。***、**、* 分别表示在 1%、5%、10% 的水平上显著。

　　表 2.21 分别对仅进行产品创新的企业、仅进行工艺创新的企业以及既进行产品创新又进行工艺创新的企业采取了控制不可观测因素的参数 Weibull 模型以及半参数离散时间 Cloglog 模型。回归结果同样支持了上述生存曲线以及 Log-rank 检验的结论，即企业进行创新活动能显著延长企业在出口市场上的持续时间。

　　具体而言，企业同时进行两种创新活动对减少企业在出口市场上的风险的作用最大，仅进行工艺创新次之，而仅进行产品创新的作用最小。其背后的原因可能是：首先，对于工艺创新而言，企业进行工艺创新的途径主要包括购买机器设备等资本深化型的渠道，以及通过加强企业管理水平提升企业的经营效率。对于中国企业而言，特别是对于 2007 年之前的样本而言，大部分在位企业在进入出口市场之后都选择通过工艺创新对已存在的生产线进行优化，进一步降低企业的出口产品价格，在一定程度上通过价格竞争维持企业在出口市场上的市场份额。其次，对于产品创新而言，研发新产品或者提高现有产品的质量能够保证企业在出口市场上的竞争力，从而延长其出口持续时间。但是，一方面正如命题 1.3 所述，产品创新对于中国企业而言可能存在显著的稻田条件限制，特别是当企业对已有产品进行几轮升级后，产品质量已经处于相对较高的状态，再对其进行进一步完善的投入可能要比收益更大；另一方面，产品创新仍然存在一定的风险，特别是随着知识产权保护制度的加强，对于中国大部分通过模仿创新而形成新产品的企业而言，产品创新容易遭受国外市场对产品质量标准等的打压。最后，对于既进行产品创新又进行工艺创新的企业而言，产品创新和工艺创新之间存在一定的互补作用，使得同时进行两种创新对延长企业在出口市场上持续时间的作用更加明显。对于其他控制变量的回归系数而言，其估计的符号与表 2.4 用研究开发费表示整体创新水平时的估计系数大致相同，在此不再赘述。

综合分析在不同创新模式下企业进入、退出以及持续时间的回归结果，我们可以发现，产品创新对于潜在进入出口市场的企业具有重要的推动作用，而一旦进入出口市场之后，企业面临更加激烈的竞争环境，使得工艺创新成为在位企业在出口市场上的主要工具。

其实，早在 20 世纪 70 年代，艾伯纳西（Abernathy）和厄特巴克（Utterback）就研究了针对发达国家企业的技术创新路径，即 A-U 模型。之后便相继涌现出了针对发展中国家企业的技术生命周期，即逆 A-U 模型、考虑市场需求因素的技术创新路径、ACK 跳跃矩阵等一系列在特定研究环境下的针对不同研究对象的技术生命周期。我们从潜在出口企业的视角，归纳出了企业在进入出口市场之前以及进入出口市场之后的技术生命周期（见图 2.8）。从图 2.8 中我们可以发现，在 t_1 期前，企业为进入出口市场以期获得更大的收益，一方面，企业必须了解出口市场的需求，进行大量的产品创新以满足多样化的需求。另一方面，正如命题 1.3 所述，对于中国企业而言，在进入出口市场初期，由于较低的产品质量，企业采用产品创新所获得的边际利润要大于采用工艺创新所获得的边际利润；在 t_1 期之后，企业进入出口市场，此时面临比国内市场更加激烈的竞争环境，因此企业在不断依据国外质量标准以及消费者需求调整产品质量的同时，也开始进行大量的工艺创新活动，以期降低企业的单位成本，直到企业到达 t_2 时期。此时，进入出口市场的企业基本已经形成其核心拳头产品，大部分产品的生产已经进入规模化和专业化的阶段，进一步通过产品创新的方式提升质量的方法遇到很大困难，此时成本优势成为企业竞争优势的重要源泉。企业在出口市场上转向大量的工艺创新活动，进一步降低企业生产成本，获得具有竞争优势的出口价格，从而延长企业在出口市场上的持续时间。因此，对于已经存活在出口市场上的企业而言，工艺创新要比产品创新对企业延长出口持续时间更具影响力。

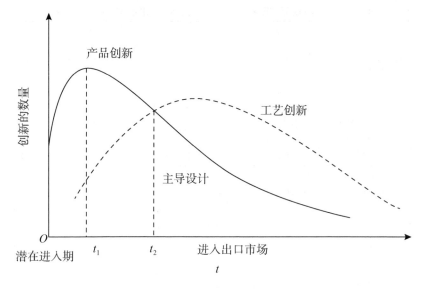

图 2.8　潜在出口企业的技术生命周期

三、产品创新、工艺创新与产品出口动态

第一章的理论模型指出,不同的创新模式对企业内部产品动态行为存在显著的差异化的影响。在接下来的部分,我们将利用不同的回归计量方法,分别就产品创新、工艺创新对产品进入、退出的影响以及产品创新、工艺创新对产品持续时间的影响进行检验,分析不同创新模式对企业内部产品动态所造成的差异化的影响。

(一)产品进入、退出行为

首先,我们将分别对产品创新下企业内部产品进入率、产品退出率[①]以及工艺创新下企业内部产品进入率与产品退出率的关系进行回归检验。仍然沿用式(2.4)的回归计量模型对不同创新模式下的产品动态行为进行回归。回归结果如表 2.22 所示。

---

① 同式(2.4),这里我们依然用新产品创造率表示产品进入率,用旧产品破坏率表示产品退出率。

表 2.22 产品创新、工艺创新与产品进入、退出的 OLS 回归结果

变量	产品创新			工艺创新		
	产品进入率	产品退出率	总变动率	产品进入率	产品退出率	总变动率
	(1)	(2)	(3)	(4)	(5)	(6)
inno	0.054***	−0.004	0.034***	0.037***	−0.011***	0.011***
	(0.009)	(0.006)	(0.006)	(0.004)	(0.003)	(0.004)
tfp	0.021*	−0.005	0.027***	0.034***	−0.014***	0.040***
	(0.013)	(0.009)	(0.006)	(0.005)	(0.006)	(0.007)
scale	0.022***	0.011***	0.002	0.007**	0.013***	0.005
	(0.007)	(0.002)	(0.002)	(0.003)	(0.001)	(0.010)
capital	−0.032***	0.014***	0.018***	−0.033***	0.006**	−0.018***
	(0.005)	(0.004)	(0.002)	(0.005)	(0.003)	(0.005)
age	−0.288***	0.035***	−0.091***	−0.286***	0.006**	−0.252***
	(0.008)	(0.005)	(0.003)	(0.008)	(0.003)	(0.007)
wage	0.019***	−0.008*	−0.042***	0.016***	−0.007***	−0.025***
	(0.006)	(0.004)	(0.003)	(0.006)	(0.003)	(0.006)
finance	0.011***	−0.003**	0.020***	0.010***	0.005***	0.006***
	(0.002)	(0.001)	(0.001)	(0.002)	(0.001)	(0.002)
hhi	−0.046***	−0.004	−0.022***	−0.043***	−0.012***	−0.039***
	(0.006)	(0.004)	(0.002)	(0.006)	(0.002)	(0.005)
type	−0.439***	0.456***	0.001	−0.447***	0.478***	0.089***
	(0.046)	(0.004)	(0.030)	(0.046)	(0.041)	(0.067)
Cons	1.369***	0.584***	1.325***	1.390***	0.647***	1.953***
	(0.064)	(0.044)	(0.035)	(0.064)	(0.045)	(0.057)
year	Yes	Yes	Yes	Yes	Yes	Yes
industry	Yes	Yes	Yes	Yes	Yes	Yes
Obs	56314	56314	56314	56314	56314	56314
$p > \chi^2$	0.000	0.000	0.000	0.000	0.000	0.000

资料来源：2001—2006 年的中国工业企业数据库和海关数据。

注：括号内为标准误。***、**、*分别表示在 1%、5%、10%的水平上显著。

表 2.22 汇报了产品创新、工艺创新对企业产品进入率、产品退出率以及总变动率的影响。我们可以发现，对于产品进入率而言，产品创新和工艺创新都有促进作用，且均通过了 1%水平的显著性检验，但是从回归系数的绝对值来看，产品创新对于产品进入率的提升作用要大于工艺创新。这可能是因为对于中国企业而言，国内较大的市场规模使得大部分企业的出口市场规模可能并没有国内市场大，同时，中国企业内部产品在进入出口市场前，为了满足国外较高的技术标准需要支付巨额的沉没成本，从而产生了负向的蚕食效应，使得采用产品创新的方式更能促进产品进入出口

市场,这证明了命题 1.4 的结论。对于产品退出率而言,工艺创新能够显著抑制在位产品退出出口市场,而产品创新的回归系数虽然为负,但是并没有通过 10% 水平的显著性检验,且工艺创新的回归系数的绝对值也远远大于产品创新。这说明相对于工艺创新而言,产品创新所带来的蚕食效应使得企业内部产品更容易退出出口市场,而工艺创新由于仅仅带来成本优势,在一定程度上更能抑制产品退出出口市场,从而初步证明了命题 1.5 的结论。对于总变动率而言,两种创新都能引起企业内部产品集合的变化,但是产品创新的回归系数要大于工艺创新的回归系数。其他控制变量与表 2.8 的回归结果大体相同,在此不再赘述。

为了避免内生性问题造成上述 OLS 回归方法估计的偏误,我们依据上一节的研究思路,采用 MPSM 模型对上述产品进入、退出与不同创新模式之间的关系进行稳健性检验。检验结果如表 2.23 所示。①

表 2.23　产品创新、工艺创新与产品进入、退出的 MPSM 模型回归结果

匹配组别	T—C	产品进入		产品退出	
		标准差	ATT	标准差	ATT
	(1)	(2)	(3)	(4)	(5)
(1)	$(d,c)-(0,0)$	0.021	0.042**	0.018	−0.038**
(2)	$(0,0)-(d,c)$	0.015	−0.029*	0.044	0.065
(3)	$(d,c)-(0,c)$	0.005	0.011**	0.008	−0.018**
(4)	$(0,c)-(d,c)$	0.003	−0.005	0.006	0.018***
(5)	$(d,0)-(d,c)$	0.024	−0.051**	0.004	0.012***
(6)	$(d,c)-(d,0)$	0.025	0.041*	0.005	−0.018***
(7)	$(0,0)-(d,0)$	0.008	−0.013*	0.022	−0.027
(8)	$(d,0)-(0,0)$	0.024	0.045*	0.025	−0.012
(9)	$(0,0)-(0,c)$	0.012	0.008	0.010	0.025***
(10)	$(0,c)-(0,0)$	0.011	0.023**	0.010	−0.026***
(11)	$(0,c)-(d,0)$	0.022	−0.037	0.002	−0.020***
(12)	$(d,0)-(0,c)$	0.022	0.060***	0.019	0.038*

资料来源:2001—2006 年的中国工业企业数据库和海关数据库。

注:括号内为标准差。***、**、* 分别表示在 1%、5%、10% 的水平上显著。T 代表处理组,C 为控制组。$(0,0)$ 表示没有进行创新的企业,$(d,0)$ 代表仅进行产品创新的企业,$(0,c)$ 代表仅进行工艺创新的企业,(d,c) 代表既进行工艺创新又进行产品创新的企业。

---

① MPSM 模型的估算方法在前文中已经阐述,在这里不再赘述。这里仅汇报基于多元选择 Logit 模型打分后,利用最近邻匹配的回归结果。

表 2.23 的(2)和(3)列汇报了产品创新、工艺创新框架下的产品进入率,而(4)和(5)列则汇报了产品创新、工艺创新框架下的产品退出率。从产品进入的视角而言,对比(7)和(8)列以及(9)和(10)列的结果,我们发现,产品创新和工艺创新都能显著提升产品进入率。但与(1)和(2)行比较发现,相比于单一的创新形式而言,同时进行两种创新对产品进入率的影响更大。横向比较产品创新和工艺创新对产品进入率的影响[(11)行和(12)行的结果],我们发现,相比而言,产品创新对产品进入率的提升作用要大于工艺创新。从产品退出的视角而言,(1)和(2)行以及(9)和(10)行的结果显示,进行两种创新或者单独进行工艺创新都能降低企业内部产品退出的概率,但同时进行两种创新对产品退出的抑制作用更强。(7)和(8)行的结果显示,产品创新对产品退出率的影响并不显著。而横向对比产品创新和工艺创新对产品退出率的影响[(11)行和(12)行],我们发现进行工艺创新的企业的产品退出率显著低于进行产品创新的企业。综上所述,我们发现 MPSM 模型回归结果与 OLS 回归结果相似,证明了产品创新在产品进入中的重要作用以及工艺创新对产品退出的抑制作用,再次证明了命题 1.4 以及命题 1.5。

(二)产品出口持续时间

基于本章前一节对企业出口持续时间的研究方法,在本节中对产品创新、工艺创新与产品出口持续时间关系的研究仍然采用了 Kaplan-Meier 乘积极限法。

图 2.9 分别绘制了进行产品创新和不进行产品创新的情况下的产品生存曲线、进行工艺创新和不进行工艺创新的情况下的产品生存曲线,以及同时进行两种创新、不进行任何创新情况下的产品生存曲线。总体而言,企业的创新活动能够延长产品在出口市场上的持续时间,但进行横向比较可以发现,进行两种创新的企业的产品持续时间最长,仅进行工艺创新的产品持续时间次之,仅进行产品创新的企业的产品持续时间最短。图 2.9 中我们可以发现,不进行任何创新的企业的产品出口持续时间的中位数为 3.276 年,仅进行工艺创新的企业的产品出口持续时间的中位数为 3.819 年,仅进行产品创新的企业的产品出口持续时间的中位数为 3.619 年,而同时进行两种创新的企业的产品出口持续时间的中位数为 3.916 年,即

$$AGE_{(d,c)} > AGE_{(c,0)} > AGE_{(d,0)} > AGE_{(0,0)}。$$

其中,AGE 代表企业内部产品在出口市场上的出口持续时间中位数。这与对企业出口持续时间的研究结论一致。

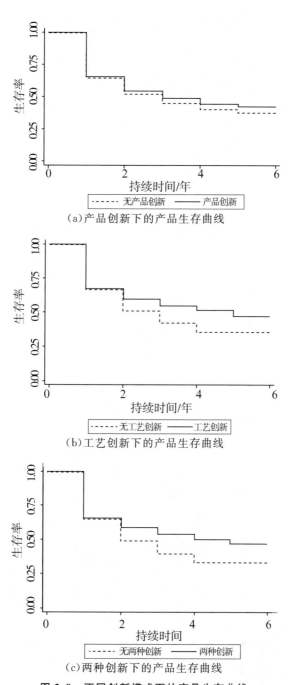

（a）产品创新下的产品生存曲线

（b）工艺创新下的产品生存曲线

（c）两种创新下的产品生存曲线

图 2.9 不同创新模式下的产品生存曲线

下面我们将通过引入其他影响产品在出口市场上持续时间的控制变量,利用参数分析法以及半参数分析法对不同创新模式下的产品持续时间的情况进行回归检验。回归结果如表 2.24 所示。

表 2.24 不同创新模式与产品持续时间的回归结果

多量	产品创新		工艺创新		同时两种创新	
	参数 Weibull 模型	半参数离散 时间 Cloglog 模型	参数 Weibull 模型	半参数离散 时间 Cloglog 模型	参数 Weibull 模型	半参数离散 时间 Cloglog 模型
	(1)	(2)	(3)	(4)	(5)	(6)
inno	−0.091*** (0.039)	−0.051*** (0.028)	−0.303*** (0.017)	−0.151*** (0.024)	−0.708*** (0.061)	−0.181*** (0.052)
tfp	−0.188*** (0.020)	−0.360*** (0.058)	−0.389*** (0.026)	−0.339*** (0.058)	−0.212*** (0.065)	−0.224** (0.106)
scale	−0.038*** (0.008)	−0.014 (0.013)	−0.026*** (0.008)	−0.010 (0.013)	−0.031* (0.017)	−0.007 (0.023)
age	−0.562*** (0.031)	−0.154*** (0.023)	−0.641*** (0.017)	−0.165*** (0.023)	−0.581*** (0.039)	−0.242*** (0.045)
capital	0.033*** (0.008)	0.008 (0.013)	0.030*** (0.009)	0.010 (0.013)	0.061*** (0.018)	0.037 (0.025)
finance	−0.024** (0.012)	−0.044*** (0.010)	−0.060*** (0.006)	−0.043*** (0.009)	−0.057*** (0.013)	−0.047*** (0.019)
wage	−0.303*** (0.037)	−0.120*** (0.028)	−0.012*** (0.001)	−0.126*** (0.028)	−0.123*** (0.040)	−0.103* (0.057)
hhi	−0.017*** (0.005)	−0.005 (0.016)	−0.130*** (0.011)	−0.005 (0.016)	−0.021*** (0.001)	−0.018 (0.029)
profit	−0.027** (0.013)	−0.956*** (0.187)	0.102 (0.119)	−0.910*** (0.190)	0.003 (0.014)	0.005 (0.019)
subsidy	0.018* (0.010)	−0.013* (0.008)	−0.483 (1.315)	−0.013* (0.007)	−0.011 (0.011)	0.007 (0.014)
scale_pd	−0.010** (0.005)	−0.021** (0.011)	−0.022*** (0.003)	−0.015** (0.006)	−0.013*** (0.005)	−0.014*** (0.003)
total_n	−0.052*** (0.019)	−0.063*** (0.015)	−0.020* (0.010)	−0.062*** (0.016)	−0.031** (0.013)	−0.101*** (0.029)
Cons	1.028*** (0.188)	2.099*** (0.147)	1.868*** (0.093)	2.179*** (0.148)	−0.701*** (0.200)	1.994*** (0.292)
θ	0.000	0.000	0.000	0.000	0.000	0.000
Obs	67100	67100	67100	67100	67100	67100

资料来源：2001—2006 年的中国工业企业数据库和海关数据。

注：括号内为标准误。***、**、* 分别表示参数的估计值在 1%、5%、10%的统计水平上显著。估计结果为系数的指数形式。

表 2.24 分别对仅进行产品创新的企业、仅进行工艺创新的企业以及既进行产品创新又进行工艺创新的企业采取了控制不可观测因素的参数 Weibull 模型以及半参数离散时间的 Cloglog 模型。回归结果同样支持了

上述生存曲线以及 Log-rank 检验的结论，即无论企业进行何种类型的创新活动，都能显著延长企业内部产品在出口市场上的持续时间。具体而言，企业同时进行两种创新活动对减少产品在出口市场上的风险的作用最大，仅进行工艺创新的企业的产品在出口市场上的作用次之，而仅进行产品创新的企业对产品退出出口市场的抑制作用最弱，这一结论与异质性创新框架下的企业出口持续情况类似，即无论是对单一产品的企业而言，还是多产品企业而言，产品创新对于潜在进入的企业或者产品具有重要的推动作用，而一旦产品或者企业进入出口市场，企业面临更加激烈的竞争环境，使得工艺创新成为在位企业在出口市场上的主要政策工具。其他控制变量的符号与表 2.12 的回归结果类似，在此不再赘述。

（三）核心产品更替

由第一章的理论分析可知，在异质性框架下，产品创新和工艺创新对企业核心产品的更替的作用存在一定的差异，产品创新相对于工艺创新而言更能实现核心产品的变更。接下来，我们将对不同的创新模式下核心产品更替概率进行回归分析。表 2.25 列出了在产品创新、工艺创新框架下的核心产品更替概率的二元选择 Probit 模型回归结果。①

表 2.25　核心产品更替概率的二元选择 Probit 模型回归结果

变量	产品创新			工艺创新		
	(1)	(2)	(3)	(4)	(5)	(6)
inno	0.092*	0.148***	0.154***	0.071*	0.051**	0.117**
	(0.055)	(0.063)	(0.062)	(0.040)	(0.025)	(0.055)
tfp	0.159**	0.134**	0.271***	0.107*	0.133*	0.273***
	(0.079)	(0.071)	(0.082)	(0.059)	(0.071)	(0.082)
scale	−0.001	−0.075***	−0.091***	−0.064***	−0.081***	−0.099***
	(0.022)	(0.021)	(0.021)	(0.020)	(0.021)	(0.021)
capital	0.076***	0.075***	0.099***	0.070***	0.075***	0.099***
	(0.026)	(0.022)	(0.023)	(0.022)	(0.022)	(0.023)
age	−0.102***	−0.064*	−0.030**	−0.097***	−0.083**	−0.052**
	(0.037)	(0.035)	(0.014)	(0.034)	(0.034)	(0.014)
hhi	−0.132***	−0.228***	−0.013***	−0.193***	−0.231***	−0.017***
	(0.029)	(0.026)	(0.006)	(0.025)	(0.026)	(0.005)
wage	0.119**	0.156***	0.141***	0.221***	0.157***	0.144***
	(0.054)	(0.046)	(0.046)	(0.045)	(0.046)	(0.046)

① 我们也利用了二元选择 Logit 模型对回归式(2.5)进行检验，检验结果与二元选择 Probit 模型的回归结果并没有实质性差异。

续 表

变量	产品创新			工艺创新		
	(1)	(2)	(3)	(4)	(5)	(6)
finance	−0.002 (0.019)	0.031** (0.015)	0.029* (0.016)	0.036** (0.016)	0.030* (0.016)	0.027* (0.016)
foreign	−0.160*** (0.052)	−0.213*** (0.048)	−0.263*** (0.048)	−0.186*** (0.047)	−0.222*** (0.048)	−0.269*** (0.048)
profit	−0.025 (0.020)	−0.023 (0.017)	−0.002 (0.017)	−0.022 (0.017)	−0.022 (0.017)	−0.002 (0.017)
year	No	Yes	Yes	No	Yes	Yes
industry	No	No	Yes	No	No	Yes
Cons	−1.191*** (0.300)	−2.101*** (0.269)	−1.360*** (0.035)	−1.704*** (0.254)	−1.930*** (0.258)	−1.346*** (0.025)
Obs	18543	18543	18543	18543	18543	18543
$p > \chi^2$	0.000	0.000	0.000	0.000	0.000	0.000

资料来源：2001—2006 年的中国工业企业数据库和海关数据。

注：括号内为标准误。***、**、*分别表示在 1%、5%、10%的水平上显著。

产品创新对核心产品更替概率的回归结果汇报在表 2.25 的(1)—(3)列中，工艺创新对核心产品更替概率的回归结果汇报在(4)—(6)列中。二元选择 Probit 模型的估计结果显示，产品创新和工艺创新都能提升企业核心产品更新换代的概率，且都至少通过了 10%水平的显著性检验，初步验证了命题 1.6。横向比较产品创新和工艺创新的回归系数，我们发现，无论是在显著性上还是在回归系数的绝对值上，产品创新的回归系数都优于工艺创新，表明产品创新由于蚕食效应的存在，使其在企业比较优势的转化上具有更加显著的作用，这也初步证实了命题 1.6。其他控制变量的回归结果基本与上部分的回归结果一致，但值得注意的是，企业规模由原来的不显著为负，变为显著为负，说明规模越大的企业由于自身冗余的管理反而并不能在外部动荡的环境中采取灵活敏锐的调整行为。另外，融资约束的系数由原来的不显著为负变为显著为正，通过了 10%水平的显著性检验，说明企业在市场上受到的融资约束越小，企业越容易获得外部资金的支持，从而越能保证自身竞争力的提升。

二元选择 Probit 模型回归结果并不能全面准确地衡量不同创新模式对企业核心产品更替概率的影响，为此，我们再次使用 PSM 模型对上述创新模式与企业核心产品更替概率的关系进行稳健性检验。回归结果如表 2.26 所示。

表 2.26　不同创新模式与核心产品更替概率的 PSM 模型回归结果

创新模式	匹配方法	样本	处理组	控制组	ATT	标准差	t
产品创新	最近邻匹配	匹配后	0.7135	0.5648	0.1486***	0.0046	32.13
	半径匹配	匹配后	0.7134	0.5676	0.1457***	0.0034	43.31
	核匹配	匹配后	0.713	0.5650	0.1480***	0.0033	44.42
工艺创新	最近邻匹配	匹配后	0.2701	0.2197	0.0504***	0.0142	3.56
	半径匹配	匹配后	0.2700	0.2316	0.0384***	0.0108	3.56
	核匹配	匹配后	0.2700	0.2263	0.0437***	0.0115	3.80

资料来源：2001—2006 年的中国工业企业数据库和海关数据。

注：***、**、*分别表示在 1%、5%、10%的水平上显著。

从回归结果中我们可以看出，无论是产品创新还是工艺创新，其回归系数均显著为正，说明两种创新都能促进企业核心产品的更新换代，提升企业持续竞争力，进一步验证了命题 1.6。横向比较产品创新和工艺创新，我们仍然发现虽然两种创新的 ATT 都显著为正，但是产品创新的 ATT 要比工艺创新的 ATT 大，再次证明了命题 1.6，说明产品创新更能促进企业竞争力的提升，相对于工艺创新而言，产品创新具有更强的比较优势转换能力，可以一种长期的、基于动态比较优势原理的作用机制实现企业长久的竞争优势。

第三节　创新决策与出口动态效应

命题 1.7 指出，企业的创新决策所引致的学习吸收能力是企业通过出口提高企业的生产率的主要推动力。在本节中，我们将对这一问题进行实证分析与检验。已有不少文献针对企业出口与生产率之间的正向关系给出了实证证明（余淼杰，2010）。大部分研究利用实证的方法证明了自选择效应是解释出口生产率效应的主要渠道，而往往忽略了"出口中学"效应给出口企业的生产率带来的积极作用。企业的创新行为是出口动态效应的最好的解释机制，而在实证检验中，最关键的问题是如何区分自选择效应以及出口动态效应对出口企业生产率的影响。

一、创新行为与出口动态效应

（一）出口动态效应的提升机制检验：学习吸收能力

在对创新行为与企业出口动态效应的关系进行分析之前，我们利用了非参数的方法对出口企业与非出口企业的 tfp（全要素生产率）分布进行了初步直观的描述性统计。我们首先比较了出口企业与非出口企业的 tfp 分布的均值和方差，并进行了相应的 t 检验与方差检验；然后利用了 Kolmogorov-Smirnov 检验（简称 K-S 检验）（Delgado et al.，2002；Cassiman et al.，2010)对来自总体样本的两个子样本进行同分布检验。该检验的基本思想是基于一阶随机占优(first-order stochastic dominance，FSD)的方法，假设 F 和 G 是来自总体样本中两个子样本的 tfp 的随机分布函数。若 F 对 G 是一阶随机占优的，那么我们有 $F(z)-G(z)\leqslant0$ 对于任何的 z 都成立，而且至少有一个 z 能满足上述不严格的不等式。为了证明 F 对 G 是一阶随机占优的，我们需要做两个检验。一是双边检验：

原假设H_0：$F(z)-G(z)=0$ 对于任何 z 都成立；

备择假设H_a：$F(z)-G(z)\neq0$ 对于某些 z 成立。

二是单边检验：

原假设H_0：$F(z)-G(z)\leqslant0$ 对于任何 z 都成立；

备择假设H_a：$F(z)>G(z)$对于某些 z 成立。

也就是说，双边检验的原假设为 F 与 G 的分布显著来自同一分布，若我们不能在显著性水平上拒绝原假设H_0，则表示 F 与 G 的分布之间并没有显著的差异。单边检验决定了一个子样本的分布是否优于另一个子样本，若我们不能拒绝原假设H_0，则表明 F 的分布与 G 的分布相同。检验结果如表2.27所示。

表 2.27 中的(3)、(4)和(5)列汇报了出口企业与非出口企业的均值，以及单边 t 检验的结果，结果表明对于不出口企业而言其平均 tfp 要低于出口企业的平均 tfp，且在统计水平上显著。表 2.27 中(6)和(7)列则汇报了出口企业与非出口企业的 tfp 方差的检验结果。结果表明，非出口企业的 tfp 变动幅度要大于出口企业的 tfp 变动幅度。苏振东和洪玉娟(2013)指出，传统 t 检验的方法仅仅是对生产率一阶矩(one moment)的分析，而 K-S 检验则是更加严格的对企业生产率全部矩(all moments)的检验。(8)、(9)、(10)以及(11)列分别汇报了 K-S 双边以及单边检验的结果，检验结果充分说明了出口企业的 tfp 分布相对于非出口企业的 tfp 分布是一阶占优的。

除此之外，为了更加清晰地表明不同出口状态下的企业的生产率水平之间的差异，我们还绘制了出口企业与非出口企业的 tfp 累积分布，如图 2.10 所示。图 2.10 显示出口企业的 tfp 累积分布位于非出口企业的 tfp 累积分布的右侧，再次说明出口企业的 tfp 分布相对于非出口企业的 tfp 分布是一阶占优的，与上述 t 检验以及 K-S 检验的结果相同。

表 2.27 出口与非出口企业间 tfp 水平分布差

年份	企业数		均值差	t 检验		方差		K-S 双边检验		K-S 单边检验	
	ex＝1	ex＝0		t	p	F	p	D	p	D	p
	(1)	(2)	(3)	(4)	(5)	(6)	(7)	(8)	(9)	(10)	(11)
1998	35436	129682	−0.643	−59.66	0.000	2.194	0.000	0.177	0.000	0.000	1.000
1999	34699	127334	−0.569	−58.41	0.000	2.209	0.000	0.179	0.000	0.000	1.000
2000	37200	125683	−0.790	−70.30	0.000	2.859	0.000	0.199	0.000	0.000	1.000
2001	40803	130437	−0.557	−62.99	0.000	2.327	0.000	0.177	0.000	0.000	1.000
2002	45306	136251	−0.538	−64.24	0.000	2.245	0.000	0.174	0.000	0.000	1.000
2003	50907	145315	−0.465	−62.13	0.000	2.069	0.000	0.161	0.000	0.000	1.000
2004	76870	197893	−0.380	−61.41	0.000	2.021	0.000	0.133	0.000	0.000	1.000
2005	75624	196211	−0.352	−58.86	0.000	1.789	0.000	0.128	0.000	0.000	1.000
2006	79315	222646	−0.290	−52.56	0.000	1.690	0.000	0.114	0.000	0.000	1.000
2007	79103	257665	−0.190	−35.85	0.000	1.711	0.000	0.091	0.000	0.000	1.000

注:(1)、(2)列中的 ex＝1 与 ex＝0 分别表示出口企业与非出口企业。(4)、(5)列的原假设 H_0 为 Mean(ex＝0)＞Mean(ex＝1)。(6)、(7)列的原假设 H_0 为 Variance(ex＝0)＜Variance(ex＝1)。(8)、(9)列的原假设 H_0 为 F(tfp,ex＝1)＝F(tfp,ex＝0)。(10)、(11)列的原假设 H_0 为 F(tfp,ex＝1)＜F(tfp,ex＝0),即出口企业占优。(10)列的 D 为四舍五入的结果,实际值为 e^{-6}。

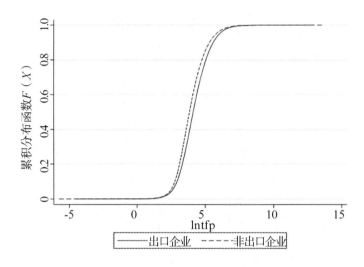

图 2.10 1998—2007 年出口企业与非出口企业 tfp 累积分布

表 2.27 和图 2.10 表明,在我们的样本研究期间,出口与企业生产率之间的正向关系依然存在。无论企业是否采取创新行为,企业的出口状态的确与企业的高生产率紧密结合,出口企业的生产率水平高于非出口企业的生产率水平,而且出口企业的 tfp 累积分布也一阶占优于非出口企业的 tfp 累积分布。

然而,上述检验研究结果与图表只能表示处于出口与非出口状态的企业之间的确存在生产率的差异,但是要判断企业生产率的提高究竟是通过自选择效应还是通过出口动态效应,还需要更为严格的计量模型检验。

PSM 模型能够很好地解决由自选择效应带来的出口与生产率之间的内生性问题。由于中国工业企业数据库统计上的缺失以及确实存在的出口行为动态性,对于样本的选择,我们根据张杰等(2009)、邵敏和包群(2012)以及胡翠(2015)的方法,在考虑了多出口片段的企业对于退出或者进入出口市场时的选择可能是非理性的前提下,仅保留了企业出口的第一持续片段。利用参与者平均处理效果(ATT)来表示出口对于企业生产率的影响,可记为:

$$\text{ATT} = E\{y_{i,s}^1 - y_{i,s}^0 \,|\, \text{START}_i = 1\}$$
$$= E\{y_{i,s}^1 \,|\, \text{START}_i = 1\} - E\{y_{i,s}^0 \,|\, \text{START}_i = 1\} \tag{2.7}$$

其中,我们定义初次进入出口市场的企业为处理组,即 $\text{START}_i = 1$,而在当年并未出口的企业设为控制组,即 $\text{START}_i = 0$。$y_{i,s}^1$ 为处理组企业持续 s 年的生产率,$y_{i,s}^0$ 为控制组企业持续 s 年的生产率。

虽然 ATT 能很好地处理企业出口与生产率之间的因果关系,但是式

(2.7) 中 的 $E\{y_{i,s}^0 | \text{START}_i = 1\}$ 是无法观测的。为此，我们在 Rubin (1974) 的框架下，利用"反事实"的方法，从控制组企业中找出与处理组企业特征相匹配的对照组，从而替代不可能发生的 $y_{i,s}^0$，即

$$E\{y_{i,s}^0 | \text{START} = 1\} = E\{y_{i,s}^0 | \text{START} = 0\}。$$

为了准确寻找与处理组相匹配的控制组企业，我们利用倾向得分 (propensity score) 的方法对此进行估算，即：

$$\text{Logit}(\text{START}_{i,0} = 1) = \varnothing\{h(y_{i,-1}, \text{capital}_{i,-1}, \text{profit}_{i,-1}, \text{scale}_{i,-1}, \text{industry}, \text{year})\}$$

$$(2.8)$$

我们利用企业出口前一期的特征变量（企业滞后一期的生产率、企业利润率、企业规模以及行业和年份的虚拟变量）对企业初次出口决策进行了回归估计打分。$\varnothing\{\cdot\}$ 表示正态累积分布函数，$h(\cdot)$ 则根据 Wooldridge(2002)、戴觅和余淼杰(2011)、张杰等(2009) 的设定，采用自变量的交互项与高阶的"节约"(parsimonious) 的多项式函数形式以提高匹配的效率。在对所有企业进行打分之后，我们利用最常用的最近邻匹配方法对处理组与控制组的企业进行相互匹配。完成上述步骤之后，我们得出与处理组企业具有相同倾向得分的控制组企业的集合为 $i' \in C(i')$，其集合中的企业个数为 N_i^c，那么我们可以计算 ATT 的估计值为：

$$\text{ATT} = \frac{1}{N^T} \sum_{i' \in T} Y_i^T - \frac{1}{N^T} \sum_{i' \in C} w_{i,i'} Y_{i'}^c。$$

其中，N^T 表示处理组企业的个数，$w_{i,i'}$ 为与处理组企业 i 匹配的控制组企业 i' 的权重。具体回归结果如表 2.28 所示。

表 2.28　企业出口动态效应 PSM 模型回归结果

控制组	变量	当年	持续 1 年	持续 2 年	持续 3 年	持续 4 年
当年 不出口企业	ATT	0.018*** (0.004)	0.036*** (0.004)	0.010 (0.007)	−0.011 (0.009)	−0.003 (0.012)
	处理组 样本数	26935	21497	15777	8338	3911
样本期内 不出口企业	ATT	0.029*** (0.003)	−0.009 (0.015)	−0.011 (0.019)	−0.026 (0.030)	−0.051 (0.045)
	处理组 样本数	65096	3248	2773	2059	1129

注：ATT 为参与者处理效应；回归样本差异在于控制组的选取上。括号内为标准误。*** 表示在 1% 的水平上显著。

表 2.28 中，以当年不出口企业为控制组的回归结果显示，2001—2007 年，企业的出口动态效应仅在出口当年及出口后 1 年内显著，且在出口后 1 年内达到最大值，即出口企业与非出口企业相比，前者能够通过出口行为

提升企业的生产率达3.6%。但在出口后第二年内,企业出口对生产率的提升作用不再显著,而且绝对值也显著小于前期,到出口后第三年和第四年,出口对生产率的影响作用变为负向,但没有通过10%水平的显著性检验。这与戴觅和余淼杰(2011)的结论一致。我们可以发现,出口动态效应存在显著的正向即时性,且这种即时性存在一定的滞后性。但是就长期而言,出口并不能带来企业长期的生产能力的提升。对这一结果可能有如下几种解释:一方面,企业进入出口市场并接触到国外的先进技术后,由于个体技术差异,企业对从出口商获得的技术溢出的吸收并不是一个立竿见影的过程,而是需要慢慢积累,从而实现从量变到质变,因此表现为企业出口对生产率的出口动态效应的滞后性;另一方面,我国企业自身技术的局限性使得企业不可能完全吸收外国技术的溢出,而且在进一步吸收、改进外国技术的同时,我国企业需要投入大量的人力资本,吸收技术的收益可能低于成本投入,从而造成我国企业出口行为在其后期阶段对企业生产率的提升作用反而变为不显著为负。

以样本期内不出口企业为控制组的回归结果是基于戴觅和余淼杰(2011)对于控制组的选取所进行的PSM模型回归结果。戴觅和余淼杰(2011)认为在利用PSM模型对企业出口动态效应进行研究时,控制组企业的选择是一个重要的问题,控制组选择的恰当与否直接影响了出口与企业生产率之间的"因果"关系。其指出,利用当年不出口的企业作为控制组可能会造成估计的偏差,因为这一控制组可能包括了以前出口而当年没有出口的企业,而这一类企业以前出口的经历会直接影响企业出口的生产率的提高,因此,应该选择在样本期间一直没有进行出口的企业作为控制组的集合。基于此样本的删选,表2.28中"样本期内不出口企业"的结果显示,企业出口动态效应仅存在于出口的当年,即仍然支持企业出口动态效应对企业tfp的影响仅存在显著的即期效应,而并没有带给企业长期的tfp增长作用这一结论。

上述分析揭示了我国出口企业存在短期的出口动态效应,而根据第一章我们知道,创新决策是增强企业出口动态效应关键所在,因此在这部分,我们将着重考虑企业创新行为对企业出口动态效应的影响。正如不少文献指出的,创新行为不仅带来了直接的生产率的提高,即创新效应,而且还能提高企业的学习、吸收能力,扩大企业的知识储备,从而能使企业在出口后获得更大幅度或者更加持久的生产率的提升。

基于Aw et al.(2011),我们首先将全部企业划分为四个不同的类型,即仅进行研发创新活动的企业、仅进行出口活动的企业、既进行研发创新

又进行出口活动的企业，以及既不进行研发创新又不进行出口活动的企业
（见图 2.11），并设置 3 个虚拟变量纳入计量回归模型。

（rd,0） 仅进行创新的企业	（0,ex） 仅进行出口的企业
（rd,cx） 既进行创新又 进行出口的企业	（0,0） 既不进行创新又 不进行出口的企业

图 2.11　企业出口及创新行为的选择组合

我们首先借助 tfp 的累积分布直观了解不同类型企业的生产率的分
布情况。图 2.12 绘制了以上四种类型企业的 tfp 累积分布［仅进行创新的
企业，(rd,0)；仅进行出口的企业，(0,ex)；既进行创新又进行出口的企业，
(rd,ex)既不进行创新也不进行出口的企业，(0,0)］。tfp 的测度分别采用
了 LP 以及增加值的方法，分别用 tfp_LP 以及 tfp_va 表示。[①]

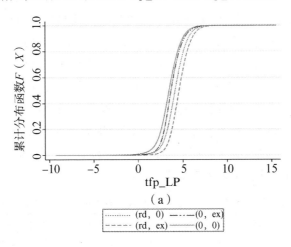

（a）

------

① 我们也利用 OP 法测度 tfp，并绘制了不同类型企业的 tfp 累积分布。虽然不同类型企业
的 tfp 累积分布与利用 LP、增加值的方法绘制的 tfp 累积分布的相对位置一致，但是用 OP 法绘制
的 tfp 累积分布的曲线间差异较小，不易观察，在此没有列出。

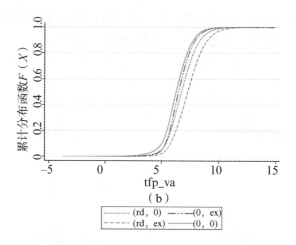

图 2.12 不同类型企业的 tfp 累积分布

从图 2.12 中我们可以看出，出口企业的 tfp 累积分布位于不出口企业的右边，与图 2.10 结论一致。而在出口企业中，采取创新行为的企业的 tfp 累积分布则位于不采取创新企业的 tfp 累积分布的右侧，说明在出口企业中，采取创新行为的企业的 tfp 分布优于不采取创新行为企业的 tfp 分布。

为了进一步严格说明企业的创新行为与企业出口动态效应的关系，我们借鉴 Aw et al. (2011) 的思路构建如下所示的计量回归模型：

$$\mathrm{tfp}_{i,t+s} = \beta_0 + \beta_1\, \mathrm{treat}_{1,i,t} + \beta_2\, \mathrm{treat}_{2,i,t} + \beta_3\, \mathrm{treat}_{3,i,t} + \sum \beta X_{i,t} + \xi。$$

其中，i、t、s 分别表示企业、年份以及持续时间。被解释变量 $\mathrm{tfp}_{i,t+s}$ 表示企业在 $t+s$ 年的生产率的值。$\mathrm{treat}_{1,i,t}$、$\mathrm{treat}_{2,i,t}$、$\mathrm{treat}_{3,i,t}$ 则分别表示企业仅选择创新行为、企业仅选择出口以及企业既选择创新行为又选择出口时的虚拟变量。$X_{i,t}$ 为一组控制变量，包括了企业滞后一期的生产率（L. tfp）、企业规模（scale）、企业利润率（profit）、企业资本劳动比（capital）以及企业外资属性（foreign）。$\xi = \upsilon_r + \upsilon_t + \varepsilon_{i,r,t}$，$\upsilon_r$、$\upsilon_t$ 分别为行业和年份特定效应，即模型施加行业与时间的双向固定效应，$\varepsilon_{i,r,t}$ 为随机效应扰动项。我们利用固定效应回归的计量结果如表 2.29 所示。

表 2.29 创新行为对企业出口动态效应影响的 OLS 模型回归结果

变量	当年	持续 1 年	持续 2 年	持续 3 年	持续 4 年
(rd,0)	0.007 (0.008)	0.071*** (0.004)	0.067*** (0.004)	0.036*** (0.010)	0.021* (0.011)
(0,ex)	0.011*** (0.003)	0.016** (0.007)	0.001 (0.008)	0.004 (0.006)	−0.004 (0.012)

续　表

变量	当年	持续 1 年	持续 2 年	持续 3 年	持续 4 年
(rd,ex)	0.087*** (0.005)	0.082*** (0.006)	0.085*** (0.007)	0.129*** (0.006)	0.050*** (0.011)
L. tfp	0.066*** (0.001)	0.055*** (0.001)	0.030*** (0.003)	0.022*** (0.004)	0.015*** (0.002)
scale	0.029*** (0.0003)	0.013*** (0.0003)	0.005*** (0.0004)	0.003*** (0.001)	0.004*** (0.001)
capital	0.038*** (0.002)	0.030*** (0.002)	0.038*** (0.002)	0.037*** (0.003)	0.026*** (0.004)
profit	0.001*** (0.0001)	0.001*** (0.0001)	−0.006 (0.007)	−0.002 (0.002)	0.014* (0.007)
foreign	0.079*** (0.003)	0.066*** (0.003)	0.020** (0.001)	0.012 (0.012)	−0.003 (0.019)
Cons	3.036*** (0.006)	3.148*** (0.007)	3.182*** (0.008)	3.222*** (0.011)	3.314*** (0.014)
year	Yes	Yes	Yes	Yes	Yes
industry	Yes	Yes	Yes	Yes	Yes
Obs	579481	440230	324887	224481	138498
Prob>F	0.000	0.000	0.000	0.000	0.000

资料来源:2001—2006 年的中国工业企业数据库和海关数据。

注:括号内为标准误。*** 、** 、* 分别表示在 1%、5%、10% 的水平上显著。(rd,0)、(0,ex)、(rd,ex)分别表示仅进行创新的企业、仅进行出口的企业以及既进行创新又进行出口的企业。

表 2.29 中,(0,ex)的系数在当年以及持续 1 年内显著为正,表明我国出口企业的确存在出口动态效应,即出口行为能够提升企业的生产率水平。且该效应存在一定的滞后期,在持续 1 年内对生产率的促进作用要明显大于当年,但在持续 2 年后,出口对生产率的促进作用不再显著,甚至为负,也再次证明了表 2-28 中 PSM 模型的回归计量结果,即目前而言,出口动态效应具有显著的正向即期作用,但并不具有对生产率的长期促进作用。(rd,0)的估计系数在当年为正,但并不显著,在后期回归结果中却大部分表现出了对生产率显著的促进作用,说明创新行为也存在着对生产率直接的提升作用,即创新效应。而我们关注的(rd,ex)的回归系数在样本期内都保持了对生产率显著的促进作用,揭示了企业的出口行为与创新行为之间具有很强的互补作用,能够在长期内共同提升企业的生产率。这正是因为企业的创新行为能够增强企业从出口中获得技术的吸收能力以及学习能力,从而强化并且延长了我国企业在出口中的出口动态效应,并能

在很长一段时间内提升企业的国际竞争力,初步证明了命题 1.7。

对于其他控制变量而言,企业规模(scale)在 4 年的持续时间内都对企业的生产率具有显著的促进作用,表明企业规模越大,生产率越高。企业的资本劳动比(capital)也在 4 年的持续时间内对企业的生产率具有显著的促进作用,表明企业资本劳动比的增大能够提升企业的生产效率,从而表现为生产率的提升作用。企业利润率(profit)则仅在前 3 年内与生产率具有显著的正向关系,表明利润对生产率的提升作用也仅仅局限在短期的范围内,而要在长期内提升企业的竞争能力还需要企业对创新活动的大量投入。Anderson(2009)在分析出口动态效应时指出,企业外资属性(foreign)是一个重要的控制变量。外资企业较内资企业拥有更加丰富的市场渠道和更多的知识源泉,而且能够在一定程度上从其母公司内部获得更加丰富的知识储备,因而会较内资企业在出口动态效应上获得更加明显的生产率优势。从表 2.29 中的回归结果可以看出,外资属性在出口的当年以及后 2 年的时间内能够显著提升企业生产率,但是在后期其促进作用明显减弱,甚至出现了负向作用。这与中国的实际情况密切相关。不少国外大型跨国公司进入中国投资设厂,其主要目的在于获取廉价的劳动力,虽然这一举措能够在短期内通过显示型技术的溢出使企业生产率得到提高,但是就长远来看,不仅国外企业不会将其核心的技术转移到我国,而且外资企业的进入加剧了我国企业对外资企业的依赖,造成我国企业研发动力不足,从而在长期难以提高企业生产率,甚至在一定程度上抑制了企业生产率的提升。

OLS 模型的计量回归结果在一定程度上表明企业的创新行为能够增强企业出口动态效应,但是需要注意的是,OLS 模型的回归方法没法剔除企业出口自选择效应的影响。因此,我们接下来利用差分 GMM 模型、系统 GMM 模型以及 PSM 模型三种方法对企业创新行为与企业出口动态效应的关系进行进一步的稳健性分析。

在 OLS 模型中,由于我们加入了被解释变量的滞后期作为解释变量,而该解释变量与扰动项存在着相关性,因此,OLS 模型中存在着显著的内生性问题。而通常解决内生性的方法即利用工具变量。为此,我们参照 Anderson(2009)的方法,采用系统 GMM 模型对上述回归方程进行回归,并在此基础上利用差分 GMM 模型对相关回归方程进行稳健性检验。回归结果如表 2.30 所示。

表 2.30 创新行为对企业出口动态效应影响的 GMM 模型回归结果

变量	当年		持续 1 年		持续 2 年	持续 3 年	持续 4 年
	差分 GMM 模型	系统 GMM 模型	差分 GMM 模型	系统 GMM 模型	系统 GMM 模型	系统 GMM 模型	系统 GMM 模型
L.tfp	0.219*** (0.009)	0.201*** (0.005)	0.143*** (0.014)	0.238*** (0.008)	0.283*** (0.008)	0.251*** (0.011)	0.203*** (0.034)
(rd,0)	0.006*** (0.003)	0.003 (0.002)	0.012*** (0.003)	0.012*** (0.003)	0.017*** (0.004)	0.015*** (0.005)	0.008 (0.012)
(0,ex)	0.013*** (0.003)	0.005** (0.002)	0.008 (0.009)	0.005 (0.003)	-0.001 (0.004)	0.008 (0.012)	-0.011 (0.007)
(rd,ex)	0.012*** (0.004)	0.009*** (0.003)	0.015*** (0.005)	0.015*** (0.005)	0.018*** (0.006)	0.010** (0.004)	0.018*** (0.005)
scale	-0.071*** (0.011)	0.005 (0.005)	-0.002 (0.032)	0.032*** (0.005)	0.064*** (0.006)	-0.142*** (0.019)	0.277* (0.145)
L.scale	0.041*** (0.006)	0.045*** (0.005)	0.109*** (0.015)	0.038*** (0.003)	0.035*** (0.006)	0.213*** (0.017)	-0.101 (0.122)
capital	0.362*** (0.010)	0.341*** (0.008)	0.267*** (0.015)	0.207*** (0.010)	0.238*** (0.023)	0.251*** (0.026)	0.395** (0.189)
L.capital	-0.132*** (0.007)	-0.142*** (0.005)	-0.107*** (0.009)	-0.070*** (0.005)	-0.080*** (0.006)	-0.080*** (0.011)	-0.160* (0.086)
profit	0.068*** (0.013)	0.109*** (0.008)	0.137*** (0.020)	0.125*** (0.008)	-0.204*** (0.022)	-0.170 (0.026)	-0.360** (0.180)
L.profit	-0.012*** (0.004)	-0.020*** (0.002)	-0.023* (0.013)	-0.029*** (0.002)	0.091*** (0.009)	0.049*** (0.008)	0.100* (0.052)

续　表

变量	当年		持续 1 年		持续 2 年	持续 3 年	持续 4 年
	差分 GMM 模型	系统 GMM 模型	差分 GMM 模型	系统 GMM 模型	系统 GMM 模型	系统 GMM 模型	系统 GMM 模型
foreign	−0.008 (0.005)	−0.007 (0.005)	−0.006 (0.016)	−0.006 (0.005)	0.008 (0.008)	0.009 (0.023)	0.033 (0.026)
Cons	0.242*** (0.046)	0.551*** (0.024)	0.872*** (0.073)	0.785*** (0.027)	0.407*** (0.085)	−0.584 (0.794)	−0.662 (0.539)
AR(1)	0.000	0.000	0.000	0.000	0.000	0.000	0.000
AR(2)	0.203	0.599	0.2071	0.367	0.109	0.110	0.001
Sargan	0.086	0.072	0.177	0.432	0.325	0.078	0.000
Obs	466588	760304	297819	518727	330442	194298	129143

资料来源：2001—2006 年的中国工业企业数据库和海关数据。

注：括号内为标准误。***、**、*分别表示在 1%、5%、10% 的水平上显著。在当年以及持续 1 年后的效应中分别使用了差分 GMM 以及系统 GMM 模型，而在持续后几年的回归中由于版面限制仅使用了系统 GMM 模型。

　　无论是系统 GMM 模型还是差分 GMM 模型,都要求扰动项不存在自相关的关系(即包括一阶差分和二阶差分),而且工具变量是有效的。从表2.30 最后 4 行我们可以发现,大部分扰动项的一阶差分存在一阶自相关,而不存在二阶自相关,而且除了持续 4 年的回归模型外,其他模型都无法拒绝“所有工具变量都有效”的原假设,为此,我们认为 GMM 模型是有效的。

　　生产率的滞后项在所有回归模型中都是显著为正的,表明企业间的生产率差异是稳定持续存在的(Anderson,2009),同时也证明了企业出口的自选择效应,即只有生产率高的企业才能承担进入出口市场时的较高的进入成本。表 2.30 中,(0,ex)的回归系数无论用哪种方法进行回归都仅在当年显著为正,表明我国企业出口动态效应对企业生产率的影响仅具有即期效应,长期而言,对企业生产率的增长并没有促进作用。(rd,0)的系数在出口的当年和后 3 年都显著为正(除用系统 GMM 模型对当年的回归结果外),表明企业创新行为对于企业生产率的影响具有显著的直接的创新效应。(rd,ex)的系数则在样本期内均显著为正,说明企业的创新行为与企业的出口之间具有很强的互补作用,这种互补作用能够显著提升企业长期的生产率,也即企业的创新行为催生的学习吸收能力对于企业出口动态效应具有显著的强化作用。

　　为了检验上述结果的稳健性,我们再次利用 PSM 模型对创新行为与企业出口动态效应的关系进行检验。我们首先依据是否存在研究开发费将出口企业划分为进行创新的企业与不进行创新的企业[①];然后在两组样本中,利用 PSM 模型,将初始选择出口的企业作为处理组,而将在 T 年不进行出口的企业作为控制组进行倾向得分匹配,并计算相应的参与者平均处理效应 ATT。估计结果如表 2.31[②] 所示。

表 2.31　创新行为对企业出口动态效应影响的 PSM 回归结果

组别	变量	当年	持续 1 年	持续 2 年	持续 3 年	持续 4 年
创新组	ATT	0.017*** (0.002)	0.037*** (0.003)	0.058*** (0.008)	0.045*** (0.006)	0.043*** (0.004)
	处理组样本数	14923	11277	7921	4909	2516
非创新组	ATT	0.009** (0.004)	0.029 (0.043)	0.001 (0.010)	0.012 (0.010)	−0.010 (0.015)
	处理组样本数	28960	21421	14151	7818	3728

注:括号内为标准误。**、*** 分别表示在 5%、1% 的水平上显著。

----

　　①　在这里,只要企业在样本持续时间内进行研发,就定义该企业为进行创新的企业,而不区分企业是在出口发生之前或是之后进行研发。

　　②　我们也将非出口企业作为控制组进行了相应的 PSM 模型检验,估计结果与表 2.31 中的结果相似,在此不再列出。

表 2.31 汇报了进行创新企业的出口对企业当年生产率以及后期生产率演变的影响,以及非创新企业的出口对企业当年以及后期生产率发展路径的影响。我们可以很容易地识别出在不同子样本内,企业出口对企业生产率的影响存在着显著的差异。在进行创新的子样本中,出口对生产率具有显著的持续提升作用,并且在 2 年后其出口动态效应达到最大(5.8%)。但在没有进行创新的子样本中,出口对生产率的出口动态效应仅在出口当年存在,且其绝对值显著小于进行创新的子样本。在其后的年份内,企业的生产率水平并没有显著地得到提高,甚至在出口后的第 4 年出现了下降,但没有通过 10% 水平的显著性检验。这一结论与戴觅和余森杰(2011)的结论类似。对比的结果充分说明,企业采取创新行为能够大大提高企业对出口中技术溢出的吸收与学习能力,并且还能提高企业对于先进技术的敏感度,从而能够不断地获取与自身知识互补的新的技术与知识。

(二)出口动态效应的提升渠道检验:出口学习强度

上部分的实证结果表明,企业的出口动态效应能够通过企业自身创新行为引致的学习吸收能力进行强化。接下来,我们将分析创新行为增强企业出口动态效应的具体途径。首先要考虑的是:对于已经出口的企业而言,既然企业的创新行为能够通过提升企业自身的出口学习能力增强企业出口动态效应,那么创新行为对于不同出口强度的出口动态效应的提升是否一致? 也就是说,在都进行创新活动的情况下,出口强度更大的企业是否能对创新的出口动态效应增强起到更加显著的作用呢?

基于以上考虑,我们首先通过 GPS 模型对不同出口强度下的出口动态效应进行检验分析。GPS 模型最早由 Imbens(2000)和 Hirano and Imbens(2004)提出,并由 Wagner(2008)应用到对出口行为的分析中。GPS 模型是对 PSM 模型的扩展,弥补了 PSM 模型不能处理连续处理变量的缺陷。Imbens(2000)指出,与二元处理变量类似,在控制了一系列协变量后,GPS 模型能够避免处理组(在本节中为出口企业)与控制组(在本节中为非出口企业)之间的选择性偏差。GPS 模型相比其他参数估计的方法存在着一些显著的优势:第一,在处理连续处理变量和结果变量之间关系的时候,GPS 模型并不需要对其施加具体的函数形式进行限制,无论是线性的关系还是非线性的关系,GPS 模型都能通过剂量反应函数(dose-response function)的形式表示出来;第二,GPS 模型不仅如 PSM 模型一般,能对处理变量和控制变量之间的结果变量进行刻画,还能够准确描绘出任何处在连续变量不同位置上的结果变量的期望值,以及由不同处理变量值导致的结果变量值的变化,而由于在 GPS 模型中已经控制了处在不同连续变量处的处理变量的差异,从而我们可以认为该结果变量的差异是由连续处理变量的变动带来的,我们将其称为成对处理效应。

同利用 PSM 模型时类似,为了研究处理变量与结果变量之间的因果关系,我们有必要先利用匹配向量 X 对处理组与控制组内的个体进行打分。对于连续变量而言,我们同样可以利用匹配向量 X 估计处理变量的条件密度分布。假设 $r(d,x)$ 是处理变量在给定协变量下的条件概率密度函数:

$$r(d,x)=f_{D|X}(d|x)。$$

那么,广义倾向得分被定义为: $R=r(D,X)$。它表示在控制了协变量 X 后,处理变量取值 D 时的概率。Hirano and Imbens(2004)指出,该值与二元 PSM 模型中的倾向打分类似,在相同的打分情况下,处理变量取值的概率与匹配变量 X 无关。在给定匹配协变量 X 后,GPS 模型允许我们通过构建一个剂量反应函数来估计在任意的处理变量上,结果变量的期望值 $E[Y(d)]$。

Hirano and Imbens(2004)总结了利用 GPS 模型进行分析的三个步骤。我们估计了在给定协变量 X 下的处理变量的条件概率分布。由于在我们的分析中,处理变量为呈现高度偏态的分布的企业出口强度(苏振东和洪玉娟,2013;陈勇兵等,2014),即企业出口额与工业销售总产值的比值,特别是中国大量非出口企业的存在,使得大量的观察值取值为零。[1]因此在 Wagner(2001)的基础上,我们利用 Pake and Wooldridge(1996)提出的 Fractional-Logit 模型,对本部分的样本进行第一步的回归检验。在第二步中,Hirano and Imbens(2004)将结果变量的条件期望构建成了一个关于处理变量和估计的广义倾向得分 $\hat{R}$ 的函数。该函数可以通过 OLS 模型进行估计,估计系数 $\hat{a}$ 并没有直接的经济学意义(Hirano and Imbens,2004)。具体函数形式如下[2]:

$$E(Y_i|D_i,\hat{R_i})=\alpha_0+\alpha_1 D_i+\alpha_2 D_i^2+\alpha_3 \hat{R_i}+\alpha_4 \hat{R_i^2}+\alpha_5 D_i\hat{R_i} \quad (2.9)$$

接下来,通过计算处理变量在 d 水平上的平均预期结果,完成 GPS 的第三步,即:

---

[1]　对于该类取值范围内的因变量,不少学者提出了利用 Tobit 模型以及 Heckman 模型进行回归的思路,但 Baum et al.(2011)认为以上两种方法较 Fractional-Logit 模型而言都不是最优的。

[2]　在这里,我们仅仅利用了二阶函数的形式,也可以通过变量的三阶形式构造函数,其结果相似。

$$\hat{E}(Y(d)) = \frac{1}{N}\sum_{i=1}^{N}\left[\hat{\alpha_0} + \hat{\alpha_1}d + \hat{\alpha_2}d^2 + \hat{\alpha_3}\hat{r}(d,X_i)\right.$$
$$\left. + \hat{\alpha_4}\hat{r}(d,X_i)^2 + \hat{\alpha_5}d\hat{r}(d,X_i)\right] \tag{2.10}$$

其中，$\hat{\alpha}$ 为第二步中估计的系数。N 是处理组变量在指定子区间内的样本个数。我们利用式（2.10）以及处理变量在样本内的取值，计算整个样本区间内的剂量反应函数。剂量反应函数反映了结果变量的均值如何随着处理变量的取值范围变动。由前文可知，通过剂量反应函数，我们不仅能够准确计算出处理变量处在不同连续水平上的结果变量的均值，而且可以得出成对处理效应，即：

$$E(\Delta d'd'') = E[Y(d') - Y(d'')]。$$

其中，$d',d'' \in D$，D 是样本区间处理变量的取值的集合。成对处理效应反映了企业出口强度从一个水平转换到另一个水平时，企业结果变量即 tfp 的变化值。

根据上述步骤，我们首先仍然依据企业是否存在研发行为将企业划分为创新组与非创新组，然后对每个样本组的企业出口强度的决定因素进行了 Fractional-Logit 模型的回归。根据已有文献，我们将滞后期的生产率（L. tfp）、企业规模（scale）、企业规模的二次项（scale_q）、企业资本劳动比（cacpital）、企业利润率（profit）、企业支付工人工资（wage）以及企业外资属性（foreign）纳入协变量 X 的集合，除此之外，还控制了企业的年份以及行业的影响，以消除经济周期以及行业对企业的冲击。估计结果如表 2.32 所示。[①]

表 2.32　出口强度决定因素的 Fractional-Logit 模型回归结果

变量	创新组			非创新组		
	(1)	(2)	(3)	(4)	(5)	(6)
L. tfp	0.398*** (0.037)	0.357*** (0.038)	0.072*** (0.004)	0.183*** (0.018)	0.186*** (0.018)	0.026*** (0.002)
scale	0.144*** (0.009)	0.133*** (0.009)	0.143*** (0.010)	0.120*** (0.005)	0.123*** (0.005)	0.148*** (0.005)
scale_q	−0.023*** (0.004)	−0.024*** (0.004)	−0.020*** (0.004)	−0.021*** (0.003)	−0.021*** (0.003)	−0.006*** (0.003)

①　由于篇幅所限，表 2.32 只列出了利用 OP 法对影响企业出口强度的因素进行回归的结果。我们也利用了 LP 法计算的生产率对企业的出口强度进行回归，可以发现回归结果并没有显著的差异，因此在后面的 GPS 模型中只利用 OP 法进行回归。

变量	创新组			非创新组		
	(1)	(2)	(3)	(4)	(5)	(6)
capital	−0.357***	−0.362***	−0.265***	−0.401***	−0.400***	−0.288***
	(0.012)	(0.012)	(0.012)	(0.005)	(0.005)	(0.006)
profit	−0.124***	−0.121***	−0.092***	−0.120***	−0.118***	−0.078***
	(0.010)	(0.010)	(0.010)	(0.005)	(0.005)	(0.005)
wage	0.226***	0.256***	0.112***	−0.013	−0.013	−0.009
	(0.020)	(0.021)	(0.022)	(0.011)	(0.011)	(0.006)
foreign	0.804***	0.812***	0.708***	0.665***	0.660***	0.598***
	(0.023)	(0.024)	(0.025)	(0.012)	(0.012)	(0.013)
Cons	0.871***	0.840***	−0.343	1.243***	1.252***	−0.864***
	(0.084)	(0.088)	(0.363)	(0.042)	(0.044)	(0.184)
year	No	Yes	Yes	No	Yes	Yes
industry	No	No	Yes	No	No	Yes
AIC	1.042	1.041	0.999	0.983	0.982	0.943
Obs	37536	37536	37536	155344	155344	155344

资料来源：2001—2006 年的中国工业企业数据库和海关数据。

注：括号内为标准误。*** 表示在 1% 的水平上显著。

表 2.32 的(1)—(3)列显示了创新组的出口决策决定因素，(4)—(6)列汇报了非创新组的出口决策决定因素的回归结果。可以发现，对于创新组和非创新组的企业而言，滞后 1 期的生产率(L. tfp)都能显著提升我国企业出口强度，说明企业生产率的提高能够相应增强企业的竞争优势，从而使得较高生产率的企业能够出口更多份额的产品。在创新组中，生产率的回归系数要大于非创新组，在一定程度上说明了创新行为本身的自选择效应的存在。企业规模(scale)的估计系数在两个样本组中的回归结果都显著为正，说明企业规模对企业出口强度具有显著的正向作用，而企业规模的平方项(scale_q)在两个样本组中的回归结果则显著为负，说明虽然企业规模对企业出口强度具有显著的正向作用，但该作用是逐步减弱的。企业资本劳动比(capital)的系数在两个样本组中的回归结果都显著为负，说明就样本期间而言，我国企业的出口仍然依靠劳动力成本的优势，但对于创新组的样本而言，其负向作用要小于非创新组，在一定程度上说明我国创新企业正试图通过采用高资本密集度的产品在出口市场上获得竞争优势。企业利润率(profit)与我国企业出口强度也显著负相关，原因可能是出口强度较大的企业大部分为加工贸易企业，而这类企业往往处在价值链的最低端，其利润率是偏低的，从而造成了企业出口利润率与企业出口强

度之间的负相关关系。企业支付工人工资（wage）的系数在创新组中显著为正，而在非创新组中并不显著，这可能是因为企业工资在一定程度上反映了企业的人力资本水平，而有创新行为的企业更加需要高素质劳动力以维持其在出口市场上的份额，从而使其从众多的竞争对手中脱颖而出，实现更大的出口市场份额。

在上述计量模型的基础上，我们利用准最大似然估计量（QMLE）的方法计算处理组企业在某一出口强度下的 GPS，然后基于该值及出口强度计算企业的期望生产率，最后基于式（2.10）计算剂量反应函数。图 2.13 列出了不同样本企业组在不同出口强度下的 $t+1$ 期的 tfp。[①]

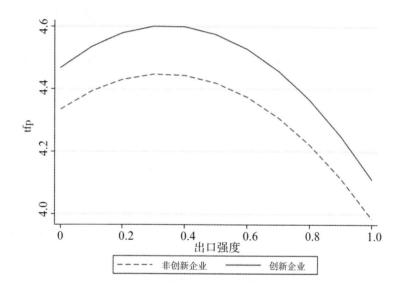

图 2.13　不同创新状态下的剂量反应函数曲线

图 2.13 反映了创新企业与非创新企业在不同出口强度下的出口动态效应。可以发现，首先无论对于何种样本企业，出口强度与企业生产率具有显著的倒 U 形关系，即出口企业的 tfp 并不是随着出口强度的增大而一定提升，而是存在一个拐点：企业出口强度处在该拐点的左边时，企业下期的 tfp 会随着出口强度的增大而有所上升，而一旦企业的出口强度超过了拐点值，企业的 tfp 则会随着出口强度的增大而逐渐下降。其次，对比两组不同样本的企业，创新企业的生产率水平一直位于非创新企业之上，说

---

① 在对学习广度以及学习持续时间的研究中，我们也利用了 GPS 模型对出口产品种类和出口持续时间对"出口中学"效应的影响进行了检验，并没有发现类似的倒 U 形的关系，因此在后文针对其他两种机制的研究中，不再采用 GPS 模型。

明创新行为在任何出口强度上都能显著增强企业的出口动态效应，初步证实了命题1.7。最后，创新企业组的剂量反应函数曲线与非创新企业组的剂量反应函数曲线的差距在倒 U 形曲线的左侧有略微的扩大趋势，但在右侧则有明显的缩小趋势，说明企业的创新行为对出口动态效应的强化作用并不会随着出口强度的加大而无限增强。在较大的出口强度下，创新行为对企业出口动态效应的增强作用有所减弱，即出口学习强度对企业出口动态效应的影响并不是线性的。这可能是因为出口强度大的企业大部分为加工贸易企业，而企业创新行为对加工贸易企业的生产率的提升作用并不显著。就目前中国外贸形势而言，一方面，加工贸易企业进行创新的概率较低，或者投入的研发经费不高，造成企业的创新所引致的学习吸收能力较弱，不足以对企业的出口动态效应产生足够的增强作用；另一方面，虽然加工贸易企业进行了创新活动，但由于加工贸易的生产出口性质，获取新知识或新技术后转化为自身知识的能力受到国外母公司的制约，从而削弱了企业学习吸收能力对企业出口动态效应的增强作用。

GPS 模型让我们直观地了解了不同出口强度下的企业出口动态效应的变化情况，以及创新行为在不同出口强度下对企业出口动态效应的影响。为了更加严格地估计创新行为在不同出口强度下的学习吸收能力，我们利用分位数回归的思想，依据出口强度的份额大小将全样本划分为 4 个子样本。其中，样本 1 的出口强度为 $(0,0.25]$，样本 2 的出口强度为 $(0.25,0.5]$，样本 3 的出口强度为 $(0.5,0.75]$，样本 4 的出口强度为 $(0.75,1]$。我们通过如下计量模型进行实证分析：

$$\text{tfp}_{i,t+1} = \beta_0 + \beta_1 \text{tfp}_{i,t} + \beta_2 \text{ex}_{i,t} + \beta_3 \text{rd}_{i,t} + \beta_4 \text{ex}_{i,t} * \text{rd}_{i,t} + \sum \beta X_{i,t} + \xi$$

$$(2.11)$$

其中，$X_{i,t}$ 代表一组控制变量集合，包括企业规模、企业资本劳动比、企业生产率以及企业外资属性。$\xi = \upsilon_t + \varepsilon_{i,t}$，$\upsilon_t$ 为年份特定效应，即模型施加时间固定效应，$\varepsilon_{i,t}$ 为随机效应扰动项。被解释变量 $\text{tfp}_{i,t+1}$ 为 $t+1$ 期的生产率，而解释变量 $\text{tfp}_{i,t}$ 的系数 β_1 则在一定程度上控制了企业的自选择效应对企业 $t+1$ 期的生产率的影响。$\text{ex}_{i,t}$ 的系数 β_2 反映了企业的出口动态效应，$\text{ex}_{i,t}$ 则代表了企业出口强度，用企业出口交货值和工业销售总产值的比值表示。$\text{rd}_{i,t}$ 的系数 β_3 代表了上部分所提到的创新行为对生产率直接的效应即创新效应。交叉项 $\text{ex}_{i,t} * \text{rd}_{i,t}$ 的系数 β_4 则是我们关心的创新行为在不同出口强度下对企业出口动态效应的影响作用，即出口学习强度渠道。回归结果见表 2.33。

表 2.33 创新行为对出口动态效应的系统 GMM 回归结果：出口学习强度

变量	全样本	样本 1	样本 2	样本 3	样本 4	样本 5	样本 6
	(1)	(2)	(3)	(4)	(5)	(6)	(7)
L. tfp	0.885***	0.972***	0.683***	0.573***	0.353***	0.248***	0.331***
	(0.007)	(0.008)	(0.075)	(0.084)	(0.032)	(0.050)	(0.028)
ex^2	−0.158***						
	(0.036)						
ex	0.228***	0.345***	0.167	0.095	−0.018	0.014	0.084***
	(0.035)	(0.085)	(0.159)	(0.060)	(0.024)	(0.010)	(0.024)
rd	0.085***	0.077***	0.074*	0.036	−0.121	0.018	0.023**
	(0.007)	(0.008)	(0.043)	(0.045)	(0.241)	(0.023)	(0.011)
ex * rd	0.112	0.654***	0.341**	0.117*	0.072	−0.024	0.045***
	(0.117)	(0.151)	(0.171)	(0.069)	(0.378)	(0.033)	(0.015)
scale	−0.483***	−0.568***	−0.248***	−0.101**	−0.277***	−0.054***	−0.053***
	(0.006)	(0.008)	(0.049)	(0.050)	(0.015)	(0.010)	(0.006)
wage	−0.168***	0.186***	0.140***	−0.349***	−0.295***	−0.016***	0.028***
	(0.005)	(0.005)	(0.045)	(0.068)	(0.014)	(0.007)	(0.005)
capital	−0.169***	−0.194***	−0.156***	−0.210***	−0.148***	−0.013*	0.005
	(0.004)	(0.004)	(0.034)	(0.048)	(0.009)	(0.007)	(0.003)
profit	0.017***	0.012***	0.072***	0.023	0.014***	0.005**	0.229***
	(0.002)	(0.002)	(0.017)	(0.016)	(0.004)	(0.003)	(0.044)
foregin	0.066***	0.067***	0.156**	0.054	0.040*	0.019	−0.001
	(0.012)	(0.016)	(0.072)	(0.074)	(0.022)	(0.012)	(0.013)
year	No	Yes	Yes	Yes	Yes	Yes	Yes
Cons	1.161***	0.886***	2.055***	2.873***	2.459***	0.941***	0.802***
	(0.030)	(0.036)	(0.257)	(0.315)	(0.096)	(0.064)	(0.035)
Obs	757793	576422	11700	10823	89590	34383	46581
$p > \chi^2$	0.000	0.000	0.000	0.000	0.000	0.000	0.000

资料来源：2001—2006 年的中国工业企业数据库和海关数据。

注：括号内为标准误。*** 、** 、* 分别表示在 1％、5％、10％ 的水平上显著。

表 2.33 中的(1)列是对全样本的检验结果，我们发现出口强度的系数显著为正，出口强度二次项(ex^2)的系数为负，且通过了 1％ 水平的显著性检验，证明了上文利用 GPS 模型得出的在出口强度视角下的倒 U 形出口动态效应的存在。企业研发投入所代表的创新行为(rd)的系数显著为正，说明创新行为对生产率有直接提升作用。而我们关心的出口强度与创新行为的交叉项(ex * rd)的回归结果为正但并不显著，表明创新行为的学习吸收能力并没有通过加大学习强度而增强企业的出口动态效应。对于其他控制变量而言，企业规模(scale)与出口强度显著负相关，说明企业规模

的扩大反而降低了企业在出口市场上的市场份额，其原因可能是规模较大的企业大部分为国有企业，而国有企业往往能够通过在国内市场上销售而实现其利润最大化的目标。企业支付工人工资（wage）的系数显著为负，其原因可能是我国大部分的高强度的出口企业为加工贸易企业，而廉价的劳动力优势才是其获得较高出口份额的重要渠道之一，因而在整体上表现为与工人工资的负相关关系。同样，由于我国的比较优势仍然依赖于劳动力优势，资本劳动比（capital）的系数也显著为负。利润率（profit）的估计系数显著为正，说明企业的利润率越高，企业的生产率水平越高。企业外资属性（foreign）的系数显著为正，说明具有外资属性的企业平均而言比一般民营企业或者国有企业的生产率水平高。

表 2.33 中的(2)—(5)列是不同出口强度的分样本的系统 GMM 的回归结果。可以发现，滞后 1 期的生产率（L. tfp）的值在所有样本期间都是显著为正的，说明在企业间生产率的异质性是持续存在的。出口强度（ex）的回归系数仅在样本 1 上显著为正，在样本 2 和样本 3 中虽然为正，但并没有通过显著性检验，而在样本 4 中则为负，说明企业出口动态效应仅存在于较低的出口强度上，与图 2.13 中的剂量反应函数曲线一致，这可能是因为：一是中国出口企业中出口强度大的企业一般为加工贸易企业，而该类型企业多是根据国外企业的订单，利用国内廉价劳动力而进行生产并将全部产品出口，因此该类型企业由于自身技术水平的限制以及国外企业的压制很难从出口中获得生产率的提升；二是为了获得政策上的优惠，大部分企业会进行出口并不断加大自身出口强度，但是自身并没有竞争优势，无法从出口的技术溢出中获得自身生产率的提升（陈勇兵等，2014）。创新行为在出口强度低于 50％时能够促进企业生产率的提升，一旦超过 50％，对生产率的提升作用并不显著，甚至会出现负向的作用。因为随着出口强度的加大，企业因出口而支付的额外成本会随之上升，若继续采取创新行为反而会加大企业的成本负担，从而造成对生产率不显著的促进甚至负向的影响作用。核心解释变量出口强度与创新行为的交叉项（ex * rd）的系数在样本 1、2、3 上显著为正，且至少通过了 10％水平的显著性检验，而在样本 4 中，估计系数虽为正，但是并没有通过显著性检验，除此之外，系数的大小也表现为从样本 1 到样本 4 的递减的关系。这一结果与图 2.13 中的不同样本下的剂量反应函数曲线大致相同，即当出口强度较小时，企业的出口动态效应会随着学习强度的加大而有所增强，而当出口强度过大时，通过加大学习强度的方式已经不能增强企业的出口动态效应，这一方面是因为出口动态效应本身在出口强度较大的企业中会呈现减弱的趋势，

另一方面是因为创新效率在较大出口强度的企业中较低，从而导致创新行为的学习吸收能力在大出口强度的企业中也较低。对于其他控制变量而言，除了企业支付工人工资（wage）在不同样本中出现了符号的变化，其他控制变量与表 2.33 中（1）列的回归结果类似，在此不再赘述。而对于企业支付工人工资而言，在出口强度较小的样本中表现为正向的促进作用，这可能是因为出口强度较小的企业往往是一般贸易企业，一般贸易企业相对于非出口企业或者加工贸易企业而言具有相对较高的技术水平，从而具有更多的人力资本优势，反映在企业支付工人工资上即较高的人均工资。

为了进一步证明创新行为在不同出口强度企业中表现出异质性的学习吸收能力，我们进一步根据海关数据中关于贸易方式的信息，将出口样本划分为加工贸易企业（样本 5）与一般贸易企业（样本 6）[①]，并分别对其进行回归，回归结果见表 2.33 中（6）、（7）列。

回归结果显示，在一般贸易企业中，不仅是出口强度与创新行为的交互项系数为正，而且创新行为以及出口强度均对企业生产率具有显著促进作用，与样本 1 中的回归系数的符号完全一致，而加工贸易企业样本的回归结果则均呈现不显著或者负向的关系，与样本 4 中的回归系数符号完全一致。两者比较可以发现，出口学习强度给出口动态效应带来的强化作用在采取不同贸易方式的企业中存在着异质性。具体而言，在一般贸易企业中，创新行为引致的学习吸收能力中的出口学习强度的加大能够给企业出口动态效应带来显著的、持续的增强作用。而在加工贸易企业中，出口学习强度并不能给企业带来出口动态效应的增强。一方面，加工贸易企业采取创新行为的概率较低或者投入的研发经费不多，造成创新行为不多所引致的学习吸收能力较低，不足以对企业的出口动态效应产生足够的增强作用；另一方面，虽然加工贸易企业采取了创新行为，但由于加工贸易的生产出口性质，获取新知识或新技术后转化为自身知识的能力受到国外母公司的制约，从而削弱了学习吸收能力对企业出口动态效应的增强作用。

（三）出口动态效应的提升渠道检验：出口学习广度

基于宏观数据的研究表明，一国的出口产品多样化能提升一国的经济增长水平（Hausmann et al.，2007；Feenstra and Kee，2008；等等），基于微观层面数据的文献也证实了出口产品多样化能提升一国的企业的生产率水平（Berthou and Fontagne，2013）。前面的研究已经表明，一国或者企业

[①] 注意，这里的加工贸易企业、一般贸易企业代表的是仅进行加工贸易活动和仅进行一般贸易活动的企业，剔除了两者兼备型的企业。

的出口能够通过创新行为产生的学习吸收能力提升国家的经济增长水平以及企业的生产率水平,即表现为对国家或者企业出口动态效应的强化作用。其中通过不同的出口强度表现出来的出口学习强度效应与该机制密切相关。那么除此之外,企业出口产品种类是否也能通过扩大企业的学习广度,从而影响企业的学习吸收能力呢? 在本部分我们将通过研究出口学习广度渠道,分析学习吸收能力对出口动态效应的强化作用。

对出口产品种类的测度有利用绝对值的计数方法,也有利用出口产品多样化的指数的方法。本节由于考虑了不同企业间的产品多样化的差异,因此不采用绝对值指标衡量企业的多样化程度,而是借鉴 Lim and Saborowski(2012)、胡翠(2015)等的方法构建了企业出口产品多样化指标,即:

$$\text{Diversification}_{i,t} = \sum_{k} \left[\frac{\text{export}_{i,k,t}}{\sum_{k} \text{export}_{i,k,t}} \right]^2 。$$

其中,i 为企业,t 为时间,k 为 HS-8 位码层面的产品种类。该指标的含义为每种产品的出口占出口总额的比例的平方和,其值越大说明出口产品多样化程度越低,越小则说明出口产品多样化程度越高。为了方便说明,我们将其改写为:

$$\text{diversification}_{i,t} = 1 - \sum_{k} \left[\frac{\text{export}_{i,k,t}}{\sum_{k} \text{export}_{i,k,t}} \right]^2 \tag{2.12}$$

该变量与企业出口产品多样化程度呈正向关系,该指标的值越大说明企业出口产品越多样化,反之则说明出口企业的产品越单一。若该值为0,说明出口企业为单一产品企业。

为了初步了解企业出口产品多样化程度对企业创新行为的学习吸收能力的影响,我们绘制了不同企业的 tfp 核密度函数图。我们首先将出口企业样本按照有无研究开发经费划分为创新企业与非创新企业,并在每组子样本中根据企业的出口多样化指标的中位数再次进行分类,将创新企业(非创新企业)进一步划分为较少出口产品种类的企业以及较多出口产品种类的企业,并分别绘制其 $t+1$ 期 tfp 核密度函数图,如图 2.14 所示。

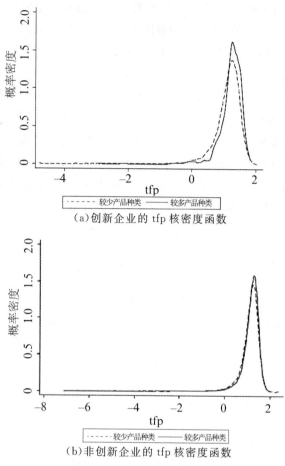

（a）创新企业的 tfp 核密度函数

（b）非创新企业的 tfp 核密度函数

图 2.14　不同企业的 tfp 核密度函数

从图 2.14 我们可以发现：对于创新企业而言，与较少产品种类企业的 tfp 核密度函数相比，较多产品种类企业的 tfp 核密度函数向右偏移，说明企业的创新行为能够与产品种类的多样性互补形成出口学习广度渠道，从而促进企业的出口动态效应的增强。对于非创新企业而言，较少产品种类企业的 $t+1$ 期 tfp 核密度函数与较多产品种类的 $t+1$ 期 tfp 核密度函数之间并没有显著的差异，说明在非创新企业中企业出口产品种类并不会影响企业出口动态效应。

为了更加严格地证明企业的学习吸收能力中的出口学习广度渠道，我们建立如下的实证检验方程：

$$\mathrm{tfp}_{i,t+1} = \beta_0 + \beta_1 \, \mathrm{tfp}_{i,t} + \beta_2 \, \mathrm{diversification}_{i,t} + \beta_3 \, \mathrm{inno}_{i,t} +$$

$$\beta_4 \, \mathrm{diversification}_{i,t} * \mathrm{inno}_{i,t} + \sum \beta \, X_{i,t} + \xi。$$

其中，$X_{i,t}$ 代表一组与式（2.11）一样的控制变量集合。$\xi = \upsilon_t + \varepsilon_{i,t}$，$\upsilon_t$ 为年份

特定效应，即模型施加时间固定效应，$\varepsilon_{i,t}$为随机效应扰动项。被解释变量 $\mathrm{tfp}_{i,t+1}$为$t+1$期的生产率，而解释变量$\mathrm{tfp}_{i,t}$的系数β_1则在一定程度上控制了企业的自选择效应对企业$t+1$期的生产率的影响。$\mathrm{diversification}_{i,t}$的系数$\beta_2$反映了企业的出口产品种类对企业生产率的影响，$\mathrm{diversification}_{i,t}$是通过式（2.12）测算的企业出口产品多样化指标。$\mathrm{inno}_{i,t}$的系数β_3代表了上文所提到的创新行为对生产率直接的效应即创新效应。交叉项$\mathrm{diversification}_{i,t} * \mathrm{inno}_{i,t}$的系数$\beta_4$则是我们关心的创新行为通过企业不同的产品多样化程度对企业出口动态效应的强化作用，即出口学习广度渠道。回归结果见表 2.34。

表 2.34　创新行为对出口动态效应的回归结果：出口学习广度

变量	OLS 模型			系统 GMM 模型		
	(1)	(2)	(3)	(4)	(5)	(6)
L. tfp	0.454***	0.385***	0.378***	0.400***	0.119***	0.149***
	(0.005)	(0.006)	(0.006)	(0.021)	(0.024)	(0.022)
diversification	0.037***	0.035*	0.008	0.159***	0.057	0.064*
	(0.010)	(0.019)	(0.007)	(0.065)	(0.047)	(0.033)
inno	0.016*	0.017**	0.010	0.081**	0.236***	0.216***
	(0.009)	(0.008)	(0.008)	(0.039)	(0.045)	(0.044)
diversification * inno	0.046***	0.016***	0.037**	0.164***	0.364***	0.327***
	(0.007)	(0.008)	(0.018)	(0.040)	(0.073)	(0.069)
scale		−0.046***	−0.049***		−0.205***	−0.201***
		(0.002)	(0.002)		(0.007)	(0.007)
wage		0.078***	0.058***		0.073***	0.070***
		(0.004)	(0.004)		(0.005)	(0.005)
capital		−0.034***	−0.031***		0.002	0.003
		(0.002)	(0.002)		(0.004)	(0.004)
profit		0.012***	0.012***		0.013***	0.013***
		(0.001)	(0.001)		(0.002)	(0.002)
foreign		0.004	0.019***		−0.019*	−0.017
		(0.004)	(0.004)		(0.011)	(0.011)
year	No	No	Yes	No	No	Yes
Cons	0.675***	0.764***	0.745***	0.655***	1.097***	1.008***
	(0.006)	(0.015)	(0.015)	(0.028)	(0.041)	(0.043)
Obs	21099	44230	44230	54792	44230	44230
$p>\chi^2$	0.000	0.000	0.000	0.000	0.000	0.000

资料来源：2001—2006 年的中国工业企业数据库和海关数据。

注：括号内为标准误。***、**、*分别表示在1%、5%、10%的水平上显著。

表 2.34 汇报了利用 OLS 以及系统 GMM 的方法观察出口学习广度对出口动态效应影响的回归结果。回归结果显示，核心变量创新行为与企业出口产品多样化指标的交叉项的回归系数显著为正且稳健，说明企业的出口学习广度渠道是企业通过创新行为增强企业出口动态效应的重要机制。另外，对比发现，企业的出口产品多样化指标的回归系数为正，但在大部分的回归模型中并不显著，或者仅通过了 10% 水平的显著性检验，说明企业出口产品多样化对企业生产率的提升作用并不稳健，而只有通过企业创新行为的作用，出口产品多样化作为企业学习吸收的基础，和企业的创新水平所催生的学习吸收能力一起共同促进企业的生产率水平的提升。对于其他控制变量的解释，我们以表 2.34 的(6)列为依据进行说明。企业滞后 1 期的生产率水平(L. tfp)与企业创新行为(inno)呈显著正向关系，再次证明了企业间生产率异质性的持续性以及企业创新行为对生产率提升的直接促进作用。企业外资属性(foreign)的回归系数在各模型中表现了不同的回归结果，说明企业的外资属性并不是促进我国企业生产率水平提升的重要因素。其他控制变量的回归结果与表 2.33 基本保持一致，在此不再赘述。

（四）出口动态效应的提升渠道检验：出口学习累积

由上文的分析可知，出口学习广度以及出口学习强度都是企业通过创新行为增强企业出口动态效应的关键渠道。基于第一章的理论分析框架，我们知道企业的出口持续时间为企业创新行为的学习吸收能力提供了积累经验的机会，从而在一定程度上，企业的学习吸收能力能够增强企业的出口动态效应。接下来，我们将分析企业出口学习累积渠道对企业出口动态效应的影响作用。

为了初步了解企业出口持续时间对企业创新行为的学习吸收能力的影响，我们绘制了不同出口持续时间企业的 tfp 核密度函数图。同样，我们首先将出口企业样本按照有无研究开发经费划分为创新企业与非创新企业，并在每组子样本中根据企业的出口持续时间再次进行分类，将创新企业(非创新企业)进一步划分为仅出口 1 年的企业以及持续出口的企业，并分别绘制其 $t+1$ 期 tfp 核密度函数图(见图 2.15)。

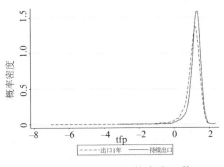
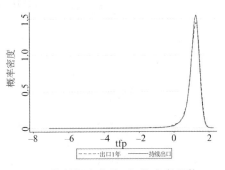

(a)创新企业的 tfp 核密度函数　　　(b)非创新企业的 tfp 核密度函数

图 2.15　不同出口持续时间的 tfp 核密度函数

从图 2.15 我们可以发现对于非创新企业而言,仅出口 1 年的企业的 $t+1$ 期 tfp 核密度函数与持续出口企业的 $t+1$ 期 tfp 核密度函数之间并没有显著的差异,说明在非创新企业中,企业出口持续时间并没有影响企业出口动态效应;对于创新的企业而言,与仅出口 1 年的企业的 tfp 核密度函数相比,持续出口企业的 tfp 核密度函数向右偏移,说明企业的创新行为能够与企业的出口持续时间互补形成出口学习累积渠道,从而促进企业的出口动态效应的增强。

为了更加严格地证明企业的学习吸收能力中的出口学习累积渠道,我们建立如下的实证检验方程:

$$\text{tfp}_{i,t+1} = \beta_0 + \beta_1 \text{tfp}_{i,t} + \beta_2 \text{survival}_{i,t} + \beta_3 \text{inno}_{i,t} + \beta_4 \text{survival}_{i,t} * \text{inno}_{i,t}$$
$$+ \sum \beta X_{i,t} + \xi_\circ$$

其中,$X_{i,t}$ 代表一组与式(2.11)一样的控制变量集合。$\xi = \upsilon_t + \varepsilon_{i,t}$,$\upsilon_t$ 为年份特定效应,即模型施加时间固定效应,$\varepsilon_{i,t}$ 为随机效应扰动项。被解释变量 $\text{tfp}_{i,t+1}$ 为 $t+1$ 期的生产率,而解释变量 $\text{tfp}_{i,t}$ 的系数 β_1 则在一定程度上控制了企业的自选择效应对企业 $t+1$ 期的生产率的影响。$\text{survival}_{i,t}$ 的系数 β_2 反映了企业的出口持续时间对企业生产率的影响,企业持续时间越长,其在出口市场上的经验越丰富,从而生产率越高。$\text{inno}_{i,t}$ 的系数 β_3 代表了上文所提到的技术创新行为对生产率的直接效应即创新效应。交叉项 $\text{survival}_{i,t} * \text{inno}_{i,t}$ 的系数 β_4 则是我们关心的创新行为通过企业不同的出口持续时间对企业出口动态效应的强化作用,即出口学习累积渠道。回归结果见表 2.35。

表 2.35　创新行为对出口动态效应的回归结果:出口学习累积

变量	OLS 模型			系统 GMM 模型		
	(1)	(2)	(3)	(4)	(5)	(6)
L. tfp	0.481**	0.366***	0.359***	0.392***	0.251***	0.139***
	(0.003)	(0.004)	(0.004)	(0.023)	(0.023)	(0.021)
survival	0.014***	0.002	0.001	0.029***	0.015*	0.016*
	(0.001)	(0.002)	(0.002)	(0.003)	(0.009)	(0.009)
inno	0.0005	0.041***	0.033***	−0.032	0.081**	0.077**
	(0.002)	(0.007)	(0.007)	(0.043)	(0.037)	(0.035)
survival * inno	0.005	0.002**	0.001**	0.007	0.016*	0.014***
	(0.008)	(0.001)	(0.002)	(0.011)	(0.009)	(0.005)
scale		−0.065***	−0.068***		−0.146***	−0.194***
		(0.001)	(0.001)		(0.006)	(0.006)
wage		0.108***	0.095***		0.083***	0.069***
		(0.002)	(0.002)		(0.006)	(0.005)
capital		−0.041***	−0.040***		−0.008*	0.002
		(0.001)	(0.001)		(0.004)	(0.004)
profit		0.014***	0.014***		0.017***	0.012***
		(0.001)	(0.001)		(0.003)	(0.002)
foreign		0.003	0.017***		−0.093***	−0.020*
		(0.003)	(0.003)		(0.012)	(0.011)
year	No	No	Yes	No	No	Yes
Cons	0.585***	0.723***	0.726***	0.646***	0.928***	1.006***
	(0.005)	(0.009)	(0.009)	(0.024)	(0.034)	(0.034)
Obs	54792	44230	44230	54792	44230	44230
$p > \chi^2$	0.000	0.000	0.000	0.000	0.000	0.000

资料来源:2001—2006 年的中国工业企业数据库和海关数据。

注:括号内为标准误。***、**、*分别表示在 1%、5%、10%的水平上显著。

　　表 2.35 汇报了利用 OLS 以及系统 GMM 的方法观察出口学习累积对出口动态效应的影响的回归结果。回归结果显示,核心变量观察创新行为与企业出口持续时间的交互项的回归系数显著为正[除(1)和(4)列外],且稳健,说明企业的出口学习累积效应是企业通过创新行为增强企业出口动态效应的重要渠道。另外,对比发现,企业的出口持续时间在系统 GMM 的回归结果中都显著为正,说明企业出口持续时间本身也能促进出口企业的生产率水平的提升,这可能是因为出口持续时间长的企业,其在出口市场上的经验更加丰富,从而赢利能力更强。其他控制变量的解释与上部分基本保持一致,在此不再赘述。

二、产品创新、工艺创新与出口动态效应

前文分析了企业的创新行为所产生的学习效应对企业出口动态效应的增强作用，并分别从企业出口学习强度、出口学习广度以及出口学习累积三条渠道分析了企业创新行为的学习吸收能力对企业出口动态效应的影响机制。接下来，我们将进一步分析产品创新与工艺创新框架下的异质性的学习吸收能力，首先检验不同创新模式通过不同性质的学习吸收能力对企业出口动态效应的异质性的提升作用，然后在此基础上分析不同性质的学习吸收能力对企业出口动态效应的差异化作用渠道。

（一）不同创新模式下的提升机制检验：学习吸收能力

基于本书研究核心，我们首先考虑在不同创新模式的框架下，不同性质的创新模式对于企业出口动态效应的增强作用。为了直观了解不同类型企业的生产率分布情况，我们绘制了不同类型企业的 tfp 累积分布图。图 2.16 展示了在产品创新以及工艺创新下的各自四种类型企业的 tfp 累积分布 [仅进行产品创新（prod，0）或工艺创新（proc，0）、进行出口的企业（0，ex）、既进行产品创新或工艺创新又进行出口的企业（prod，ex）或（proc，ex）以及既不进行产品创新或工艺创新[1]又不进行出口的企业（0，0）]。tfp 的测度采用了增加值的测算方法（tfp_va）。[2]

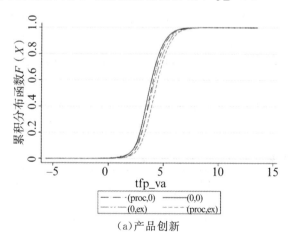

（a）产品创新

---

[1]　在这里，我们定义（0，0）为既不进行产品创新也不进行工艺创新，同时还不进行出口的企业。

[2]　我们也采用了 LP 法和 OP 法进行分析，结果类似。由于增加值的方法差异更加显著，我们仅列出了采用增加值的方法得到的结果图。

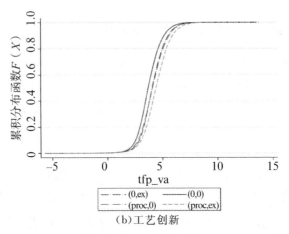

（b）工艺创新

图 2.16　不同创新模式下 tfp 累积分布（2001—2007 年）

从图 2.16 中我们可以看到，出口企业的 tfp 累积分布位于非出口企业的右边，再次说明出口企业存在生产率溢价。另外，对于出口企业而言，无论是进行产品创新还是工艺创新，其 tfp 累积分布都位于不进行创新的出口企业的右侧，初步证明了无论何种创新模式都能增强企业的出口动态效应。

为了进一步说明不同创新模式能否对企业出口动态效应产生强化作用，以及不同创新模式对企业出口动态效应强化作用的差异性，我们分别对进行产品创新的企业与进行工艺创新的企业做 PSM 模型回归检验。对于产品创新的检验，我们首先将出口企业划分为两组，一组是进行产品创新的企业，另一组是不进行任何创新的企业，我们将这两组分别视为处理组，将不进行出口的企业作为控制组与上述处理组进行匹配，然后估算在有产品创新的企业中的出口动态效应以及没有进行产品创新的企业中的出口动态效应。对于工艺创新的处理方法类似，回归结果如表 2.36 和表 2.37 所示。

表 2.36　产品创新对出口动态效应影响的 PSM 模型回归结果

组别	变量	当年	持续 1 年	持续 2 年	持续 3 年	持续 4 年
产品创新组	ATT	0.261*** (0.060)	0.297*** (0.134)	0.217* (0.131)	0.060*** (0.009)	
	处理组样本数	13148	2574	257	193	82
非产品创新组	ATT	−0.024 (0.024)	−0.031 (0.027)	−0.082 (0.086)	−0.044 (0.168)	−0.210 (0.197)
	处理组样本数	5375	3517	404	131	83

注：括号内为标准误。***、* 分别表示在 1%、10% 的水平上显著。

表 2.37　工艺创新对出口动态效应影响的 PSM 回归结果

组别	变量	当年	持续 1 年	持续 2 年	持续 3 年	持续 4 年
工艺创新组	ATT	0.026*** (0.003)	0.027*** (0.011)	0.008 (0.026)	0.009 (0.033)	0.012 (0.054)
工艺创新组	处理组样本数	39526	9809	4740	3860	817
非工艺创新组	ATT	−0.024 (0.024)	−0.031 (0.027)	−0.082 (0.086)	−0.044 (0.168)	−0.210 (0.197)
非工艺创新组	处理组样本数	5375	3517	404	131	83

注:括号内为标准误。*** 表示在 1% 的水平上显著。

从表 2.36 和表 2.37 的回归结果我们可以发现,在进行创新与不进行创新的企业中,出口动态效应存在着巨大的差异。在非产品创新组中,企业的出口行为并没有带来生产率水平的提升。而在进行了任何一种模式的创新之后,企业的出口行为带来了生产率的提升。具体来说,对于进行产品创新的企业而言,从当年到持续 3 年的估计系数都显著为正,然而对于不进行产品创新的企业而言,所有估计系数都不显著甚至为负。对于进行工艺创新的企业而言,在当年和持续 1 年的估计系数显著为正,虽然较产品创新的提升作用持续时间较短,但与不进行任何创新的企业相比,工艺创新仍然能够增强企业的出口动态效应。以上结论说明了产品创新或者工艺创新的确对出口动态效应产生了显著的增强作用。提升的原因仍然是各种模式的创新均能使企业快速识别溢出的新技术与新知识,并且高效地学习利用先进技术,最终将相关的知识运用到自身企业的生产中。而两者对生产率提升作用的差异则来源于两种创新所产生的不同性质的学习能力。由于吸收能力建立在企业原有知识的基础上,在一定程度上具有路径依赖的特点(高展军和李恒,2005)。产品创新产生的探索型学习吸收能力可更多地从产品多样化的知识溢出中获取互补性知识,而工艺创新所产生的利用型学习吸收能力则更多地通过规模扩大所带来的规模效应的溢出,在已存在的知识领域获取更加专业化的知识。而规模效应、稻田条件的存在使得企业工艺创新所带来的学习吸收效应并不能无限制地促进企业的出口动态效应增强,从而表现为生产率短期的提升作用。

(二)不同创新模式下的提升渠道检验:出口学习强度

上一节的研究已经说明了在不同类型创新模式的框架下,企业的创新决策能够给企业的出口动态效应带来显著的异质性增强作用。那么,在产品创新与工艺创新的框架下,命题 1.8 中的三种作用渠道是否也同样适用于不同的创新模式？在不同创新模式下是否存在差异性的效应？在接下来的部分我们将着重检验不同创新模式下，创新影响出口动态效应的三种作用渠道。

同样为了初步了解企业出口强度对企业创新的学习吸收能力的影响，我们绘制了不同出口强度企业的 tfp 核密度函数图。对于产品创新而言，我们首先根据有没有进行产品创新活动，将出口企业样本划分为产品创新企业与非产品创新企业，并在每组子样本中根据企业的出口强度的中位数再次进行分类，将产品创新企业样本组（非产品创新企业样本组）进一步划分为低出口强度的企业以及高出口强度的企业，并分别绘制其 $t+1$ 期 tfp 核密度函数图（见图 2.17）。对于工艺创新的研究也利用同样的方法，根据进行工艺创新的企业与不进行工艺创新的企业的样本，分别绘制低出口强度与高出口强度企业的 $t+1$ 期 tfp 的核密度函数图（见图 2.18）。

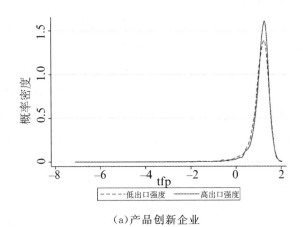

（a）产品创新企业

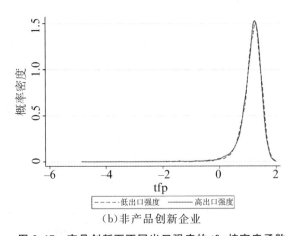

（b）非产品创新企业

图 2.17　产品创新下不同出口强度的 tfp 核密度函数

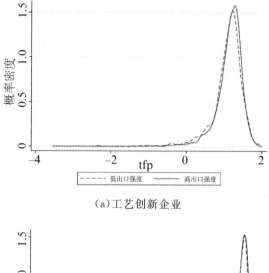

（a）工艺创新企业

（b）非工艺创新企业

图 2.18　工艺创新下不同出口强度的 tfp 核密度函数图

从图 2.17 我们可以发现，对于非产品创新企业而言，高出口强度企业的 $t+1$ 期 tfp 核密度函数与低出口强度企业的 $t+1$ 期 tfp 核密度函数之间并没有显著的差异，说明在非产品创新企业中企业出口强度并没有产生企业出口动态效应，企业的出口生产率并不会随着出口强度的变化而有所上升；对于产品创新的企业而言，与低出口强度企业的 tfp 核密度函数相比，高出口强度企业的 tfp 核密度函数略微向右偏移，说明企业的产品创新行为能够与企业的出口强度互补，通过学习强度促进企业的出口动态效应的增强。对于工艺创新而言，从图 2.18 可知，工艺创新同产品创新一样，能够通过出口强度对企业的出口动态效应起到显著的促进作用。对比图 2.17(a) 与图 2.18(b) 我们可以发现，工艺创新企业在高强度的企业组中向右偏移的程度要略微大于产品创新下高出口强度企业较低出口强度企业的向右偏移程度，初步说明与产品创新相比，工艺创新与出口强度的互补作用对企业生产率的提升效果更为显著。

　　为了更加严格地证明产品创新与工艺创新框架下的企业学习吸收能力中的出口学习强度渠道，我们建立如下的实证检验方程：

$$\text{tfp}_{i,t+1} = \beta_0 + \beta_1 \text{tfp}_{i,t} + \beta_2 \text{ex}_{i,t} + \beta_3 \text{inno}_{i,t} + \beta_4 \text{ex}_{i,t} * \text{inno}_{i,t} + \sum \beta X_{i,t} + \xi_\circ$$

其中，$X_{i,t}$ 代表同式(2.11)一致的一组控制变量集合；$\xi = \upsilon_t + \varepsilon_{i,t}$，$\upsilon_t$ 为年份特定效应，即模型施加时间固定效应，$\varepsilon_{i,t}$ 为随机效应扰动项；被解释变量 $\text{tfp}_{i,t+1}$ 为 $t+1$ 期的生产率，而解释变量 $\text{tfp}_{i,t}$ 的系数 β_1 则在一定程度上控制了企业的自选择效应对企业 $t+1$ 期的生产率的影响；$\text{ex}_{i,t}$ 的系数 β_2 反映了不同出口强度对企业的生产率的作用效果，$\text{ex}_{i,t}$ 则代表了企业出口强度，用企业出口交货值和工业销售总产值的比值表示；$\text{inno}_{i,t}$ 的系数 β_3 代表了上部分所提到的不同创新模式的出口动态效应即创新效应，$\text{inno}_{i,t}$ 则分别利用本章第二节所测算的产品创新与工艺创新替代；而交互项 $\text{ex}_{i,t} * \text{inno}_{i,t}$ 的系数 β_4 则是我们关心的产品创新或者工艺创新在不同出口强度下对企业出口动态效应的影响作用，即出口学习强度渠道。回归结果见表2.38。

表 2.38　不同创新模式下出口动态效应增强作用回归结果：出口学习强度

变量	工艺创新			产品创新		
	(1)	(2)	(3)	(4)	(5)	(6)
L. tfp	0.155*** (0.023)	0.154*** (0.023)	0.152*** (0.023)	0.144*** (0.022)	0.149*** (0.021)	0.147*** (0.020)
ex^2	−0.509 (0.360)			0.009 (0.401)		
ex	0.634 (0.454)	0.022 (0.015)	0.055 (0.057)	−0.050 (0.494)	−0.114 (0.110)	−0.090 (0.061)
inno	0.254*** (0.028)	0.251*** (0.029)	0.254*** (0.031)	−0.264 (0.248)	0.266*** (0.028)	0.378*** (0.198)
ex * inno	0.023* (0.013)	0.034* (0.019)	0.022* (0.013)	0.312 (0.288)	0.278 (0.282)	0.263 (0.281)
scale	−0.180*** (0.007)	−0.037*** (0.006)	−0.178*** (0.007)	−0.200*** (0.007)	−0.094*** (0.010)	−0.199*** (0.007)
wage	0.058*** (0.005)	0.050*** (0.002)	0.059*** (0.005)	0.071*** (0.005)	0.041*** (0.006)	0.071*** (0.005)
capital	−0.002 (0.004)	−0.017 (0.015)	−0.002 (0.004)	0.004 (0.005)	0.003 (0.010)	0.003 (0.005)
profit	0.011*** (0.002)	0.012** (0.006)	0.011*** (0.002)	0.013*** (0.002)	0.012** (0.006)	0.013*** (0.002)
foreign	0.022** (0.011)	0.035*** (0.013)	0.025** (0.011)	0.020* (0.012)	0.017* (0.010)	0.021* (0.012)

续　表

变量	工艺创新			产品创新		
	(1)	(2)	(3)	(4)	(5)	(6)
year	Yes	No	Yes	Yes	No	Yes
Cons	0.940***	1.106***	1.033***	1.002***	1.703***	1.020***
	(0.098)	(0.012)	(0.048)	(0.109)	(0.152)	(0.076)
Obs	44230	44230	44230	44230	44230	44230
$p > \chi^2$	0.000	0.000	0.000	0.000	0.000	0.000

资料来源：2001—2006 年的中国工业企业数据库和海关数据。

注：括号内为标准误。***、**、*分别表示在 1％、5％、10％的水平上显著。

由前部分我们知道，出口强度与企业的生产率之间存在倒 U 形的关系，因此我们在基准模型上加入出口强度的二次项（ex^2）对不同创新模式框架下的倒 U 形结构进行分析。回归结果显示，无论是产品创新还是工艺创新，出口强度的二次项并不显著，根据逐步回归的方法，我们在后续的研究中剔除了出口强度的二次项变量。对比表 2.38(3)和(6)列的回归结果，我们可以发现在核心变量创新与出口强度的交互项中，产品创新的回归系数为正但并不显著，而工艺创新的回归系数为正，且通过了 10％的显著性检验，与上部分的定性检验的结果相似。其背后的原因可能是产品创新与工艺创新所产生的不同性质的学习吸收能力。产品创新所产生的学习吸收能力主要从不同产品所代表的不同知识溢出中获得，属于探索型的学习能力范畴，企业生产越多的产品，产品创新能够学习吸收的基础就越大，并进一步通过该机制促进企业的生产率提高。而与之相反，工艺创新所产生的学习吸收能力旨在通过单个产品的出口强度中的规模效应获得，是学习深度上的吸收，属于利用型的学习能力范畴，因此当企业出口强度变大时，将会比产品创新企业获取和利用更多有价值的信息或技术，从而更大限度地提升企业的生产率。对于其他控制变量而言，大部分的符号与前文保持一致，在此不再赘述。

（三）不同创新模式下的提升渠道检验：出口学习广度

根据上文的分析，我们知道对于产品创新而言，其带来的学习吸收效应更容易从多样化的产品种类中获得，而工艺创新则更倾向于推动企业从规模经济的效应中获取吸收知识。因此接下来检验不同创新模式对企业出口动态效应增强机制的出口学习广度渠道时，我们预期产品创新通过出口学习广度渠道的出口动态效应将会大于工艺创新通过出口学习广度渠道的出口动态效应。

　　为了初步了解企业出口产品多样化对企业不同创新模式所产生的异质性学习吸收能力的影响,我们绘制了不同出口产品种类企业的 tfp 核密度函数图。产品多样化指标的测算仍然依据式(2.12)的方法。对于产品创新而言,我们首先将出口企业样本按照有无产品创新划分为产品创新企业与非产品创新企业,并在每组子样本中根据企业的出口多样化指标的中位数再次进行分类,将产品创新企业样本组和非产品创新企业样本组进一步划分为较少出口产品种类的企业以及较多出口产品种类的企业,并分别绘制其 $t+1$ 期 tfp 核密度函数图,如图 2.19 所示。对于工艺创新而言,我们采用同样的方法,分别绘制在进行工艺创新的企业与不进行工艺创新的企业的样本中较少出口产品种类和较多出口产品种类企业的 $t+1$ 期 tfp 核密度函数图,如图 2.20 所示。

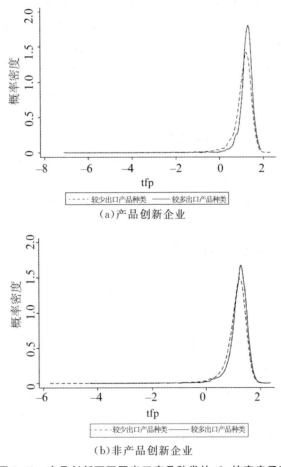

(a)产品创新企业

(b)非产品创新企业

图 2.19　产品创新下不同出口产品种类的 tfp 核密度函数

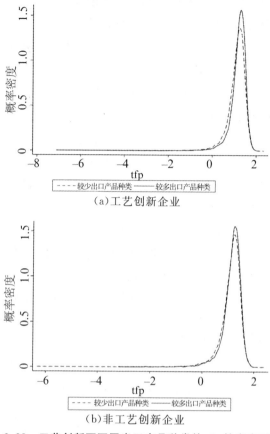

（a）工艺创新企业

（b）非工艺创新企业

图 2.20　工艺创新下不同出口产品种类的 tfp 核密度函数

从图 2.19 我们可以发现,对于非产品创新企业而言,较多出口产品种类企业的 t+1 期 tfp 核密度函数与较少出口产品种类企业的 t+1 期 tfp 核密度函数之间存在略微差异,说明在非产品创新企业中,企业出口产品种类本身可以增强企业的出口动态效应,出口企业的生产率会随着出口产品种类的变化而有所变化,但该变化并不显著;对于产品创新的企业而言,与较少出口产品种类企业的 tfp 核密度函数相比,较多出口产品种类企业的 tfp 核密度函数位于其右方,且该差异大于图 2.19(b)中较多出口产品种类企业与较少出口产品种类企业 tfp 密度函数的差异,说明企业的产品创新行为能够通过更多的出口产品种类吸收学习国外先进的技术与经验,从而增强出口动态效应。对于工艺创新而言,从图 2.20 可知,工艺创新同产品创新一样,能够通过出口产品种类对企业的出口动态效应起到显著的通过增强作用。但对比图 2.19(a)和图 2.20(a),我们可以发现,工艺创新的企业通过出口学习广度获得的学习吸收能力并没有产品创新企业在出口学习广度上获得的学习吸收能力强,表现为在图 2.19(a)中较多出产品种类企业的 tfp 核密度函数向右偏移的程度并没有图 2.20(a)中较多出口产品种类企业的 tfp 核密度函数向右偏移的程度大。

为了更加严格证明异质性创新下企业的学习吸收能力中的出口学习广度渠道，我们建立如下的实证检验方程：

$$\text{tfp}_{i,t+1} = \beta_0 + \beta_1 \text{tfp}_{i,t} + \beta_2 \text{diversification}_{it} + \beta_3 \text{inno}_{i,t}$$
$$+ \beta_4 \text{diversification}_{i,t} * \text{inno}_{i,t} + \sum \beta X_{i,t} + \xi 。$$

其中，$X_{i,t}$ 代表一组与式（2.11）一样的控制变量集合；$\xi = v_t + \varepsilon_{i,t}$，$v_t$ 为年份特定效应，即模型施加时间固定效应，$\varepsilon_{i,t}$ 为随机效应扰动项；被解释变量 $\text{tfp}_{i,t+1}$ 为 $t+1$ 期的生产率，而解释变量 $\text{tfp}_{i,t}$ 的系数 β_1 则在一定程度上控制了企业的自选择效应对企业 $t+1$ 期的生产率的影响；$\text{diversification}_{i,t}$ 的系数 β_2 反映了企业的出口产品种类对企业生产率的影响，$\text{diversification}_{i,t}$ 是通过上述公式测算的企业多样化指标；$\text{inno}_{i,t}$ 的系数 β_3 代表了上部分所提到的不同创新模式的生产率效应即创新效应，$\text{inno}_{i,t}$ 则分别利用本章第二节所测算的产品创新与工艺创新替代；交互项 $\text{diversification}_{i,t} * \text{inno}_{i,t}$ 的系数 β_4 则是我们关心的产品创新或者工艺创新通过企业不同的产品多样化程度对企业出口动态效应的提升作用，即出口学习广度渠道。回归结果见表 2.39。

表 2.39　不同创新模式下出口动态效应增强作用回归结果：出口学习广度

变量	工艺创新			产品创新		
	(1)	(2)	(3)	(4)	(5)	(6)
L. tfp	0.429*** (0.018)	0.093*** (0.019)	0.152*** (0.023)	0.289*** (0.021)	0.176*** (0.022)	0.142*** (0.022)
diversification	0.306*** (0.033)	0.099*** (0.030)	0.030 (0.039)	0.061 (0.051)	0.121*** (0.055)	0.068*** (0.026)
inno	0.035*** (0.009)	0.032*** (0.008)	0.236*** (0.042)	0.496*** (0.051)	0.831*** (0.058)	0.228 (0.151)
diversification * inno	0.039* (0.022)	0.052*** (0.019)	0.047*** (0.018)	0.663*** (0.900)	1.188*** (0.100)	0.355* (0.215)
scale		−0.176*** (0.006)	−0.179*** (0.007)		−0.210*** (0.008)	−0.201*** (0.007)
wage		0.066*** (0.005)	0.059*** (0.005)		0.079*** (0.006)	0.071*** (0.005)
capital		−0.0003 (0.004)	−0.002 (0.004)		0.002 (0.005)	0.004 (0.004)
profit		0.013*** (0.002)	0.011*** (0.002)		0.014*** (0.003)	0.014*** (0.002)

续　表

变量	工艺创新			产品创新		
	(1)	(2)	(3)	(4)	(5)	(6)
foreign		0.036***	0.026***		−0.011	−0.018*
		(0.011)	(0.011)		(0.014)	(0.011)
year	No	No	Yes	No	No	Yes
Cons	0.596***	1.083***	1.079***	0.746***	1.084***	0.996***
	(0.022)	(0.030)	(0.034)	(0.031)	(0.043)	(0.052)
Obs	54792	44230	44230	54792	44230	44230
$p > \chi^2$	0.000	0.000	0.000	0.000	0.000	0.000

资料来源：2001—2006 年的中国工业企业数据库和海关数据。

注：括号内为标准误。***、*分别表示在 1%、10% 的水平上显著。

从表 2.39 的回归结果可知，产品多样化指标的回归系数在大部分的回归结果中都显著为正，说明企业出口产品种类本身能够促进企业的出口生产率效应的增强。这一结果与胡翠（2015）的研究结论一致，但在本书中该结果并不稳健。另外，无论是产品创新还是工艺创新，都能通过出口产品的种类多样化进一步增强企业的出口动态效应，但是产品创新的回归结果要大于工艺创新的回归结果，这与我们理论预期一致，进一步证明了产品创新与工艺创新所催生的异质性的学习效应的存在，命题 1.8 得到了数据的支持。其他控制变量的结果与前文大体保持一致，在这里不再赘述。

（四）不同创新模式下的提升渠道检验：出口学习累积

出口持续时间作为企业出口动态的另一个重要的维度，同时在企业出口学习上起到了关键的作用。不少文献指出，持续的出口活动使得企业的学习保持一贯性，从而强化了企业的出口动态效应。前文已经证明了出口持续效应和创新活动的共同作用，即出口学习累积，使得企业的出口动态效应得到了显著强化。那么在产品创新和工艺创新的框架下，不同类型的创新活动是否也能与出口的持续时间一起共同强化企业的出口动态效应呢？在接下来的部分，我们将就产品创新与工艺创新框架下的出口学习累积对出口动态效应的强化作用进行回归检验。

参照上文的方法，我们绘制了不同出口持续时间企业的 tfp 核密度函数图。同样，首先分析产品创新在不同出口持续时间上对出口动态效应的增强作用。我们将出口企业样本按照有无产品创新划分为产品创新企业与非产品创新企业，并在每组子样本中根据企业的出口持续时间再次进行分类，将产品创新企业样本组和非产品创新企业样本组进一步划分为仅出口 1 年的企业以及持续出口的企业，并分别绘制其 $t+1$ 期 tfp 的核密度函数图,如图 2.21 所示。对于工艺创新而言,采用同样的方法在进行工艺创新的企业与不进行工艺创新的企业的样本中,分别绘制出口 1 年与持续出口企业的 $t+1$ 期 tfp 核密度函数图,如图 2.22 所示。

从图 2.21 我们可以发现对于非产品创新企业而言,持续出口企业的 $t+1$ 期 tfp 核密度函数与出口 1 年企业的 $t+1$ 期 tfp 核密度函数之间存在略微差异,说明企业出口持续时间会在一定程度上影响企业的出口动态效应,企业的生产率会随着出口持续时间的变化而有所变化;对于产品创新的企业而言,与出口 1 年企业的 tfp 核密度函数相比,持续出口企业的 tfp 核密度函数位于其右方,且该差异显著大于图 2.21(b)中持续出口企业与出口 1 年企业的差异,说明企业的出口动态效应能够通过更长时间出口,使得企业出口学习保持一贯性,更好吸收学习国外先进的技术并丰富企业自身出口经验,从而强化出口动态效应。从图 2.22 可知,工艺创新同产品创新一样,能够通过出口持续时间对企业的出口动态效应起到显著的强化

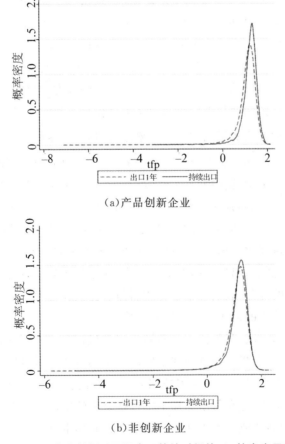

(a)产品创新企业

(b)非创新企业

图 2.21　产品创新下不同出口持续时间的 tfp 核密度函数

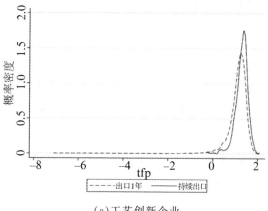

（a）工艺创新企业

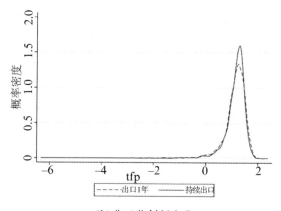

（b）非工艺创新企业

图 2.22　工艺创新下不同出口持续时间的 tfp 核密度函数

作用。但对比图 2.21（b）与图 2.22（b）我们可以发现，工艺创新的企业在出口持续时间上的学习吸收力要比产品创新企业在出口持续时间上的学习吸收能力强，表现为在图 2.22（b）中持续出口企业的 tfp 核密度函数向右偏移的程度比图 2.21（b）中持续出口企业的 tfp 核密度函数向右偏移的程度大。

　　为了更加严格证明在企业不同创新模式下的学习吸收能力中的出口学习累积渠道，我们建立如下的实证检验方程。

$$\mathrm{tfp}_{i,t+1} = \beta_0 + \beta_1\,\mathrm{tfp}_{i,t} + \beta_2\,\mathrm{survival}_{i,t} + \beta_3\,\mathrm{inno}_{i,t}$$
$$+ \beta_4\,\mathrm{survival}_{i,t} * \mathrm{inno}_{i,t} + \sum \beta X_{i,t} + \xi_\circ$$

其中，$X_{i,t}$ 代表一组与式（2.11）一样的控制变量集合；$\xi = \upsilon_t + \varepsilon_{i,t}$，$\upsilon_t$ 为年份特定效应，即模型施加时间固定效应，$\varepsilon_{i,t}$ 为随机效应扰动项；被解释变量 $\mathrm{tfp}_{i,t+1}$ 为 $t+1$ 期的生产率，而解释变量 $\mathrm{tfp}_{i,t}$ 的系数 β_1 则在一定程度上控

制了企业的自选择效应对企业 $t+1$ 期的生产率的影响;$survival_{i,t}$ 的系数 β_2 反映了企业的出口持续时间对企业生产率的影响;$inno_{i,t}$ 的系数 β_3 代表了上部分所提到的不同创新模式的生产率效应即创新效应,$inno_{i,t}$ 则分别利用第三章所测算的产品创新与工艺创新替代;交互项 $survival_{i,t} * inno_{i,t}$ 的系数 β_4 则是我们关心的产品创新或者工艺创新通过企业不同出口持续时间对企业出口动态效应的强化作用,即出口学习累积。回归结果见表 2.40。

表 2.40 不同创新模式下出口动态效应增强作用回归结果:出口学习累积

变量	工艺创新			产品创新		
	(1)	(2)	(3)	(4)	(5)	(6)
L. tfp	0.150*** (0.019)	0.121*** (0.019)	0.127*** (0.021)	0.315*** (0.021)	0.207*** (0.022)	0.133*** (0.021)
survival	0.108*** (0.015)	0.060*** (0.014)	0.021* (0.013)	0.032*** (0.003)	0.013*** (0.003)	0.016*** (0.005)
inno	0.371*** (0.047)	0.176*** (0.043)	0.534*** (0.047)	−0.072 (0.063)	0.127*** (0.051)	0.125*** (0.049)
survival * inno	0.148*** (0.016)	0.073*** (0.015)	0.064*** (0.014)	0.014 (0.016)	0.021* (0.013)	0.026** (0.012)
scale		0.117*** (0.006)	0.173*** (0.006)		0.134*** (0.006)	0.191*** (0.006)
wage		0.085*** (0.005)	0.056*** (0.005)		0.086*** (0.006)	0.068*** (0.005)
capital		−0.015*** (0.004)	−0.004 (0.004)		−0.017*** (0.004)	−0.002 (0.004)
profit		0.022*** (0.002)	0.010*** (0.002)		0.020*** (0.003)	0.013*** (0.002)
foreign		0.129*** (0.011)	0.026*** (0.010)		0.064*** (0.011)	−0.003 (0.011)
year	No	No	Yes	No	No	Yes
Cons	1.267*** (0.046)	1.276*** (0.050)	0.539*** (0.057)	0.727*** (0.023)	0.977*** (0.033)	0.997*** (0.034)
Obs	54792	44230	44230	54792	44230	44230
$p > \chi^2$	0.000	0.000	0.000	0.000	0.000	0.000

资料来源:2001—2006 年的中国工业企业数据库和海关数据。
注:括号内为标准误。***、**、*分别表示在1%、5%、10%的水平上显著。

从表 2.40 的回归结果可知,出口持续时间的回归系数都为正,且至少通过了 10% 水平的显著性检验,说明企业出口持续时间本身能够促进企业的出口动态效应的增强。另外,无论是产品创新还是工艺创新,都能通过出口持续时间进一步增强企业的出口动态效应,但是工艺创新的回归系数要大于产品创新的回归系数,其背后的原因仍然是产品创新与工艺创新所催生的异质性的学习效应的存在。工艺创新本身的性质使得工艺创新所产生的学习吸收能力大部分都通过既有产品的出口规模、出口持续时间等规模效应体现,属于利用型学习能力,而产品创新本身属于提高产品质量、开发新产品等相对激进的创新形式,导致其产生的学习效应更多地从出口产品之间的交叉溢出的知识中吸取,产生相应的探索型学习能力。因此在出口学习累积渠道上,工艺创新所产生的学习吸收能力要大于产品创新所产生的学习吸收能力,并表现为更大的回归系数。其他控制变量的结果与前文大体保持一致,在这里不再赘述。

第四节　小　结

　　基于 2001—2007 年的中国工业企业数据库的企业层面数据、海关的产品层面数据,我们对第一章相关理论命题进行了实证检验。首先,从企业层面研究了不同创新决策对企业出口动态(企业进入、退出和企业出口持续时间)的差异化影响;其次从产品层面研究了不同创新决策对产品出口动态(产品进入、退出和产品出口持续时间)的差异化影响;最后,围绕创新决策的出口动态效应,实证检验了两者之间的关系及其机制与作用渠道。本章的主要结论可归纳如下。

　　第一,从企业出口动态来看,基于 PSM 和生存时间模型,企业的创新行为促进了企业进入出口市场,降低了企业退出出口市场的概率,并延长了企业在出口市场上的持续时间。横向比较不同创新模式对出口动态的异质性的影响,我们发现产品创新对企业进入出口市场的概率的提升作用显著强于工艺创新对企业进入出口市场的概率提升作用。从企业退出出口市场以及企业在出口市场上的持续时间来看,工艺创新对企业退出出口市场的抑制作用以及对于延长企业在出口市场上的持续时间的影响都要明显强于产品创新的影响。

　　第二,从产品出口动态来看,以产品进入率与退出率分别表示产品的进入与退出行为,用"企业—产品"这一贸易关系研究产品在出口市场上的持续时间,用核心产品的更替概率代表核心产品在出口市场上的动态行为,基于二元选择 Probit 模型、生存分析模型、MPSM 模型等的实证研究结果显示,企业的创新行为能够显著提升产品进入率,同时降低旧产品退出率,并在一定程度上延长产品在出口市场上的持续时间。不同创新模式下,产品创新和工艺创新均能提升产品进入率,但是相比而言,产品创新对新产品进入率的促进作用要显著大于工艺创新对其的促进作用。对于产品退出率以及产品在出口市场上的持续时间而言，工艺创新对产品退出出口市场的抑制作用以及对于延长产品在出口市场上的持续时间的影响要明显强于产品创新的影响。针对核心产品出口动态的实证检验结论指出，总体而言，企业创新行为能促进企业内部核心产品的更替，但横向比较不同创新模式对核心产品更替概率的影响，我们发现产品创新更能促进核心产品的更替，是企业在不断变化的外部环境中，克服核心刚性的重要推动力量。

第三，对于出口动态效应而言，基于 GPS 模型的实证研究结果显示，企业的创新行为所催生的学习吸收能力对于企业出口动态效应具有显著的强化作用，而且这种学习吸收能力能通过出口学习广度、出口学习强度以及出口学习累积三个渠道影响企业的出口动态效应。通过横向比较不同的创新模式下的学习吸收能力，我们发现，产品创新所产生的探索型的学习吸收能力在出口学习广度上对企业出口动态效应的作用更显著，而工艺创新所产生的利用型的学习吸收能力在出口学习强度以及出口学习持续时间上对企业出口动态效应的作用更显著。

本章从企业、产品层面分析了创新行为以及产品创新、工艺创新等创新模式与企业出口动态之间的关系。无论是产品层面还是企业层面，实证研究结论共同证明了创新行为对企业的出口存在创新溢价（innovation premium）效应。同时对于不同创新模式而言，不同性质的创新对企业出口动态的各方面存在着差异化影响。因此政府在制定相关出口促进政策时，可以从相关创新政策着手，通过刺激企业进行创新活动进而影响企业的出口行为，并且根据不同的出口阶段调整企业不同的创新模式。同时，企业应该认识到在不断变化的世界经济环境中，任何比较优势或者竞争优势都不能长期维持。企业在提升自身生产率水平时，只关注从出口中获得出口溢价的出口导向政策是不够的，还应该加强自身的创新能力，增加自身知识储备，提升对外部信息的感知，提高整合以及转化的能力。如何在动态环境中延续竞争优势，提升企业在出口市场上的持续竞争力的问题应该引起足够关注。本章的实证结论认为创新行为，特别是产品创新是企业实现比较优势更替，维持长久竞争力的重要源泉。

第三章　互联网、创新决策与出口动态

前两章从理论与实证的视角分析了两类创新决策，即不同创新行为与不同创新模式对出口动态的影响。随着以互联网为代表的新一代信息网络技术的应用不断普及，企业的生产、运营和销售越来越依赖互联网。数字技术背景下，新一轮技术革命从宏观上来讲会重塑全球价值链与全球经济结构，从微观上来讲还能颠覆企业的运营模式与价值创造方式，成为企业创新的重要驱动力（罗珉和李亮宇，2015；罗超平和胡猛，2022），进而影响企业的出口动态。在本章中，我们依然沿袭本书前文的做法，将创新决策划分为两类，即创新行为与创新模式选择，分别就互联网对创新决策的影响进行机制分析与实证检验。之后，在前两章研究结论的基础上，将互联网、创新决策与出口动态纳入统一框架，揭示互联网的使用、创新决策和出口动态的链式关系。

本章的内容安排如下：首先，从理论上分析互联网对企业创新决策的影响效应及其机制；其次，在理论模型的基础上，采用相关的计量手段，分别对互联网和不同创新行为以及不同创新模式的关系进行实证检验；再次，在前一节的基准模型基础上，利用中介模型对"互联网→创新决策→出口动态"这一链式关系进行实证检验；最后，对本章内容进行小结。

第一节　互联网与创新决策：机制分析

一般而言，学界认为互联网的使用能够带来投入效率的提高、生产成本的下降以及生产过程中的灵活性的提升等优势，从而刺激企业进行创新活动，进而生产更高质量的产品或者更新更优的产品、服务。正如Koellinger（2008）指出的，互联网等通信技术的使用能够降低企业的交易成本，完善商业流程，促进企业与供应商之间的合作，从垂直和水平维度对价值链进行分解与细化等，以提升企业的效率。以上每一个生产流程的改进都能为企业创新提供更好的机会与优势。除此之外，互联网等通信技术的使用，也能促使企业与供应商、消费者、竞争者以及合作者等潜在创新想法的提供者产生更加紧密的联系，获得更加即时的反馈（Rogers，2004），从而倒逼企业紧跟消费者潮流，掌握竞争对手的动向。另外，互联网等通信技术不仅能降低企业搜寻外部市场信息以及商业信息的成本，而且为企业获取外部知识提供了丰富的渠道。而知识作为企业创新的重要源泉，至关重要。[①] 基于此，我们提出命题 3.1。

命题 3.1：互联网的使用可提升企业创新意愿。

就互联网对不同创新模式的影响而言，不少研究也已从理论与实证的角度展开了异质性的分析。Abello and Prichard(2008)利用创新调研数据，对澳大利亚的企业进行了实证检验。研究结果显示，企业不同的通信技术对不同类型的创新模式有异质性的影响。比如产品创新与互联网连接正相关，而无线连接则与组织创新正相关。Spiezia(2011)利用 OECD 8 个成员的企业数据，在考虑互联网的内生性的基础上，实证检验了互联网对创新的影响。研究结果发现，ICT 能够促进企业技术创新，特别是对产品创新和市场创新的促进作用更为显著。Yunis et al.(2018)、Pradhan et al.(2022)等则认为，互联网等通信技术作为一种通用技术(general purpose technology)，既能为企业提供一种不可或缺的平台，也能通过网络效应提高企业的生产率，从而促进企业的工艺创新。另外，企业引入互联网等通信技术实际上与企业转型密切相关。企业进行通信技术等领域的投资后，能够通过比如电子采购等新型企业组织管理模式，首先强化企业对库存的管理，降低企业与供应商等的交流、协调成本，其次提供柔性化生产的可能性，最后让企业利用即时的物流管理，统一协同生产计划等。这些企业组织结构、组织管理等的改革与转型也为企业的工艺创新提供了一定的契机与基础(Brynjolfsson and Hitt，2000；Crespi and Pianta，2007；Bloom et al.，2014)。以上文献从不同的视角，利用不同的样本分析了互联网等通信技术与不同创新模式之间的关系，并得出了不同的结论。基于本书对产品创新的定义，我们认为产品创新的发生更多依赖创新要素流动的速度与效率，而工艺创新更多依赖企业生产效率的提升以及生产成本的下降。

所谓创新要素的流动主要是指知识、信息、人力资本和技术等要素的流动。互联网的使用是知识和信息加速流动的催化剂，进而可推动生产者为市场更快更准地提供新产品。具体而言，首先，互联网等通信技术作为生产者和市场之间的中介，能让生产者快速对市场中最前沿的需求信息产生灵敏的感知，产生需求信息从市场到生产者的流动，从而刺激生产者进行新产品研发；其次，互联网等通信技术加速了生产者与合作者甚至竞争

---

① 互联网的知识搜寻效应如何影响企业的创新决策，将在第七章中详细论述。

者之间的生产技术信息的流动，从而刺激了合作双方或者竞争者之间产生更多的头脑风暴，为市场带来更多的新产品，形成产品创新；最后，互联网等通信技术利用其平台效应和匹配效应，加速了人力资本，特别是研发人员的流动，使其能更快、更优地匹配到合适的团队，促使企业进行研发投入，产生产品创新活动。基于以上分析，我们提出如下待检验命题：

命题3.2：互联网通过促进创新要素的流动与知识溢出，从而促进产品创新。

互联网对于企业生产效率或者生产成本的影响主要通过以下几个渠道产生。首先，互联网等通信技术的发展能利用其超越时间和空间限制的超大市场规模、线上和线下同时进行等特征，提高通信效率，降低交易成本；其次，互联网等通信技术能够减小生产过程中的"摩擦力"，减少组织间和组织内的资源浪费，提高资源使用效率（韩先锋，2018），并实现更深层次上的资源有效配置（张骞和吴晓飞，2018）；再次，企业通过引入互联网等通信技术，促进了柔性化生产和模块化生产，可通过统一协同生产计划，降低企业的生产流程与模式变革的成本，提升产出效率；最后，互联网等通信技术的采用能提升"产品—市场"的匹配精度，加快创新成果的转化，从而提高市场转换效率。以上每一种效率的提升都为企业实施工艺创新提供了机会与基础（Brynjolfsson and Hitt，2000；Bloom et al.，2014）。基于此，我们提出如下待检验命题：

命题3.3：互联网通过提升通信效率、资源使用效率、产出效率以及市场转换效率，从而刺激工艺创新。

第二节　互联网与创新决策：实证检验

本节将在上一节理论机制分析的基础上，采用相关的计量模型，对互联网与不同创新行为之间的关系、互联网与不同创新模式之间的关系分别进行基准模型检验和拓展的实证检验。

一、互联网与创新行为

（一）模型设定、数据说明与典型化事实

与第二章中数据来源、处理方式相同，本节中我们将利用中国工业企业数据库的数据对互联网与创新行为的关系进行计量模型检验，并同样根据李玉红等（2008）的方法对数据进行处理。另外，鉴于本节关键解释变量——企业是否建设官方主页——仅在2003年后才有统计记录，并自2008年起不再有统计记录，因此我们截取构建得到2004—2007年的中国

工业企业微观面板数据。本章数据与第二章数据在时间期限上略微有所不同。为了观察互联网对企业创新行为的影响，我们构建了如下二元选择模型：

$$\text{Dum}_{i,j,t} = \beta_0 + \beta_1 \text{Int}_{i,j,t} + \theta_1 \text{Controls}_{i,t} + \theta_2 \text{Controls}_{j,t} \\ + \delta_i + \delta_j + \delta_t + \varepsilon_{i,j,t}$$

(3.1)

其中，i、j、t分别表示企业、行业以及年份，δ为固定效应项，ε为干扰项。被解释变量 Dum 表示企业是否具有创新行为的哑变量。为了与第二章内容保持一致，在此，仍然利用企业是否有研发投入来衡量企业是否进行了创新。各变量具体含义与测算过程如下。

$\text{Int}_{i,j,t}$为本节核心解释变量，表示行业 j 中企业 i 在 t 年的生产运营行为是否实现了互联网化即"互联网＋"，以企业是否建设官方主页为判别值进行代理。当前学界对准确反映企业是否使用互联网以及实现"互联网＋"水平的量化指标并未形成一致共识，汪淼军等(2006)、李坤望和劭文波(2015)用企业计算机及局域网等 IT 软硬件支出表示企业的信息化水平，相对而言，企业是否建设官方主页是反映企业是否接入互联网并通过互联网进行信息搜寻、产品展示、商务交流以及出口贸易行为的更为直接的可观察指标。

$\text{Control}_{i,t}$、$\text{Control}_{j,t}$分别为一组企业层面控制变量和行业层面控制变量，以尽可能控制遗漏变量导致的对回归结果的估计偏误。参考同类文献，本章主要纳入如下变量：一是企业规模(scale)。企业规模的大小能显著影响企业创新的意愿(Cohen and Klepper，1996；沈国兵和袁征宇，2020)，本节采用企业从业人数指标刻画企业规模。二是企业年龄(age)，通过企业所在年份减去企业开业年份得到。三是企业资本劳动比(capital)，一般认为相对于劳动密集型企业而言，资本密集型企业在研发上具有更加显著的优势。本章利用固定资产净值年平均余额与从业人员数之比表示。四是企业支付工人工资(wage)，工资水平在一定程度上是企业人力资源水平的反映，工资水平越高，企业研发能力越强。五是企业所有制性质(ownership)，不同的企业所有制性质也能在一定程度上影响企业的创新决策，为此我们借鉴聂辉华等(2012)的方法[①]设置虚拟变量：若该企业为国有企业，则 ownership＝0；若该企业为民营企业，则 ownership＝1；若该企业为港澳台资企业，则 ownership＝2；若该企业为外

---

① 当国有资本及集体资本占比大于等于 50％时为国有企业，当法人资本及个人资本占比大于等于 50％时为民营企业，当港澳台资本占比大于等于 50％时为港澳台资企业，当外商资本占比大于等于 25％时为外资企业。

资企业,则 ownership＝3。六是行业竞争程度(hhi),我们采用赫芬达尔指数表示,用来控制企业所在行业竞争程度导致的异质性效应,该指数越大表明行业竞争越激烈。表 3.1 汇报了主要变量的含义及统计特征。

表 3.1　主要变量的含义及统计特征

变量	变量中文含义	观测值	平均值	标准差	第5百分位数	第95百分位数
Int	企业互联网使用情况	160837	0.3462	0.4758	0	1
Dum	创新行为	160837	0.2144	0.4104	0	1
scale	企业规模	160837	5.4146	1.1623	3.7136	7.4599
age	企业年龄	160754	3.9852	1.1824	2.0127	5.8557
capital	企业资本劳动比	160837	2.6506	0.6987	1.3863	3.8918
wage	企业支付工人工资	160757	2.8014	0.6057	1.9459	3.8643
ownership	企业所有制性质	160837	0.9675	0.6832	0	2
hhi	行业竞争程度	160837	5.9183	1.0386	4.0881	7.6802

资料来源:2004—2007 年的中国工业企业数据库数据。

注:scale、age、captial、wage 以及 hhi 均取对数值;Int 和 Dum 为哑变量;ownership 为虚拟变量。

表 3.2 按照是否建设官方主页这一哑变量将全样本划分为互联网企业和非互联网企业,并按照年份分别测算两个组别的进行创新活动的企业的比例。结果显示,无论是互联网企业还是非互联网企业,企业进行创新活动的比例都逐年在提高,但是很明显,互联网企业在任何年份进行创新活动的比例都高于非互联网企业。这在一定程度上说明,使用互联网是企业进行创新活动的重要推力。

表 3.2　互联网企业与非互联网企业的典型化事实(2004—2007 年):创新企业比例

组别	2004 年	2005 年	2006 年	2007 年
互联网企业	0.2904	0.3536	0.3753	0.3777
非互联网企业	0.1276	0.1324	0.1387	0.1419

资料来源:2004—2007 年的中国工业企业数据库数据。

(二)基准回归结果分析

参照式(3.1),我们使用计量模型对互联网与创新行为之间的关系进行基准回归检验。由于是否进行创新活动,我们采用的是哑变量,为此,我们首先使用二元选择 Probit 模型进行回归。回归结果如表3.3所示。(1)

列显示，在不施加其他任何控制变量情境下，解释变量 Int 的回归系数为正，且在 1‰水平上显著。为控制遗漏变量偏误，表 3.3 在（2）列加入企业规模（scale）、企业年龄（age）、企业资本劳动比（capital）、企业支付工人工资（wage）以及行业竞争程度（hhi）等企业和行业层面的控制变量，并控制年份、行业以及企业个体等固定效应之后，核心解释变量 Int 对企业创新概率的回归系数有所减小，但仍然显著，表明互联网能够促进企业进行创新活动。

企业创新行为可能还受到不可观测的企业异质性因素的影响（沈国兵和袁征宇，2020），但二元选择 Probit 模型存在无法施加固定效应的局限（Wooldridge，2015）。为此，我们转而使用二元选择 Logit 模型进行回归，并同时添加企业固定效应，结果汇报于表 3.3（3）列。控制固定效应后，互联网对企业创新行为的促进效应有所减小，表明未观察到的企业异质性因素对企业创新行为确实具有不可忽略的影响，但回归结果仍然高度显著。为稳健性考虑，在（4）列我们还使用线性概率模型（liner probability model，LPM）进行再回归，以考察分布函数设定不同带来的差异，结果显示互联网的效应仍然在 5‰的水平上正向显著，命题 3.1 得到进一步验证。根据 LPM 结果，相比对照组企业，使用互联网将使企业进行创新的概率提高约 1.16‰，这意味着互联网对企业创新行为的正向作用不仅在统计上显著，而且具有足够显著的经济效应。在（5）和（6）列中，本节专门对出口企业样本和非出口企业样本单独进行回归分析，发现无论是出口企业样本还是非出口企业样本，互联网都能提高企业采取创新行为的概率，而且对非出口企业样本的促进作用更显著。这可能是因为对于出口企业而言，实体网络与虚拟网络在功能上存在一定程度的重叠性。广阔海外市场的实体网络在一定程度上代替了虚拟网络的作用，从而使得互联网的网络效应对非出口企业而言边际效应更大。

就控制变量而言，对于规模更大、经验更丰富的这一类企业而言，在市场上已经存在一定的市场占有率与利润率，当采用新型的通信技术时，这一类企业更加倾向于将技术的红利投入创新研发，从而促使企业进行创新；而企业支付工人工资在一定程度上是企业人力资本水平和企业创新能力的反映，因为当企业采用新型技术时，具有更强人力资本红利的企业更能结合新技术进行创新；创新的投入需要大量资本的配合，因而资本劳动比较高的企业更加容易利用互联网进行创新活动；行业竞争程度的符号为正，则表明国内市场竞争的加剧倒逼企业进行创新，从而逃离竞争效应显现。

表 3.3　互联网与不同创新行为的基准回归结果

变量	二元选择 Probit 模型		二元选择 Logit 模型	LPM	二元选择 Probit 模型	
	全样本 (1)	全样本 (2)	全样本 (3)	全样本 (4)	出口企业 样本(5)	非出口企 业样本(6)
Int	1.1948*** (43.59)	0.9919*** (35.07)	0.3174*** (3.09)	0.0116* (1.91)	0.9438*** (21.91)	0.9881*** (27.16)
scale		0.7531*** (61.39)	0.6321** (12.51)	0.0288*** (11.46)	0.7965*** (39.52)	0.6954*** (43.26)
age		0.1114*** (6.91)	−0.0621 (−1.30)	−0.0024 (−0.88)	0.2140*** (7.46)	0.0764*** (3.99)
capital		0.2917*** (28.14)	0.1135*** (3.99)	0.0053*** (3.43)	0.4476*** (25.25)	0.2028*** (15.93)
wage		0.5018*** (28.42)	0.3364*** (8.64)	0.0236*** (7.90)	0.5926*** (18.81)	0.4787*** (22.04)
ownership		−0.0937*** (−5.85)	0.0380 (0.92)	0.0001 (0.05)	−0.3232*** (−12.91)	0.0669*** (3.10)
hhi		0.1315*** (13.17)	−0.0081 (−0.30)	−0.0007 (−0.54)	0.2628*** (13.17)	0.1025*** (8.81)
Cons	1.6590*** (92.31)	1.4000*** (69.89)		0.0696*** (3.39)	1.4323*** (43.17)	−8.2712*** (−55.92)
firm	No	No	Yes	Yes	No	No
year	No	Yes	Yes	Yes	Yes	Yes
industry	No	Yes	Yes	Yes	Yes	Yes
Obs	160837	144578	32192	144578	51112	93466
R^2				0.1097		

资料来源:2004—2007 年的中国工业企业数据库数据。

注:括号内为 t 值,***、* 分别代表 1% 和 10% 的统计显著性。

(三)内生性检验

企业使用互联网与创新行为在一定程度上互为因果。一方面,互联网的使用能够促进信息与知识的传播,从而刺激企业进行创新;另一方面,创新能够对人类所取得的成就产生积极的影响,从而反过来激励对互联网等通信技术的需求,比如更新的系统、更优化的工具等。这导致解释变量与被解释变量之间存在互为因果的内生性问题。为此,我们首先采用 PSM 模型对互联网与企业创新行为之间的关系进行稳健性检验。借鉴李兵和李柔(2017)等已有研究,我们选择如下匹配变量:企业生产率(tfp)、企业规模(scale)、企业资本劳动比(capital)、企业支付工人工资(wage)等,并设置行业以及年份虚拟变量以期控制行业和年份等特征变量。回归结果如表 3.4 所示。

表 3.4　内生性处理的回归结果：PSM 模型

匹配方法	样本	处理组	控制组	ATT	标准差	t
最近邻匹配	匹配后	0.3941	0.2314	0.1626***	0.0035	46.44
半径匹配	匹配后	0.4004	0.2338	0.1667***	0.0029	56.59
核匹配	匹配后	0.4004	0.2344	0.1660***	0.0029	56.35

资料来源：2004—2007 年的中国工业企业数据库数据。

注：本表中 ATT 为参与者处理效应。*** 代表 1% 的统计显著性。

表 3.4 的回归结果显示，用最近邻匹配方法匹配后，处理组的企业创新倾向为 0.3941，控制组的企业创新倾向为 0.2314，ATT 平均处理效应为 0.1626，在 1% 的水平上通过显著性检验，即互联网能对企业创新意愿具有显著的提升效应。表 3.4 还汇报了另外两种匹配方法：半径匹配以及核匹配的 ATT 值。无论用哪种方法进行匹配，ATT 估计结果是类似的：使用互联网的企业的创新倾向显著强于未使用互联网的企业，基准回归结果稳健。

为了克服内生性问题，我们还采用了工具变量法。所采取的工具变量是企业所在省份互联网发展情况：单位面积光纤长度和域名总量。以上变量的选取满足工具变量选取的条件：一方面，这些变量都属于宏观层面的指标，只能通过影响企业的互联网使用情况来影响企业的创新，满足工具变量外生性的条件。另一方面，企业是否使用互联网与该企业所在省份的互联网发展情况密切相关，满足工具变量相关性条件。除此之外，解释变量的滞后项也是较为常用的工具变量，我们也利用该变量作为工具变量对基准模型进行了内生性检验。回归结果如表 3.5 所示。

表 3.5　内生性处理的回归结果：2SLS

变量	互联网	创新行为	
	(1)	(2)	(3)
所在省份单位面积光纤长度	0.0278**		
	(2.78)		
所在省份域名总量	0.1549***		
	(15.65)		
Int		0.9949***	0.1515***
		(5.62)	(45.73)
其他控制变量	Yes	Yes	Yes
企业/年份固定效应	Yes	Yes	Yes
弱工具变量检验 F 值		34.2544	873778

续　表

变量	互联网	创新行为	
	(1)	(2)	(3)
过度识别 Sargan 检验 p 值		0.3229	
Obs	144578	144578	108371

资料来源：2004—2007 年的中国工业企业数据库数据。

注：括号内为 t 值，***、** 分别代表 1%、5% 的统计显著性。

表 3.5 的(1)列是工具变量第一阶段回归结果，企业所在省份单位面积光纤长度、企业所在省份域名总量与互联网显著正相关。(2)列是第二阶段估计结果，可以看出，在 2SLS 估计的情况下，互联网依然显著促进企业的创新决策。弱工具变量检验中，F 统计量为 34.2544，大于经验值 10，排除弱工具变量问题。过度识别的 Sargan 检验的 p 值也显著大于 0.05，通过了过度识别约束检验，证明工具变量外生。(3)列是将解释变量的滞后项作为工具变量的回归结果。结果显示，排除内生性问题后，互联网依然显著增强了企业的技术创新倾向。

(四)稳健性检验

1. 基于不同样本的稳健性检验

广泛的所有制差异是中国企业群体的重要特征之一。前面的基准回归检验结果显示，所有制能显著影响企业的创新行为。为此，参考聂辉华等(2012)的方法，我们根据各类资本的比例将企业划分为国有企业、民营企业、港澳台资企业以及外资企业，并对这四类样本进行回归检验。回归结果如表 3.6 中(1)—(4)列所示。我们发现，除了港澳台资企业以外，互联网对其他几种所有制的企业的创新倾向产生了至少在 10% 水平上显著的强化作用。但是从系数上来看，对外资企业的创新倾向的作用最大。这可能是因为国有企业和民营企业具有较为稳定的市场需求和优越的融资环境，互联网等技术革新并不能刺激其进行创新从而获得更多的市场利润，而外资企业本就处于较为激烈的竞争中，更依赖于互联网所释放的红利，因此会进行创新以降低成本，提升质量，从而取得更大的市场份额。这与沈国兵和袁征宇(2020)等的结论一致。另外，一般而言，我们认为外资企业相较于其他类型企业具有更加成熟的线下网络，而这一结果显示，互联网带来的虚拟线上网络与线下网络之间可能存在一定的互补性，而非替代性。

表 3.6　互联网与不同创新行为的稳健性检验结果

变量	基于不同所有制的稳健性检验				基于不同区位		替换被解释变量
	国有	民营	港澳台资	外资	东部	中西部	电子邮箱
	(1)	(2)	(3)	(4)	(5)	(6)	(7)
Int	0.5085**	0.2884**	0.3119	1.1431*	0.2250**	0.4888***	0.2499**
	(1.97)	(2.17)	(0.88)	(1.91)	(2.05)	(2.61)	(2.14)
scale	0.7884***	0.6293***	0.5395***	0.5579*	0.6857***	0.5538***	0.6266***
	(5.59)	(9.57)	(2.73)	(1.79)	(11.90)	(6.46)	(12.39)
capital	0.0390	0.1415***	−0.0254	0.1808	0.1696***	0.0416	0.1116***
	(0.48)	(3.85)	(−0.22)	(0.82)	(4.98)	(0.93)	(3.91)
age	−0.1455	−0.0447	−0.1056	−0.1760	0.0457	−0.2174***	−0.0608
	(−1.06)	(−0.73)	(−0.24)	(−0.43)	(0.73)	(−3.19)	(−1.28)
wage	0.2485**	0.3004***	0.7312***	0.1266	0.2724***	0.3990***	0.3347***
	(2.38)	(5.96)	(4.91)	(0.52)	(6.28)	(5.98)	(8.58)
hhi	0.0099	−0.0124	0.0887	0.1887	−0.0055	0.0303	−0.0086
	(0.15)	(−0.38)	(0.60)	(0.76)	(−0.15)	(0.81)	(−0.32)
year	Yes	Yes	Yes	Yes	Yes	Yes	Yes
firm	Yes	Yes	Yes	Yes	Yes	Yes	Yes
industry	Yes	Yes	Yes	Yes	Yes	Yes	Yes
R^2	0.210	0.152	0.144	0.154	0.140	0.169	0.155
Obs	5005	20453	2150	943	25271	10923	32192

资料来源：2004—2007 年的中国工业企业数据库数据。

注：括号内为 t 值，***、**、* 分别代表 1%、5% 和 10% 的统计显著性。本表回归结果通过控制企业个体异质性基础上的二元选择 Logit 模型计算得到。

对于中国企业而言，东部和中西部地区差异化的发展也是影响企业创新行为决策的重要因素。考虑到这种区位的异质性因素，我们还根据企业所在区位将其划分为东部以及中西部两个地区，分别对其进行回归检验，回归结果如表 3.6 中(5)和(6)列所示。回归结果显示，互联网对东部以及中西部地区企业的创新行为均具有显著的促进作用，且均在 5% 的水平上显著。从系数的绝对值的大小可以发现，互联网对中西部地区企业创新的促进作用要大于东部地区。可见，互联网并没有造成所谓的马太效应，反而有助于落后地区通过互联网等新型通信技术加快速度追赶发达地区，促进地区间协同发展，从而达到包容性增长的目的(张勋等，2019；赵涛等，2020)。究其原因，一方面，东部地区的大部分企业已经在不同程度上采取了创新策略，因而互联网等通信技术促进创新的边际效应要弱于中西部地区；另一方面，互联网的发展加快了信息流、知识流、数据流以及资本流的流动，这些要素的流动更多的是从东部地区外溢到中西部地区，从而加速了中西部地区的发展,促进了包容性创新与增长,有利于实现区域的合作共赢(张骞,2019)。

2. 基于不同测算方法的稳健性检验

前文分析中,我们使用企业是否建设官方主页来代理企业是否使用互联网,但是企业也可以通过建设电子邮箱的方式使用互联网,与目的国市场进行信息交换,降低生产成本,提高交流效率,从而促进创新。表3.6的(7)列展示了回归结果,其中,解释变量替换为企业是否有电子邮箱的哑变量。结果显示电子邮箱也增强了企业创新倾向。但与表3.3基准回归结果系数相比,电子邮箱的促进作用要小于官方主页。这可能是因为电子邮箱作为一种点对点式的通信工具,在促进创新要素流动方面存在一定的局限性,不能充分发挥通信技术的创新效应。

(五)拓展分析

1. 互联网使用时间的讨论

为了进一步探究企业使用互联网前后的变化,我们以已使用互联网的企业为研究对象,实证探究该企业的创新行为对其使用互联网的时间进行回归。表3.7的(1)—(3)列分别是以全样本、出口样本以及非出口样本下企业拥有官方主页的时间(Int_sur)为核心解释变量进行计量回归的估计结果。我们发现,无论是全样本企业还是出口企业、非出口企业,企业使用互联网时间越长,就越明显比互联网化之前的创新的意愿更强,即互联网对创新行为存在时间累积效应。这与沈国兵和袁征宇(2020)的结论一致。随着互联网的普及,越来越多的企业将会进行创新活动。

2. 创新强度的讨论

前文分析了互联网与企业创新行为的关系。为了从多角度识别企业创新行为,我们设置了研究开发费与主营业务收入比值的变量,以期对创新强度进行分析。图3.1为互联网企业与非互联网企业的创新强度累积分布。① 从图中我们可以直观地发现,互联网企业的创新强度要明显高于非互联网企业的创新强度,即企业使用互联网等新型通信技术不仅能增强企业的创新的倾向,而且还能提高企业的创新强度。

为了进一步考察互联网对中国企业创新强度的影响,我们对互联网与企业创新强度之间的关系进行了实证检验。由于被解释变量采用研究开

---

① 为了绘制图形,我们将研发投入占主营业务收入比值大于1的样本删除,其仅占整体样本的0.004%,并不影响整体分布情况。

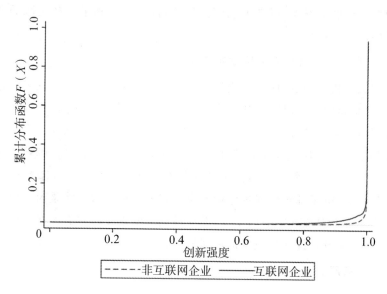

图 3.1　互联网与企业创新强度累积分布

发费与主营业务收入的比值衡量，这是一个非负的连续分布变量，采用传统的 OLS 模型回归会带来一定的偏误。为此，我们采用 Tobit 模型进行回归。回归结果如表 3.7 的(4)—(6)列所示。回归结果显示，无论是全样本企业还是出口企业样本或者非出口企业样本，在 Tobit 模型下，核心解释变量互联网即企业使用官方主页对企业创新强度都产生了统计上显著的正向影响。这表明互联网确实能显著提升企业的创新强度。互联网对企业创新行为的影响不仅体现在创新的扩展边际上，也体现在创新的集约边际上，存在互联网对创新的强度累积效应。

表 3.7　互联网与创新行为的拓展分析回归结果

变量	使用时间分析			创新强度		
	全样本	出口企业样本	非出口企业样本	全样本	出口企业样本	非出口企业样本
	(1)	(2)	(3)	(4)	(5)	(6)
Int_sur	0.2582***	0.2492***	0.2628***			
	(28.82)	(17.83)	(22.19)			
Int				11.9530***	0.0111***	17.9199***
				(35.83)	(26.06)	(28.61)
scale	0.7778***	0.8144***	0.7149***	8.3841***	0.0073***	11.8853***
	(63.40)	(40.44)	(44.49)	(62.60)	(41.89)	(44.49)

续　表

变量	使用时间分析			创新强度		
	全样本	出口企业样本	非出口企业样本	全样本	出口企业样本	非出口企业样本
	(1)	(2)	(3)	(4)	(5)	(6)
capital	0.2989***	0.4529***	0.2108***	3.8893***	0.0052***	4.3244***
	(28.89)	(25.61)	(16.59)	(27.09)	(26.13)	(16.79)
age	0.1161***	0.2210***	0.0806***	1.6808***	0.0024***	2.1070***
	(7.25)	(7.78)	(4.22)	(8.06)	(8.32)	(5.78)
wage	0.5279***	0.6229***	0.5003***	10.0666***	0.0111***	14.1254***
	(29.96)	(19.85)	(23.07)	(35.20)	(27.38)	(28.17)
owner-ship	−0.0846***	−0.3176***	0.0697***	−1.8642***	−0.0052***	1.3477***
	(−5.31)	(−12.79)	(3.25)	(−8.23)	(−18.19)	(2.99)
hhi	0.1435***	0.2679***	0.1135***	2.4032***	0.0037***	2.6420***
	(14.41)	(13.49)	(9.77)	(16.21)	(16.92)	(10.40)
firm	Yes	Yes	Yes	Yes	Yes	Yes
year	Yes	Yes	Yes	Yes	Yes	Yes
industry	Yes	Yes	Yes	Yes	Yes	Yes
Obs	144578	51112	93466	144267	51096	93171

资料来源:2004—2007 年的中国工业企业数据库数据。

注:括号内为 t 值,*** 代表 1% 的统计显著性。(4)和(5)列中的数据为偏效应系数。

二、互联网与创新模式

本节第一部分的理论与实证部分指出,互联网能强化企业创新倾向。但是互联网对于不同创新模式的创新而言是否存在异质性? 为了进一步探讨互联网与不同创新模式之间的关系,在接下来的部分我们将利用计量模型分别从产品创新与工艺创新的角度对其进行检验,分析互联网对不同创新模式造成的异质性的影响。

(一)模型设定、数据说明与定型化事实

与前一部分的数据来源相同,我们仍然采用 2004—2007 年中国工业企业数据库的数据进行计量检验,并设置如下计量模型:

$$\mathrm{Dum}_{i,j,t}^{\mathrm{proc/prod}} = \beta_0 + \beta_1 \mathrm{Int}_{i,j,t} + \theta_1 \mathrm{Controls}_{i,t} + \theta_2 \mathrm{Controls}_{j,t} + \delta_i + \delta_j + \delta_t + \varepsilon_{i,j,t} \tag{3.2}$$

其中,被解释变量 $\mathrm{Dum}_{i,j,t}^{\mathrm{proc}}$ 表示企业是否进行工艺创新的哑变量,$\mathrm{Dum}_{i,j,t}^{\mathrm{prod}}$ 表示企业是否进行产品创新的哑变量,其余变量含义与式(3.1)相同,在此不再赘述。

(二)回归结果分析

基于第二章第二节对产品创新与工艺创新的测算,我们在式(3.2)的基础上进行计量回归检验。回归结果见表3.8,其中,(1)—(3)列汇报了互联网与产品创新之间的关系,(4)—(6)列汇报了互联网与工艺创新之间的关系。从表3.8的回归结果可以发现,互联网对两种创新模式都能起到一定的促进作用,且这一促进作用无论对全样本还是对出口企业样本而言都成立。这一结论进一步证明了命题3.1,即互联网确实是企业进行创新的一个重要推力。但互联网对产品创新的作用无论是在显著性上还是在系数大小上都要优于工艺创新。这可能是因为对于中国制造业企业而言,互联网的使用更能够带来创新资源的流动(叶祥松和刘敬,2018),从而加速了知识和技术的溢出。这一结论与 Hwang and Shim(2011)等一致,即 ICT 在制造业中对产品创新的促进作用要强于工艺创新。[①]

对于其他控制变量而言,无论对于产品创新还是工艺创新,企业规模(scale)越大,企业经验越丰富,企业资本劳动比(capital)越高,其对创新的促进效应越大,这与表3.3的回归结果一致。值得注意的是,企业支付工人工资(wage)的促进效应在不同创新模式之间具有显著的异质性。对于产品创新而言,企业支付工人工资越高,其对产品创新的促进作用越大,而对于工艺创新而言则反之。这可能是因为企业支付工人工资在一定程度上是企业高级人力资本水平的一个反映,而对于产品创新而言,更需要大量的人力资本的投入与积累才能达到创新资源流动所带来的促进效应,从而实现产品创新。另外,行业竞争程度(hhi)的效应在产品创新和工艺创新之间也产生了异质性,其系数在工艺创新模型中并不显著,但是在产品创新模型中却有显著的负效应。这可能是因为产品创新需要企业向市场投放新的产品,过于激烈的竞争并不利于其获得相应的市场回报,较强的行业竞争反而可能会抑制企业进一步进行产品创新。

---

① 由于数据的限制,本书无法验证对于中国企业而言,在服务业,互联网对工艺创新的促进作用是否大于对产品创新的促进作用。

表 3.8 互联网与不同创新模式:基准回归结果

变量	产品创新			工艺创新		
	二元选择 Probit 模型	二元选择 Logit 模型	二元选择 Probit 模型	二元选择 Probit 模型	二元选择 Logit 模型	二元选择 Probit 模型
	全样本 (1)	全样本 (2)	出口企业样本(3)	全样本 (4)	全样本 (5)	出口企业样本(6)
Int	0.9142*** (23.75)	0.4953*** (2.59)	0.6894*** (9.77)	0.0366** (2.30)	0.0050 (0.03)	0.0710*** (2.62)
scale	0.7278*** (45.07)	0.7396*** (9.15)	0.6063*** (21.24)	0.1841*** (31.91)	0.7304*** (16.20)	0.1929*** (18.01)
age	0.0213 (0.94)	−0.0499 (−0.65)	0.2161*** (4.53)	−0.0087 (−0.93)	0.1068* (1.70)	−0.0194 (−1.00)
capital	0.2423*** (16.43)	0.0179 (0.40)	0.4787*** (16.91)	0.0186*** (−3.31)	0.0584* (1.91)	0.0223** (−2.00)
wage	0.2626*** (10.70)	0.4369*** (7.50)	0.1585*** (−3.37)	−0.0121 (−1.10)	−0.2945*** (−6.81)	−0.1091*** (−4.91)
ownership	−0.1184*** (−5.30)	0.0500 (0.81)	−0.7136*** (−18.15)	0.0335*** (3.40)	−0.1099* (−1.93)	0.0617*** (3.63)
hhi	−0.0327** (−2.13)	−0.2566*** (−6.20)	−0.0098 (−0.28)	−0.0063 (−0.92)	0.0056 (0.20)	0.0117 (0.75)
Cons	1.9168*** (99.17)		2.5180*** (76.86)	−3.0035*** (−45.31)		−3.1423*** (−21.53)
firm	No	Yes	No	No	Yes	No
industry	Yes	Yes	Yes	Yes	Yes	Yes
year	Yes	Yes	Yes	Yes	Yes	Yes
Obs	144578	128029	51112	144578	142309	51112
R^2		0.892			0.882	

资料来源:2004—2007 年的中国工业企业数据库数据。

注:括号内为 t 值,***、**、* 分别代表 1%、5% 和 10% 的统计显著性。

第二章中的图 2.6 说明,对于企业 i 而言,创新决策已经不再是简单的二元选择的问题,而是构成了 $2×2$ 的相互独立的选择集矩阵,即 $(0,0)$(企业进行创新活动)、$(d,0)$(企业进行产品创新)、$(0,c)$(企业进行工艺创新)以及 (d,c)(企业既进行产品创新又进行工艺创新)。为此,我们还利用多元选择 Logit 模型对互联网与企业创新模式选择进行回归检验。回归结果如表 3.9 所示。

表 3.9   互联网与创新模式选择:多元选择 Logit 模型

变量	全样本			出口企业样本		
	$(d,0)$	$(0,c)$	(d,c)	$(d,0)$	$(0,c)$	(d,c)
	(1)	(2)	(3)	(4)	(5)	(6)
Int	0.3573***	0.0796**	0.7042***	0.4322***	0.1972***	0.6035***
	(6.02)	(2.04)	(16.78)	(4.50)	(2.65)	(7.88)
scale	0.6106***	0.4832***	0.9675***	0.5947***	0.5229***	0.8146***
	(28.29)	(33.87)	(60.68)	(15.49)	(17.34)	(26.00)
age	−0.1215***	−0.0656***	−0.0267	−0.0673	−0.0837	−0.0200
	(−3.63)	(−2.80)	(−1.03)	(−0.97)	(−1.47)	(−0.34)
capital	−0.0148	−0.0641***	0.1643***	0.1163***	−0.0389	0.2740***
	(−0.70)	(−4.92)	(10.73)	(3.01)	(−1.35)	(8.97)
wage	0.2197***	−0.0114	0.1762***	0.0244	−0.1940***	−0.3576***
	(5.18)	(−0.47)	(6.16)	(0.31)	(−3.55)	(−6.14)
owner-ship	0.0230	0.1012***	−0.0412	−0.1953***	0.0961**	−0.4515***
	(0.65)	(4.24)	(−1.53)	(−3.42)	(2.20)	(−9.75)
hhi	−0.0353	−0.0291*	−0.0007	0.0427	0.0441	0.0476
	(−1.34)	(−1.82)	(−0.04)	(0.79)	(1.07)	(1.11)
Cons	15020.1769***	2853.7339***	3273.1848***	14040.6532***	2671.9975***	2897.2982***
	(169.53)	(54.46)	(58.74)	(92.89)	(25.47)	(26.95)
industry	Yes	Yes	Yes	Yes	Yes	Yes
year	Yes	Yes	Yes	Yes	Yes	Yes
Obs	144578	51112				
R^2	0.513	0.485				

资料来源:2004—2007 年的中国工业企业数据库数据。

注:括号内为 t 值,***、**、*分别代表 1%、5% 和 10% 的统计显著性。

利用多元选择 Logit 模型分别对全样本和出口企业样本进行回归的结果显示,相较于基准组——既不进行产品创新也不进行工艺创新的企业——而言,互联网无论是对全样本还是对出口企业样本而言,都能促使企业进行产品创新和工艺创新。横向比较而言,对产品创新的促进作用要强于对工艺创新的促进作用,这与表 3.8 的回归结果一致。但是更多的使用互联网的企业倾向于两种创新都采取的创新模式。这可能是因为一般而言,产品创新和工艺创新存在一定程度上的互补性。

（三）内生性检验

同样,不同的创新模式和互联网之间也可能存在互为因果的内生性问题,为了规避这一问题,在这里我们仍然采用 PSM 模型对其进行进一步的计量检验。具体回归结果如表 3.10 所示。

表 3.10 不同创新模式下内生性处理的回归结果:PSM

创新模式	匹配方法	样本	处理组	控制组	ATT	标准差	t
产品创新	最近邻匹配	匹配后	0.4523	0.3640	0.0883	0.0038	23.46
	半径匹配	匹配后	0.4486	0.3605	0.0881	0.0038	23.49
	核匹配	匹配后	0.4523	0.3641	0.0882	0.0032	27.88
工艺创新	最近邻匹配	匹配后	0.7511	0.7253	0.0258	0.0034	7.56
	半径匹配	匹配后	0.7497	0.7260	0.02369	0.0034	7.02
	核匹配	匹配后	0.7511	0.7244	0.0266	0.0028	9.40

资料来源:2004—2007 年的中国工业企业数据库数据。

注:本表中最近邻匹配按照 1:2 比例进行匹配。

表 3.10 的实证结果显示,对于产品创新而言,用最近邻匹配方法匹配后,处理组的企业产品创新倾向为 0.4523,控制组企业的创新倾向为 0.3640,ATT(平均处理组效应)等于 0.0883,在 1% 的水平上通过显著性检验,即互联网对企业创新倾向具有显著的增强效应。表 3.10 还汇报了另外两种匹配方法(半径匹配以及核匹配)的 ATT。我们发现,无论用哪种方法进行匹配,ATT 的估计结果是类似的,即使用互联网的企业的创新倾向显著强于不使用互联网的企业的创新倾向。

同样,我们还采用了工具变量法规避内生性问题。所采取的工具变量仍然是企业所在省份的互联网发展情况,用单位面积光纤长度和域名总量来代理。表 3.11 的(1)、(2)列以及(4)、(5)列分别为产品创新和工艺创新的回归结果。回归结果显示,无论采用何种创新模式,在第一阶段回归中,企业所在省份单位面积光纤长度、企业所在省份域名总量与互联网显著正相关,满足工具变量的相关性条件。(2)、(5)列分别是不同创新模式的第二阶段估计结果,可以看出,在 2SLS 估计的情况下,互联网依然显著正向影响企业的产品创新决策以及工艺创新决策,且回归系数的大小依然与表 3.8 的基准回归结果相同,即互联网对产品创新的促进作用大于对工艺创新的促进作用。弱工具变量检验中,Wald 统计量分别为 31.93 和 44.79,大于经验值 10,可排除弱工具变量问题。过度识别检验中的 χ^2 也均通过了过度识别约束检验,证明工具变量外生。(3)、(6)列是将解释变量的滞后项作为工具变量的回归结果。结果显示,排除内生性问题后,互联网依然显著增强了企业的产品创新倾向和工艺创新倾向,且产品创新的系数绝对值大于工艺创新的系数绝对值。

表 3.11　内生性处理的回归结果：2SLS

变量	产品创新			工艺创新		
	互联网	产品创新	产品创新	互联网	工艺创新	工艺创新
	(1)	(2)	(3)	(4)	(5)	(6)
所在省份单位面积光纤长度	0.0454** (3.5432)			0.0209** (0.0103)		
所在省份域名总量	0.2640*** (0.0342)			0.2317*** (0.0295)		
Int		5.2567*** (6.69)	0.4639*** (0.0112)		2.5539*** (0.4520)	0.0704*** (0.0185)
其他控制变量	Yes	Yes	Yes	Yes	Yes	Yes
企业/年份固定效应	Yes	Yes	Yes	Yes	Yes	Yes
Wald统计量		31.93	1728.16		44.79	14.53
过度识别检验 χ^2		58.087			207.619	
Obs	108373	108373	108371	108371	108371	108371

资料来源：2004—2007 年的中国工业企业数据库数据。

注：括号内为 t 值，***、** 分别代表 1%、5% 的统计显著性。其中，过度识别检验 χ^2 是 Amemiya-Lee-Newey 最小 χ^2 统计值。

（四）稳健性检验

1. 基于不同样本的稳健性检验

为了考察互联网的创新效应是否会因为企业所有制的不同以及企业所在区位差异而存在异质性，我们仍然基于不同企业所有制以及所处区位，在多元选择 Logit 模型的基础上进行稳健性检验。回归结果如表 3.12 所示。从不同所有制的角度来看，我们发现，纵向比较而言，互联网能促进国有企业、民营企业、港澳台资企业以及外资企业进行产品创新；促进国有企业和外资企业进行工艺创新；促进国有企业、民营企业、港澳台资企业以及外资企业同时进行两种模式的创新。而且无论对于何种性质的企业而言，互联网对产品创新的促进作用大于对工艺创新的促进作用，小于对两种创新的促进作用，与表 3.8 基准回归结果一致。横向比较而言，互联网对外资企业，无论是产品创新、工艺创新还是两种创新模式的促进作用都较

表 3.12 不同创新模式下的稳健性检验结果

| 变量 | 基于不同所有制 | | | | 基于不同区位 | | | 被解释变量 |
| | 国有企业 | 民营企业 | 港澳台合资企业 | 外资企业 | 东部 | 中部 | 西部 | 电子邮箱 |
	(1)	(2)	(3)	(4)	(5)	(6)	(7)	(8)
$(d,0)$	0.3836***	0.2587***	0.4939***	0.6092*	0.3266***	0.2060	0.4839***	0.2660***
	(0.1339)	(0.0733)	(0.1862)	(0.3584)	(0.0708)	(0.1484)	(0.1756)	(5.18)
(o,c)	0.1798***	0.0053	0.1482	0.4279*	0.0332	0.0723	0.1298	0.0484
	(0.0889)	(0.0485)	(0.1136)	(0.2531)	(0.0461)	(0.0748)	(0.1315)	(1.45)
(d,c)	0.7327***	0.5583***	0.8432***	1.0973***	0.8018***	0.2917***	0.8820***	0.6033***
	(0.0960)	(0.0519)	(0.1311)	(0.2649)	(0.0500)	(0.0983)	(0.1381)	(16.44)
controls	Yes	Yes	Yes	Yes	Yes	Yes	Yes	Yes
firm	Yes	Yes	Yes	Yes	Yes	Yes	Yes	Yes
industry	Yes	Yes	Yes	Yes	Yes	Yes	Yes	Yes
year	Yes	Yes	Yes	Yes	Yes	Yes	Yes	Yes
Obs	31177	91952	16460	4989	101452	26093	17033	144578
R^2	0.5417	0.5031	0.5354	0.5617	0.5396	0.4703	0.5128	0.5125

资料来源：2004—2007 年的中国工业企业数据库数据。

注：括号内为标准误，***、*、* 分别代表 1% 和 10% 的统计显著性。

其他类型企业更强。这可能是因为从产品创新而言，外资企业使用互联网等通信技术，使得企业更易于与国外的先进技术和信息进行交流，更有利于创新要素的流动；而对工艺创新而言，外资企业因为具有较高的灵活性与更加宽松的管理模式，要素利用率较高，更容易激发工艺创新。从企业所在区位的异质性角度而言，回归结果显示，纵向比较来看，互联网对产品创新的促进作用大于对工艺创新的促进作用，但是小于对两种创新的促进作用，这仍然与表 3.8 的基准回归结果一致；横向比较而言，互联网对西部地区企业的产品创新的促进作用更大，而且西部地区企业更容易在互联网的刺激下采取两种创新相结合的创新模式。这可能是因为互联网带来的创新要素更容易从东中部向西部转移，而从西部向东中部的转移较少，从而互联网更能增强西部地区企业的产品创新倾向。

2. 基于不同测算方法的稳健性检验

前文中我们使用企业是否建设官方主页来代理企业是否使用互联网，但是企业也可以通过建设电子邮箱的方式接入互联网，与目的国进行信息交换，从而降低生产成本，提高交流效率，促进两种创新。表 3.12 的(8)列展示了回归结果，其中，解释变量替换为企业是否有电子邮箱的哑变量。结果显示使用互联网之后，企业进行产品创新、工艺创新以及同时采用两种创新模式的倾向都较不使用互联网的企业有所增强。虽然工艺创新的回归结果并不显著，但其仍然为正，而且回归系数的大小也满足"两种创新模式的系数＞产品创新模式的系数＞工艺创新模式的系数"，与表 3.9 的基准回归结果一致。

（五）拓展分析

为了进一步探究企业互联网使用时间对不同创新模式的影响，我们对不同创新模式与互联网使用时间(Int_sur)进行回归检验，回归结果如表 3.13 所示。(1)—(4)列是采用二元选择 Probit 模型分别对全样本和出口企业样本进行检验的结果，(5)—(7)列则是采用多元选择 Logit 模型对全样本进行回归检验的结果。无论是采用二元选择 Probit 模型还是多元选择 Logit 模型，或者是对全样本还是对出口企业样本，回归结果都显示，企业使用互联网的时间越长，其对产品创新和工艺创新的促进作用也就越大，而且对产品创新的促进作用大于对工艺创新的促进作用，也即互联网对不同创新模式均存在时间累积效应。

表 3.13　互联网使用时间与不同创新模式回归结果

变量	二元选择 Probit 模型				多元选择 Logit 模型		
	产品创新		工艺创新		不同创新模式组合		
	全样本	出口企业样本	全样本	出口企业样本	$(d,0)$	$(0,c)$	(d,c)
	(1)	(2)	(3)	(4)	(5)	(6)	(7)
Int_sur	0.3179*** (26.05)	0.2182*** (10.14)	0.0234*** (4.55)	0.0335*** (3.85)	0.2936*** (10.09)	0.0196* (1.72)	0.2507*** (20.04)
scale	0.7310*** (45.15)	0.6034*** (21.29)	0.1821*** (31.61)	0.1914*** (17.89)	0.5965*** (27.70)	0.4827*** (33.84)	0.9663*** (60.61)
age	0.0240 (1.05)	0.2155*** (4.56)	−0.0090 (−0.96)	−0.0192 (−0.99)	−0.1236*** (−3.69)	−0.0657*** (−2.80)	−0.0265 (−1.03)
capital	0.2474*** (16.69)	0.4794*** (17.02)	−0.0192*** (−3.43)	−0.0233** (−2.09)	−0.0200 (−0.95)	−0.0642*** (−4.92)	0.1639*** (10.69)
wage	0.2663*** (10.79)	−0.1505*** (−3.21)	−0.0136 (−1.24)	−0.1094*** (−4.93)	0.2036*** (4.80)	−0.0118 (−0.49)	0.1764*** (6.17)
ownership	−0.1198*** (−5.33)	−0.7137*** (−18.27)	0.0330*** (3.34)	0.0625*** (3.68)	0.0209 (0.59)	0.1008*** (4.23)	−0.0428 (−1.59)
hhi	−0.0240 (−1.56)	−0.0050 (−0.14)	−0.0060 (−0.87)	0.0114 (0.73)	−0.0379 (−1.43)	−0.0290* (−1.82)	0.0028 (0.15)
Cons	12.9781 (0.08)	2.4985*** (76.06)	−13.8191*** (−4.10)	−3.1146*** (−21.29)	15158.9725*** (167.22)	2857.4585*** (54.41)	3425.2299*** (61.04)
firm	Yes	Yes	Yes	Yes	Yes	Yes	Yes
industry	Yes	Yes	Yes	Yes	Yes	Yes	Yes

续　表

变量	二元选择 Probit 模型				多元选择 Logit 模型		
	产品创新		工艺创新		不同创新模式组合		
	全样本	出口企业样本	全样本	出口企业样本	$(d,0)$	$(0,c)$	(d,c)
	(1)	(2)	(3)	(4)	(5)	(6)	(7)
year	Yes	Yes	Yes	Yes	Yes	Yes	Yes
Obs	144578	51112	144578	51112	144578		
R^2					0.514		

资料来源：2004—2007 年的中国工业企业数据库数据。

注：括号内为 t 值。***、**、* 分别代表 1%、5% 和 10% 的统计显著性。

三、互联网、创新决策与出口动态

综合本章第一节理论分析与第二节的回归结果,结合第二章回归结果,依据逐步回归法下的中介效应模型(安同良和闻锐,2022)的结论可以推论出:首先,互联网能够提升企业创新的意愿(无论是是否进行创新还是选择不同模式的创新);其次,创新决策又能够影响企业的出口动态;最后,互联网能够通过影响创新决策,即是否进行创新或者进行不同模式的创新,从而影响企业的出口动态。为了更精确地验证互联网、创新决策以及出口动态之间的关系,我们统一了第二章和第三章的数据样本年限,并采用中介效应模型对其进行检验。

(一)互联网、创新行为与企业出口动态

1. 企业进入、退出行为

基于第二章对企业进入、退出行为的刻画,接下来的部分我们将分析互联网、创新行为与企业进入、退出行为之间的链式关系,检验互联网能否通过企业创新行为的选择从而影响企业的出口动态。为了检验该机制是否存在,我们通过构建中介模型探究企业创新行为的作用渠道。中介效应的逐步回归法具体而言涉及 3 个步骤:首先,用因变量(企业进入、退出行为变量)对基本自变量(企业是否使用互联网)进行回归分析;其次,用中介变量(企业的创新行为)对基本自变量进行回归分析;最后,用因变量对中介变量和上述基本自变量进行回归。基于上述思想,我们构造了如下计量模型:

$$\text{Dum}_{i,j,t}^{\text{ex/exit}} = \alpha_0 + \alpha_1 \text{Int}_{i,j,t} + \alpha_2 \text{Controls}_{i,t} + \alpha_3 \text{Controls}_{j,t}$$
$$+ \delta_i + \delta_j + \delta_t + \varepsilon_{i,j,t} \tag{3.3}$$

$$\text{Dum}_{i,j,t} = \beta_0 + \beta_1 \text{Int}_{i,j,t} + \beta_2 \text{Controls}_{i,t} + \beta_3 \text{Controls}_{j,t}$$
$$+ \delta_i + \delta_j + \delta_t + \varepsilon_{i,j,t} \tag{3.4}$$

$$\text{Dum}_{i,j,t}^{\text{ex/exit}} = \gamma_0 + \gamma_1 \text{Int}_{i,j,t} + \gamma_2 \text{Dum}_{i,j,t} + \gamma_3 \text{Controls}_{i,t} + \gamma_4 \text{Controls}_{j,t}$$
$$+ \delta_i + \delta_j + \delta_t + \varepsilon_i, j, t \tag{3.5}$$

其中,$\text{Dum}_{i,j,t}^{\text{ex/exit}}$ 表示行业 j 中的企业 i 在 t 年的进入、退出行为,其余变量与式(3.2)含义一致,在此不再赘述。最终结果如表 3.14 所示。

表 3.14　互联网、创新行为与企业出口动态:中介模型

变量	企业进入行为			企业退出行为		
	(1)	(2)	(3)	(4)	(5)	(6)
	Dum^{ex}	Dum	Dum^{ex}	Dum^{exit}	Dum	Dum^{exit}
Int	0.0868*** (0.0027)	0.1259*** (0.0024)	0.0796*** (0.0027)	−0.0644*** (0.0025)	0.1259*** (0.0024)	−0.0587*** (0.0025)
Dum			0.0571*** (0.0030)			−0.0451*** (0.0027)
Controls	Yes	Yes	Yes	Yes	Yes	Yes
firm	Yes	Yes	Yes	Yes	Yes	Yes
year	Yes	Yes	Yes	Yes	Yes	Yes
industry	Yes	Yes	Yes	Yes	Yes	Yes
Obs	144578	144578	144578	144578	144578	144578
R^2	0.2546	0.2253	0.2562	0.4412	0.2253	0.4422

资料来源:2004—2007 年的中国工业企业数据库和海关数据。

注:括号内为标准误。*** 代表 1% 的统计显著性。

从企业进入行为来看,表 3.14 的(1)列考察了互联网对企业进入行为的回归结果,在控制各种不可观测的固定效应和其他控制变量之后,互联网对企业进入出口市场具有显著的促进作用;(2)列为本章第二节第一部分基准回归的结果,结果与前文相似,即互联网能显著提升企业的创新意愿;(3)列将被解释变量对中介变量和基本自变量进行回归,结果表明企业创新行为对企业进入出口市场的回归系数显著为正,即企业的创新行为促进了企业进入出口市场,提高了企业出口概率。这与命题 1.1 以及第二章第一节的实证结论一致。此外,互联网的系数较(1)列有所下降,从而证明了企业创新行为中介效应存在,即互联网通过影响企业的创新行为进而影响了企业出口动态。同理,(4)列考察了互联网与企业退出行为之间的关系,结果显示互联网对企业退出行为具有显著的抑制作用;(5)列与(2)列结果一致,即互联网能显著提升企业创新的意愿;(6)列检验了中介模型的最后一个步骤,发现企业创新行为的系数显著为负,即企业创新行为显著抑制企业退出出口市场,并且互联网系数的绝对值相比(4)列互联网系数的绝对值有所下降,从而证明了企业创新行为的中介效应的存在。

为了进一步证明"互联网→创新行为→企业进入、退出行为"这一机制的存在以及创新行为中介模型稳健成立,我们参照了温忠麟等(2004)、任曙明和张静(2013)以及金详义和戴金平(2019)的检验方法,对中介效应进行了 Sobel 检验。结果显示,企业创新行为决策渠道在企业进入和退出中

的 Z 统计量的值分别为 14.03 和 −18.88,均通过了 1‰ 显著性水平上的 Sobel 检验,即互联网确实能通过企业创新行为这一重要渠道影响企业的出口动态。

由于在本节中,基本自变量以及中介变量都是哑变量,为了规避现有的中介模型所带来的偏误,我们参照王维国等(2022)的方法,使用广义结构方程模型(GSEM)进行估计,来考察互联网对企业出口动态的直接影响和间接影响,回归结果如表 3.15 所示。

表 3.15　互联网、创新行为与企业出口动态:GSEM 模型

变量	官方主页			电子邮箱		
	Dum	Dum^{ex}	Dum^{exit}	Dum	Dum^{ex}	Dum^{exit}
	(1)	(2)	(3)	(4)	(5)	(6)
中介效应		0.0072*** (0.0004)	−0.0057*** (0.0004)		0.0057*** (0.0032)	−0.0044*** (0.0003)
总效应		0.0868*** (0.0027)	−0.0639*** (0.0025)		0.0861*** (0.0024)	−0.0643*** (0.0022)
Int	0.1259*** (0.0024)	0.0796*** (0.0027)	−0.0583*** (0.0025)	0.0993*** (0.0021)	0.0805*** (0.0024)	−0.0641*** (0.0025)
Controls	Yes	Yes	Yes	Yes	Yes	Yes
year	Yes	Yes	Yes	Yes	Yes	Yes
industry	Yes	Yes	Yes	Yes	Yes	Yes
Obs	144578	144578	144578	144578	144578	144578

资料来源:2004—2007 年的中国工业企业数据库和海关数据。
注:括号内为标准误,*** 代表 1% 的统计显著性。

表 3.15 的(1)列估计了互联网对企业创新行为的影响,为式(3.4)的回归结果,(2)、(3)列估计了互联网对企业进入、退出这一出口动态的影响,为式(3.5)的回归结果。作为稳健性检验,我们在(4)—(6)列以企业是否具有电子邮箱为互联网指标并进行相同的回归。回归结果表明,两种形式的互联网指标都显著提升了企业的创新意愿,并且对企业进入出口市场产生了显著的促进效应,对企业退出出口市场产生了显著的抑制作用。表 3.15 的(2)和(5)列的中介效应是互联网通过创新行为渠道对企业进入出口市场的间接影响,其效应都是显著促进的;(3)和(6)列的中介效应是互联网通过创新行为渠道对企业退出出口市场的间接影响,其效应都是显著抑制的。因此,两种形式的互联网指标可以通过企业创新行为的选择这一中介渠道间接促进企业进入出口市场,抑制企业退出出口市场,与中介模型的回归结果一致,说明中介模型结果稳健。

2. 企业出口持续时间

企业出口动态不仅包含企业进入、退出行为，还包括企业在出口市场上的持续时间，企业在市场上的持续时间在一定程度上反映了企业的竞争力。互联网直观上能降低出口企业的不确定性从而延长企业出口持续时间。[①] 前文的结论显示，企业创新行为能延长企业的出口持续时间，而第四章的回归结果也将显示，互联网能降低出口企业的不确定性，延长出口持续时间，但是互联网对企业出口持续时间的影响渠道为何？企业创新行为是不是互联网发挥作用的，区别于第四章渠道中又一核心渠道？为此，我们借鉴张慧等（2022）、金详义和张文菲（2021）采用的生存分析背景下的中介模型对此进行检验。与传统中介模型相同，生存分析法下的中介模型也涉及三个步骤，具体如下：

$$\mathrm{fail}(h_{i,j,t}) = \alpha_0 + \alpha_1 \mathrm{Int}_{i,j,t} + \alpha_2 \mathrm{Controls}_{i,t} + \alpha_3 \mathrm{Controls}_{j,t} \\ + \delta_i + \delta_j + \delta_t + \varepsilon_{i,j,t} \tag{3.6}$$

$$\mathrm{Dum}_{i,j,t} = \beta_0 + \beta_1 \mathrm{Int}_{i,j,t} + \beta_2 \mathrm{Controls}_{i,t} + \beta_3 \mathrm{Controls}_{j,t} \\ + \delta_i + \delta_j + \delta_t + \varepsilon_{i,j,t} \tag{3.7}$$

$$\mathrm{fail}(h_{i,j,t}) = \gamma_0 + \gamma_1 \mathrm{Int}_{i,j,t} + \gamma_2 \mathrm{Dum}_{i,j,t} + \gamma_3 \mathrm{Controls}_{i,t} + \gamma_4 \mathrm{Controls}_{j,t} \\ + \delta_i + \delta_j + \delta_t + \varepsilon_{i,j,t} \tag{3.8}$$

其中，$h_{i,j,t}$ 表示 t 期行业 j 中企业 i 进入出口市场时所面临的风险，$\mathrm{fail}(h_{i,j,t})$ 表示相应的离散时间风险函数，其余变量含义与前文式（3.2）一致。与第二章回归方法相同，我们采用半参数离散时间 Cloglog 模型对"互联网→创新行为→企业出口持续时间"的链式关系进行回归检验。研究样本为 2004—2007 年中国工业企业数据库中的出口企业样本，即已经进入出口市场的在位企业。回归结果如表 3.16 所示。

表 3.16 互联网与企业出口持续时间的中介渠道检验：创新行为

变量	官方主页			电子邮箱		
	fail	Dum	fail	fail	Dum	fail
	(1)	(2)	(3)	(4)	(5)	(6)
Int	−0.1280***	0.0861***	−0.1058***	−0.1122***	0.1264***	−0.0799***
	(0.0068)	(0.0072)	(0.0067)	(0.0061)	(0.0065)	(0.0062)
Dum			−0.2579***			−0.2556***
			(0.0072)			(0.0072)

[①] 这一逻辑机制分析及检验将在第四章中详细讨论，并提供实证检验结论。

续　表

变量	官方主页			电子邮箱		
	fail	Dum	fail	fail	Dum	fail
	(1)	(2)	(3)	(4)	(5)	(6)
Controls	Yes	Yes	Yes	Yes	Yes	Yes
firm	Yes	Yes	Yes	Yes	Yes	Yes
year	Yes	Yes	Yes	Yes	Yes	Yes
industry	Yes	Yes	Yes	Yes	Yes	Yes
Obs	251686	251806	251686	251686	251806	251686
Likelihood	−89546.722		−88891.461	−89502.841		−88856.809

资料来源:2004—2007 年的中国工业企业数据库数据。
注:括号内为标准误。*** 代表 1% 的统计显著性。

表 3.16 的(1)—(3)列为以是否建设官方主页为企业互联网代理指标的回归结果,(4)—(6)列是以是否建设电子邮箱为企业互联网代理指标的回归结果。首先,(1)列考察了互联网对企业出口持续时间的影响。结果显示,在控制各类非观测的固定效应和其他控制变量后,互联网的系数显著为负,这表明互联网能够减少企业出口海外市场的风险,进而延长相应的出口持续时间。这一结论在第四章中也将再次得到验证。其次,(2)列是互联网对企业创新行为的回归结果。在考虑各类非观测的固定效应和其他潜在影响因素后,互联网的系数显著为正,这意味着企业使用互联网有利于提升企业进行创新活动的意愿,这一结论在本节第一部分中也得到了印证。最后,(3)列是将中介变量创新行为决策加入基础回归方程后的结果。结果显示,企业互联网的系数显著为负,企业创新行为的系数显著为负,反映了企业创新行为能显著减少企业出口面临的风险,进而延长了企业的出口持续时间。进一步对比(3)列和(1)列互联网的系数大小可知,(3)列互联网的系数的绝对值小于(1)列的系数的绝对值,说明企业创新行为在互联网影响出口持续时间上确实产生了显著的中介效应。综上,创新行为的中介渠道存在。此外,为了进行稳健性分析,我们用企业是否有电子邮箱作为企业互联网的代理指标,也得到了类似的结论,即企业创新行为是互联网作用于企业出口持续时间的中介渠道,在此不再对相关回归结果进行赘述。

3. 基于因果中介模型的再检验

前文基于早期的线性结构方程模型(LSEM)的中介效应检验方法虽然能在一定程度上阐释创新行为决策在互联网与企业出口动态之间的作

用,但是无法识别自变量之间的因果中介机制对出口动态产生的复杂效应,且也无法排除选择偏误带来的因果机制识别不清楚等问题。基于此,我们试图借鉴 Imai et al.(2010)提出的因果中介分析(causal mediation analysis)模型对此中介效应进行进一步的再检验。

因果中介分析模型基于反事实框架计算平均因果中介效应(ACME)和平均总效应(ATT),旨在识别一个处理变量(treatment variable)通过一个中介变量来影响另一个结果变量的因果机制(Imai et al.,2010,2011)。通过反事实框架,我们可以去除选择性偏误,获取互联网对于创新行为和企业出口动态的因果机制。除此之外,因果中介模型使用了一种基于仿真随机实验的准贝叶斯-蒙特卡罗(Quasi-Bayesian Monte Carlo)逼近方法,适用于嵌套各种线性和非线性甚至非参数估计模型(李峰和刘杨,2020),以及处理变量为离散变量的中介分析。

在估计因果中介效应前,我们先确定同时出现在中介变量和结果变量方程中的前定混淆变量 X(李仲武和冯学良,2022),其中包括企业规模、企业资本劳动比、企业年龄、企业支付工人工资、行业竞争程度以及企业外资属性。然后,在反事实框架下分析因果中介效应,具体而言分为三步。

第一步,基于如下计量模型对中介变量 M(此部分为企业创新行为)进行回归检验:

$$M = \alpha_1 + \beta_1 \text{Int} + \gamma_1 X + \varepsilon_1 \qquad (3.9)$$

其中,中介变量 M 是处理变量 Int(企业互联网行为)和所有前定混淆变量 X 的函数。在此基础上,生成两个中介变量预测值序列,即使用互联网企业的创新行为 $M(1)$ 和不使用互联网企业的创新行为 $M(0)$。

第二步,用如下计量模型估计企业的出口动态行为 Y:

$$Y = \alpha_2 + \beta_2 \text{Int} + \rho M + \gamma_2 X + \varepsilon_2 \qquad (3.10)$$

其中,结果变量 Y 是中介变量 M、处理变量 Int 和所有前定混淆变量 X 的函数。在得到使用互联网的企业的出口动态的预测值 $Y[1, M(1)]$ 和第一步中两个中介变量预测值后,生成在中介变量反事实情形下结果变量的预测值,即处理变量仍然是使用互联网(Int=1),但中介变量是第一步中不使用互联网的企业所对应的企业出口动态预测值 $Y[1, M(0)]$。

第三步,通过比较两种中介变量情况下结果变量预测值的平均差异,计算出互联网使用的平均因果中介效应,其数学表达式为:

$$\delta(1) \equiv Y[1, M(1)] - Y[1, M(0)] \qquad (3.11)$$

表 3.17 为处理变量、中介变量和结果变量三者的因果中介分析结果。从中我们可以发现,总体上企业使用互联网能促进企业进入出口市场

（ATT 为正），抑制企业退出出口市场（ATT 为负），延长企业出口持续时间（ATT 为负），与前文基于线性的机构性方程的中介效应模型的回归结果一致。另外，企业使用互联网也能通过改变企业创新行为影响其出口行为（ACME 显著）。在本部分，我们还进一步量化了企业创新行为在互联网影响各出口动态中的中介效应的大小。其中，企业创新行为在维持企业在出口市场上的持续竞争力，延长在出口市场上的持续时间上的中介效应最大，促进企业进入出口市场的作用次之，抑制企业退出出口市场的作用最弱。

表 3.17　互联网、创新行为与企业出口动态：因果中介效应分析

结果变量	中介变量	ACME	ATT	中介效应占比/%
出口进入		0.0058	0.0826	7.05
出口退出	创新行为	−0.0010	−0.0658	1.52
持续时间		−0.0143	−0.0948	15.02

注：ACME 为平均因果中介效应，ATT 为总效应，中介效应占比＝ACME/ATT。ACME、ATT 以及中介效应占比都通过了 5% 水平的显著性检验。

（二）互联网、创新模式与企业出口动态

1. 企业进入、退出行为

同样，对于不同创新模式而言，为了验证是否存在"互联网→产品创新/工艺创新→企业出口动态"的链式关系，我们也对其进行了中介模型检验，回归结果如表 3.18 所示。结合表 3.14 的回归结果，我们发现，对于产品创新而言，表 3.14 的（1）列已经展示出了基准回归的结果，即互联网对企业进入出口市场的正向作用为 0.0868，且在 1% 的水平上显著；表 3.18 的（1）列为本节前部分表 3.8 的基准回归结果，与前文相似，即在控制了不可观测的固定效应及其他控制变量之后，互联网契入能提升企业进行产品创新的意愿。表 3.18 的（2）列为对于企业进入而言的中介模型最后一步的结果，企业进行产品创新能促进企业进入出口市场，这一结论也与命题 1.2 以及第二章的实证结论一致。此外，互联网的系数较表 3.14 的（1）列有所减小，这证明了企业产品创新中介效应存在，即互联网通过提升企业产品创新的意愿，进而影响了企业出口动态，促进更多企业进入出口市场。表 3.18 的（3）列为对于企业退出而言的中介模型最后一步的结果，企业进行产品创新能显著抑制企业退出出口市场，这一结论再次印证了命题 1.3 以及第二章的实证研究结论。此外，互联网的系数较表 3.14 的（1）列有所减少，也证明了企业产品创新在互联网与企业退出出口市场中的中介效应

的存在。

对于工艺创新而言，同样结合表 3.14 的（1）列的基准回归结果，我们发现互联网能促进企业进入市场的概率提升 0.0868，且在 1% 的水平上显著。表 3.18 的（4）列为本章的基准回归结果，与前文表 3.8 结果相似，企业使用互联网之后能提升企业的工艺创新的意愿，且在 5% 的水平上显著。表 3.18 的（5）列为对于企业进入而言的中介模型最后一步的结果，企业进行工艺创新能促进企业进入出口市场，但这一促进作用并不显著，这一结论也与命题 1.2 和第二章的实证结论一致。因此对于企业进入而言，企业工艺创新是否存在中介效应需要进一步进行检验。另外，表 3.18 的（6）列为对于企业退出而言的中介模型最后一步的结果，企业进行工艺创新能显著抑制企业退出出口市场，这一结论也再次印证了命题 1.3 和第二章的研究结论。此外，互联网的系数的绝对值较表 3.14 的（1）列的系数的绝对值有所减小，也证明了企业工艺创新在互联网与企业退出关系中的中介效应的存在。

表 3.18　互联网、创新模式与企业出口动态：中介模型[①]

变量	产品创新			工艺创新		
	（1）	（2）	（3）	（4）	（5）	（6）
	Dum	Dum^{ex}	Dum^{exit}	Dum	Dum^{ex}	Dum^{exit}
Int	0.0804*** (0.0020)	0.0650*** (0.0027)	−0.0778*** (0.0025)	0.0027** (0.0013)	0.0868*** (0.0027)	−0.0867*** (0.0025)
Dum		0.2713*** (0.0035)	−0.1125*** (0.0032)		0.0013 (0.0053)	−0.0441*** (0.0048)
Controls	Yes	Yes	Yes	Yes	Yes	Yes
firm	Yes	Yes	Yes	Yes	Yes	Yes
year	Yes	Yes	Yes	Yes	Yes	Yes
industry	Yes	Yes	Yes	Yes	Yes	Yes
Obs	144578	144578	144578	144578	144578	144578
R^2	0.5999	0.2846	0.4459	0.7987	0.2544	0.4415

资料来源：2004—2007 年的中国工业企业数据库数据。

注：括号内为标准误。***、** 分别代表 1%、5% 的统计显著性。

为了进一步证明"互联网→产品创新/工艺创新→企业进入、退出行为"这一机制的稳健性，特别是工艺创新在企业进入这一出口动态中中介

---

① 中介模型中的第一步与表 3.14 相同，在此省略。

效应的存在性,我们依然参照了温忠麟等(2004)、任曙明和张静(2013)以及金详义和戴金平(2019)的检验方法,对中介效应进行了 Sobel 检验。结果显示,企业产品创新决策渠道在企业进入和退出中的 Z 统计量的值分别为 29.33 和 -132.12,均通过了 1% 显著性水平上的 Sobel 检验,企业工艺创新决策渠道在企业进入和退出中的 Z 统计量的值分别为 3.047 和 3.909,也通过了 1% 显著性水平上的 Sobel 检验。这说明,企业进行工艺创新并不能显著地促进企业进入出口市场,但是工艺创新仍然是互联网影响企业进入出口市场的重要渠道。综上,互联网确实能通过不同的创新模式影响企业进入和退出出口市场这一出口动态。

为了保证结果的稳健性,我们还采用广义结构方程模型(GSEM)对互联网和企业进入、退出出口市场这一出口动态在不同创新模式下的中介效应进行了检验。回归结果如表 3.19 所示。表 3.19 的(1)和(4)列分别估计了互联网对企业产品出口市场创新和工艺创新决策的影响。(2)和(5)列估计了互联网对企业进入出口市场这一出口动态的影响,(3)和(6)列估计了互联网对企业退出出口市场这一出口动态的影响。回归结果显示,互联网能提升企业两种模式的创新的意愿,这与表 3.8 的结论一致。对于其中介效应而言,首先,互联网能够通过产品创新行为以及工艺创新行为渠道对企业进入出口市场产生间接影响,其效应是显著的,但是在影响和显著性上,产品创新的影响较工艺创新更强;其次,互联网能够通过产品创新行为以及工艺创新行为渠道对企业退出出口市场行为产生间接的抑制作用,其效应至少在 10% 水平上显著,但是在影响和显著性上,产品创新的影响也强于工艺创新的影响。这一结论和前文中介模型一致,侧面印证了中介模型结果的稳健性。

表 3.19　互联网、创新模式与出口动态:GSEM 模型

变量	产品创新			工艺创新		
	Dum	Dum^{ex}	Dum^{exit}	Dum	Dum^{ex}	Dum^{exit}
	(1)	(2)	(3)	(4)	(5)	(6)
中介效应		0.0218*** (0.0006)	-0.0090*** (0.0003)		0.000013* (0.000007)	-0.0001* (0.00001)
总效应		0.0868*** (0.0027)	-0.0639*** (0.0025)		0.0868*** (0.0027)	-0.0639*** (0.0025)
Int	0.0804*** (0.0020)	0.0650*** (0.0035)	-0.0549*** (0.0025)	0.0027** (0.0013)	0.0868*** (0.0027)	-0.0599*** (0.0022)
Controls	Yes	Yes	Yes	Yes	Yes	Yes

续 表

变量	产品创新			工艺创新		
	Dum	Dum^{ex}	Dum^{exit}	Dum	Dum^{ex}	Dum^{exit}
	(1)	(2)	(3)	(4)	(5)	(6)
year	Yes	Yes	Yes	Yes	Yes	Yes
industry	Yes	Yes	Yes	Yes	Yes	Yes
Obs	144578	144578	144578	144578	144578	144578

资料来源：2004—2007 年的中国工业企业数据库数据。

注：括号内为标准误。***、**、* 分别代表 1％、5％和 10％的统计显著性。

2. 企业出口持续时间

根据前文设定的计量模型，式(3.6)、式(3.7)、式(3.8)，以及第二章中对产品创新与工艺创新的测度，接下来我们就不同的创新模式探究其是不是互联网影响企业出口持续时间的重要中介渠道。样本选择为 2004—2007 年中国工业企业数据库中的出口企业，即已经存在于出口市场上的在位企业。回归结果如表 3.20 所示。其中，(1)—(3)列是对产品创新渠道的检验结果，(4)—(6)列是对工艺创新渠道的检验结果。

表 3.20　互联网与出口持续时间的中介渠道检验：创新模式

变量	产品创新			工艺创新		
	fail	Dum	fail	fail	Dum	fail
	(1)	(2)	(3)	(4)	(5)	(6)
Int	−0.3250*** (0.0128)	0.3762*** (0.0101)	−0.1156*** (0.0133)	−0.3341*** (0.0128)	0.4585*** (0.0107)	−0.0556*** (0.0131)
Dum			−0.5565*** (0.0136)			−0.6075*** (0.0163)
Controls	Yes	Yes	Yes	Yes	Yes	Yes
firm	Yes	Yes	Yes	Yes	Yes	Yes
year	Yes	Yes	Yes	Yes	Yes	Yes
industry	Yes	Yes	Yes	Yes	Yes	Yes
Obs	64656	251806	251686	251686	251806	251686
Likelihood	−23305.848		−88891.461	−89502.841		−88856.809

资料来源：2004—2007 年的中国工业企业数据库数据。

注：括号内为标准误。*** 代表 1％的统计显著性。

首先,(1)列考察了互联网对企业出口持续时间的影响。结果显示,在控制了各种不可观测的固定效应和其他控制变量之后,互联网能显著延长出口持续时间,减少企业在出口市场上的风险。这与后面第四章的结论一致。其次,(2)列是互联网对企业产品创新决策的回归结果,结果与表3.8的回归结果一致,即企业使用互联网能够提升企业产品创新的意愿。最后,(3)列是将中介变量产品创新决策加入基础回归方程后的结果。结果显示,互联网的系数以及产品创新决策的系数均显著为负,反映了企业产品创新决策能显著降低企业出口面临的风险,进而延长了企业的出口持续时间,证明产品创新是互联网影响企业出口持续时间的又一重要中介渠道。同理,(4)—(6)列对工艺创新的检验结果也得到了类似的结论,证明了企业工艺创新决策也是互联网延长企业出口持续时间的重要中介渠道。横向比较产品创新中介效应以及工艺创新中介效应的大小,我们可以发现,产品创新带来的中介效应为0.2093,而工艺创新带来的中介效应为0.2785,即从互联网影响企业出口持续时间的创新渠道上来看,更加依赖工艺创新渠道。这与第二章的回归结论一致,因为在位的出口企业相对而言已经具有较高的产品质量以及较为成熟的生产技术,为了在出口市场上持续存在,更多地需要通过互联网搜寻相应降低成本的信息资源与知识创新,从而获取持续的竞争优势,因而工艺创新是相对于产品创新更为占优的企业策略。

3. 基于因果中介模型的再检验

我们参照前文对因果中介模型的设定,再次对创新模式在互联网与企业出口动态之间的中介效应进行回归检验。结果如表3.21所示。

表 3.21　互联网、创新模式与企业出口动态:因果中介效应分析

创新模式	结果变量	中介变量	ACME	ATT	中介效应占比/%
产品创新	进入出口市场	产品创新	0.0087	0.0692	12.58
	退出出口市场		−0.0062	−0.0569	10.89
	持续时间		−0.0333	−0.0959	34.70
工艺创新	进入出口市场	工艺创新	0.0004	0.0689	0.06
	退出出口市场		−0.0015	−0.0577	2.64
	持续时间		−0.0575	−0.0942	60.95

注:ACME为平均因果中介效应,ATT为总效应,中介效应占比＝ACME/ATT。本表中ACME、ATT以及中介效应占比都通过了5%水平的显著性检验。

因果中介分析回归结果显示,总体上,互联网能促进企业进入出口市

场（ATT 为正），抑制企业退出出口市场（ATT 为负），延长企业出口持续时间（ATT 为负），这与基准回归结果以及前文基于线性的机构性方程的中介效应模型的回归结果一致。另外，互联网使用也能通过改变企业创新模式影响其出口行为（ACME 均显著）。就产品创新而言，在互联网与延长企业出口持续时间上的中介效应最显著，在互联网与促进企业进入出口市场上的中介效应次之，在互联网与抑制企业退出出口市场上的中介效应最弱。而工艺创新的中介效应大小，更多在互联网与延长企业出口持续时间的关系中体现，而互联网与抑制企业退出出口市场上的关系次之，在互联网与促进企业进入出口市场上的关系最弱。横向比较两种创新模式可以发现，互联网促进企业进入出口市场的过程更加依赖产品创新，而互联网在延长企业出口持续时间上，则更加依赖工艺创新所发挥的中介作用。

（三）互联网、创新行为与产品出口动态

上一部分从企业层面考察了创新决策在互联网与出口动态之间的中介作用。接下来我们将沿袭上一部分的计量思想，从产品的层面考察"互联网→创新行为→出口动态"这一链式关系。

1. 产品进入、退出行为

沿袭第二章对产品进入、退出行为的界定，我们分别对企业内部新产品创造率（$ratio^{add}$）、旧产品破坏率（$ratio^{drop}$）进行中介模型检验。中介模型思想参照本章第二节中式（3.3）—（3.5）的设定，最终得到如表 3.22 所示的回归结果。

表 3.22　互联网、创新行为与产品出口动态：中介模型

变量	$ratio^{add}$	Dum	$ratio^{add}$	$ratio^{drop}$	$ratio^{drop}$	$ratio^{total}$	$ratio^{total}$
	（1）	（2）	（3）	（4）	（5）	（6）	（7）
Int	0.0094*** (0.0022)	0.1510*** (0.0051)	0.0081*** (0.0022)	−0.0114*** (0.0023)	−0.0111*** (0.0018)	0.0164*** (0.0021)	0.0152*** (0.0021)
Dum			0.0086*** (0.0023)		−0.0021 (0.0020)		0.0082*** (0.0230)
Controls	Yes	Yes	Yes	Yes	Yes	Yes	Yes
firm	Yes	Yes	Yes	Yes	Yes	Yes	Yes
industry	Yes	Yes	Yes	Yes	Yes	Yes	Yes
year	Yes	Yes	Yes	Yes	Yes	Yes	Yes

续　表

变量	ratio^add	Dum	ratio^add	ratio^drop	ratio^drop	ratio^total	ratio^total
	(1)	(2)	(3)	(4)	(5)	(6)	(7)
Obs	33880	33880	33880	33880	33880	33880	33880
R^2	0.0190	0.1235	0.0197	0.0101	0.0101	0.0249	0.0253
Sobel 检验 Z 值	3.690**			1.056		3.627***	

资料来源：2004—2007 年的中国工业企业数据库和海关数据。

注：括号内为标准误。*** 代表 1% 的统计显著性。

表 3.22 的（1）—（3）列为企业创新行为在互联网与新产品创造率（ratio^add）之间的中介效应结果，（4）、（5）列为企业创新行为在互联网与旧产品破坏率（ratio^drop）之间的中介效应结果，（6）、（7）列为企业创新行为在互联网与总变动率（ratio^total）之间的中介效应结果。另外，为了证明中介模型的稳健性，表 3.22 还列出了 Sobel 检验的 Z 值。对于新产品创造率而言，（1）列回归结果考察了互联网与企业新产品创造率之间的关系，回归结果显示在控制不可观测的异质性以及其他控制变量之后，互联网能带来新产品创造效应，这符合经济学直觉。企业使用互联网一方面提高了企业与外部之间的交流频率，降低了知识的传播成本，从而刺激了新产品创造；另一方面，使用互联网后企业各个部门之间的效率得到了提升，从而结余的成本可以用于新产品的创造。（2）列回归结果与本节第一部分的内容相似，表明互联网对企业创新行为决策的影响效应。回归结果与表 3.3 的回归结果相同，即企业使用互联网后能显著提升企业进行创新的意愿。（3）列是将中介变量加入基准模型的回归结果，结果显示企业创新行为决策的系数以及互联网的系数均显著为正，且通过了 Sobel 检验，说明企业创新行为决策是互联网影响新产品创造率的一个重要渠道。创新行为决策在互联网与新产品创造率中的中介效应存在。

对于旧产品破坏率而言，（4）列考察了互联网与旧产品破坏率之间的关系，研究结果显示互联网在一定程度上能够降低旧产品破坏率，这可能是因为使用互联网后，企业的效率提升，成本降低，从而在一定程度上能够提升产品的竞争力，降低产品的破坏率。中介模型中的第二步，即基本解释变量对中介变量的回归结果与表 3.22 的（2）列相同，即互联网能显著提升企业的创新意愿。（5）列为中介模型最后一步的结果，互联网的系数显著为负，但是创新行为决策的系数为负却并不显著，且中介模型没有通过 Sobel 检验。这说明虽然企业使用互联网能显著降低旧产品破坏率，但是这种效应并不是通过影响企业创新意愿而实现的。第二章的回归结果显示企业创新行为决策能降低旧产品破坏率,说明创新意愿对旧产品破坏率的影响仅只存在直接效应,并不存在间接的中介效应,即创新意愿在互联网影响旧产品破坏率上并不存在中介效应。

对于总变动率而言,(6)、(7)的回归结果显示,使用互联网的企业较不使用互联网的企业,在调整产品集合上具有更强的主动性,而且能够通过创新行为决策间接地影响企业产品集合调整,即创新意愿在互联网影响企业产品总变动率上存在显著的中介效应。

同样,为了规避基本自变量为哑变量而给中介模型带来的偏误,我们仍然采用 GSEM 模型对此进行稳健性分析。回归结果如表 3.23 所示。表 3.23 的(1)、(3)、(5)列估计了互联网对企业创新行为决策的影响,(2)、(4)、(6)列分别是对互联网与新产品创造率、旧产品破坏率以及产品总变动率的影响。回归结果表明,互联网对企业的创新意愿产生了显著的提升作用,并且对新产品创造率以及产品总变动率产生了显著的提升作用,对旧产品破坏率产生了显著的降低作用。但就中介效应而言,创新行为决策仅仅在互联网与新产品创造率以及产品总变动率之间产生了显著的中介效应,在互联网与旧产品破坏率之间的中介效应并不显著,这与基准中介模型的结论一致,说明中介模型结果稳健。

表 3.23　互联网、创新行为与产品出口动态:GSEM 模型

变量	新产品创造率		旧产品破坏率		总变动率	
	Dum	ratio^{add}	Dum	ratio^{drop}	Dum	ratio^{total}
	(1)	(2)	(3)	(4)	(5)	(6)
中介效应		0.0013*** (0.0004)		−0.0003 (0.0003)		0.0012*** (0.0003)
总效应		0.0094*** (0.0022)		−0.0113*** (0.0018)		0.0164*** (0.0021)
Int	0.1510*** (0.0051)	0.0086*** (0.0023)	0.1510*** (0.0051)	−0.0111*** (0.0018)	0.1510*** (0.0051)	0.0152*** (0.0021)
Controls	Yes	Yes	Yes	Yes	Yes	Yes
year	Yes	Yes	Yes	Yes	Yes	Yes
industry	Yes	Yes	Yes	Yes	Yes	Yes
Obs	33880	33880	33880	33880	33880	33880

资料来源:2004—2007 年的中国工业企业数据库和海关数据。
注:括号内为标准误。*** 代表 1% 的统计显著性。

2. 产品出口持续时间

接下来我们将借助生存分析模型,从"企业—产品"层面考虑互联网与出口动态中的持续时间之间的渠道问题。沿用计量模型式(3.6)、式(3.7)、式(3.8)的思想,得到回归结果如表3.24所示。表3.24的(1)列考察了互联网对"产品—企业"层面出口持续时间的回归结果,在控制各种不可观测的异质性和其他控制变量后,互联网的系数显著为负,说明互联网能够显著延长"企业—产品"层面的出口持续时间。(2)列是互联网对企业创新行为的影响的回归结果,这一结论已被前文反复证明并得到印证。(3)列是将中介变量创新行为加入基准回归式(3.6)后的结果。结果显示,互联网的系数显著为负,企业创新行为的系数也显著为负,另外,(3)列回归系数绝对值相对于(1)列回归系数绝对值有所减小,说明企业创新行为能显著缩短"产品—企业"层面的出口持续时间,与命题1.1以及第二章实证结论一致,并且企业创新行为是互联网影响"企业—产品"层面出口持续时间的关键中介渠道。

表 3.24　互联网与产品出口持续时间的中介渠道检验:创新行为

变量	fail	Dum	fail
	(1)	(2)	(3)
Int	-0.1401^{***}	0.0339^{***}	-0.1390^{***}
	(0.0122)	(0.0060)	(0.0123)
Dum			-0.0311^{***}
			(0.0139)
Controls	Yes	Yes	Yes
firm	Yes	Yes	Yes
year	Yes	Yes	Yes
industry	Yes	Yes	Yes
Obs	68275	70045	68275
Likelihood	-37670.91		-37668.38

资料来源:2004—2007年的中国工业企业数据库和海关数据。
注:括号内为标准误。*** 代表1%的统计显著性。

3. 基于因果中介模型的再检验

同样,我们参照前文对因果中介模型的设定,对创新行为在互联网与产品出口动态之间的中介效应进行回归检验。结果如表3.25所示。因果中介分析回归结果显示,总体上互联网使用能促进新产品创造(ATT为正),抑制旧产品破坏(ATT为负),对产品总变动率产生显著的提升作用

（ATT 为负），而且延长了出口产品的出口持续时间（ATT 为负），与基准回归结果以及前文基于线性的机构性方程的中介效应模型的回归结果一致。另外，互联网使用也能通过改变企业创新行为影响其产品出口行为（ACME 均显著）。通过对比发现，企业创新行为在互联网与产品出口动态中的中介效应作用大小（mediate）为：

$$mediate（持续时间）＞mediate（新产品创造率）＞mediate$$
$$（旧产品破坏率）＞mediate（总变动率）。$$

其中，在互联网对产品出口持续时间的影响中，有 55.17％的比重是通过刺激企业进行创新行为而提升了产品在出口市场上的竞争力，从而延长了产品的出口持续时间；在互联网与企业新产品创造率的影响中，有15.28％的比重是通过提高企业创新概率，从而刺激了新产品创造；在互联网与旧产品破坏率的影响中，有 14.45％的比重是通过刺激企业创新意愿，从而抑制了旧产品退出出口市场；在互联网与产品总变动率上，有2.42％的比重是通过改变企业创新行为从而提高了产品的替换概率。

表 3.25　互联网、创新行为与产品出口动态：因果中介效应分析

结果变量	中介变量	ACME	ATT	中介效应占比/％
新产品创造率		0.0013	0.0085	15.04
旧产品破坏率	创新行为	−0.0025	−0.0173	14.36
总变动率		0.0005	0.0207	2.61
持续时间		−0.0016	−0.0029	52.83

注：ACME 为平均因果中介效应，ATT 为总效应，中介效应占比＝ACME/ATT。ACME、ATT 以及中介效应占比都通过了 5％水平的显著性检验。

（四）互联网、创新模式与产品出口动态

上一部分讨论了是否进行创新活动这一创新行为决策在互联网与出口动态之间的中介效应，接下来我们将创新决策进一步细化，分析不同模式的创新即产品创新与工艺创新在互联网与出口动态之间的中介效应。

1. 产品进入、退出行为

为了检验在不同创新模式下，互联网与产品进入、退出出口市场之间的关系，我们结合前文的界定对其进行计量回归检验，回归结果如表 3.26 和表3.27所示。

表 3.26 考察了产品创新在互联网对新产品创造率、旧产品破坏率以及产品总变动率的影响中的中介效应。（1）列显示，互联网能提升企业新产品创造率，这与表 3.22（1）列的回归结果一致。（2）列的回归结果与表

3.8 的内容相似,再次证明了互联网能够提升企业进行产品创新的意愿。
(3)列是将中介变量加入基准模型的回归结果,结果显示,企业产品创新决
策的系数以及企业互联网的系数都显著为正,且通过了 Sobel 检验,说明
企业产品创新决策是互联网影响新产品创造率的一个重要的中介变量。
对于旧产品破坏率而言,(4)列的回归结果与表 3.22(4)列回归结果相同。
(5)列为中介模型最后一步的结果,显示互联网系数显著为负,而企业产品
创新决策的系数为负但是并不显著,且并没有通过 Sobel 检验。这与第二
章中的回归结果相呼应。第二章中我们发现,企业产品创新由于蚕食效应
的存在并不能显著抑制产品退出出口市场。互联网带来创新要素流动增
强、企业组织效率提升,从而对企业产品退出产生抑制效应,这并不能通过
激发企业的产品创新而产生影响,即企业产品创新并不是互联网影响旧产
品破坏率的一个中介变量。对于总变动率而言,(6)列的回归结果与表
3.22(6)列回归结果相同;(7)列回归结果显示,互联网系数与企业产品创
新决策系数都显著为正,且通过了 Sobel 检验,即产品创新是互联网影响
产品总变动率的一个重要中介变量。

　　表 3.27 考察了工艺创新在互联网对新产品增加率、旧产品破坏率以
及产品总变动率的影响中的中介效应。同理,我们可以发现,表 3.27 的
(1)、(4)、(6)列的回归结果分别与表 3.26(1)、(4)、(6)列的回归结果相
同。表 3.27 中,(2)列回归结果显示,互联网能提升企业进行工艺创新的
意愿。对比表 3.26(2)列的回归结果,我们发现前一节的实证结果再一次
被验证,即互联网既能促进企业进行产品创新也能促进企业进行工艺创
新,但是对产品创新的促进作用更大。表 3.27 的(3)列是中介模型最后一
步的回归结果,显示互联网的系数以及企业工艺创新的系数都显著为正,
但是并没有通过 Sobel 检验,说明企业使用互联网能提升新产品创造率,
工艺创新亦能提升新产品创造率,但是工艺创新并不是互联网影响新产品
创造率的中介渠道,或者互联网和工艺创新只能直接地对新产品创造率产
生影响。(5)列回归结果显示,互联网和企业工艺创新决策都显著为负,且
通过了 Sobel 检验,说明互联网能通过工艺创新决策影响旧产品破坏率。
这也符合经济学直觉。我们认为互联网能够降低旧产品破坏率的一个重
要原因就在于互联网能提升企业的组织效率,降低成本,从而能够降低产
品退出市场的生产率门槛,而第一章对工艺创新的界定也在于此,工艺创
新主要作用于企业的生产效率,从这一点上来说也符合工艺创新是互联网
影响旧产品破坏率的重要中介变量的经济学直觉。对于总变动率来说,
(7)列回归结果显示,互联网系数与企业工艺创新决策系数都显著为正,且

表 3.26 互联网、产品创新与产品出口动态：中介模型

变量	$ratio^{add}$ (1)	Dum (2)	$ratio^{add}$ (3)	$ratio^{drop}$ (4)	$ratio^{drop}$ (5)	$ratio^{total}$ (6)	$ratio^{total}$ (7)
Int	0.0094*** (0.0022)	0.1871*** (0.0047)	0.0063*** (0.0022)	-0.0114*** (0.0023)	-0.0111*** (0.0018)	0.0164*** (0.0021)	0.0134*** (0.0021)
Dum			0.0166*** (0.0025)		-0.0012 (0.0021)		0.0162*** (0.0024)
Controls	Yes	Yes	Yes	Yes	Yes	Yes	Yes
firm	Yes	Yes	Yes	Yes	Yes	Yes	Yes
year	Yes	Yes	Yes	Yes	Yes	Yes	Yes
industry	Yes	Yes	Yes	Yes	Yes	Yes	Yes
Obs	33880	33880	33880	33880	33880	33880	33880
R^2	0.0193	0.1002	0.0206	0.0104	0.0104	0.1002	0.0262
Sobel检验 Z值			6.575***		-0.544		6.583***

资料来源：2004—2007 年的中国工业企业数据库与海关数据。

注：括号内为标准误。*** 代表 1% 的统计显著性。

表 3.27　互联网、工艺创新与产品出口动态：中介模型

变量	ratio^add (1)	Dum (2)	ratio^add (3)	ratio^drop (4)	ratio^drop (5)	ratio^total (6)	ratio^total (7)
Int	0.0094*** (0.0022)	0.0033** (0.0017)	0.0093*** (0.0022)	-0.0114*** (0.0023)	-0.0110*** (0.0018)	0.0164*** (0.0021)	0.0163*** (0.0021)
Dum			0.0101*** (0.0031)		-0.0090*** (0.0026)		0.0014** (0.0007)
Controls	Yes	Yes	Yes	Yes	Yes	Yes	Yes
firm	Yes	Yes	Yes	Yes	Yes	Yes	Yes
year	Yes	Yes	Yes	Yes	Yes	Yes	Yes
industry	Yes	Yes	Yes	Yes	Yes	Yes	Yes
Obs	33880	33880	33880	33880	33880	33880	33880
R^2	0.0193	0.5961	0.0196	0.0104	0.0108	0.1002	0.0500
Sobel 检验 Z 值			0.867		-2.007*		2.404**

资料来源:2004—2007 年的中国工业企业数据库与海关数据。

注:括号内为标准误。***、**、*分别代表 1%、5% 的统计显著性。

通过了 Sobel 检验，即工艺创新是互联网影响产品总变动率的一个重要中介变量。

2. 产品出口持续时间

现在，我们将考察不同的创新模式在互联网与"企业—产品"持续时间中的中介作用。回归结果如表 3.28 所示。(1)—(3)列为产品创新在互联网与"企业—产品"持续时间中的中介效应；(4)—(6)列为工艺创新在互联网与"企业—产品"持续时间中的中介效应。回归结果显示互联网既能通过产品创新也能通过工艺创新对"企业—产品"层面的出口持续时间产生显著的影响。而且横向比较可以发现，工艺创新产生的中介效应较产品创新的中介效应更大。这与企业层面的结论一致。

表 3.28　互联网与产品出口持续时间的中介渠道检验：创新模式

变量	产品创新			工艺创新		
	fail	Dum	fail	fail	Dum	fail
	(1)	(2)	(3)	(4)	(5)	(6)
Int	−0.1401*** (0.0122)	0.2262*** (0.0099)	−0.0763*** (0.0134)	−0.1401*** (0.0122)	0.2112*** (0.0079)	−0.0955*** (0.0160)
Dum			−0.2820*** (0.0137)			−0.2110*** (0.0297)
Controls	Yes	Yes	Yes	Yes	Yes	Yes
firm	Yes	Yes	Yes	Yes	Yes	Yes
year	Yes	Yes	Yes	Yes	Yes	Yes
industry	Yes	Yes	Yes	Yes	Yes	Yes
Obs	68275	70045	68275	68275	70045	68275
Likelihood	−37670.91		−32658.07	−37670.91		−24010.99

资料来源：2004—2007 年的中国工业企业数据库与海关数据。
注：括号内为标准误。*** 代表 1% 的统计显著性。

3. 基于因果中介模型的再检验

参照前文对因果中介模型的设定，我们对创新模式在互联网与产品出口动态之间的中介效应进行了再检验。结果如表 3.29 所示。因果中介分析回归结果显示，总体上互联网能促进新产品创造（ATT 为正），抑制旧产品退出（ATT 为负），对产品总变动率产生显著的提高作用（ATT 为负），而且延长了出口产品的出口持续时间（ATT 为负），与基准回归结果以及前文基于线性的机构性方程的中介效应模型的回归结果一致。另外，互联网也能通过改变企业创新模式影响其产品出口行为（ACME 均显著）。对比发现，产品创新在互联网与产品出口动态中的中介效应作用大小（mediate）为：

$$mediate（新产品创造率）＞mediate（总变动率）＞mediate（旧产品破坏率）$$
$$＞mediate（持续时间）。$$

其中，在互联网与企业新产品创造的影响中，有 19.05％的比重是通过产品创新模式从而促进了新产品创造；在互联网与产品总变动率上，有 13.11％的比重是通过产品创新模式从而提升了产品的变动率；在互联网与旧产品破坏的影响中，有 7.09％的比重是通过促进企业进行产品创新，从而抑制了旧产品退出出口市场；在互联网对产品出口持续时间的影响中，仅有 1.03％的比重是通过促进企业进行产品创新而提升了产品在出口市场上的竞争力，从而延长了产品的出口持续时间。

工艺创新在互联网与产品出口动态中的中介效应作用大小（mediate）为：

$$mediate（持续时间）＞mediate（旧产品破坏率）＞mediate（总变动率）$$
$$＞mediate（新产品创造率）。$$

其中，在互联网对产品出口持续时间的影响中，有 24.14％的比重是通过促进企业进行工艺创新而提升了产品在出口市场上的竞争力，从而延长了产品的出口持续时间；在互联网与旧产品破坏率的影响中，有 10.98％的比重是通过促进企业工艺创新，从而抑制了旧产品退出出口市场，延长了产品出口持续时间；在互联网与产品总变动率上，有 5.41％的比重是通过工艺创新从而提高了产品的变动率；在互联网与企业新产品创造的影响中，仅有 1.12％的比重是通过工艺创新模式，从而促进了新产品创造。

总体而言，在新产品创造率和总变动率上，产品创新模式的中介效应更显著，而在延长产品的出口持续时间上，则是工艺创新的中介效应更突出。

表 3.29　互联网、创新模式与企业出口动态：因果中介效应分析

创新模式	结果变量	中介变量	ACME	ATT	中介效应占比/％
产品创新	新产品创造率	产品创新	0.0016	0.0084	18.74
	旧产品破坏率		−0.0001	−0.0141	6.56
	总变动率		0.0027	0.0206	13.20
	持续时间		−0.00003	−0.0029	1.19

续　表

创新模式	结果变量	中介变量	ACME	ATT	中介效应占比/%
工艺创新	新产品创造率	工艺创新	0.0001	0.0085	1.11
	旧产品破坏率		−0.0019	−0.0173	10.96
	总变动率		0.0004	0.0074	5.11
	持续时间		−0.0007	−0.0029	22.84

注：ACME 为平均因果中介效应，ATT 为总效应，中介效应占比＝ACME/ATT。ACME、ATT 以及中介效应占比都通过了 5% 水平的显著性检验。

第三节　小　结

本章首先构建了相应的理论框架，分析了互联网对不同创新决策——创新行为与不同创新模式——的影响机制，随后利用 2004—2007 年的中国工业企业数据库数据，实证检验了互联网与不同创新决策之间的关系，最后基于中介模型，分析了互联网背景下创新决策对企业/产品出口动态的差异性影响。本章主要结论可归纳如下。

第一，从创新行为来看，理论和实证模型都证明了互联网能够促进企业的创新行为，为控制互联网使用的样本选择性偏误，本章使用倾向得分匹配后的样本以及使用工具变量，再次进行回归估计，发现互联网对企业创新概率的提升作用仍然显著成立。从异质性检验来看，互联网对创新行为的促进作用对外资企业的影响最为显著，这一结果揭示出虚拟网络与线下网络之间可能存在一定的互补性；另外，互联网对中西部地区的创新促进作用要大于东部地区。可见，互联网并没有造成所谓的马太效应。本章还从企业互联网使用期限与创新强度的角度对互联网与创新行为之间的关系进行了拓展分析，研究显示，互联网对创新行为存在时间累积效应以及创新强度累积效应，即互联网使用时间越长，对企业创新行为的促进作用越大，互联网不仅促进创新行为，也促进了企业加大创新强度。

第二，横向比较互联网对不同创新模式的差异化的影响，我们发现，互联网对产品创新的促进作用显著强于对工艺创新的促进作用。而且在控制了内生性因素的情况下，回归结果依然稳健。从异质性检验结果来看，互联网依然对外资企业在两种创新模式下的促进作用最为显著，对西部地区的产品创新促进作用强于其他地区。互联网在不同创新模式下同样存在对创新的时间累积效应。

第三，从互联网、创新决策和出口动态的链式关系来看，中介效应模型的估计结果显示,总体而言,企业创新行为是互联网影响企业三个层面的出口动态的中介渠道,即企业进入、企业退出以及企业在出口市场上的持续时间。但是对于产品出口动态而言,创新行为仅仅是互联网影响新产品创造率以及产品在出口市场上持续时间的中介渠道,而对于旧产品破坏率而言,创新行为仅仅存在第二章所述的直接效应。在不同创新模式的框架下,产品创新、工艺创新是互联网影响企业三个层面出口动态的中介因素,而且工艺创新在互联网影响企业出口持续时间上的中介作用显著大于产品创新;产品创新在互联网影响产品三个层面出口动态上的中介效应体现在新产品创造率与产品出口持续时间上,而工艺创新在互联网与产品出口动态上的中介效应体现在旧产品破坏率与产品出口持续时间上。

无论是理论层面还是实证层面,本章都证明了互联网确实是企业进行创新活动的新动力。基于以上结论,我们认为:政府应该利用好互联网互联互通的属性,打破创新壁垒,发挥互联网创新溢出效应;企业应该加强互联网应用,特别是出口企业,在互联网大背景下应该结合自身出口贸易阶段适时调整创新模式,极大化延长产品生命周期,保持持续竞争力。

第四章 不确定性冲击下互联网的"稳出口"效应再检验

在当前全球贸易保护主义加剧与中美经贸摩擦深化的新格局下,国际经贸环境不确定性和不稳定性趋势明显上升(Auboin and Ruta,2013;周定根等,2019),成为影响中国经贸稳定的主要因素,而贸易稳定增长是中国经济稳定发展、高质量发展的重要动力。然而,与发达经济体企业形成鲜明对比的是,国内企业在国际市场上的存活率及出口持续时间明显偏低,平均出口持续时间仅为1.6年(陈勇兵等,2012)。这一事实反映出中国企业在高不确定性国际市场中的风险抵御及规避能力较弱,进而频繁、低效地进入、退出市场。与此同时,近年来全球贸易格局发生的另一重大新变化是,经由互联网实现的跨境电子商务贸易在国际经贸风险增大环境下仍然高速扩张,尤其是我国已跃然成为推动全球跨境电子商务贸易的主要力量。这为国际贸易学界带来了崭新的研究课题:互联网的使用是否可以减少企业面临的出口贸易风险,进而延长出口持续时间? 如果可以,互联网发挥效应的微观传导机制何在? 在当前国际贸易环境不确定性上升的重大新背景下,本章将基于中国互联网贸易优势,深入研究上述问题,既具有理论研究价值,亦具有特别的现实内涵。

本章的内容安排如下:首先,基于信息不对称的视角,从理论上给出互联网对出口稳定性的作用机制,并提出相应待检验的理论命题;其次,在理论命题的基础上,采用半参数离散时间 Cloglog 模型对相关命题进行实证检验;再次,实证检验互联网影响出口稳定性的作用渠道,即风险匹配效应、风险分散效应以及知识溢出效应;最后,对本章内容进行小结。

第一节 互联网与出口稳定性:机制分析

目前关于企业出口绩效的研究文献大量集中在出口规模扩大、出口质量、出口加成率等领域(马涛和刘仕国,2010;Berman and Hericourt,2010;Zhang et al.,2014;Bas and Strausss-Kahn,2015;盛丹和王永进,2012;De Blas et al.,2015;Crino and Epifani,2010)。相对于出口数量、质量等边际性问题,出口退出风险实际上更是一种"生死"型问题,而且持续稳定的在位出口是出口数量扩大和质量升级的基本前提（Hausmann et al.，2007；陈晓华和沈成燕，2015）。遗憾的是，目前出口持续时间或退出风险维度的深入讨论仍然薄弱，直到 Besedes and Prusa（2006,2008）首次以高度细分的贸易数据为基础，在微观层面揭示出企业出口持续时间大多非常短暂及具有高度不稳定性特征后，才逐渐引起学者的广泛关注。

影响企业出口稳定性或出口退出风险的因素，从根本上看来源于三个方面：第一，企业竞争力等自身特征因素；第二，国际市场不确定性，如非预期性需求下滑、双边经贸关系及贸易政策剧变等；第三，企业对国际市场不确定性的信息搜集及风险规避应对能力。关于企业竞争力与出口退出风险的关系，新近文献已从企业规模、成立时间、生产率等视角开展了较为充分的讨论，并得出上述因素与出口稳定性正相关的一致性结论（陈勇兵等，2012）。接下来，我们重点就后两个方面对企业出口稳定性或退出风险的影响效应及机制展开详细讨论。

异质性贸易理论（Melitz，2003）揭示，只有高于出口门槛的高生产率企业才能进入国际市场，并且需要支付海外经销渠道铺设、产品广告等沉没成本，这在理论上意味着企业一旦进入国际市场一般不会轻易退出，退出则将面临较大损失（Rauch and Watson，2003），但经验数据并未支持这一理论机制。Besedes and Prusa（2008）基于 46 个经济体的经验分析表明，所有经济体的企业出口中位持续时间不超过 2 年，背后的一个重要原因是企业开展对外贸易通常面临远大于国内贸易的海外市场不确定性风险（Arrow，1984）。Dixit（1989）、Bloom et al.（2007）等对在不确定性环境下企业进入、退出出口市场的决策进行了研究，发现当企业面临沉没成本与不确定性时，期权价值存在使延迟投资成为企业的最优选择，突发事件引致的不确定性更将导致企业暂停投资并冻结经济活动。Novy and Taylor（2020）在拓展 Bloom et al.（2014）的基础上，构建了开放经济条件下的一般均衡模型，经数值模拟发现，当面临外部需求冲击时，由于存货成本的差异，企业会优先收缩对外贸易。鲁晓东和刘京军（2017）则基于中国出口波动数据，利用严格的二阶段工具变量法研究表明，不确定性和中国出口存在稳定的负向因果关系。当不确定性提高时，宏观上出口贸易会出现剧烈的萎缩，微观上则伴随着大量出口企业压缩贸易规模或直接退出出口市场。

既然国际市场不确定性是干扰企业进入出口市场、加大出口退出风险的重要因素，那么讨论如何降低国际市场不确定性具有重大现实意义，实际上也正成为国际贸易领域一个新兴研究方向。降低国际市场不确定性，一方面主要依靠宏观层面的努力如稳定双边关系、缔结贸易协定等，Handley(2014)认为贸易政策不确定性是企业出口面临的主要风险之一，而加入 WTO 的关税约束承诺则会明显减少贸易政策逆转的风险进而提高出口稳定性(周定根等，2019)；另一方面则依靠企业自身对国际市场进行广泛信息搜集、建立稳固信任关系，进而规避或减少国际市场不确定性对出口退出风险的负面影响。但是由于地理距离、文化距离、政策环境变动等因素，出口企业在国际市场需求风险方面面临较为严重的信息传递延迟、信息不对称约束，而要克服信息不对称需要支付巨大的信息沟通、信息搜寻成本(Anderson and Wincoop，2003)。使用互联网可以大幅提高跨国信息交换搜寻效率，压缩信息成本(Freund and Weinhold，2004；Blum and Goldfarb，2006；施炳展，2016；李兵和李柔，2017)，增强企业提早掌握国际市场信息与风险规避能力，从而减少出口退出风险，提高出口稳定性。为此，我们提出：

命题 4.1：互联网存在稳出口效应，能够显著延长企业出口持续时间。

从直观上以及数据可验证角度来看，企业使用互联网对其出口风险的减少作用，应通过可观测的渠道得以实现。生产率或技术水平是影响企业国际竞争力及抗风险能力的主要因素，如陈勇兵等(2012)表明，高生产率有助于提高企业在出口市场上的生存率，减少出口退出风险。企业使用互联网及其涉及的系列信息化投资可以提高企业组织效率和技术水平(Roller and Waverman，2001；汪淼军等，2006；李坤望等，2015)，最终通过提高生产率渠道减少出口退出风险。值得指出的是，出口市场多元化、出口产品多样化等同样是企业在面临国际市场不确定条件下，分散出口风险和保持稳定出口的重要策略。出口结构多元化不仅可在短期内允许企业在不同目的国之间调整贸易组合，以规避特定目的国风险冲击，实现"软着陆"，而且在长期内也便于企业吸收各国市场知识溢出，从而提升出口竞争力和减少出口退出风险(Hess and Persson，2012)。企业使用互联网可降低跨国信息成本，提高企业与海外目的国市场需求的搜寻匹配效率，从而促进出口贸易边际扩张。从实证经验上看，施炳展(2016)、Huang et al.(2018)已基于中国数据，分别表明互联网对出口产品种类扩张和目的国扩张具有明确的正面作用。因此，有理由推测出口产品多样化与市场多元化是互联网减少企业出口退出风险的重要机制。为此，我们提出：

命题 4.2：互联网能通过提高企业生产率减少出口退出风险，延长出口持续时间。[①]

命题 4.3：互联网能通过出口产品多样化减少出口退出风险，延长出口持续时间。

命题 4.4：互联网能通过出口市场多元化减少出口退出风险，延长出口持续时间。

互联网技术使用影响企业出口退出风险与出口稳定的效应及其传导机制可由图 4.1 简要显示，本章第三、四节将对互联网对出口风险的效应与机制进行详细实证检验。

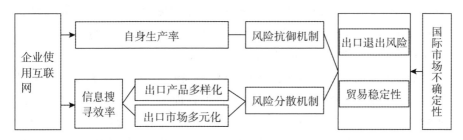

图 4.1　互联网对企业出口风险的效应及作用机制

第二节　数据说明与典型化事实

一、数据来源及处理

本章企业层面的原始数据主要源自中国工业企业数据库。该数据库记录了 1998—2007 年所有国有企业和年销售收入在 500 万元及以上的非国有企业的详细经济指标信息，是目前国内外文献开展中国经济研究的主要微观数据库。鉴于原始数据存在已知的异常信息，我们参照 Brandt et al.(2012)的方法对原始数据做出如下序贯处理：一是剔除指标异常的记录，如工业销售产值低于规模以上标准(500 万元)、职工人数在 8 人以下的样本。二是剔除不满足通用会计准则的观测值，如总资产小于流动资产的不可信记录。三是剔除关键指标数据缺失的观察点，如从业人数、销售总产值、固定资产净值等关键指标。四是鉴于观察互联网使用状态的统计指标从 2001 年起才具有统计信息，因此整体剔除 2000 年及其之前数据。五是剔除从未进入出口市场的企业样本。经过以上序贯处理后，本章得到一个覆盖 100584 家企业、包含 245437 条观测记录的非平衡面板数据库，样

---

①　第三章的研究发现，企业创新决策也是互联网稳出口效应的重要中介渠道，因为企业创新的效应最后反映出来就是企业自身生产率的提高，最终仍然是通过生产效率的提高延长了出口持续时间，与本章的命题 4.2 并不冲突，而是兼容的。

本期为 2001—2007 年,可以较好反映 2000 年后至国际金融危机爆发前这一时期的中国出口企业全貌。

此外,与第二章类似,生存分析模型中的数据处理还有三点需要额外说明:首先,我们将企业一个出口持续时间段定义为某一企业从进入出口市场到退出出口市场所经历的连续时间,一般以年为时间单位,中间不允许间断。企业退出市场的事件定义为失败(failure)。在一定时期内,企业可能发生出口失败后,再次进入出口市场,这导致企业在整个样本期内可能存在多个出口持续时间段。其次,多个持续时间段的处理的问题。Besedes and Prusa(2006)发现,将企业第一个持续时间段(first spell)视为唯一时间段(single spell)的处理方法和将多个持续时间段视为若干独立持续时间段的处理方法对研究结果基本不产生任何影响。在本章中我们将多个持续时间段视为相互独立的持续时间段。① 最后,对于数据删失问题的处理。企业可能在本章样本期的首期也即 2001 年已具有出口行为,从而产生左删失(left censoring)问题,忽略该问题会系统低估企业出口持续时间,为此,我们借鉴大部分学者的做法,对存在左删失问题的企业样本予以剔除。

二、不同互联网使用情况下企业生存曲线：Kaplan-Meier 乘积极限法

为初步观测中国企业出口持续时间及其与互联网使用的关系特征,可令 T_i 为企业 i 的持续出口时间,取值 $t(t=1,2,3,\cdots)$。经统计发现,出口持续时间 $t=1$ 的观测值个数为 108009 个,占总观测值比例为 44.01%;持续时间 $t\leqslant3$ 的观测值个数为 204797 个,占总观测值比例高达 83.44%,表明中国大多数出口企业进入出口市场后不超过 3 年便发生出口失败事件。这一结果与陈勇兵等(2012)基于 2000—2005 年中国企业数据得到的出口持续时间基本相似。随后,我们将企业是否建设电子邮箱(Email)作为是否使用互联网的判断指标②,将全样本划分为互联网企业组和未使用互联网的非互联网企业组。分组统计结果如表 4.1 所示,两组企业在出口稳定性上存在显著差异:在互联网企业组中,持续 1—3 年、3—5 年以及 5 年以上的观测值比例为 43.35%、15.16%、9.11%,明显多于非互联网企业组相应的观测

---

① 最终样本中,90.21%的企业有且只有一个持续时间段(one spell only),表明多持续时间段问题并不严重。

② 这里需要说明的是,选用是否建设电子邮箱作为互联网指标的原因在于,在中国工业企业数据库中该指标是从 2001 年开始统计的,但前文常用的是否建设有官方主页数据则从 2003 年之后才开始统计,而本章研究的主题是企业出口持续时间,为了更好地保存样本时间截面的长度,在此选择电子邮箱作为互联网的代理指标。当然为了稳健性,我们也使用是否建设官方主页基准模型进行了回归检验,结果依旧稳健。

值比例,初步揭示出使用互联网与出口持续时间存在的正向关系。

表 4.1　出口生存时间及其在互联网企业组与非互联网企业组中的比例

持续时间 /年	全样本		互联网企业组		非互联网企业组	
	观测值/个	比例/%	观测值/个	比例/%	观测值/个	比例/%
$t=1$	108009	44.01	19221	32.38	88788	47.72
$1<t\leqslant3$	96788	39.43	25737	43.35	71051	38.18
$3<t\leqslant5$	26290	10.71	9000	15.16	17290	9.29
$t>5$	14350	5.85	5407	9.11	8943	4.81
总计	245437	100	59365	100	186072	100

资料来源:2001—2007 年的中国工业企业数据库数据。

为更严谨地刻画企业出口持续时间分布特征及互联网与非互联网企业组之间存在的差异,我们构建了如下生存函数(survivor function):

$$S_i(t)=\mathrm{pr}(T_i>t)$$

其中,$S_i(t)$表示企业 i 在出口市场上持续时间 T_i 大于 t 的概率,并以 Kaplan-Meier 乘积极限法给出生存函数的非参数估计式:

$$\hat{S}(t)=\prod_{l=1}^{t}\frac{n_l-f_l}{n_l} \tag{4.1}$$

其中,n_l 表示第 l 期仍处在出口市场上的观测值,f_l 则表示在第 l 期发生出口失败即退出出口市场的观测值。

相应的危险函数(hazard function)表示企业在 $t-1$ 期持续出口条件下,第 t 期发生出口失败即退出出口市场的概率:

$$h_i(t)=\mathrm{pr}(t-1<T_i\leqslant t\,|\,T_i>t-1)=\frac{\mathrm{pr}(t-1<T_i\leqslant t)}{\mathrm{pr}(T_i>t-1)}$$

同理可得危险函数的非参数估计式:

$$\hat{h}_i(t)=f_l/n_l \tag{4.2}$$

随后,我们使用 Kaplan-Meier 乘积极限法对不同组别企业的出口生存率进行了估计,结果如图 4.2 所示。在任意一个持续时间段,相对于互联网企业组,非互联网企业组面临着更低的出口生存率,以及更高的出口失败概率。另外,企业出口生存率具有明显的负向时间依存效应,即随着时间推移,企业出口生存率越来越小。但进入出口市场的前 3 年,是企业生存高危期,出口生存率逐年大幅下降,而从第 4 年开始趋于平滑。这与 Besedes and Prusa(2006)、周定根等(2019)的结论一致。在图 4.3 中,我们将超过 1 个持续时间段的企业去除,以单持续时间段样本进行再估计,结果并未出现显著差异。这一结果为互联网可降低出口退出概率、延长出口持续时间提供了初步统计证据。

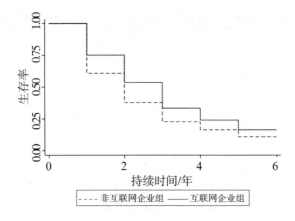

图 4.2　全样本出口生存曲线

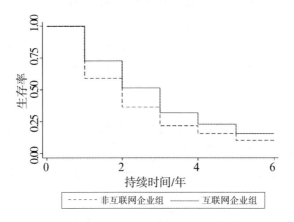

图 4.3　单持续时间段出口生存曲线

　　最后，基于上述生存函数的 Kaplan-Meier 乘积极限法，我们采用 Log-rank 检验（对数秩检验）和广义 Wilcoxon 检验（威尔克森检验），进一步验证上述互联网企业组与非互联网企业组出口生存曲线的差异。表 4.2 显示，通过两种检验方法，不同互联网企业组与非互联网企业组检验得到的生存率曲线 p 值均小于 0.001，表明是否使用互联网对企业出口生存率产生系统性的显著差异化影响。

表 4.2　Log-rank 检验及广义 Wilcoxon 检验结果

互联网使用情况	Log-Rank 检验		广义 Wilcoxon 检验	
	观测到的出口退出数量	预期的出口退出数量	观测到的出口退出数量	预期的出口退出数量
有	14450	135309.94	144550	135309.94
无	43521	52711.06	43521	52711.06
$\chi^2(1)$	3543.98	4564.60		
p	0.0000	0.0000		

资料来源：2001—2007 年的中国工业企业数据库数据。

第三节　互联网与出口稳定性：实证研究

一、模型构建

目前研究出口持续时间的模型主要有两种：一是 Cox(1972)建立的半参数连续时间 Cox 模型，二是半参数离散时间 Cloglog 模型。根据 Hess and Persson(2012)，半参数离散时间 Cloglog 模型可以避免半参数连续时间 Cox 模型的缺陷，有效克服右删失、比例风险假定不合理等问题。鉴于此，本章沿用第二章的模型，采用半参数离散时间 Cloglog 模型估计互联网及其他因素对企业出口持续时间的影响。

出口持续时间分析的核心是估计特定的贸易关系 v 在第 t 期退出出口市场的概率，即危险函数 $h_v(t)$。通常设定 $h_v(t)$ 服从正态分布、逻辑分布或者极值分布，分别对应 Probit 模型、Logit 模型和离散时间的 Cloglog 模型。参考 Gorf and Spaliara(2014)，我们假定 $h_v(t)$ 服从极值分布，且 Cloglog 模型具有如下形式：

$$\ln[h_v(t,X)] \equiv \gamma_t + X_{i,t}\beta + \mu \tag{4.3}$$

其中，$h_v(t,X)$ 表示特定贸易关系 v 在 t 期退出出口市场的概率，协变量 X 是包含解释变量在内的个体特征变量集合；γ_t 是基准风险函数（baseline hazard function），用于捕捉样本共同面临的时变风险因素；β 是待估计的一组回归系数，反映不同特征变量对退出出口市场概率的作用；μ 为服从正态分布的误差项，且 $\mu = \ln(\nu)$，用于控制企业不可观测异质性 ν。

估计得到各变量系数后，即可用于预测不同特征变量对退出出口市场概率的影响。若估计系数大于 0，表明该变量增大将导致企业出口退出风险增大，倾向于增大出口退出概率，缩短出口持续时间，降低稳定性；估计系数小于 0 则相反。若估计系数等于 0，则表示该变量对企业出口退出风险不存在影响。

二、变量选取

被解释变量。半参数离散时间 Cloglog 模型为二元项选择模型，定义企业 i 的一个贸易持续时间段 v 是删失的，那么 i 在每年的被解释变量都取值 0；如果 v 是完整的，即在观察期内 t 时退出市场，则 i 在 t 年的被解释变量为 1，其余为 0。

解释变量。目前，学界文献对企业是否使用互联网的量化指标并不存在共识。参考 Niru(2014)，本章将企业是否有电子邮箱（Email）作为企业是否使用互联网的统计指标。若贸易企业 i 在第 t 期拥有电子邮箱，则 $\mathrm{Int}_{i,t}=1$；否则，$\mathrm{Int}_{i,t}=0$。参考李兵和李柔（2017）、Huang et al. (2018)，我们还将企业是否建设官方主页（official webpage）作为判别企业是否使用互联网的另一指标，进行稳健性检验。

控制变量。本章中，我们纳入如下可能影响企业出口持续时间的控制变量：一是企业规模（scale）。Agarwal and Audretsch(2001)表明，企业规模越大，其在国际市场上出口绩效越好，进而越不容易退出出口市场，本章我们用企业全年平均职工数测算企业规模。二是企业年龄（age），考虑到成立时间越长的企业，其在国际市场上的知名度越高，从而其规避风险的能力与经验越强，越能维持出口状态。三是企业支付工人工资（wage），通常而言高工资意味着较高的劳动力素质和熟练程度，高素质的员工能够提升企业的生产效率从而延长企业的出口持续时间，本章中我们以企业工资总额除以年均职工数测算。四是企业资本劳动比（capital），一般认为相对于劳动密集型企业而言，资本密集型企业在出口竞争力上更加具有优势，本章中我们利用企业固定资产年与年平均职工数相除测算资本劳动比。五是企业出口强度（export），出口强度可以反映企业的国际化水平，一般而言，企业出口强度越高，企业国际化经验越丰富，出口能力越强，从而出口持续时间越长，本章中我们用企业出口额占企业工业总产值的比重来测算。六是企业外资参与度（foratio），一般与外资联系密切的企业在出口市场上的表现更为稳定，从而其出口持续时间越长，本章中我们用外资资本金占企业总资本的份额来测算。

本章主要变量的描述性统计结果如表 4.3 所示。

表 4.3　主要变量描述性统计结果

变量	名称	样本容量	最小值	最大值	平均值	标准差
Int	企业互联网使用情况	245437	0	1	0.2419	0.4282
scale	企业规模	245437	2.1972	11.33	4.9941	1.0545
age	企业年龄	245437	0	174	7.4760	6.8898
wage	企业支付工人工资	245437	0	8.4402	2.7754	0.5843
capital	企业资本劳动比	245437	0.0011	10.3997	3.4103	1.3222
export	企业出口强度	245435	0.0002	2.5934	0.4321	0.2605
foratio	企业外资参与度	245437	0	1	0.1865	0.3672

资料来源：2001—2007 年的中国工业企业数据库数据。

注：为控制潜在的变量异方差，scale、age、wage、captial 等规模变量均采用对数形式。

三、基准回归结果

表 4.4 汇报了半参数离散时间 Cloglog 模型下使用互联网对企业退出出口市场概率影响的回归结果。在(1)列，模型仅保留解释变量一项，以初步观测互联网的作用，结果显示回归系数显著为负，表明互联网的使用对减少出口退出风险、延长出口持续时间存在正面效应，命题 4.1 初步得到验证。随后，(2)列加入了企业规模、企业支付工人工资、企业年龄、企业外资参与度等可能影响企业出口退出风险的控制变量，回归结果显示解释变量的系数显著为负，与(1)列保持一致。值得指出的是，在样本期内，中国相继发生 2001 年加入 WTO、2003 年暴发非典(SARS)疫情等重大冲击事件。我们在(3)列加入年份虚拟变量，并同时对企业所在行业差异、所在区位等可能影响企业出口退出风险的外部异质性因素予以控制，解释变量系数的符号与显著性仍然是稳健的，但系数确实明显减小，因此重大事件以及特定行业和区位差异在出口持续时间研究中不可忽视。在(4)、(5)列，我们分别采用二元选择 Probit 模型、二元选择 Logit 模型对互联网的效应进行再估计，以观察互联网效应在危险函数不同设定形式下的稳健性，结果显示两者与半参数离散时间 Cloglog 模型结果并无系统性差异，其中正态分布结果与半参数离散时间 Cloglog 模型结果更为接近。最后，同第二章，在(6)列我们使用了半参数连续时间 Cox 模型，以考察不预先设定危险函数准确分布条件下解释变量效应的稳健性。综合表 4.4 结果来看，互联网对企业出口退出风险的效应基本得到验证：互联网的使用可显著减少企业出口退出风险，延长出口持续时间。这一结果在是否控制固定

效应以及不同危险函数设定下均显示出良好稳健性。

表 4.4　互联网对企业出口风险的影响:基准结果

变量	半参数离散时间 Cloglog 模型			二元选择 Probit 模型	二元选择 Logit 模型	半参数连续时间 Cox 模型
	(1)	(2)	(3)	(4)	(5)	(6)
Int	−0.4452*** (0.0117)	−0.3340*** (0.0123)	−0.1997*** (0.0127)	−0.2434*** (0.0108)	−0.4259*** (0.0188)	−0.3907*** (0.0122)
scale		−0.3017*** (0.0049)	−0.3338*** (0.0052)	−0.2796*** (0.0046)	−0.4673*** (0.0081)	−0.3197*** (0.0049)
age		0.0061 (0.0078)	0.0423*** (0.0078)	0.1071*** (0.0073)	0.1811*** (0.0125)	−0.1870*** (0.0082)
wage		−0.5469*** (0.0091)	−0.1544*** (0.0101)	−0.2351*** (0.0084)	−0.4087*** (0.0145)	−0.5870*** (0.0090)
capital		−0.0777*** (0.0041)	−0.0807*** (0.0043)	−0.0563*** (0.0038)	−0.0965*** (0.0066)	−0.0904*** (0.0041)
export		−1.8050*** (0.0186)	−1.3862*** (0.0213)	−1.3905*** (0.0184)	−2.4003*** (0.0321)	−1.9133*** (0.0186)
foratio		−0.1860 (0.0152)	−0.3046*** (0.0160)	−0.1742*** (0.0130)	−0.3101*** (0.0227)	−0.1749*** (0.0152)
Cons	−1.3718*** (0.0049)	2.8980*** (0.0422)	2.2436*** (0.0787)	2.9707*** (0.0696)	5.1391*** (0.1209)	
year	No	No	Yes	Yes	Yes	Yes
industry	No	No	Yes	Yes	Yes	Yes
province	No	No	Yes	Yes	Yes	Yes
Obs	245437	235650	180314	235650	235650	235650
Log Likelihood	−124080.5	−108863.4	−92191.9	−93902.2	−93883.7	−566881.7

资料来源:2001—2007 年的中国工业企业数据库数据。

注: *** 代表 1% 的统计显著性,括号内数值为标准误。Yes 或 No 表示是否控制相应的年份、行业及区位层面的不可观测异质性因素。

表 4.4 的回归结果与图 4.2 和图 4.3 的生存曲线也保持一致。在本章样本期,即 2001—2007 年,国内出口企业使用互联网的比例并不高,相比于未使用互联网的企业,率先使用互联网的企业可大幅压缩其与国际市场的信息交换与市场搜寻成本,改变其面临的信息约束与信息不对称状况,从而提高了企业应对出口不确定性和出口退出风险的预案管理与应变能力(Nguyen,2012),最终减少了出口退出风险,延长了企业出口持续时间。根据表 4.4(3)列的半参数离散时间 Cloglog 模型结果,指数计算结果($e^{-0.1997}$)表明,通过电子邮箱形式实现接入互联网的企业,退出出口市场

的概率将下降 19.1%。这意味着,互联网的稳出口效应不仅是统计显著的,并且也具有足够规模的经济效应。

从影响出口退出概率的其他控制变量来看,企业规模、企业支付工人工资、企业资本劳动比等变量均表现出对企业出口退出风险的抑制效应,上述结果通常是企业具有较高综合实力与技术水平的反映,因而具有更强的出口风险抵御能力,在任何一个时间段的出口生存率也更高。与预期不同的是,企业年龄增大并未对企业出口生存率产生正面的影响。一个可能的解释是成立时间较为悠久的企业相对僵化,在国际市场竞争环境中的退出风险较大,并倾向于选择退出出口市场,专注于内销,以保持在位。值得指出的是,企业出口强度以及以企业外资比例反映的企业国际化水平,均可显著减少出口退出风险,提高出口生存率。出口强度越高,外资比例越大,在一定程度上表明企业的国际化程度越高,对国际市场信息掌握得越充分,从而出口风险规避能力越强(Nguyen,2012),这与前文理论预期相吻合。

四、稳健性检验

(一)异常值检验

本章基准回归所使用的全样本中存在一些出口规模或部分变量明显较大的企业样本,导致互联网对出口退出风险的效应可能受到异常值的影响。为减轻这一担忧,可对所有控制变量(哑变量除外)进行 1% 的双边缩尾处理,然后进行再估计,表 4.5 的(1)列汇报了该回归结果。与基准回归相比,解释变量 Int 的估计系数值及显著性水平均未发生系统性改变。

表 4.5 稳健性检验结果

变量	异常值	一阶滞后	官方主页	首个出口持续时间段	单个出口持续时间段
	(1)	(2)	(3)	(4)	(5)
Int	−0.3431***	−0.6007***	−0.3192***	−0.3603***	−0.4328***
	(0.0150)	(0.0349)	(0.0301)	(0.0169)	(0.0192)
scale	−0.3718***	−0.6206***	−0.2445***	−0.3897***	−0.4711***
	(0.0064)	(0.0168)	(0.0095)	(0.0072)	(0.0086)
age	0.1300***	0.3891***	0.0833***	0.1938***	0.2280***
	(0.0098)	(0.0281)	(0.0131)	(0.0112)	(0.0128)
wage	−0.3377***	−0.7956***	−0.3462***	−0.3352***	−0.3966***
	(0.0121)	(0.0289)	(0.0181)	(0.0126)	(0.0142)

续　表

变量	异常值	一阶滞后	官方主页	首个出口持续时间段	单个出口持续时间段
	(1)	(2)	(3)	(4)	(5)
capital	−0.0768***	−0.1832***	−0.0679***	−0.0758***	−0.1003***
	(0.0053)	(0.0127)	(0.0082)	(0.0058)	(0.0065)
export	−1.9149***	−3.6006***	−1.8934***	−1.9822***	−2.2719***
	(0.0247)	(0.0711)	(0.0442)	(0.0279)	(0.0324)
foratio	−0.2580***	−0.2788***	−0.4397***	−0.2695***	−0.3831***
	(0.0184)	(0.0417)	(0.0368)	(0.0204)	(0.0238)
Cons	3.5855***	5.1305***	2.4894***	3.4024***	3.8964***
	(0.0864)	(0.1500)	(0.0948)	(0.0952)	(0.1061)
year	Yes	Yes	Yes	Yes	Yes
industry	Yes	Yes	Yes	Yes	Yes
province	Yes	Yes	Yes	Yes	Yes
Obs	235650	92142	42706	222880	212142
Log Likelihood	−93930.04	−39332.9	−23678.9	−90062.1	−78269.1

资料来源:2004—2007 年中国工业企业数据库数据。

注:(1)列异常值采用双边 1% 缩尾处理。(3)列以企业是否建设官方主页为企业使用互联网的判别指标。回归均已控制企业不可观察异质性的因素。*** 代表 1% 的统计显著性,括号内为标准误。

(二)滞后效应

考虑到企业使用互联网后,通常需要 1—2 年适应期,才能实现技术应用效应的最大化(蒋冠宏等,2013),同时为规避企业使用互联网与出口持续时间可能存在的互为因果关系,我们将企业使用互联网以及所有控制变量均施加滞后 1 期处理,然后再运用半参数离散时间 Cloglog 模型进行估计。回归结果如表 4.5 的(2)列所示,相比表 4.4 的基准结果,回归系数符号和显著性未发生系统性变化,但参数值显著增大,意味着互联网对出口退出风险的抑制效应在滞后期比当期的作用力度更为明显。

(三)替换解释变量

参考李兵和李柔(2017)、Huang et al.(2018),企业是否建设官方主页也是观察企业是否使用互联网的主要指标之一。因此,我们利用该指标对互联网与企业退出出口市场概率的关系进行稳健性检验。相对于电子邮箱,企业建设官方主页是企业使用互联网的更有力证据,但是由于该数据仅从 2004 年才开始记录,我们不得不将样本截取在 2004—2007 年,然后再进行持续时间估计分析。[①] 回归结果如表 4.5(3)列所示,Int 显著为负,且相比于基准结果,系数的绝对值也有所增大,该结果揭示出通过建设官方主页方式使用互联网,比起建设电子邮箱,更有利于获取国际市场信息、降低信息不对称程度,从而更能规避出口风险,延长出口持续时间。

(四)考虑持续时间段特征

在样本观察期内,企业在国际市场上的存活形态存在单个持续的出口时间段、多个出口持续时间段两类形态。接下来,我们在基准回归基础上,分别对单个持续时间段、多个持续时间段中的首个出口持续时间段的子样本进行分样本回归。结果如表 4.5 的(4)、(5)列所示,解释变量的回归符号以及显著性均与表 4.4 结果保持基本一致,再次验证基准回归结果是稳健的。特别是,从半参数离散时间 Cloglog 模型的回归结果来看,互联网的使用使首个出口持续时间段、单个出口持续时间段类型样本的出口退出风险分别下降 30.3% 和 35.2%,对延长出口持续时间的作用更为明显。背后的经济学直觉是明显的,在企业与国际市场建立贸易关系初期,信息不对称性严重,亦面临较大市场信息不确定性,使用互联网对降低初始贸易关系信息不确定性的边际效应最为明显,而随着自我学习效应加强(Eaton et al.,2008),企业可从先前贸易行为获得更多信息与经验,导致互联网对后续贸易时间段或具有多个贸易持续时间段的边际效应减弱。这一结果实际上也与出口退出概率的负向时间依存性逻辑一致(Besedes and Prusa,2006;陈勇兵等,2012)。

(五)分所有制结果

所有制差异是中国企业异质性的重要来源。不同所有制企业如国有、民营以及外资企业存在较为显著的行为逻辑差异与绩效差异。我们参考施炳展(2016)的方法,依据企业登记注册类型将全样本划分为国有、民营与外资三个分样本,然后继续使用半参数离散时间 Cloglog 模型对互联网在不同所有制情景下对出口退出风险的影响进行估计,结果汇报于表 4.6 的(1)—(3)列。结果发现:首先,无论是对于国有、民营还是对于外资企业,互联网的使用均明显减少了出口退出风险,稳出口效应显著。其次,民营企业分样本的解释变量系数的绝对值最大,国有企业样本次之,外资企业样本最小,反映出互联网使用对减少民营企业出口退出风险的效应最为显著,对外资企业的影响作用最小。这一结果高度吻合经济直觉:外资企

---

① 使用该处理方式,会损失大量数据,更为重要的是样本期大幅缩短,导致更为严重的删失问题。这也是我们在基准模型中使用建设有电子邮箱作为解释变量的原因。

业通常属于跨国公司在国内设立的分公司，天然具有便捷掌握国际市场信息及其波动的信息成本优势，可以更好地应对不确定性冲击，导致互联网对外资企业出口退出风险规避的作用，相对于内资企业而言，并不明显。这一结果是互联网可助力国内企业获得国际市场信息渠道、降低信息不对称性进而延长出口持续时间的侧面佐证。

表 4.6　基于不同所有制和不同区位的检验结果

变量	分所有制			分区位		
	(1)	(2)	(3)	(4)	(5)	(6)
	国有企业	民营企业	外资企业	东部地区	中部地区	西部地区
Int	−0.3035***	−0.4641***	−0.1626***	−0.2828***	−0.4907***	−0.2091***
	(0.0853)	(0.0193)	(0.0251)	(0.0178)	(0.0385)	(0.0589)
scale	−0.3692***	−0.3271***	−0.4332***	−0.4419***	−0.2293***	−0.3432***
	(0.0324)	(0.0080)	(0.0116)	(0.0081)	(0.0118)	(0.0228)
age	0.0333	0.0092	0.3053***	0.2195***	−0.0671***	0.1121***
	(0.0406)	(0.0117)	(0.0198)	(0.0127)	(0.0161)	(0.0344)
wage	−0.3623***	−0.3232***	−0.2383***	−0.2193***	−0.2200***	−0.1179**
	(0.0666)	(0.0149)	(0.0191)	(0.0140)	(0.0244)	(0.0529)
capital	−0.0237	−0.0664***	−0.0753***	−0.1059***	−0.0219**	0.0232
	(0.0342)	(0.0067)	(0.0087)	(0.0063)	(0.0109)	(0.0223)
export	−1.4980***	−1.9828***	−1.5232***	−1.6645***	−2.3750***	−1.691***
	(0.2146)	(0.0313)	(0.0434)	(0.0301)	(0.0659)	(0.121)
foratio				−0.1734***	−0.4971***	−0.2713**
				(0.0206)	(0.0735)	(0.1192)
Cons	4.7157***	3.2325***	2.2950**	3.6076***	3.0413***	3.2470***
	(0.4368)	(0.0960)	(0.9081)	(0.4130)	(0.1366)	(0.3882)
year	Yes	Yes	Yes	Yes	Yes	Yes
industry	Yes	Yes	Yes	Yes	Yes	Yes
province	Yes	Yes	Yes	No	No	No
Obs	3260	126875	105515	203058	25165	7427
Log Likelihood	−1659.8	−55561.5	−35823.7	−75424.6	−11848.8	−3222.6

资料来源：2001—2007 年的中国工业企业数据库数据。
注：国有、民营、外资企业性质分类以企业登记注册类型为依据。将企业所在区位划分为东、中、西三大区域的分类方法，可参考赵瑞丽等（2018）。***、** 分别代表 1%、5% 的统计显著性，括号内为标准误。

（六）分区位结果

出口企业所在区位不同，其面临的出口风险也存在显著差异（赵瑞丽等,2018)。因此我们根据企业所在区位,将全样本划分为东、中、西部三个分样本,然后使用半参数离散时间 Cloglog 模型对互联网与企业退出出口市场概率的关系进行再检验,回归结果见表 4.6(4)—(6)列。在控制了不可观测异质性之后,结果显示互联网对东、中、西部地区企业的出口退出风险都具有显著的抑制作用,进一步验证基准回归的稳健性。横向比较发现,互联网对中部地区的出口持续时间的延长作用最大,对东部地区次之,对西部最弱。原因可能是西部地区互联网的发展水平相较于东部和中部地区而言较低,尚未形成网络效应,这在一定程度上削弱了对出口退出风险的规避作用。互联网对东部地区企业的出口风险抑制作用也较弱,很大程度上源自 Fernandes and Tang(2014)提到的"以邻为鉴"效应。东部地区出口企业较为密集,企业可以通过更多的面对面型信息交换渠道改变国际市场信息不对称性状况,从而稀释了互联网对增进国际市场信息了解、降低出口风险的作用。

五、样本选择性偏误及处理

前文实证分析面临的一个主要潜在担忧是,解释变量可能存在由样本选择性偏误(selection bias)导致的内生性问题。在本章样本期(2001—2007 年),中国企业通过建设电子邮箱或官方主页来使用互联网,需要支付信息通信费、计算机设备、网站建设及维护等系列信息化成本(汪淼军等,2006),意味着是否使用互联网并不是随机行为,而是企业根据自身特征因素的自选择行为,这些特征因素可能同时影响企业出口持续时间。显然,自选择效应会导致互联网对出口退出概率的作用存在系统性估计偏误。为克服选择性偏误导致的内生性问题,我们采用 Rosenbaum and Rubin(1983)提出的倾向得分匹配法展开进一步验证。

其基本逻辑为:对于每个使用互联网的处理企业 i,在从未使用互联网的企业样本中寻找到与其尽可能相似的参照企业 $-i$,使得企业 i 和 $-i$ 在是否使用互联网的决策上接近随机行为,进而两者在出口持续时间上存在的差异可以理解为互联网影响的净效应。

具体而言,互联网的使用对企业出口持续时间的影响为 $T_{i,t}^1 - T_{i,t}^0$。其中,T_i 含义与前文一致,上标为 1 表示企业使用互联网时的出口持续时间,上标 0 表示企业不使用互联网时的出口持续时间。倾向得分匹配方法认为,互联网对企业出口持续时间的平均效应即 ATT 可定义为:

$$\text{ATT} = E(T_{i,t}^1 - T_{i,t}^0 \mid \text{Int}_{i,t} = 1)$$
$$= E(T_{i,t}^1 \mid \text{Int}_{i,t} = 1) - E(T_{i,t}^0 \mid \text{Int}_{i,t} = 1) \tag{4.4}$$

其(4.4)中，$E(T_{i,t}^0 \mid \mathrm{Int}_{i,t}=1)$ 显然违反事实因而不可观察，需要构建一个反事实的观测值进行拟合代替。为此，可首先划分样本如下：如果企业 i 在第 t 期使用了互联网，即 $\mathrm{Int}_{i,t}=1$，则属于处理组（treated group）；如果对所有时期 t，均有 $\mathrm{Int}_{i,t}=0$，则属于非处理组。然后，采用如下二元选择 Logit 模型对企业互联网行为采用倾向得分进行估计：

$$\mathrm{Logit}(\mathrm{Int}_{i,t}=1)=F(X_1,X_2,\cdots,X_n)。$$

其中，$X_1,X_2,\cdots,X_n$ 为一组影响企业互联网使用的协变量。令 Score_i 和 Score_j 分别表示处理组与非处理组企业的互联网使用情况倾向得分，接着采取如下最近邻匹配规则，为处理组企业找到与之相匹配的控制组企业：

$$\Phi(-i)=\min_j(\mathrm{Score}_i-\mathrm{Score}_j)^2$$

此时，可认为处理组企业与控制组企业在是否使用互联网的选择上是随机的，进而有：

$$E(T_i^0 \mid \mathrm{Int}_{i,t}=1)=E(T_i^0 \mid \mathrm{Int}_{i,t}=0) \qquad (4.5)$$

将式(4.5)代入式(4.4)，即可得到互联网使用的平均处理效应。

对于估计倾向得分协变量的选择，参考现有文献，我们选择企业生产率（tfp）、企业规模（scale）、企业支付工人工资（wage）、企业资本劳动比（capital）、企业年龄（age）以及企业外资参与度（foreign）等为匹配变量，其中，企业生产率以 OP 法（Olley and Pakes，1996）测算，企业所在行业、区位以及年份同样施加控制。运用二元选择 Logit 模型估计得到企业倾向得分后，我们以最近邻 1：3 规则搜寻与处理组企业最匹配的控制组企业。为考察匹配效果，需要首先进行敏感性分析与匹配平衡性检验，表 4.7 的检验结果显示，匹配后处理组和控制组各匹配变量的标准偏差均明显下降。对于标准偏差绝对值应小到何种程度，现有研究并无统一标准。Rosenbaum and Rubin（1983）认为，当匹配变量的标准偏差绝对值大于 20% 时，可认为匹配效果不好。本章匹配后处理组和比较组各变量的偏差均小于 5%，t 检验结果表明不存在系统性的显著差异，说明我们选择的匹配协变量可满足平衡性条件，匹配结果可靠。

表 4.7　平衡性检验结果

变量		平均值		标准偏差 /%	变化率 /%	t	$p>t$
		处理组	控制组				
tfp	匹配前	1.4505	1.4452	1.8	83.2	3.38	0.001
	匹配后	1.4505	1.4496	0.3		0.51	0.613

变量		平均值		标准偏差/%	变化率/%	t	p>t
		处理组	控制组				
scale	匹配前	5.1686	5.0511	10.8	86.8	20.69	0.000
	匹配后	5.1686	5.1531	1.4		0.34	0.791
capital	匹配前	3.5967	3.4775	9.2	97.8	17.37	0.000
	匹配后	3.5967	3.5993	−0.2		−0.34	0.737
wage	匹配前	2.9171	2.8353	14.1	96.1	26.72	0.000
	匹配后	2.9171	2.9202	−0.5		−0.88	0.378
age	匹配前	2.0786	1.9998	13.5	97.0	25.52	0.000
	匹配后	2.0786	2.0809	−0.4		−0.67	0.505
foratio	匹配前	0.1930	0.1886	1.2	93.2	2.28	0.022
	匹配后	0.1930	0.1933	−0.1		−0.14	0.890

注:匹配协变量中已施加控制企业所在行业、区位及年份等变量。

上述匹配后的数据样本可认为在相当程度上解决了选择性偏误问题(Rosenbaum and Rubin,1983)。随后,我们使用半参数离散时间 Cloglog 模型在匹配样本中对互联网的稳出口效应进行再估计。表4.8汇报了上述回归结果。(1)列结果显示,解释变量系数仍然显著为负,再次表明互联网的使用可以有效降低企业出口退出概率,延长出口持续时间。根据指数运算,互联网使用可使企业出口退出概率下降25.7%,与表4.4基准结果相比,互联网的稳出口效应更为可观。考虑到最近邻1∶3匹配后导致的样本损失以及不同匹配方法稳健性,(2)、(3)列分别使用最近邻1∶5匹配和半径匹配(r设定为0.005)规则构建新的匹配样本,然后对半参数离散时间 Cloglog 模型进行再估计,回归结果仍然与前文保持一致。同时,我们在(4)、(5)列还分别运用二元选择 Logit 模型、半参数连续时间 Cox 模型对匹配后样本进行稳健性考察,同样获得与表4.4基准结果相一致的结论。与前文一致,(6)列将匹配变量替换为企业是否以建设官方主页方式使用互联网,然后以同样的最近邻1∶3规则构建匹配样本,再使用半参数离散时间 Cloglog 模型进行回归,互联网对稳出口的正面效应仍然显著,与表4.4基准模型结果保持系统一致,同样也揭示出企业通过建设官方主页方式,比使用电子邮箱对降低出口退出概率的效应更为强烈。一个可能的解释是,电子邮箱更多应用于点对点的商务信息交换,而建设官方主页,可能表明企业真正建立了更为正式的信息化部门,国际市场信息不对称性的改变更为明显，进而出口风险规避能力更强，获得更长时间的出口持续时间。

表 4.8　选择性偏误问题的处理：倾向得分匹配法

变量	基于电子邮箱					官方主页
	最近邻 1：3 匹配	最近邻 1：5 匹配	半径匹配	二元选择 Logit 模型	半参数离散时间 Cox 模型	替换匹配变量的再检验
	(1)	(2)	(3)	(4)	(5)	(6)
Int	−0.2971***	−0.3154***	−0.3442***	−0.3601***	−0.3864***	−0.4506***
	(0.0167)	(0.0160)	(0.0150)	(0.0208)	(0.0131)	(0.0315)
scale	−0.3697***	−0.3694***	−0.3658***	−0.4664***	−0.3166***	−0.2225***
	(0.0081)	(0.0074)	(0.0063)	(0.0103)	(0.0061)	(0.0131)
age	0.1745***	0.1679***	0.1327***	0.2300***	−0.1327***	0.1245***
	(0.0127)	(0.0115)	(0.0097)	(0.0162)	(0.0106)	(0.0197)
wage	−0.2971***	−0.3129***	−0.3243***	−0.3692***	−0.5943***	−0.3417***
	(0.0150)	(0.0136)	(0.0114)	(0.0188)	(0.0120)	(0.0263)
capital	−0.0781***	−0.0735***	−0.0739***	−0.0989***	−0.0886***	−0.0373***
	(0.0068)	(0.0061)	(0.0052)	(0.0086)	(0.0053)	(0.0120)
export	−1.9762***	−1.9652***	−1.8946***	−2.4717***	−1.9833***	−2.0063***
	(0.0330)	(0.0295)	(0.0245***)	(0.0429)	(0.0243)	(0.0632)
foratio	−0.2282***	−0.2392***	−0.2619***	−0.2667***	−0.1332***	−0.3694***
	(0.0237)	(0.0215)	(0.0184)	(0.0291)	(0.0194)	(0.0592)
Cons	3.4452***	3.4638***	3.4319***	5.1042***		1.6220***
	(0.1119)	(0.1002)	(0.0839)	(0.1580)		(0.1196)
year	Yes	Yes	Yes	Yes	Yes	Yes
industry	Yes	Yes	Yes	Yes	Yes	Yes
province	Yes	Yes	Yes	Yes	Yes	Yes
Obs	115874	139368	180188	115874	155658	29579
Log Likelihood	−58593.5	−71072.6	−93880.8	−58574.2	−328316.2	−9786.2

资料来源：2001—2007 年的中国工业企业数据库数据。

注：本表(1)—(3)列和(6)为基于匹配样本的半参数离散时间 Cloglog 模型回归结果，(4)、(5)列为基于匹配样本的二元选择 Logit 模型和半参数连续时间 Cox 模型稳健性检验结果。*** 代表 1% 的统计显著性，括号内数值为标准误。

第四节　扩展分析与机制检验

上述分析在企业层面讨论互联网对出口退出风险的效应，但同一个企业可能出口至多个目的国[①]，而不同目的国的市场风险水平存在广泛差异。前文的分析显然忽略了目的国异质性对互联网稳出口效应的潜在干扰。值得指出的是，赵瑞丽等（2016）表明，企业在不同出口市场的进入或退出行为，属于企业内部的出口空间组合决策，"企业—目的国"层面的出口生存估计可能出现系统有偏。但是，企业进入或退出出口市场均需要支付一定的沉没成本，只有出现足够的非预期市场波动或市场风险，企业才会进行贸易关系调整，也即出口空间变动行为实际上是企业应对或规避目的国风险的一种表征。

　　本节拓展分析了互联网对"企业—目的国"层面出口退出风险的影响。为此，我们首先借鉴 Yu（2015）的方法，将前文处理过选择性偏误的企业样本与中国海关数据样本匹配，匹配后的出口企业数量占到中国工业企业数据库中出口企业数量的 48.94％，与现有文献的匹配率基本一致。继而以与第三节相同的处理方法构建"企业—目的国"贸易关系的持续时间并作为新的被解释变量。然后，参考 Besedes and Prusa（2006）等，我们对目的国人均生产总值（PGDP）、国家间距离（Distcap）、是否为共同语言（Comalong）以及国家通货膨胀风险指数（risk）等可能影响企业出口退出风险的目的国层面因素予以控制，上述指标可从世界发展指标数据（world development indicators，WDI）、CEPII 以及国际国家风险指数（international country risk guide，ICRG）直接得到。然后使用半参数离散时间 Cloglog 模型对互联网在"企业—目的国"层面的稳出口效应进行再估计。

　　回归结果汇报于表4.9。表4.9的（1）列结果显示，解释变量系数显著为负，这表明互联网对"企业—目的国"贸易关系出口退出概率的降低作用仍然明显。（2）列中，我们加入了目的国层面的控制变量，解释变量的回归结果依然显著为负。值得指出的是，PGDP 的回归系数显著为负，表明具有更高收入水平的市场对进口产品需求的稳定性也更强（Besedes and Prusa，2006；邵军，2011），因而有利于降低企业在该目的国的出口退出概率；Distcap 及 Comalong 的回归系数显著为正，表明在经典引力模型中对出口贸易通常发挥负面效应的地理距离、文化距离，对稳定出口风险也表现出负面影响。risk 的回归结果符合我们的预期，目的国通货膨胀风险越小（risk 越大），意味着该国市场需求购买力、出口价值等可能导致企业出

---

　　① 根据样本分析，国内出口企业平均具有 7.8 个目的国，样本期内，具有 2 个以上贸易关系对的出口企业占样本企业的比例为 97.24％，具有 3 个以上贸易关系对的企业比例为 93.65％，这意味着多目的国出口企业是中国出口企业的主体。

表 4.9 互联网的出口风险规避效应："企业—目的国"层面的证据

变量	全样本			HRC	LRC
	(1)	(2)	(3)	(4)	(5)
Int	−0.0207**	−0.0260***	−0.0330***	−0.0405***	−0.0158*
	(0.0087)	(0.0088)	(0.0089)	(0.0143)	(0.0095)
scale	−0.0243***	−0.0341***	−0.0497***	−0.0358***	−0.0421***
	(0.0045)	(0.0045)	(0.0046)	(0.0066)	(0.0048)
age	0.2662***	0.2570***	0.2546***	0.1450***	0.2864***
	(0.0075)	(0.0075)	(0.0077)	(0.0120)	(0.0081)
wage	0.0095	0.0083	0.0063	0.0149	0.0013
	(0.0065)	(0.0065)	(0.0066)	(0.0128)	(0.0071)
capital	0.0121***	0.0057	0.0026	−0.0054	0.0091**
	(0.0038)	(0.0038)	(0.0039)	(0.0066)	(0.0041)
export	−0.1900***	−0.1701***	−0.2018***	−0.1458***	−0.2307***
	(0.0175)	(0.0176)	(0.0179)	(0.0321)	(0.0192)
foratio	−0.0541***	−0.0274***	−0.0137	−0.0238	−0.0327***
	(0.0105)	(0.0106)	(0.0108)	(0.0195)	(0.0113)
PGDP		−0.1607***	0.0253	−0.2056***	−0.1471***
		(0.0025)	(0.0315)	(0.0070)	(0.0026)
Distcap		0.1313***		0.1880***	0.1157***
		(0.0032)		(0.0090)	(0.0035)
Comalong		0.1108***		0.0445***	0.0872***
		(0.0076)		(0.0079)	(0.0077)
risk		−0.1120***	−0.0605**		
		(0.0133)	(0.0285)		
Cons	−1.1547***	−0.3670***	−0.1899	0.0757	−0.8564***
	(0.0392)	(0.0556)	(0.3273)	(0.2195)	(0.1295)
year	Yes	Yes	Yes	Yes	Yes
industry	Yes	Yes	Yes	Yes	Yes
province	Yes	Yes	Yes	Yes	Yes
destination	No	No	Yes	No	No
rho	0.3976***	0.4000***	0.4174***	0.2950***	0.4032***
	(0.0000)	(0.0000)	(0.0026)	(0.0000)	(0.0000)
Obs	867571	867182	867125	150763	716787
Log Like-lihood	−520133.66	−516027.11	−505620.80	−96468.47	−426046.63

资料来源：2001—2007 年的中国工业企业数据库和海关数据。

注：PGDP 数据来自 WDI，Distcap、Comalong 数据来自 CEPII，risk 数据则来自 ICRG。HRC、LRC 分别表示高风险、低风险国家，划分依据为 risk 与平均值的比较。***、**、* 分别代表 1%、5% 和 10% 的统计显著性，括号内为标准误。

口绩效发生非预期损失的市场波动风险越小，进而企业在该国市场的退出风险越小,出口持续时间越长。

最后,我们利用 risk 指标所蕴含的市场波动风险信息展开进一步分析。互联网可以有效提高企业对国际市场及其波动信息的搜寻、掌握能力,进而便于企业提前规避应对企业出口退出风险。因此一个合理推测是,对于市场波动风险越大的目的国,互联网对出口退出风险的抑制效应应该越明显。为此,我们首先求得中国企业面临的所有目的国的通货膨胀风险算术平均值$\overline{risk}$,当某特定目的国的通货膨胀风险低于$\overline{risk}$时,将该样本归类为高风险国家(high risk country,HRC),反之则归类为低风险国家(low risk country,LRC)。随后,我们再使用半参数离散时间 Cloglog 模型对子样本分别进行估计,结果如表 4.9(4)、(5)列所示。LRC 组的回归系数不仅显著性下滑,而且系数也下降为 HRC 组的 39%,这表明互联网对低风险国家贸易关系的出口退出风险规避效应,远远低于高风险国家贸易关系组。这一结果意味着,在需求波动越频繁、信息不确定性越高的出口市场,互联网对提升其国际信息搜寻掌握能力、降低信息不对称程度的效应越显著。这一结果是互联网存在信息搜寻效应,可有效改变信息不对称问题,进而减少出口退出风险、延长出口持续时间的有力佐证。

接下来分析互联网减少企业出口退出风险的传递机制。如前文命题4.2—命题 4.4 所述,互联网的稳出口效应主要来源于三个渠道:提高企业技术竞争力、促进出口产品多样化以及促进出口市场多元化。具体而言,我们以企业生产率(tfp)表示企业技术竞争力,并使用文献中广泛使用的OP 法(Olley and Pakes,1996)测算得到企业生产率;以 HS-6 位码层面的出口产品种类($varieties_{i,t}$)表示出口产品多样化水平,以进入目的国市场数量($destinations_{i,t}$)表示企业出口市场多元化水平,后两者均可通过第五节所用数据直接获得。随后,参考 Rauch and Watson(2003)、Albornoz et al.(2012)等,我们构建了如下中介效应模型,对互联网减少国内企业出口退出风险即稳出口效应的机制进行检验:

$$\begin{cases} h_i(t) = \eta_1 \text{Int}_{i,t} + \eta_2 \text{Control} + \xi_{i,t} \\ \text{Lninit}_{i,t} = \lambda_1 \text{Int}_{i,t} + \lambda_2 \text{Control} + \xi_{i,t} \\ h_i(t) = \mu_1 \text{Int}_{i,t} + \mu_2 \text{Lninit}_{i,t} + \mu_3 \text{Control} + \xi_{i,t} \end{cases} \qquad (4.6)$$

其中,$h_i(t)$与前文一致,表示出口企业 i 在 t 期退出出口市场的概率,即出口退出概率,$\text{Lninit}_{i,t}$为待检验的中介变量,分别为企业生产率、HS-6 位码的产品种类数以及出口目的国数量;控制变量与前文基准回归模型相同。根据中介效应的逐步回归法,我们依次对上述三个式子进行回归,结果汇报于表 4.10。

表 4.10　互联网影响出口持续时间的机制检验结果

变量	企业生产率			出口市场多元化			出口产品多样化	
	(1)	(2)	(3)	(4)	(5)	(6)	(7)	(8)
Int	-0.3410*** (0.0146)	0.0010 (0.0027)	-0.3440*** (0.0150)	-0.0844*** (0.0208)	0.0439*** (0.0092)	-0.0491*** (0.0174)	0.0207*** (0.0070)	-0.0635*** (0.0172)
tfp			-0.1651*** (0.0198)					
destinations						-0.2269*** (0.0076)		
varieties								-0.2463*** (0.0112)
scale	-0.3551*** (0.0061)	-0.0415*** (0.0016)	-0.3651*** (0.0063)	-0.1075*** (0.0089)	0.2403*** (0.0058)	-0.0418*** (0.0076)	0.1450*** (0.0044)	-0.0607*** (0.0075)
age	0.1401*** (0.0094)	0.0275*** (0.0023)	0.1327*** (0.0097)	0.3608*** (0.0162)	0.0417*** (0.0088)	0.2777*** (0.0131)	0.0465*** (0.0067)	0.2900*** (0.0130)
wage	-0.3299*** (0.0108)	0.0921*** (0.0013)	-0.3225*** (0.0114)	-0.0247 (0.0176)	0.0737*** (0.0047)	-0.0045 (0.0147)	0.0447*** (0.0036)	0.0084 (0.0146)
capital	-0.0686*** (0.0049)	-0.0408*** (0.0010)	-0.0741*** (0.0052)	0.0044 (0.0081)	0.0644*** (0.0038)	0.0093 (0.0068)	0.0396*** (0.0029)	0.0018 (0.0015)
export	-1.8493*** (0.0236)	-0.0682*** (0.0041)	-1.8936*** (0.0245)	-0.7437*** (0.0333)	0.3285*** (0.0111)	-0.4248*** (0.0283)	0.2017*** (0.0085)	-0.4770*** (0.0280)
foratio	-0.2646*** (0.0178)	0.0017 (0.0029)	-0.2624*** (0.0184)	0.0225 (0.0241)	-0.0041 (0.0097)	-0.0424** (0.0203)	-0.0071 (0.0074)	0.0514*** (0.0200)

续　表

变量	企业生产率				出口市场多元化		出口产品多样化	
	(1)	(2)	(3)	(4)	(5)	(6)	(7)	(8)
Cons	3.1591***	1.1835***	3.4218***	-0.3753	-0.3887	-1.1460**	0.3079*	-0.7670
	(0.0780)	(0.1086)	(0.0838)	(0.6716)	(0.2566)	(0.5066)	(0.1679)	(0.5033)
year	Yes	Yes	Yes	Yes	Yes	Yes	Yes	Yes
industry	Yes	Yes	Yes	Yes	Yes	Yes	Yes	Yes
province	Yes	Yes	Yes	Yes	Yes	Yes	Yes	Yes
Obs	188015	235650	180314	101460	141352	101460	141352	101460
Log Likelihood	-98519.50		-93966.52	-53824.86		-53373.72		-53881.53
R^2		0.2731			0.0835		0.0572	

资料来源：2001—2007 年的中国工业企业数据库和海关数据。

注：出口产品多样化（variety）、出口市场多元化（destination）分别以企业出口产品种类、出口目的国数量表示，可从海关数据库中直接获取。以出口产品多样化为中介变量的回归模型的第一步与（4）列相同，因而省略。***、**、*分别代表 1%、5%和 10%的统计显著性。括号内为标准误。

表 4.10 的(1)—(3)列为以企业生产率为中介变量的回归结果。(3)列结果显示，企业生产率对企业出口退出风险具有显著的抑制作用，但从(2)列结果来看，$Int_{i,t}$ 的回归系数虽然为正但并未通过显著性检验，表明互联网未能对企业生产率产生显著效应。可能的解释是，企业生产率是企业综合技术水平的体现，企业通过建设电子邮箱或官方主页方式使用互联网，难以在短期内对生产率产生足够显著的影响，这与索洛悖论一致(Triplett,1999)。

表 4.10 的(4)—(6)列为基于出口市场多元化渠道的中介模型结果，(5)列显示互联网对企业出口目的国数量产生了显著为正的扩张效应，(6)列显示互联网和目的国数量均显著减少了企业出口退出风险，同时 $Int_{i,t}$ 的回归系数与(4)列相比下降了 42%，这表明互联网通过出口市场多元化渠道分散了企业退出出口市场的风险。同样，根据在(7)、(8)列显示的中介模型检验结果，互联网也可通过出口产品多样化渠道减少出口退出风险。相比而言，互联网对企业出口市场多元化的作用力度更大，这表明国内企业使用互联网后，可大幅降低海外目的国市场信息成本，从而促使开拓更多新的出口市场。上述两大渠道的揭示实际上是对基本命题的进一步佐证：企业通过互联网，可以便捷地获取国际市场需求信息，降低信息不对称性，进而通过贸易产品种类和市场分布多元化，更好规避单一目的国市场的非预期变化，进而减少总体的出口退出风险，提高出口稳定性，延长出口持续时间。命题 4.3 和 4.4 得到验证。

此外，为进一步验证互联网通过出口市场多元化渠道减少企业退出出口风险的作用机制，我们参考李兵和李柔(2016)构建了出口目的国转换率指标，即以企业当期新增的出口目的国个数与退出的目的国个数之和，比上前期的出口目的国总数。与目的国总数指标(destinations)相比，该指标反映了企业对出口目的国集合的动态配置能力，该指标越大越有利于企业通过目的国市场转换来规避应对特定目的国的市场风险，从而延长出口持续时间和保持出口稳定性，显然其前提是企业及时掌握各目的国市场信息的需要动态。我们以该指标为中介变量，进行中介效应模型分析，同样发现互联网对企业出口目的国转换率具有显著的促进作用，并且中介效应显著。这再次表明互联网通过提升国际信息搜寻效率，优化和多元化出口市场分布，进而减少出口退出风险的效应机制。

第五节　小　结

随着国际格局深刻调整带来的外部环境不确定性增强，出口持续时间作为企业出口动态中的重要组成部分,值得进一步讨论。本章基于 2001—2007 年中国工业企业数据库的企业层面数据,使用半参数离散时间 Cloglog 模型,针对互联网与中国企业出口退出风险的关系展开进一步的实证研究。本章结论主要可以归纳如下。

第一,总体而言,企业使用互联网能够获得显著的稳出口效应,即减少企业面临的出口退出风险,延长出口持续时间。这一结果在不同的危险函数分布、不同持续时间段情景下均稳健成立。为控制互联网使用的样本选择性偏误,本章使用倾向得分匹配后的样本再次进行生存分析模型估计,互联网对企业出口退出风险的抑制作用仍然显著成立。

第二,从异质性检验来看,互联网对民营企业出口退出风险的抑制作用最为强烈,对外资企业影响最弱,这一结果揭示了外资企业通常具有国际市场信息优势进而可以较好规避出口风险的事实。本章还检验了企业以不同方式使用互联网的效应异质性,发现相比于建设电子邮箱,企业建设官方主页,更能显著改变企业面临的国际市场信息不对称状况,进而更有力地减少出口退出风险。

第三,本章中介效应模型的检验结果表明,互联网主要是通过促进出口产品多样化和出口市场多元化等渠道,有效分散和抵冲了国际市场不确定性给企业出口贸易带来的风险,从而延长了出口持续时间,而对企业出口竞争力并未产生显著影响。结合第三章中的实证结论我们发现,对于中国企业而言,互联网的稳出口效应的竞争力提升渠道更多是通过创新投入而引发的。

新近数年来,国际经贸环境不确定性和不稳定性明显上升,与此同时,国内经贸下行压力加大,在不确定性环境中寻找促进贸易稳定发展、高质量发展的举措与工具具有重要意义。基于本章研究结论,我们认为:首先,在宏观层面上,政府应通过扩大国际经贸信息公共产品供给等方式,加强企业对国际市场、目的国环境及其可能波动的信息的掌握,提高信息透明度,降低国内国际市场信息不对称程度。其次,在中观层面,则应加大 5G 等新一代信息基础设施网络的普及和推广力度,进一步推动"互联网＋"战略和鼓励企业"上云",降低企业高效使用新一代互联网技术的接入成本。最后,在微观上,企业则应充分重视互联网、信息平台的使用,通过出口产品多样化和出口市场多元化,增强风险分散和规避能力,进而保持我国出口稳定增长。

中篇 出口边际

第五章　互联网、搜寻效应与边际扩张：产品集合视角

上篇从出口动态的角度分析了互联网、创新决策与出口动态行为之间的关系。

企业通过出口动态变化进入出口市场后，将会根据自身发展情况以及外部环境进行横向边际扩展。本章以及接下来第六章和第七章将分别从产品、空间两个视角深入分析互联网对出口边际的影响及机制，以及创新决策在其中的中介效应。

多产品企业一直是国际贸易研究的主要对象，多产品企业内部产品集合的调整反映了企业对外部环境与内部条件所产生的资源配置的行为反应。本章接下来将基于中国 2004—2007 年中国工业企业数据库与海关匹配数据库，试图研究互联网对多产品出口企业产品边际的作用效应与传导机制。

本章的安排如下：首先，通过对互联网贸易效应文献的梳理，提出研究框架及待检验的命题；其次，基于理论分析构建计量模型，并简要说明变量测算和数据处理方法；再次，对所建立的计量模型进行实证检验与结果分析，并就相关机制展开进一步深入讨论；最后，对本章内容进行小结。

第一节 互联网与出口边际：理论基础

互联网的发展深刻改变了产品研发、生产和交易的全过程，其在国际贸易领域中的作用尤为突出。企业国际贸易行为因涉及复杂的国际市场搜寻、产品适应创新和信息动态交换过程，往往导致远大于进入国内市场的沉没成本和产品动态调整成本。异质性企业贸易理论的一个主要发现便是只有高生产率企业才能成功进入出口市场。

与国内贸易相比，国际贸易会历经更加复杂、曲折的搜索、比价、交易与运输过程。Samuelson(1952)率先将国际贸易运输费用归结为冰山成本并纳入国际贸易模型，指出最终到达进口市场 1 个产品，需要出口 $1+\tau$ 个产品，τ 即冰山成本。冰山成本作为可变成本，只是国际交易成本的内部构成之一，并随着远距离交通的技术进步在快速降低。交易成本的另外一

个主要部分则是以诸如国际市场销售网络搭建、国际市场广告推广等为内容的搜寻成本,搜寻成本以固定沉没成本形式存在,对本国企业的出口进入决策构成障碍。以 Melitz(2003)为代表的异质性贸易理论将贸易增长及出口决定的机制引向微观企业层面,指出企业生产率水平以及面临的出口门槛成本是影响其出口行为的决定因素,从而为从出口成本视角揭示互联网促进贸易的发生机制提供了一个正式的理论与机制理解框架。

后来的实证文献发现即使对于虚拟产品的跨国交易,消费者之间的双边交易距离仍具有显著负向影响,即使控制地理因素导致的运输成本,企业与消费者之间的搜寻成本也具有显著的贸易抑制效应。而企业通过使用互联网,在网上进行信息展示、推送与交流,可极大提高供需双方的跨国市场搜寻效率,压减搜寻成本(Fink et al. ,2005;Blum and Goldfarb,2006),从而促进其越过异质性贸易模型揭示的出口门槛,成功进入出口市场。Anderson and Wincoop(2003,2004)认为,搜寻和交流成本是普遍存在的出口固定成本的主要组成部分,使用互联网显然可以降低出口与进口企业间的匹配和交流成本从而促进出口发生。Freund and Weinhold(2004)基于异质性贸易理论将互联网带来的出口进入成本降低效应正式引入企业出口决策模型,并基于经验数据研究证实国际互联网发展可以提高出口企业数量和出口增长率。Clarke(2008)则利用东欧和中亚 20 个中低收入国家企业的微观数据研究表明,与没有使用互联网的企业相比,使用互联网的企业具有更高的出口可能性,即出口进入率提高。茹玉骢和李燕(2014)利用世界银行基于中国的 2005 年微观调查数据的研究表明,电子商务可以显著提升中国企业出口可能性,但提升效应在企业规模、性质以及生产率方面存在异质性。综合上述理论模型结果与实证文献,我们提出如下命题:

命题 5.1:互联网存在搜寻效应,企业使用互联网可降低跨国搜寻成本,提高企业出口进入概率。

相比于新进入出口市场的企业,在位多产品企业出口集合变化是解释出口增长波动的主要变量(Bernard et al. ,2010),有必要深入探究互联网对多产品企业出口集合动态的影响及其机制。Rauch(1999)较早将出口产品划分为差异化产品和同质产品,了解目的国市场的差异化产品需要掌握充分的产品信息,出口企业需要支付较高的搜寻匹配成本,为从搜寻成本角度讨论互联网对多产品企业出口产品集合调整的影响提供了启发。Bernard et al.(2010,2011)通过扩展 Melitz(2003)的模型,建立了一个"多产品—多目的国"的一般均衡出口决策模型,表明企业存在一个由与核心技术的距离决定的具有生产率差异的产品排序，排序中的产品生产率高于出口门槛成本的产品构成企业出口产品集合大小，这意味着企业自身生产率以及"企业—目的国"的出口门槛成本仍是决定企业出口产品集合范围（产品与目的国两个维度）的主导因素，高生产率企业倾向于扩张出口产品种类与目的国范围，出口进入成本降低可能带来多产品企业产品扩展边际增长。

互联网可降低海外企业和居民在国际市场上的产品搜寻交流成本，进而激励出口企业出口产品种类扩张与目的国范围扩张。但是，与传统的冰山成本降低相比，互联网搜寻效应的间接作用在于其同时将企业产品展示、暴露于国际市场的竞争环境中，海外进口商与居民可以低成本地对出口企业的产品进行国际比价和质量比较，产品市场信息不对称程度降低，出口市场竞争强度加大，导致远离核心技术的边缘产品退出市场。互联网发展引致的跨国市场搜寻成本降低，实质上是贸易自由化的一种表现。Eckel and Neary（2010）、胡馨月等（2017）揭示，贸易自由化并不一定导致多产品企业出口产品种类扩张，多产品企业增加产品种类将对自身在位产品产生产品间的市场自我蚕食效应。相比而言，企业产品在不同目的国的竞争效应较弱。在经验研究方面，Eckel and Neary（2010）对加拿大在签订FTA（《自由贸易协定》）、NAFTA（《北美自由贸易协定》）后的企业出口行为进行研究时便发现，贸易自由化使企业通过资源再配置聚焦于核心产品的生产与出口，导致企业出口产品范围普遍缩小。Masso and Vahter（2012）发现爱沙尼亚加入欧盟后，其企业的出口产品范围有所扩张。李兵和李柔（2017）基于中国工业企业数据库和海关数据的证据表明，互联网可以促进企业扩展边际的增长。而Clarke（2008）基于东欧和中亚20个中低收入国家的企业微观数据研究表明，互联网使企业具有更高的出口可能性即出口进入率提高，但并没有显著的出口扩张作用。基于上述文献，本章将互联网对多产品企业出口集合的影响与效应机制归结为如下两个主要命题：

命题5.2：互联网搜寻效应在产品种类、目的国范围两个维度上对企业出口扩展边际产生影响。[①]

命题5.3：互联网搜寻效应具有双面性，对出口扩展边际的影响方向取决于搜寻效应导致的出口门槛成本降低（正面效应）与国际市场竞争加剧（负面效应）的综合结果。

---

① 本章只考虑产品种类维度上的出口集合扩张，目的国维度的出口集合扩张将在第六章讨论。

互联网搜寻效应还可进一步从目的国互联网发展水平交互效应中得到揭示与验证。如果互联网通过降低搜寻成本对企业出口产生扩张效应,那么在"企业—目的国"层次上,目的国互联网发展水平对企业进入该目的国以及面向该国的出口产品集合扩张具有的交互作用,构成互联网搜寻效应存在的重要证据。施炳展(2016)、Hellmanzik and Schmitz(2015)等正是利用双向网址链接数量作为双边互联网发展水平的代理变量,对互联网的出口效应进行了计量检验,得到了双边互联网水平可以显著增加企业出口概率和出口持续时间的结论。此外,互联网的双面性可以从企业生产率异质性上得到反映,互联网导致的国际市场竞争强化对低生产率企业的出口集合的扩张效应可能并不显著,甚至为负(Bernard et al.,2009;Melitz and Redding,2015)。Aghion et al.(2005)等构建的熊彼特主义竞争创新增长理论同样揭示出,市场竞争将导致低技术水平企业减少产品创新,对高技术水平企业的作用则相反,这意味着互联网对不同生产率企业的出口集合动态可能存在非线性结果,这是揭示互联网搜寻效应双面性的直观证据。基于此,我们提出:

命题 5.4:互联网搜寻效应在不同生产率企业之间存在异质性效应,其对高生产率企业产生出口扩张效应,而对低生产率企业产生出口收缩效应。

第二节 互联网与出口边际:实证研究

一、模型、变量与数据

本章企业层面的主体数据来自中国工业企业数据库 1998—2007 年的数据,贸易数据则源自中国海关总署统计的 2001—2007 年的企业数据。因两套数据库的企业税号属于两套编码系统,因此数据匹配涉及一系列烦琐的技术过程。我们参考 Yu(2015)的两步匹配方法:首先,根据企业名称和年份进行一对一精确匹配;其次,根据企业所在地的邮政编码和后 7 位电话号码进行匹配。匹配成功企业的数量占到对应年份中国工业企业数据库中出口企业数量的 48.94%,基本可以反映中国工业企业的出口行为全貌。

随后,我们借鉴 Brandt et al.(2012)、黄先海等(2015)的做法,根据通用会计准则(GAAP)的规定,删除匹配后数据集中不符合基本逻辑关系的错误记录。鉴于核心解释变量仅在 2004 年后才始具统计记录,我们进一步截掉 2004 年之前的数据,最终构建得到 2004—2007 年的巨型非平衡面板企业数据集。本章涉及的目的国层面数据则来自第四章中的 WDI 数据库以及 CEPII 数据库。

互联网对企业出口行为的效应直观上将首先表现为影响企业的出口进入决策。为此,我们首先观察企业使用互联网对其出口进入行为决定的影响[①],并构建如下概率模型:

$$\mathrm{Dum}_{i,j,t} = \alpha_1 + \beta_1 \mathrm{Int}_{i,j,t} + \sum \theta_1 \mathrm{Controls}_{i,j,t} + \delta_i + \delta_t + \varepsilon^1_{i,j,t} \quad (5.1)$$

为观察互联网对企业出口产品集合的影响,我们构建基本的多元线性计量模型:

$$\mathrm{Var}^{\mathrm{I}}_{i,j,t} = \alpha_2 + \beta_2 \mathrm{Int}_{i,j,t} + \sum \theta_2 \mathrm{Controls}_{i,j,t} + \delta_i + \delta_t + \varepsilon_{2\,i,j,t} \quad (5.2)$$

其中,i、j、t 分别表示企业、行业以及年份。$\mathrm{Dum}_{i,j,t}$ 为哑变量,表示企业的出口状态,$\mathrm{Var}^{\mathrm{I}}_{i,j,t}$ 表示企业出口集合内的产品种类数,δ_i、δ_t 分别为企业固定效应和年份固定效应,ε^1_{ijt}、ε^2_{ijt} 为随机扰动项。基于中国海关的数据,在对原始数据进行初步处理后,可获得 HS-8 位码层面[②]的企业出口集合内产品种类数。Int 为本章核心解释变量,表示企业是否使用互联网。现有文献对企业是否实现互联网化的量化指标并不存在共识。在样本期内,中国企业主要通过建设官方主页或电子邮箱的方式使用互联网。因此,本章利用中国工业企业数据库中企业是否拥有官方主页或电子邮箱这一哑变量对企业互联网行为进行刻画。特别值得指出的是,当前中国企业大多通过大型电子商务平台(e-commerce platform)使用互联网,但电子商务平台企业实际上属于第三方贸易服务业,这导致在计量上出现企业自身接入互联网与第三方互联网贸易服务商对被解释变量的效应混淆。本节分析有效利用了 2004—2007 年这一样本期,因为该时间段内诸如阿里巴巴、亚马逊等电子商务平台尚未大规模普及。

$\mathrm{Control}_{i,j,t}$ 为一组企业层面的控制变量,以尽可能控制遗漏变量导致的回归结果的估计偏误。参考同类文献,本章主要纳入如下变量:一是企业生产率(tfp),根据 Melitz(2003)等异质性贸易理论,生产率是企业是否出口、出口产品选择的一个重要决策变量,本章采用 OP 法将企业生产率纳入计量模型中。二是企业规模(scale),新贸易理论认为规模较大的企业无论是在规模经济的实现上,还是在产品研发、销售网络以及市场势力的

---

① 虽然出口进入属于上篇中出口动态的内容,但是由于企业在出口市场上的活动存在时间顺序,只有先进入出口市场才存在对出口产品集合或者空间集合的调整。另外,企业的进入虽属于动态行为,但是也可以属于企业层面的出口扩展边际。基于此,我们在这里补充了互联网与企业进入的实证检验。该实证检验结果在第三章第二节中已经有所体现。

② 本章对多产品企业的划分仍然基于 HS-8 位码层面,不再赘述。

维持上都具有明显的竞争优势。本章采用企业从业人数指标刻画企业规模。三是企业资本劳动比(capital),一般认为,相对于劳动密集型企业而言,资本密集型企业在研发上具有更加显著的优势。本章利用固定资产年平均余额与从业人员数之比衡量企业资本劳动比。四是企业中间品投入(M),以企业中间品投入的对数表示。企业支付工人工资(wage),工资水平在一定程度上是企业人力资源水平的反映,工资水平越高,企业研发能力越强。六是行业竞争程度(hhi),用赫芬达尔指数表示,用以控制企业所在行业竞争导致的异质性效应,该指数越大表明行业竞争越激烈。

关于"企业—目的国"层面的回归,本章引入目的国互联网水平(Int_des)、双边实际汇率水平(exchange)、目的国市场规模(market)等目的国变量。Int_w 以 WDI 数据库提供的目的国每百人互联网用户数表示。exchange 以中国与贸易伙伴国之间的名义汇率为基础,并通过消费者物价指数进行平减,其提高意味着人民币贬值,有利于增强国内企业在该国的市场竞争力。market 越大,表明中国潜在出口市场越大,企业越有动力面向该国出口并进行产品集合扩张,本章利用出口目的国进口水平测算。至此,我们获得了所有变量的统计数值,表 5.1 汇报了主要变量的含义及统计特征。

表 5.1 主要变量的含义及统计特征

变量	变量中文含义	观测值	均值	标准差	第 5 百分位数	第 95 百分位数
Int	企业互联网使用情况	237289	0.2587	0.4379	0	1
$Var_{i,j,t}^{I}$	出口产品种类数	237289	6.6087	9.8157	1	23
tfp	企业生产率	224909	3.3088	1.1222	1.4753	5.0003
scale	企业规模	237038	5.2856	1.1490	3.5263	7.2766
capital	企业资本劳动比	236355	3.5989	1.3822	1.3187	5.7898
M	企业中间品投入	236667	10.3216	1.3788	8.4211	12.7682
wage	企业支付工人工资	236737	2.7433	0.6517	1.7918	3.8402
hhi	行业竞争程度	237289	5.1028	1.3598	2.8930	7.8923
Int_des	目的国互联网水平	1865284	3.2901	1.2173	0.8705	4.3584
exchange	双边实际汇率水平	1710851	0.5792	2.9220	− 2.7013	5.7191
market	目的国市场规模	1887597	24.8636	1.5691	22.0230	27.4107

资料来源:中国工业企业数据库、海关数据库、WDI 以及 CEPII 数据库。

注:scale、capital、M、wage、hhi、Int_w、exchange 以及 market 均取对数值,Int 为哑变量。

二、回归结果分析

（一）互联网与企业出口进入概率

互联网对企业出口行为的效应直观上将首先表现为影响企业的出口进入决策。为此，我们采用二元选择 Probit 模型对式（5.1）进行回归。回归结果如表 5.2 所示。其中，（1）列显示，在不施加其他任何控制变量情景下，解释变量 Int 的回归系数为正，且在 1％水平上高度显著。为控制遗漏变量偏误，我们在（2）列加入企业生产率（tfp）、企业规模（scale）、企业资本劳动比（capital）、企业中间品投入（M）、企业支付工人工资（wage）以及行业竞争程度（hhi）等企业和行业层面的控制变量，并控制年份固定效应，核心解释变量 Int 对企业出口进入概率的回归系数有所减小，但仍然在 1％水平上显著为正，初步验证了命题 5.1，表明互联网对中国企业的出口进入行为具有显著的正向激励效应。

企业出口进入决策可能还受到不可观测的企业异质性因素的影响（Melitz，2003；Coe et al. ，2009；Yu et al. ，2013），但二元选择 Probit 模型存在无法施加固定效应的局限（Wooldridge，2015）。为此，我们转而使用二元选择 Logit 模型进行回归，并同时添加个体和年份固定效应，结果汇报于表 5.2 的（3）列。控制固定效应后，互联网对企业出口进入决策的促进效应有所减小，表明未观察到的企业异质性因素对企业出口决策确实具有不可忽略的影响，但回归结果仍然高度显著。为稳健性考虑，在（4）列我们还使用 LPM 进行了再回归，以考察因分布函数设定不同带来的差异，结果显示，互联网的效应仍然高度正向显著，命题 5.1 得到进一步验证。根据 LPM 结果，相比对照组企业，使用互联网将使企业成功进入出口市场的概率提高约 6.65％，这意味着互联网通过降低跨国信息交易成本促进企业进入出口市场的作用不仅在统计上显著，而且具有足够显著的经济效应。

就控制变量而言，企业生产率、企业规模、企业中间品投入等变量的回归系数均显著为正。企业规模以及中间品投入较大的企业通过规模经济机制，可在产品研发、销售网络以及市场势力维持方面发挥出口促进作用。企业生产率对出口进入的促进作用则是异质性贸易理论的主要启示（Melitz，2003）。企业支付工人工资在一定程度上是企业人力资本水平和创新能力的反映，同样有利于企业进入国际市场。在二元选择 Probit 模型中，资本劳动比的回归系数显著为负，与一般直觉判断相悖，其背后的可能机制在于人均资本密度高的企业在中国可能并不意味着技术密集度高，反而往往属于传统垄断性较高的重化工或国有行业,但在控制固定效应后其回归系数转为正,验证了我们的推测。行业竞争程度的系数为正,则表明随着国内市场竞争的加剧,企业更有激励转向国际市场,这与朱希伟等(2005)揭示的国内企业内销与出口行为选择逻辑机制一致。

表5.2 互联网与企业出口进入概率、出口产品集合边际

变量	二元选择 Probit 模型		二元选择 Logit 模型	LPM	产品扩展边际	
	(1)	(2)	(3)	(4)	(5)	(6)
Int	1.0577*** (29.18)	0.8511*** (40.11)	0.1674*** (3.29)	0.0175*** (3.16)	0.7700*** (7.24)	0.3498*** (3.11)
tfp		0.5216*** (32.94)	0.2863*** (9.91)	0.0105*** (8.23)		0.5316*** (6.88)
scale		0.5137*** (49.88)	0.3871*** (17.78)	0.0207*** (19.94)		1.2461*** (22.26)
capital		−0.1218*** (−27.46)	0.1123*** (9.78)	0.0048*** (8.86)		0.3672*** (10.89)
M		0.0851*** (15.45)	0.1470*** (14.40)	0.0088*** (16.31)		0.6456*** (20.35)
wage		0.4295*** (53.14)	0.2265*** (16.07)	0.0108*** (16.79)		0.5349*** (13.52)
hhi		0.3436*** (54.51)	0.0596 (1.52)	0.0031* (1.67)		0.1653 (1.58)
Cons	−3.5317*** (−456.04)	−1.7674*** (−10.81)	−2.4993*** (−82.91)	−0.0356* (−2.25)	6.5173*** (251.01)	−11.3519*** (−13.92)
year	No	Yes	Yes	Yes	Yes	Yes
firm	No	No	Yes	Yes	Yes	Yes
Obs	1185327	1086650	1086650	1086650	172075	161921
R^2				0.111	0.001	0.022

资料来源:2004—2007 年的中国工业企业数据库与海关数据。

注:括号内为 t 值,***、**、* 分别代表 1%、5% 和 10% 的统计显著性。考虑到行业内企业的出口种类会相互影响,为防止由此造成的估计偏差,(5)和(6)列采用基于二位码行业的聚类稳健标准误。

(二)互联网与企业出口产品集合边际

企业进入出口市场后,将进一步在产品和目的国[①]两个维度进行出口集合选择。表5.2 的(5)和(6)列汇报了固定效应模型的回归结果。(5)列显示,互联网对企业出口产品种类的正向扩张效应在统计上高度显著,相

[①] 关于目的国维度的边际扩展,我们将在第六章进行讨论。

比于未使用互联网即未建设官方主页企业,建设官方主页企业的出口种类增加约 0.77 个。考虑到样本期间,中国出口企业平均出口约 6.61 个不同种类产品(HS-8 位码层次),使用互联网将使国内出口企业的产品集合平均扩张约 11.6％。(6)列施加控制变量后,解释变量的回归系数有所减小,但仍然高度显著,综合(5)和(6)列,企业建设官方主页可导致出口种类数量增加约 8.1％,具有相当明显的经济效应。这与 Hellmanzik and Schmitz(2015)基于美国数据和施炳展(2016)利用中国截面数据得出互联网对出口扩展边际存在正向促进效应的结论保持一致。不同的是,两者使用的解释变量来自宏观层面的双边互联网信息流量或双向网址链接数据,难以严格验证互联网促进企业出口范围扩张的微观效应与机制。

从其他控制变量上来看,企业生产率(tfp)作为企业技术水平的反映,对出口产品集合扩张具有显著的正向作用。李春顶(2010)基于新新贸易理论指出,中国企业出口存在"生成率悖论",但我们的回归结果显示,相比于出口进入概率,生产率对多产品企业出口集合扩张并不存在负向作用。企业规模(scale)对出口产品集合扩张具有正向促进效应,表明企业规模可能存在范围经济(茹玉骢和李燕,2014)。企业中间品投入(M)对多产品企业出口集合扩张具有正向促进作用,考虑到国内企业相当中间品投入来自进口,因此中间品投入对出口集合扩张的正向作用实质上是国际技术溢出的表现。企业支付工人工资(wage)对多产品企业出口集合扩张具有正向促进作用,工资越高通常意味着企业人力资本水平越高,进而具有越强的出口产品种类与目的国扩张能力行业竞争程度(hhi)对产品维度的出口集合扩张的作用未通过显著性检验,这可能是因为市场竞争程度对企业出口扩张的作用是复合的,会因为不同的企业自身性质与外部环境而产生正反两面的影响,比如,Aghion et al.(2005)认为行业竞争对高技术企业存在正向创新激励而对低技术企业的作用则相反,因此综合而言,市场竞争对出口产品种类的扩张体现出不显著的作用。另外,黄先海等(2015)指出,中国当前行业竞争更多是同质价格竞争而非产品种类创新竞争,也为本回归结果提供了另一种解释。

(三)稳健性检验

与国外出口企业样本相比,中国出口企业在贸易模式、所有制性质上存在显著差异。我们首先采用余森杰和袁东(2016)、Fan et al.(2015)等的做法,将出口企业划分为国企、民企、外企三种类型,然后依据式(5.2)进行分样本回归。结果如表 5.3(1)—(3)列所示。从产品维度上而言,互联网对国有企业出口扩张的作用与前文基准模型相比,均出现较大差异。与

表 5.3 稳健性检验：所有制异质性与贸易方式异质性

变量	企业性质			贸易方式		左断尾问题	
	国企	民企	外企	一般	加工	PR	NBR
	(1)	(2)	(3)	(4)	(5)	(6)	(7)
Int	-0.1967	0.4193*	0.5181***	0.4455***	0.0876	0.0495***	0.0167
	(-0.36)	(1.69)	(3.75)	(3.22)	(0.47)	(4.83)	(1.40)
tfp	0.1601	0.4003**	0.5593***	0.4939***	0.5414***	0.1104***	0.0862***
	(0.34)	(2.40)	(5.91)	(5.13)	(4.35)	(13.54)	(9.00)
scale	0.9019**	0.9363***	1.3769***	1.2124***	0.9357***	0.1639***	0.0996***
	(2.26)	(8.42)	(19.66)	(18.05)	(9.09)	(32.84)	(16.68)
capital	0.1362	0.4189***	0.3765***	0.3884***	0.2211***	0.0494***	0.0187***
	(0.56)	(6.52)	(8.63)	(9.83)	(3.37)	(16.08)	(5.13)
M	0.7895***	0.7490***	0.6175***	0.7888***	0.2121***	0.0976***	0.0789***
	(3.81)	(10.71)	(15.99)	(19.87)	(4.26)	(32.49)	(21.56)
wage	0.4497*	0.3784***	0.6509***	0.5092***	0.3987***	0.0747***	0.0676***
	(1.72)	(4.67)	(13.33)	(10.55)	(6.01)	(20.58)	(15.49)
hhi	1.2498**	-0.1320	0.2316*	0.1841	0.1624	0.0185*	0.0114
	(2.04)	(-0.69)	(1.71)	(1.49)	(0.83)	(1.89)	(1.08)
Cons	-18.0605***	-9.0059***	-12.2348***	-12.5858***	-4.8494***		1.4409***
	(-3.44)	(-5.99)	(-11.58)	(-13.02)	(-3.15)		(16.89)
year	Yes	Yes	Yes	Yes	Yes	Yes	Yes
firm	Yes	Yes	Yes	Yes	Yes	Yes	Yes
Obs	7314	49486	105388	127617	34304	138319	138319

续 表

变量	企业性质			贸易方式		左断尾问题	
	国企	民企	外企	一般	加工	PR	NBR
	(1)	(2)	(3)	(4)	(5)	(6)	(7)
R^2	0.013	0.022	0.025	0.024	0.013		
LR-p①							0.0000

资料来源:2004—2007 年的中国工业企业数据库和海关数据。

注:根据中国工业企业数据库企业登记注册类型,我们将港澳台资企业和外资企业归类为外企,国企和外企之外的企业则归类为民企。本章所使用的海关数据记录了"企业—产品"层面进出口贸易方式的详细信息,我们可以便捷地将产品层面贸易加总到企业层面,从而区分企业的总体贸易模式类型。***、**、*分别代表 1%、5% 和 10% 的统计显著性,括号内为 t 值。

① LR 为 likelihood-ratio test,LR-p 即相似比检验 p 值。

民企、外企样本相比,互联网并没有正向促进国有企业的出口种类扩张,这揭示出建设官方主页在国有企业与非国有企业中存在系统性的动机和效应差异。非国有企业建设企业网站的目标在于降低国际市场信息搜寻成本,而国有企业建设官方主页可能具有更多非市场因素的考量,导致互联网的出口扩张效应并不显著。

表 5.3(4)、(5)列进一步汇报了根据不同贸易模式进行分类的分样本回归结果。值得指出的是,与一般贸易企业相比,加工贸易企业组内的 Int 并不显著,意味着对加工贸易企业而言,互联网对其出口产品集合的正向扩张效应远远小于一般贸易企业。该结果吻合加工贸易企业出口行为逻辑的直觉判断:加工贸易企业一般从事来料加工和进料加工的接单式出口,产品种类选择决策直接依赖于发包方。

回归的实质是估计条件期望函数,表 5.2(5)—(6)列基本回归中采用的面板固定效应模型存在一个约束是被解释变量呈现标准正态分布。然而,前述式(5.2)中被解释变量企业出口产品集合实际上只能是大于等于 1 的整数,出现类似于"左断尾"问题,导致难以得到一致估计。参考 Li and Zhou(2005),我们考虑使用泊松回归(PR)和负二项回归(NBR)对回归模型进行重新估计。LR 检验结果显示,被解释变量存在过度分散问题,满足 NBR 方法回归有效条件。作为稳健性的参考,我们仍然汇报使用稳健标准误的 PR 方法回归结果。从结果来看,两者区别并不显著。如表 5.3(6)、(7)列显示,无论是 PR 方法还是 NBR 方法,核心解释变量 Int 对企业出口种类扩张均具有显著正向效应。表明在控制"左断尾问题"后,回归结果仍与前文基准结果保持一致。其他解释变量的回归符号、系数与上述方法基本保持不变。

三、内生性处理

上述基准回归主要面临两个方面的问题,有待进一步处理:第一,遗漏变量偏误(omitted variable bias),虽然基准模型已控制了企业生产率、企业规模等影响企业出口行为的常规变量,并通过双向固定效应模型控制了仅随个体或仅随时间而变的异质性因素,但仍然无法排除潜在的同时随企业个体与时间而变化的变量;第二,选择性偏误(selection bias),即通过建设官方主页使用互联网的企业往往具有较高生产率或者国际化倾向,这种潜在的自选择效应将导致互联网行为对出口行为动态的效应估计存在系统性的高估。为此,我们采用基于倾向得分匹配的倍差法模型(PSM-DID),进一步减少内生性问题。

　　我们首先构建以下多期倍差法(DID)回归模型，以消除未观察到的异质性变量对 OLS 回归估计构成的偏误：

$$Y_{i,j,t} = \beta_0 + \beta_1 Dt_{i,j,t} + \beta_2 Du_{i,j} + \beta_3 D_{i,j,t} \times Du_{i,j}$$
$$+ \theta Contrls + \varepsilon_{i,j,t}$$

(5.3)

其中，Y 为前文式(5.1)、式(5.2)中的被解释变量，即企业进入出口市场哑变量($Dum_{i,j,t}$)或出口集合($Var_{i,j,t}^1$)，$Dt_{i,j,t}$ 为多期时间虚拟变量；$Du_{i,j}$ 则为处理组虚拟变量，如果企业 i 在样本期内建设有官方主页，则 $Du_{i,j} = 1$，否则 $Du_{i,j} = 0$，即属于控制组。

　　然而，上述 DID 模型仍然存在的问题在于企业是否落入处理组未必完全随机。实际上，在本章样本期(2004—2007 年)，企业使用互联网并建设官方主页的费用并不低，这决定了企业是否使用互联网即本书核心解释变量 Int 在企业间并不是随机分布，而是可能与企业某种未观察到且随时间变动的变量有关，该未观察到的变量又同时会影响企业出口行为，会导致出现自选择问题。为消除这一选择性偏误，我们采用 PSM 模型，先对企业是否选择使用互联网进行打分，寻找到与处理组中企业 i 具有相似使用互联网的概率但实际上并未使用互联网的控制组企业，然后以匹配样本再进行 DID 估计，从而消除自选择效应。

　　具体模型，我们参考采用 De Loecker(2007)、李兵和李柔(2017)的倾向得分方法构建控制组：

$$Pr(X_i) \equiv Pr\{D_i = 1 \mid X_i\} = E\{D_i \mid X_i\}。$$

其中，$Pr\{D_i = 1 \mid X_i\}$，为企业在匹配变量向量组 X 下建设官方主页的概率(使用二元选择 Logit 模型预测)，$Pr(X_i)$ 为用以匹配的倾向得分。匹配结束后，我们再对处理组和控制组的被解释变量 Y 使用倍差法，即可得到净平均处理效应：

$$ATT = \sum_{i \in (D=1)} \left[\Delta Y_i - \sum_{i \in (D=0)} g(p_i, p_j) \Delta Y_j \right]$$

(5.4)

　　表 5.4 汇报了 ATT 结果。PSM-DID 估计结果显示，互联网对企业出口进入概率以及出口产品集合的扩张均显示出高度显著的正向作用，显著度、方向均与表 5.2 结果保持一致，虽然回归系数有所减少。这意味着，在控制遗漏变量问题和选择性偏误后，互联网对非出口企业转为出口企业以及对在位出口企业的产品集合的扩张效应仍然显著存在。根据样本期中国企业的平均出口产品种类，建设官方主页可使出口产品种类增加约 5.3%，经济效应同样足够显著。综合前文计量结果，以建设官方主页形式使用互联网，对企业在产品维度的出口集合具有显著扩张效应是基本可信的。Bernard et al.(2011)指出，多产品企业内部存在蚕食效应。因此我们

有一个合理的预期，即企业规避蚕食效应，使得互联网对企业出口目的国集合的扩张作用较对产品集合的扩张作用更为强烈。为了证明这一猜想，我们在表 5.4 中也纳入了空间集合扩张即目的国集合变量进行回归分析。正如表 5.4 最后一列所示，互联网对目的国集合扩张的促进效应系数的绝对值大于对产品集合扩张促进效应的绝对值，证实了我们的预期，同时也符合国内出口企业通过互联网或跨境电子商务渠道扩展国际市场的现实观察。

表 5.4　PSM-DID 估计结果

变量	出口进入	产品集合	目的国集合
ATT	0.1674*** (3.29)	0.3499*** (3.11)	0.5904*** (5.63)
tfp	0.2860*** (9.90)	0.5316*** (6.88)	1.1161*** (15.52)
scale	0.3868*** (17.76)	1.2461*** (22.26)	2.1989*** (42.18)
capital	0.1121*** (9.76)	0.3671*** (10.89)	0.7046*** (22.44)
M	0.1472*** (14.41)	0.6455*** (20.34)	1.1575*** (39.18)
wage	0.2265*** (16.08)	0.5350*** (13.52)	1.0488*** (28.48)
hhi	0.0602 (1.53)	0.1653 (1.58)	−0.0211 (−0.22)
Cons	0.1208*** (12.24)	−11.3500*** (−13.92)	−21.9222*** (−28.87)
year	Yes	Yes	Yes
p	0.0000	0.0000	
Obs	151068	161914	161914
R^2		0.022	0.081

资料来源：2004—2007 年的中国工业企业数据库和海关数据。

注：括号内为 t 值。*** 代表 1% 的统计显著性。匹配过程采用 1∶1 方法，本章还使用 1∶3 匹配，但结果并无系统性差异。

匹配协变量及平衡性检验结果见表 5.5。匹配后处理组和控制组各匹配变量的标准偏差越小，表明匹配效果越好，但对于标准偏差绝对值小的程度目前并无统一标准。Rosenbaum and Rubin(1985)认为，当匹配变量的标准偏差绝对值大于 20% 时可认为匹配效果不好。本章平衡性条件检验的结果显示，匹配后处理组和比较组的偏差均小于 5%，且 t 检验结果不存在显著差异，说明本章选择的匹配协变量可满足平衡性条件。

表 5.5　匹配协变量平衡性检验结果

变量		平均值		标准偏差 /%	变化率 /%	t	p>t
		处理组	控制组				
tfp	匹配前	3.3383	3.2943	6.8	89.5	14.28	0.000
	匹配后	3.3683	3.3605	0.7		1.24	0.215
scale	匹配前	5.4764	5.2550	19.4	99.5	41.66	0.000
	匹配后	5.4764	5.4753	0.1		0.17	0.866
capital	匹配前	3.7922	3.5963	15.5	96.3	32.45	0.000
	匹配后	3.7922	3.7849	0.6		1.01	0.313
wage	匹配前	2.9414	2.7704	28.9	98.7	61.11	0.000
	匹配后	2.9414	2.9392	0.4		0.64	0.524
age	匹配前	2.3014	2.1402	16.4	99.2	69.52	0.000
	匹配后	2.3014	2.2611	−0.1		−1.04	0.298

第三节　互联网双重作用的证据

本节进一步深入揭示互联网搜寻效应的性质，主要从三个部分展开讨论：第一，前文主要观察企业通过建设官方主页使用互联网对其出口行为的影响，如果企业使用互联网可提高海外市场信息搜寻效率进而影响贸易行为，那么一个合理推测是目的国的互联网发展水平会对企业贸易行为进一步产生影响。这实际上是对互联网搜寻效应的佐证。第二，互联网通过降低国际市场搜寻成本，引致出口进入门槛成本降低的直接效应，使企业更便于进入国际市场，但也降低了产品信息不对称性，使海外进口商和消费者可对产品质量等信息进行筛选比较，进而产生加剧国际市场竞争的间接效应（Mayer et al.，2021），而该间接效应对低生产率企业的出口集合的扩张效应可能并不显著甚至会缩小出口产品集合（Bernard et al.，2011）。互联网产生的直接效应与间接效应也即是对命题 5.3 和命题 5.4 的检验。第三，前文以企业是否建设官方主页为企业是否使用互联网的指标，但在样本期间（2004—2007 年），部分企业仅通过企业电子邮箱使用互联网。这为本章提供了一个检验不同互联网使用方式的出口效应异质性的机会。相比于建设官方主页，虽然建设电子邮箱也可降低跨国信息交流成本，但其点对点的信息交换形式，以及企业、产品等更详细信息展示功能的欠缺，很难获得国际市场搜寻效应，因此一个合理推测是建设官方主页的出口效应远大于建立电子邮箱。

一、目的国互联网发展水平对搜寻效应的影响

我们构建了扩展的"企业—目的国"层面的出口数据，并在式（5.1）的基础上，将解释变量替换为"企业—目的国"层面的出口状态、"企业—目的国"层面的出口产品种类，同时将目的国市场规模（market）、双边实际汇率水平（exchange）等影响"企业—目的国"出口行为的主要因素加入控制变量组。回归结果如表5.6所示。

在表5.6的（1）、（2）列中，企业互联网以及目的国互联网发展水平均对"企业—目的国"的出口进入具有显著正向作用，（3）列加入交互项后，交互项回归系数显著为正，表明企业互联网与目的国的互联网发展水平对"企业—目的国"出口进入决策具有显著的正向协同效应。（4）、（5）和（6）列为互联网对"企业—目的国"层面出口产品集合的影响，单独来看，企业互联网以及目的国互联网水发展平均对"企业—目的国"产品集合扩张具有正向促进作用。（6）列中，交互项参数显著为正，表明企业互联网与目的国互联网发展水平对互联网搜寻效应发挥的相互增益机制仍然存在。特别值得指出的是，加入交互项后，企业接入互联网（Int）的回归系数扭转为负，表明当控制企业使用互联网状态后，目的国互联网发展水平只有超过一定程度后，企业建设官方主页才能促进面向该目的国的产品集合扩张。背后的深层机制可能在于，当目的国互联网使用人数较少时，互联网搜寻效应对出口国企业而言往往意味着更激烈的国际市场竞争，而当互联网使用人数较多时，互联网搜寻效应带来的市场规模扩张才大于市场竞争引致的负面效应，最终激励企业面向该国进行产品集合扩张。

企业和行业层面的控制变量与表5.2的回归结果没有实质性差异，在此没有列出。从新增加的目的国控制变量来看，目的国市场规模（market）扩大以及双边实际汇率水平（exchange）提升均对出口集合扩张具有正向促进效应，其背后机制是显而易见的，目的国市场规模扩大，对产品多元化消费偏好更为强烈，进而对出口企业扩张出口种类形成市场激励。双边实际汇率水平提升，则使国内企业产品具有更强的国际竞争力，或者越过出口生产率门槛（Melitz，2003），进而使更多边缘产品进入出口集合。

表 5.6　目的国互联网发展水平与出口集合扩张

变量	"企业—目的国"层面的出口状态			"企业—目的国"层面的出口产品种类		
	(1)	(2)	(3)	(4)	(5)	(6)
Int	0.1182*** (106.62)		0.1194*** (107.72)	0.0327* (1.70)		-0.0320 (-0.95)
Int_des		0.0014*** (59.82)	0.0015*** (64.47)		0.0081*** (12.50)	0.0076*** (11.27)
Int * Int_des			0.0001*** (5.96)			0.0012** (2.07)
企业/行业层面控制变量	Yes	Yes	Yes	Yes	Yes	Yes
exchange	0.0672*** (141.17)	0.0674*** (140.93)	0.0663*** (138.21)	0.0244 (1.52)	0.0279* (1.73)	0.0281* (1.75)
market	0.4152*** (1,033.38)	0.4287*** (915.79)	0.4293*** (914.70)	0.4205*** (22.72)	0.2685*** (12.09)	0.2682*** (12.03)
Cons	-13.6643*** (-989.91)			-13.0842*** (-26.71)	-9.5178*** (-16.75)	-9.4957*** (-16.66)
year	Yes	Yes	Yes	Yes	Yes	Yes
firm	Yes	Yes	Yes	Yes	Yes	Yes
destinaton	Yes	Yes	Yes	Yes	Yes	Yes
Obs	27866898	27866898	27866898	1364228	1364228	1364228
R^2	0.012	0.012	0.012	0.012	0.012	0.012

资料来源:海关数据,中国工业企业数据库,WDI 以及 CEPII 匹配数据。(1)—(3)列为二元选择 Logit 模型,(4)—(6)列为固定效应模型。

注:括号内为 t 值。***、**、* 分别代表 1%和 10%的统计显著性。

二、互联网搜寻效应的双重作用

出口产品集合大小本质上是企业技术水平的一种反映,Bernard et al. (2010,2011)发现在控制出口固定成本条件下,生产率越高的企业,出口产品范围越广。当由贸易自由化带来的市场竞争趋于激烈时,企业倾向于缩小出口产品集合(Mayer et al.,2021)。企业使用互联网后,因国际信息交换与市场搜寻成本降低,更容易进入出口市场并扩大产品范围,但同时也将自身置于海外市场竞争之中。进一步,根据 Aghion et al.(2005)等构建的熊彼特主义竞争创新增长理论,市场竞争将削弱低技术水平企业的产品创新意愿,对高技术水平企业则相反,这意味着互联网对不同技术水平企业的出口集合影响可能存在非线性结果。为验证这一推测,我们以企业生产率(tfp)为技术水平的衡量指标,并以企业所在四位码行业平均 tfp 水平为分界值,将样本划分为高生产率、低生产率两个分样本,然后再进行分样本回归。回归结果列于表 5.7。虽然控制变量的回归结果与基准模型结果相比未发生系统性变化,但解释变量 Int 的回归结果在高、低生产率样本间却出现明显改变:互联网对高生产率企业的出口进入、出口产品种类具有显著的正向效应,对低生产率企业却均未显示统计显著的正向作用。背后的机制可能正是前文揭示的低生产率企业在使用互联网后,搜寻成本降低引致国际市场竞争加剧,使行业内低生产率企业被迫收缩其产品范围,这与互联网引致的出口扩张效应相互抵消。我们的计量结果实际上验证了 Bernard et al.(2011)、Eckel and Neary(2010)等多产品出口企业理论模型结果,互联网对出口集合的影响取决于信息搜寻成本降低带来的出口进入门槛成本与市场竞争增强的综合作用。

表 5.7　互联网搜寻效应两面性的证据

变量	出口进入		出口产品种类	
	高生产率	低生产率	高生产率	低生产率
Int	0.2555***	0.0905	0.6323***	0.1083
	(3.16)	(1.08)	(2.99)	(0.79)
scale	0.5663***	0.1068**	2.2951***	0.1991**
	(5.31)	(2.57)	(6.52)	(2.46)
capital	0.3997***	0.3581***	1.4365***	0.9493***
	(11.67)	(8.63)	(14.08)	(11.88)
M	0.0922***	0.1372***	0.5026***	0.2859***
	(5.25)	(6.44)	(8.28)	(6.23)

续　表

变量	出口进入		出口产品种类	
	高生产率	低生产率	高生产率	低生产率
wage	−0.0166 (−1.14)	0.4669*** (19.20)	0.5412*** (9.24)	0.8917*** (18.70)
hhi	0.2017*** (9.75)	0.2070*** (7.72)	0.4517*** (6.68)	0.4554*** (8.02)
Cons			−13.4033*** (−8.14)	−10.9934*** (−10.34)
year	Yes	Yes	Yes	Yes
firm	Yes	Yes	Yes	Yes
Obs	58811	56595	78748	83166
R^2			0.017	0.027

资料来源：海关数据、中国工业企业数据库、WDI 以及 CEPII 匹配数据。
注：括号内为 t 值。***、** 分别代表 1%、5% 的统计显著性。

三、互联网搜寻效应的异质性：官方主页与电子邮箱

国内企业在样本期间（2004—2007 年）存在建设官方主页或建设企业电子邮箱两种使用互联网的形式。为此，我们将全样本中同时建设官方主页和建设电子邮箱，以及仅有建设官方主页的观测值剔除，保留仅通过电子邮箱方式使用互联网的企业样本，然后以电子邮箱为解释变量进行基准模型再回归。表 5.8 的（1）、（2）、（3）列为全样本回归结果，建设电子邮箱对企业出口进入存在显著的正向效应，但对出口产品种类的影响未通过10% 的显著性检验。再者，我们根据前文一致的分析逻辑，将样本划分为高、低生产率两个分样本，继续观察建设电子邮箱是否对不同技术水平企业组的出口行为具有系统性差异，结果如表 5.8 的（3）、（4）列所示，无论高、低生产率企业，建设电子邮箱均未体现出显著的出口产品集合扩张作用。以电子邮箱为解释变量的回归结果，验证了电子邮箱因其点对点的相对私密性质抑制了互联网搜寻效应的发挥，也是对官方主页因其开放、公开性质而存在互联网搜寻效应、促进出口产品集合扩张的一个重要佐证。

表 5.8　官方主页与电子邮箱的出口产品扩张边际

变量	出口进入	产品集合	产品集合	
			高生产率	低生产率
	(1)	(2)	(3)	(4)
Email	0.2025***	0.0295	0.2012	0.1266
	(2.84)	(0.20)	(0.14)	(0.09)
tfp	0.2931***	0.6214***	1.5532***	0.1257
	(9.47)	(7.50)	(3.79)	(0.08)
scale	0.3591***	1.2426***	1.1299***	0.8834***
	(15.33)	(20.59)	(10.53)	(8.15)
capital	0.0973***	0.3695***	0.3771***	0.2420***
	(7.88)	(10.13)	(6.10)	(4.69)
M	0.1366***	0.6292***	0.4273***	0.8688***
	(12.65)	(18.62)	(5.93)	(4.84)
wage	0.2256***	0.4939***	0.2774***	0.3700***
	(14.92)	(11.66)	(17.00)	(16.04)
hhi	0.0820*	0.0900	0.0551	0.0829
	(1.88)	(0.78)	(0.19)	(0.13)
Cons		−10.4630***	−8.7847***	−10.0312***
		(−11.59)	(8.57)	(10.876)
year	Yes	Yes	Yes	Yes
firm	Yes	Yes	Yes	Yes
Obs	127783	131857	79922	81999
R^2		0.023	0.047	0.020

资料来源：海关数据、中国工业企业数据库、WDI 以及 CEPII 匹配数据。

注：括号内为 t 值。***、* 分别代表 1% 和 10% 的统计显著性。

第四节　小　结

基于上篇对出口动态的探究，本章沿着出口企业行为的顺序从出口产品边际的视角分析了互联网、搜寻效应与出口产品边际的关系。本章基于2004—2007 年中国工业企业数据库与海关的匹配数据，聚焦研究互联网对中国多产品出口企业出口边际的作用效应与传导机制。本章主要结论可以归纳如下。

第一，互联网对企业成功进入出口市场具有统计上显著的出口进入效应，相比于控制组企业，互联网将使企业进入出口市场的概率提高约12%，这意味着互联网通过降低跨国信息搜寻成本促进出口进入的效应不仅在统计上显著，而且具有足够显著的经济效应。对在位出口企业而言，互联网在产品种类维度上均对企业出口产品集合具有显著的扩张作用，即互联网对出口扩展边际具有提升的作用。

第二，出口目的国互联网发展水平可进一步增强互联网搜寻效应，同时鉴于电子邮箱具有点对点的相对私密性质，抑制了国际信息搜寻与市场竞争的效应，企业建设官方主页可获得远大于建设电子邮箱的互联网搜寻效应。

第三，互联网搜寻效应带来的出口产品集合扩张在不同生产率企业中具有显著的异质性。对于低生产率企业而言，互联网无论是对出口进入还是出口产品集合扩张均没有显著的影响；对高生产率企业而言，互联网表现出强烈的出口扩张效应。这是因为，与现有国内外相关文献相比，本章将互联网对贸易增长的动态效应扩展为市场搜寻带来的成本降低效应和市场竞争效应，而市场竞争效应对出口扩张的影响在低生产率企业和高生产率企业中的表现具有差异性。这一分析框架增进了对于互联网发展对出口贸易增长动态的影响及其背后传导机制的理解。

当前全球贸易保护主义日益强化，特别是美国挑起新一轮中美全面贸易摩擦，使我国对外贸易环境发生重大的阶段性转折变化，亟须通过互联网技术开拓贸易增长新方式，扩张贸易增长新空间。本章研究结论具有丰富的政策含义和现实内涵：一是在宏观上，在国际物流成本大幅降低背景下，国际市场信息搜寻成本构成国内企业进入出口市场的巨大沉没成本门槛，通过鼓励建设新一代互联网基础设施，鼓励双边信息开放与提高透明度，降低企业获得海外市场信息的成本，进而跨越海外市场搜寻匹配障碍，具有重要贸易产品扩张效应。二是在微观上，鼓励出口企业实现"互联网＋"并进一步推进"移动互联网＋"，通过积极利用国际化互联网交易平台、移动互联网终端等新兴互联网贸易渠道，大幅降低国际进口商、海外消费者和本国企业产品的信息交流成本，提升市场搜寻匹配效率，加快产品面向目的国的适应性创新，开辟新的出口市场空间。三是鉴于互联网的搜寻效应具有双面性，将使国内产品与海外消费者之间的信息不对称性降低，导致企业直接面临更加广泛的国际市场竞争，国内企业更需要通过提升企业生产率和产品竞争力赢得国际竞争。

第六章 互联网、搜寻效应与边际扩展：空间集合视角

第五章从产品集合的层面研究了互联网与出口边际之间的关系。然而，正如命题 5.2 所述，对于企业来说，使用互联网后不仅仅会调整企业内部的产品集合，也会根据自身情况以及出口目的国市场环境调整目的国的范围。为此，本章将从空间集合视角分析互联网与出口边际的关系。

本章的内容安排如下：首先，构建计量模型并选取相应的变量；其次，构建数据库及相应核心指标，并进行统计特征描述和基本事实刻画；再次，基于计量模型进行实证检验，并进行实证结果分析和稳健性检验；最后，对本章内容进行小结。

第一节 模型构建与典型化事实

一、计量模型构建

参照第五章研究思路，我们首先观察实现互联网对出口进入行为决定的影响，同时为从需求端观察出口目的国互联网发展水平及企业互联网化对"企业—目的国"的协同作用，需构建"企业—目的国"层面的数据，并建立交互效应模型。这一实证结果已经在第五章的第三节进行了检验。本章不再赘述。

企业一旦进入国际市场，便依据自身特征、目的国及非对称贸易壁垒条件等因素，进行出口空间集合选择（Coe et al.，2009）。本章将着重从企业空间集合的变化来分析互联网技术与出口边际之间的关系。为观察互联网对其出口空间集合动态的影响，我们构建了如下多元线性计量模型：

$$\text{Var}_{i,j,t}^{\text{I}/\text{II}/\text{III}} = \beta_0 + \beta_1 \text{Int}_{i,j,t} + \theta_1 \text{Controls}_{i,t} + \theta_2 \text{Controls}_{j,t} + \delta_i + \delta_t + \varepsilon_{i,j,t}$$

$$(6.1)$$

其中，i、j、t 分别表示企业、行业以及年份，δ_i、δ_t 分别为个体固定效应和时间固定效应，ε 为干扰项。被解释变量 $\text{Var}_{i,j,t}^{\text{I}}$、$\text{Var}_{i,j,t}^{\text{II}}$ 分别表示企业在发生国际贸易后的出口空间扩展边际和集约边际，$\text{Var}_{i,j,t}^{\text{III}}$ 则表示以企业出口目的国收入水平和出口份额权重调整的出口结构边际。

二、变量选择

$\text{Int}_{i,j,t}$ 为本章核心解释变量，表示行业 j 中的企业 i 在 t 年的生产运营行为是否使用了互联网，延续前面的思路，我们以企业是否建设官方主页为判别值进行代理。

$\text{Var}^{\text{I}}_{i,j,t}$ 表示行业 j 中企业 i 在 t 年的出口空间扩展边际，以企业出口目的国数目代理。$\text{Var}^{\text{II}}_{i,j,t}$ 表示行业 j 中企业 i 在 t 年的出口空间集约边际，以"企业—目的国"平均出口额表示。扩展边际和集约边际代理指标的选取符合学界惯例。

$\text{Var}^{\text{III}}_{i,j,t}$ 表示行业 j 中企业 i 在 t 年的出口空间结构边际（structural margin）。出口空间扩展边际和集约边际并不能完整刻画企业出口空间集合的全部信息。即使空间扩展和集约边际完全相同的两个企业，因出口目的国分布不同，出口空间集合亦可存在重大结构异质性。为此，本章构造了企业出口空间结构边际，以 $\text{Var}^{\text{III}}_{i,j,t}$ 表示。其具体测算方法如下：

$$\text{Var}^{\text{III}}_{i,j,t} = \sum_{k=1}^{N} \frac{\nu_{k,i,j,t}}{V_{i,j,t}} \times \text{Rank}_{k,t}。$$

其中，$\nu_{k,i,j,t}$ 表示行业 j 中的企业 i 在 t 年向国家 k 的出口数额，$V_{i,j,t}$ 则为企业 i 当年的总出口额，$\text{Rank}_{k,t}$ 表示国家 k 在企业出口空间集合中的相对重要性。鉴于收入水平是反映出口目的国特征的重要综合变量，且数据易得，本章根据收入水平对目的国进行数字排序[①]，收入水平越高的目的国被赋予越高的数值。$\text{Var}^{\text{III}}_{i,j,t}$ 意味着经过出口份额权重调整的出口空间结构边际，$\text{Var}^{\text{III}}_{i,j,t}$ 越大，表示企业出口产品越集中在发达国家或地区，$\text{Var}^{\text{III}}_{i,j,t}$ 越小则反之。

$\text{Control}_{i,t}$ 为一组企业层面控制变量。包括企业规模（scale）、企业资本劳动比（capital）、企业中间品投入（M）以及企业支付工人工资（wage）。新贸易理论认为，规模较大的企业无论是在规模经济的实现上，还是在产品研发、销售网络以及市场势力的维持上，都具有明显的市场竞争优势，对企业进入国际市场具有较大影响。本部分采用企业从业人数指标刻画企业规模。同时，一般认为，相对于劳动密集型企业而言，资本密集型企业在研发上具有更加显著的优势。我们利用固定资产净值年平均余额与从业人员数的比值来衡量企业资本劳动比。工资在一定程度上是企业人力资源

---

① 本章以样本期基期即 2004 年收入水平为准对各目的国进行排序，因为各国收入水平相对高低在样本期间的变化幅度极小，更重要的是，这样可规避收入水平波动对互联网带来的贸易效应造成同时性偏误。

水平的反映,工资水平越高,企业研发能力越强。

Controls$_{j,t}$为行业层面控制变量。本章主要纳入行业竞争程度指标(hhi),并以行业赫芬达尔指数的倒数来衡量行业竞争程度。

三、互联网与空间集合扩展:典型化事实

本章企业层面的大部分数据源自中国工业企业数据库 1998—2007 年的数据。该数据库涵盖了中国所有国有企业和年销售收入在 500 万元及以上的非国有企业。借鉴 Brandt et al. (2012)、Aghion et al. (2005)、黄先海等(2015)的做法,本章删除了不符合基本会计逻辑关系的错误记录。另外,因核心变量 Int$_{i,j,t}$的数据从 2004 年起才具备统计记录,因此本章截掉了 2004 年之前的数据,得到 2004—2007 年的工业企业微观面板数据。

企业层面的出口行为数据来自海关数据。我们首先对中国工业企业数据库与海关数据库的数据进行了匹配,以实现企业出口额以及目的国层面的指标测度。匹配方法参考黄先海等(2016),具体如下:第一步,根据企业名称进行匹配;第二步,在上一步的基础上,根据企业所在地的邮政编码和企业号码的后 7 位进行匹配。匹配上企业的数量占到对应年份中国工业企业数据库中出口企业数量的 48.94%,出口额占到中国工业企业数据库出口额的一半左右,基本可以反映中国出口企业行为全貌。

表 6.1 汇报了主要变量的含义及统计特征。

表 6.1　主要变量的含义及统计特征

变量	变量含义	观测值	均值	标准差	第 5 百分位数	第 95 百分位数
Int	企业互联网使用情况	1185327	0.1153	0.3194	0	1
scale	企业规模	1175779	10.1043	1.3221	8.5370	12.4624
capital	企业资本劳动比	1176608	3.6593	1.4114	1.3291	5.8479
M	企业中间品投入	1175079	9.7997	1.3762	8.1542	12.1961
wage	企业支付工人工资	1183613	2.6526	0.7189	1.6057	3.7680
hhi	行业竞争程度	1185327	0.7189	0.6863	−11.9009	−9.9046

资料来源:2004—2007 年的中国工业企业数据库。

注:scale、capital、M、wage 以及 hhi 均取对数值,Int 为哑变量。

利用 2004—2007 年中国工业出口企业的空间集合进行统计分析后,本章发现了三大典型化事实,可初步揭示互联网对出口空间边际变化的影响。

表 6.2　中国企业出口空间集合特征

出口目的国	总样本企业占比	2004 年样本	2007 年样本
1 个	0.28	0.22	0.20
2—10 个	0.46	0.54	0.52
11—25 个	0.17	0.18	0.20
26 个及以上	0.08	0.06	0.08

资料来源：2004—2007 年的中国工业企业数据库和海关数据。

注：最小值为 1，最大值为 10，平均值为 8.29。

第一，多目的国出口企业是中国出口企业的主体，且具有相对更明显的出口空间多元化偏好。表 6.2 的统计数据表明，中国企业平均出口目的国个数达到 8 个以上，最大值达到 170 个，其中，个数大于 2 的企业约占全部企业的 72%，个数大于 10 的企业则约占全部企业的 25%，并且具备 10 个以上出口目的国的企业占比呈现扩大趋势。这一结果高于 Lawless（2010）基于爱尔兰以及 Alvarez and Görg（2009）基于智利大概同期出口企业市场分布的研究结论。如爱尔兰企业出口目的国个数大于 10 的出口企业占比为 17%，而智利该指标仅为 6% 不到。

第二，企业使用互联网与出口空间扩展边际增长同步相关。表 6.3 中的统计结果表明，2004—2007 年，中国实现互联网化的出口企业数目逐步增多。[①] 与此同时，企业平均出口目的国个数即空间扩展边际不断增长。表 6.3 依据是否使用互联网将总样本划分为互联网企业组与非互联网企业组，结果表明互联网企业组的出口空间扩展边际比非互联网企业组平均高出 2 个左右，且呈现相对稳健的扩大趋势。因此，可初步判断互联网对企业出口空间扩张具有重要的正向促进作用。

第三，企业使用互联网与其出口空间集约边际、结构边际的增长并无明显正向关系。表 6.3 反映了互联网企业组与非互联网企业组的集约边际和结构边际的对比关系。结果表明，与出口空间扩展边际增长高度相关相反，互联网企业组的集约边际和结构边际都比非互联网企业组要低，这意味着使用互联网的出口企业并没有提升其在出口目的国的出口份额，也并没有向更高收入水平国家增加或转移出口。据此可初步判断，互联网对企业空间集约边际和空间结构边际具有负向影响。

---

① 表 6.3 中，2004 年互联网化出口企业个数大于 2005 年的原因之一可能是 2004 年为普查年，因而原始数据搜集详细。譬如，本书发现在 2004—2005 年连续存在的企业样本当中，存在 2004 年具有企业官方主页数据而 2005 年却空值的企业。

表 6.3　互联网与出口空间边际：2004—2007 年

变量	2004 年	2005 年	2006 年	2007 年
全样本平均出口目的国个数	7.70	8.04	8.29	8.83
互联网化出口企业个数	12086	11992	13700	14460
互联网企业组平均扩展边际	9.12	10.18	10.25	10.32
非互联网企业组平均扩展边际	7.43	8.37	8.23	8.46
互联网企业组平均集约边际	12.0807	12.2226	12.2377	12.2656
非互联网企业组平均集约边际	12.3165	12.4090	12.4384	12.4514
互联网企业组平均结构边际	5.1425	5.1442	5.1447	5.1449
非互联网组企业平均结构边际	5.1460	5.1488	5.1489	5.1491

资料来源：2004—2007 年的中国工业企业数据库和海关数据。

注：互联网企业组表示该组企业建设了官方主页。

第二节　互联网与企业出口空间边际：基准回归

　　企业一旦进入出口市场，互联网将会通过搜寻匹配效应使交易成本、市场需求等因素发生变化，进而使企业表现为在出口空间扩展边际、集约边际以及结构边际三个维度上的空间集合的动态调整。式(6.1)构建了互联网对企业出口空间边际在三个层面的影响，我们分别以三种计量方法进行回归，相应的计量结果列于表 6.4。

　　就空间扩展边际而言，混合回归 POLS 模型下，核心解释变量 Int 的回归系数为正且通过 1% 的显著性检验，初步说明互联网对企业出口空间集合扩张具有统计显著的正向作用。不过，POLS 模型无法充分利用面板数据提供的个体特定的异质性信息。经 F 检验和 Hausman 检验，p 为 0.0000，强烈表明样本存在非随机形式的固定效应，固定效应(FE)模型要优于混合回归(POLS)模型和随机效应(RE)模型。表 6.4 的(2)列结果表明，在控制个体固定效应后，互联网对出口空间扩展边际的正向促进作用并不改变，且仍然通过显著性检验。上述混合回归模型及固定效应模型存在一个约束，即要求被解释变量呈现标准正态分布。参考 Li and Zhou (2005)，LR 检验结果显示被解释变量存在过度分散问题，因此考虑使用面板负二项回归(NBR)模型对样本进行重新估计。[①] 结果显示，Int 的回归系

---

　　① 断尾回归的似然函数还可以是泊松形式，相应地，本章还采用了零断尾泊松模型(zero-truncated Poisson regression)进行再估计，回归结果与负二项回归模型一样，并无系统性改变。

表 6.4　互联网与企业出口空间边际动态

变量	空间扩展边际			空间集约边际			空间结构边际		
	POLS 模型	FE 模型	NBR 模型	POLS 模型	FE 模型	Tobit 模型	POLS 模型	FE 模型	Tobit 模型
	(1)	(2)	(3)	(4)	(5)	(6)	(7)	(8)	(9)
Int	0.0448*** (0.0049)	0.0114* (0.0062)	0.0530*** (0.0057)	-0.1111*** (0.0098)	-0.0149 (0.0138)	-0.2160*** (0.0106)	-0.0057*** (0.0011)	-0.0035** (0.0015)	-0.0059*** (0.0011)
scale	0.2111*** (0.0024)	0.2459*** (0.0043)	0.2636*** (0.0028)	0.4651*** (0.0047)	0.4748*** (0.0089)	0.4689*** (0.0047)	0.0011* (0.0005)	0.0032** (0.0010)	0.0010* (0.0005)
capital	0.0375*** (0.0017)	0.0795*** (0.0025)	0.0461*** (0.0021)	0.0610*** (0.0035)	0.1230*** (0.0053)	0.0623*** (0.0035)	-0.0041*** (0.0004)	0.0006 (0.0006)	-0.0041*** (0.0004)
M	0.0669*** (0.0040)	0.0311*** (0.0043)	0.1200*** (0.0060)	0.0662*** (0.0082)	0.0943*** (0.0089)	0.0663*** (0.0082)	-0.0051*** (0.0009)	-0.0001 (0.0010)	-0.0052*** (0.0009)
wage	0.0658*** (0.0022)	0.0712*** (0.0024)	0.0823*** (0.0028)	0.1459*** (0.0046)	0.1204*** (0.0051)	0.1463*** (0.0046)	0.0034*** (0.0005)	0.0014* (0.0006)	0.0035*** (0.0005)
hhi	0.0751*** (0.0048)	0.0131 (0.0115)	0.0941*** (0.0056)	-0.0403*** (0.0096)	-0.0183 (0.0239)	-0.0420*** (0.0095)	0.0150*** (0.0010)	0.0023 (0.0028)	0.0151*** (0.0009)
Cons	0.9920*** (0.0566)	0.0532 (0.1311)	2.1787*** (0.0676)	8.3420*** (0.1124)	8.4424*** (0.2631)	8.3116*** (0.1122)	5.3238*** (0.0112)	5.1460*** (0.0113)	5.3245*** (0.0111)
firm	No	Yes	Yes	No	Yes	Yes	No	Yes	Yes
year	Yes	Yes	Yes	Yes	Yes	Yes	Yes	Yes	Yes
p		0.0000			0.0000			0.0000	
Rho						0.8137			0.7425

续 表

变量	空间扩展边际			空间集约边际			空间结构边际		
	POLS 模型	FE 模型	NBR 模型	POLS 模型	FE 模型	Tobit 模型	POLS 模型	FE 模型	Tobit 模型
	(1)	(2)	(3)	(4)	(5)	(6)	(7)	(8)	(9)
R^2	0.0896	0.0754		0.1101	0.1023		0.1102	0.0107	
Obs	160945	160945	160945	160945	160945	160945	160945	160945	160945

资料来源：2004—2007 年的中国工业企业数据库和海关数据。

注：表中 FE 模型均执行 Hausman 检验，并列出相应的 p 值。NBR 模型执行 LR 检验，p=0.0000,拒绝被解释变量的均等分散原假设。Tobit 模型执行似然比检验，显示存在个体效应。括号内为标准误。***、**、* 分别代表 1% 和 10% 的统计显著性。

数仍然为正,且统计显著性进一步提升。三种方法的结果均支持互联网对企业出口空间集合存在的搜寻匹配效应,即促进向更多目的国出口,实现出口空间集合扩张,也证明了命题 5.2 的结论。

对于空间集约边际或空间结构边际,POLS 模型、FE 模型以及 Tobit 模型等三种方法下 Int 的回归系数均为负,意味着互联网的搜寻效应对企业出口目的国层面的平均出口强度提升以及向高收入地区的出口转移并不具有促进作用。背后可能存在两个方面的机制:第一,数量原因。当企业使用互联网后,出口目的国数目较大幅度增长,在该情况下即使企业总出口额提高,平均意义的空间集约边际仍然下降。第二,竞争原因。集约边际扩展更多依赖与该市场上同类产品相比的生产率竞争力,使用互联网难以提升企业生产率,并且高收入目的国一般面临更为激烈的市场竞争,企业接入互联网后通过市场匹配优化,反而转向寻求进入中低收入市场以取得当地竞争优势。

验证上述两种机制并非本章的主要内容,但为初步揭示机制存在的可能性,我们为此进行数据分组刻画,结果见表 6.5。从表 6.5 中我们得出如下两点结果:第一,使用互联网的出口企业相比使用互联网之前,出口空间扩展边际提升,同时企业总出口额也出现明显提升,因此空间集约边际对互联网的回归系数为负可能仅仅是出口空间扩展边际的平均分担效应。第二,空间结构边际降低的企业反而出现利润率的提升,表明企业使用互联网的意义并不在于推动企业向更高收入水平市场进行出口转移,而是通过自身产品与目的国市场匹配,获得再配置效应,实现利润最大化。

表 6.5　空间结构边际和利润率

变量	2004 年	2005 年	2006 年	2007 年
空间结构边际上升组平均利润率	0.0196	0.0264	0.0288	0.0322
空间结构边际下降组平均利润率	0.0200	0.0296	0.0297	0.0336

注:单边 t 检验结果显示,两组数据具有显著差异,空间结构边际上升组数据显著小于空间结构边际下降组数据,p 为 0.0047。

第三节　稳健性检验

一、异质性检验

我们按所有制、出口贸易模式等不同标准对出口企业进行分类,再分别进行回归。表 6.6 汇报了估计结果。从所有制性质来看,互联网对国有企业出口空间扩展边际、结构边际的影响为正但并不显著,而对民营企业

表 6.6　互联网对企业出口空间边际的影响：异质性检验结果

分样本	扩展边际	集约边际	结构边际	Controls	Obs
国有企业	0.0041 (0.0235)	−0.0793*** (0.0389)	0.0005 (0.0056)	Yes	6943
民营企业	0.1354*** (0.0119)	−0.1173*** (0.0182)	−0.0033** (0.0012)	Yes	44022
一般贸易企业	0.0539*** (0.0064)	−0.1187*** (0.0109)	−0.0057*** (0.0013)	Yes	129772
加工贸易企业	0.0660*** (0.0114)	−0.0527** (0.0189)	−0.0031** (0.0014)	Yes	41481

资料来源：2004—2007 年的中国工业企业数据库和海关数据。

注：括号内为标准误，***、** 分别代表 1％、5％的统计显著性。所有回归结果均通过 Wald 检验。所有制分类依据来自中国工业企业数据库。为节省篇幅，上述回归控制变量的回归结果未列出。

出口空间扩展边际的正面效应以及对结构边际的负面影响均在 1％水平上高度显著。出现该情形的主要原因可能是国有出口企业大多布局在重化工等大宗商品以及中间品领域，民营企业则多布局在与市场需求紧密关联的消费品领域，在市场竞争、交易成本以及市场搜寻方面显然存在更高的敏感性，因此互联网对民营企业在目的国扩张以及产品转移方面具有更显著的作用。

相比于一般贸易企业，加工贸易企业在扩展边际上对互联网的回归系数更高，但在集约边际和结构边际维度上互联网的作用力度减弱，这正是加工贸易企业以海外市场订单扩展并且具有相对稳固订单联系的体现。

二、Heckman 两阶段模型

企业是否选择使用互联网可能并非随机行为，而是根据其技术水平、出口竞争程度等环境而定。这种非随机性的样本筛选会导致有偏估计（Coe and Hoffmaister,1999）。为此，我们采用 Heckman(1979)构造的两阶段模型，以纠正潜在的自选择问题对计量结果的影响。回归结果如表6.7 显示，其中，(1)列为 Heckman 第一阶段回归结果，Heckman 第一阶段实质上是对企业互联网选择行为进行二元选择 Probit 模型。(2)—(4)列为三个边际的 Heckman 第二阶段结果。逆米尔斯比率(IMR)回归系数显著为负，表明基准回归确实存在选择性偏误。从结果来看，三个边际对 Int 的回归系数与表 6.4 相比，在回归符号一致情况下均出现扩大，意味着不考虑自选择问题会导致内生性，确实会低估互联网对扩展边际的提升作用以及对集约边际和结构边际的降低作用。

表 6.7　内生性处理的结果：Heckman 与 SUR

变量	Heckman				SUR		
	第一阶段 (1)	扩展边际 (2)	集约边际 (3)	结构边际 (4)	扩展边际 (5)	集约边际 (6)	结构边际 (7)
Int		0.0913*** (0.0035)	−0.0611** (0.0271)	−0.0207* (0.0115)	0.1101*** (0.0013)	−0.3876*** (0.0039)	−0.0188*** (0.0068)
scale	0.0314*** (0.0092)	0.0772*** (0.0022)	0.3427*** (0.0175)	0.1233*** (0.0074)	0.2150*** (0.0004)	0.5658*** (0.0014)	0.0664*** (0.0025)
capital	−0.0041*** (0.0024)	−0.0290*** (0.0008)	0.0309*** (0.0074)	0.0159*** (0.0032)	0.0192*** (0.0004)	0.0555*** (0.0012)	0.0073*** (0.0021)
M	0.0208** (0.0087)	0.0229*** (0.0020)	0.0151 (0.0135)	0.0052 (0.0057)	0.1322*** (0.0013)	−0.0044 (0.0041)	−0.0429*** (0.0071)
wage	0.0649*** (0.0047)	0.0176*** (0.0012)	0.0306*** (0.0082)	0.0125*** (0.0035)	0.0536*** (0.0008)	0.2419*** (0.0023)	0.0616*** (0.0040)
hhi	−0.0182*** (0.0047)	0.0033* (0.0018)	−0.0241 (0.0437)	−0.0153 (0.0186)	−0.0150*** (0.0003)	−0.6934*** (0.0010)	−0.4017*** (0.0017)
L.Int	3.1217*** (0.0065)						
IMR		−0.0479*** (0.0016)	−0.2416*** (0.0096)	−0.1112*** (0.0040)			
Cons	−2.8982*** (0.0589)	0.5283*** (0.0232)	−2.0486*** (0.4998)	−0.7130*** (0.2126)			
R^2	0.6346	0.0554	0.0718	0.0211			

续　表

变量	Heckman				SUR		
	第一阶段	扩展边际	集约边际	结构边际	扩展边际	集约边际	结构边际
	(1)	(2)	(3)	(4)	(5)	(6)	(7)
BP					0.0000	0.0000	0.0000
Obs	691022	691022	691022	691022	160780	160780	160780

资料来源：2004—2007 年的中国工业企业数据库和海关数据。

注：BP 行数值显示的是针对 SUR 回归的同期相关检验的 p。括号内为标准误。*、***、* 分别代表 1% 和 10% 的统计显著性。

三、似不相关回归

对企业出口空间集合任意一个维度上的边际变动产生影响的变量特别是扰动项，均有可能对剩余两个边际产生关联影响，因而三个回归模型可能存在同期相关性。对回归模型随机误差项的同期相关性进行 Breusch-Pagan 独立性检验的结果显示，χ^2 为 4865.731，相应的 p 为 0.0000，即高度拒绝"随机误差项不具有同期相关性"的原假设。我们采用基于联立方程的似不相关回归（SUR）同时对三个回归模型进行系统估计，从而最大限度地规避联立性偏误。回归结果如表 6.7 显示，解释变量 Int 的回归系数数值在扩展边际和集约边际维度均有所提高，而在集约边际和结构边际维度上的显著性均提高到 1% 水平以上。可见，似不相关回归在控制联立性偏误后，参数回归结果仍与基准模型保持一致，但是参数的估计效率进一步提升。

四、工具变量法

企业互联网行为与出口空间边际变化是否存在一定程度的互为因果关系？互联网有助于企业出口进入和出口空间边际动态调整，同时出口企业自身也具有强烈倾向通过使用互联网进一步降低市场搜寻成本。这将导致被解释变量与解释变量存在互为因果的内生性问题。当前，纠正此类内生问题的一个主要方法是找到解释变量的合理代理变量作为工具变量。我们利用企业所在省份的单位面积光纤长度、域名总量等反映区域互联网总体发展水平的省级层面数据作为企业是否选择互联网的工具变量。原因在于：第一，所在省份单位面积光纤长度、域名总量等总体水平对企业是否使用互联网具有直接影响；第二，企业层面的出口空间边际变化很难对所在省份的互联网总体发展水平产生无法忽略的反向影响。以企业所在省份单位面积光纤长度以及域名总量来反映企业互联网行为（Int）的工具变量，可以同时较好满足工具变量的选择条件。

表 6.8 的(1)—(3)列汇报了以企业所在省份单位面积光纤长度、域名总量为企业互联网的工具变量并进行 2SLS 回归的估计结果与相关检验结果。三个边际上 F 的 p 均为 0.0000，表明并不存在弱工具变量问题，而 Sargan 检验的 p 也显著大于 0.05，通过了过度识别的约束检验证明工具变量外生。从回归结果来看，扩展边际、集约边际以及结构边际对解释变量 Int 的回归系数均与前文表 6.4 回归结果保持一致，但回归的经济性和统计显著性均获得提升，以扩展边际为例，使用互联网的企业将比未使用互联

网的企业的出口扩展边际提高约 1.81,这意味着平均意义上,实现"互联网+"将使企业出口增加 2 个目的国。鉴于中国出口企业平均出口目的国数量为 8 个左右,"互联网+"的空间扩展意义相当可观。受到施炳展(2016)启发,我们还使用解释变量滞后项作为其自身工具变量进行了 2SLS 估计,表 6.8(4)—(6)列回归结果仍然与表 6.4 基准回归结果保持一致。

表 6.8 内生性处理的结果:2SLS

变量	省级层面数据为工具变量			解释变量滞后项为工具变量		
	扩展边际	集约边际	结构边际	扩展边际	集约边际	结构边际
	(1)	(2)	(3)	(4)	(5)	(6)
Int	0.5907***	−0.6188*	−0.0171***	0.0952*	−0.9228**	−0.0571***
	(0.1671)	(0.3590)	(0.0003)	(0.0526)	(0.4059)	(0.0190)
scale	0.2299***	0.4753***	0.0030***	0.1542***	0.3494***	0.0023*
	(0.0041)	(0.0090)	(0.0011)	(0.0061)	(0.0128)	(0.0013)
capital	0.0712***	0.1223***	0.0006	0.0371***	0.0610***	−0.0007
	(0.0024)	(0.0053)	(0.0006)	(0.0036)	(0.0075)	(0.0008)
m	0.0083***	0.0943***	0.0002	0.0231***	0.0789***	−0.0011
	(0.0040)	(0.0090)	(0.0006)	(0.0059)	(0.0123)	(0.0007)
wage	0.0832***	0.1215***	0.0013***	0.0397***	0.0927***	0.0193***
	(0.0023)	(0.0051)	(0.0006)	(0.0033)	(0.0069)	(0.0054)
hhi	0.0243***	−0.0212	0.0023	0.0088	−0.0156	0.0002
	(0.0111)	(0.0242)	(0.0028)	(0.0172)	(0.0359)	(0.0037)
firm	Yes	Yes	Yes	Yes	Yes	Yes
year	Yes	Yes	Yes	Yes	Yes	Yes
F	77.482	106.633	53.374	87.739	87.897	91.895
Sargan	0.1208	0.4205	0.7980	Exactly Identified		
Obs	137236	137236	137236	72287	72287	72287

资料来源:2004—2007 年的中国工业企业数据库和海关数据。

注:括号内为标准误。***、**、* 分别代表 1%、5% 和 10% 的统计显著性。

第四节 小 结

本章在第五章的基础上,基于中国工业企业数据库与海关数据,从空间视角研究了企业的互联网对出口空间集合边际动态变化的作用效应,并将经典二元边际拓展为空间扩展边际、集约边际和结构边际三个层次展开分析。主要结论可以归纳如下。

第一,互联网存在搜寻效应,对企业的出口贸易行为具有显著的正向激励作用，促进企业空间扩展边际增长。

第二，互联网存在"空间—产品"匹配效应。实证检验证明，互联网并不能促进企业出口空间集约边际和结构边际增长，反而促使企业向更多中低收入市场进行出口贸易转移，通过自身产品与目的国市场匹配，获得再配置效应，实现利润最大化。背后机制可能是中国出口企业在发达经济体市场上普遍缺乏国际竞争力，转向中低收入市场反而可以获得市场优势和竞争能力。这为企业选择互联网和实现出口空间优化提供了解释机制与经验证据。

本章研究拓展了互联网与贸易关系研究领域，并具有丰富的政策含义。首先，鼓励企业使用互联网，接入国际化互联网交易平台，以大幅减少国际进口商、消费者对本地企业产品的市场寻找匹配障碍，开辟新的出口市场空间。其次，鉴于不同收入水平目的国对产品出口多样化需求弹性的差异，进行空间优化匹配。对高收入的国家，企业应极大化互联网对出口空间扩展边际的扩张作用；而对中低收入的国家，企业则应充分发挥互联网在出口空间集约边际上的提升作用。

第七章　互联网、创新决策与出口边际扩展

本篇前面两章从搜寻效应的视角研究了互联网与产品集合边际、空间集合边际之间的关系。在商业信息以及市场快速变动的情况下,互联网等通信技术不仅能为企业带来各种商业信息,而且能显著提升对大量的复杂的外部知识的获取能力,从而提升企业处理信息的能力,并为企业提供更好的想法,改变企业的创新决策,进而间接影响出口企业的边际。本章将在前两章的基础上,考察互联网对出口边际的扩张是否存在间接效应,企业的创新决策是不是互联网影响出口边际的中介渠道。

本章的内容安排如下:首先,从知识搜寻的角度进一步分析互联网和企业创新决策之间的关系;其次,构建实证模型,从产品边际的角度实证检验"互联网→创新决策→产品边际"这一链式关系;再次,从空间边际的角度实证检验"互联网→创新决策→空间边际"这一链式关系;最后,对本章内容进行小结。

第一节　互联网、知识搜寻与企业创新决策

对于企业而言,不断创新的能力极其重要,而知识的获取以及知识体系的构建是企业保持创新能力和维持竞争优势的核心支撑力(陈恒和侯建,2016;李峰等,2021)。开放式创新理论认为,企业仅依赖内部的知识不足以完成创新活动。企业在创新过程中需要借助各种手段,通过搜寻与外界取得联系,以获取相应的知识,从而完成创新活动(卢剑峰和陈思,2021)。互联网等通信技术对出口企业而言不仅仅有助于降低运输成本,缩短空间距离,而且还能降低搜寻成本,提高搜寻效率。对企业而言,直接的搜寻对象主要是指目标产品、目标市场、目标客户等,而间接的搜寻对象则是知识。互联网为企业外部知识搜寻提供丰富的渠道,并能有效降低企业的搜寻成本,从而提升企业获取知识的深度与广度,促进企业进行创新活动。本书第三章第一节已经从直接的搜寻效应的视角对互联网与创新决策的关系展开了理论探究和实证检验,本章则着重从知识搜寻的视角,理论分析互联网与创新决策之间的关系。

以互联网为代表的新一代的通信技术的一个重要特征就是时空压缩。

互联网通信技术等将分布在世界各地的计算机、移动终端以及其他设备全部连接在一起,不断压缩时空,形成一个全球性网络系统,从而扩展了企业、地区、国家之间的交流范围,提高了地区可达性(庄彩云和陈国宏,2021;李雪等,2022)。对于知识的传播而言,互联网促进了知识信息的跨时空传播,提高了可达性,丰富了各个创新主体获取知识的来源地,增加了更多的"公共知识池"(Baptista and Swann,1998),提高了知识搜寻广度,从而丰富了原有地区的知识创新基础,提升了创新概率。

互联网的使用让企业对知识的搜寻跨越了传统的传递层级,显著提升了各创新主体之间的协同创新密度,打破了传统创新模式中缺乏有效的沟通机制导致的产学研间协同知识创造缺失的桎梏,从而让知识更高速地向纵深方向传输。互联网技术等相关通信技术的产生为不同创新主体的知识、信息、想法和成果相互碰撞提供了平台与可能,促进了各种创新思维的产生(庄彩云和陈国宏,2021),推动了对知识信息资源的整合互动效应,提升了知识挖掘的深度,从而提升了创新概率。

互联网平台的产生,为共享经济模式提供了重要的支撑。互联网平台作为一个免费的,开放的,共享知识发布、传递、扩散的平台,降低了创新主体为打破传统信息壁垒,搜寻海量信息所产生的大量搜寻匹配成本,使得创新主体之间能够借助平台进行精准识别并完成高效匹配。另外,企业(供给方)可以借助互联网快速地根据其需求实时、高效地了解相关领域的产业政策和前沿技术的动态;消费者(需求方)可以借助互联网跟进他们关心的产品、技术或者企业等情况,从而达成供需之间的相互匹配。最终,消费者可以及时向生产者提出诉求,获得个性化的定制服务,提升消费者福利;企业可以根据消费者的反馈及时调整创新活动,更新知识体系,从而提高创新过程中知识匹配的效率和创新成功概率。

基于以上分析,我们有理由认为,无论是从互联网引致的对产品、目的国等的直接搜寻效应来看,还是从互联网引致的对知识的搜寻效应来看,互联网都能提升企业创新意愿。

本书第三章就互联网对企业创新决策的影响已经进行了实证检验。研究结论显示,互联网确实提升了企业的创新意愿,这包括产品创新和工艺创新两种模式的创新。但是由互联网引致的这一类创新是否能进一步促进企业边际扩展?对于不同模式的创新而言,这一效应又是否存在异质性?这就需要进一步检验。

第二节　互联网、创新决策与产品边际扩展

在本节中，我们将从产品层面考察"互联网→创新模式→出口边际"这一链式关系。[1] 具体而言，本节将以多产品出口企业为研究对象，基于中介效应模型，首先分析创新行为在互联网与产品出口边际间的中介效应，然后在产品创新与工艺创新的异质性创新模式框架下，进一步分析不同的创新模式在互联网与产品出口边际之间的中介效应。

一、互联网、创新行为与产品边际扩展

为了检验企业创新行为是否在互联网与产品出口边际间存在显著的中介效应，我们依然借助中介模型进行回归检验。本节中介模型如下所示。

$$\mathrm{Var}_{i,j,t}^{\rho} = \alpha_0 + \alpha_1 \mathrm{Int}_{i,j,t} + \theta_1 \mathrm{Controls}_{i,t} + \theta_2 \mathrm{Controls}_{j,t} + \delta_i + \delta_t + \varepsilon_{i,j,t} \tag{7.1}$$

$$\mathrm{Dum}_{i,j,t} = \beta_0 + \beta_1 \mathrm{Int}_{i,j,t} + \theta_1 \mathrm{Controls}_{i,t} + \theta_2 \mathrm{Controls}_{j,t} + \delta_i + \delta_t + \varepsilon_{i,j,t} \tag{7.2}$$

$$\mathrm{Var}_{i,j,t}^{\rho} = \gamma_0 + \gamma_1 \mathrm{Int}_{i,j,t} + \gamma_2 \mathrm{Dum}_{i,j,t} + \theta_1 \mathrm{Controls}_{i,t} + \theta_2 \mathrm{Controls}_{j,t}$$
$$+ \delta_i + \delta_t + \varepsilon_{i,j,t} \tag{7.3}$$

式(7.1)、式(7.2)、式(7.3)中，$\mathrm{Int}_{i,j,t}$ 用以表示 t 年行业 j 中企业 i 互联网使用情况。式(7.2)、式(7.3)中，$\mathrm{Dum}_{i,j,t}$ 表示 t 年行业 j 中企业 i 的创新行为情况，是待检验的中介变量。式(7.1)、式(7.3)中的 $\mathrm{Var}_{i,j,t}^{\rho}$ 表示 t 年行业 j 中企业 i 的产品扩展边际，沿用第五章的思想，我们用企业产品集合的大小表示。其他变量与第六章设定相同。[2]

根据上述设定，本节对中介模型进行分析，具体结果如表 7.1 所示。其中，(1)—(3)列将是否建设官方主页作为企业使用互联网代理变量，检验企业创新决策是不是互联网影响企业产品边际扩展的重要中间渠道。为了证明计量模型的稳健性，(4)—(6)列为使用电子邮箱作为企业互联网代理指标的检验结果。具体而言，表 7.1 的(1)列考察了互联网对产品边际扩展的影响，结果显示互联网对出口产品种类的扩张具有统计上高度显著的正向效应，这与本书第五章的结论一致；(2)列考察了互联网对中介变

---

[1]　在第三章中，我们已经考察了互联网与企业创新决策之间的关系。

[2]　实际上式(7.1)和式(7.2)已经分别在第五章与第三章中得到了检验，但是由于样本数量有所变化，在此重新进行回归，一方面是对前面章节结论的验证，另一方面也方便比较相对系数的大小。

量企业创新行为的影响,研究结论显示,互联网能显著提升企业的创新意愿,这一结论已被前文反复证明;(3)列将中介变量企业创新行为加入基准回归模型,回归结果显示互联网的系数与企业创新行为的系数都在统计上显著为正,而且通过了 Sobel 检验,说明企业创新行为是互联网影响产品扩展边际的重要中介渠道。比较(3)列和(1)列的互联网的回归系数,我们发现(3)列回归系数小于(1)列回归系数,说明互联网对产品扩展边际的影响的总效应的确由中介变量企业创新行为进行了分散。

表 7.1　互联网、创新行为与产品边际扩展:中介模型

变量	官方主页			电子邮箱		
	(1)	(2)	(3)	(4)	(5)	(6)
	Var^p	Dum	Var^p	Var^p	Dum	Var^p
Int	0.0334*** (0.0077)	0.0709*** (0.0051)	0.0306*** (0.0077)	0.0069 (0.0103)	0.0825*** (0.0058)	0.0053 (0.0103)
Dum			0.0400*** (0.0071)			0.0238*** (0.0076)
Controls	Yes	Yes	Yes	Yes	Yes	Yes
firm	Yes	Yes	Yes	Yes	Yes	Yes
year	Yes	Yes	Yes	Yes	Yes	Yes
Obs	38139	38139	38139	38139	38139	38139
R^2	0.3382	0.2275	0.3408	0.1924	0.2182	0.1928
Sobel 检验			12.72***			—

资料来源:2004—2007 年的中国工业企业数据库和海关数据。

注:括号内为标准误。*** 代表 1% 的统计显著性。

表 7.1 的(4)—(6)列用企业是否建设电子邮箱作为互联网的代理变量进行回归检验。(4)列回归结果显示,以电子邮箱为代理指标的互联网对产品出口扩展边际的影响为正,但是在统计上并不显著。这与第五章的回归结论依旧保持一致,说明电子邮箱因其点对点的相对私密性,引致了互联网对产品扩展边际的促进作用具有局限性。(5)列检验了电子邮箱对企业创新行为的影响,研究结果显示以电子邮箱为互联网的代理指标,对企业创新行为仍然有显著的提升作用,说明电子邮箱虽然存在点对点的范围局限,但是并不影响其作为促进创新资源流动,提升创新概率的一种重要的手段与方式。(6)列为将中介变量加入基准模型的回归结果,互联网的系数仍然不存在统计上的显著性,进一步证明了企业创新行为并不是影响使用电子邮箱和产品扩展边际的重要渠道,也即企业创新行为在以电子

邮箱为互联网代理变量的分析中并不存在中介效应。

为了避免传统基于线性结构的中介模型计算所带来的偏误，接下来我们基于第三章构建的因果中介模型，对创新行为在互联网与产品边际扩展中所表现的中介效应进行再检验。回归结果如表 7.2 所示。

表 7.2　互联网、创新行为与产品边际扩展：因果中介模型

结果变量	中介变量	ACME	ATT	中介效应占比/%
产品边际	创新行为	0.0124	0.0407	30.47

注：ACME 为平均因果中介效应，ATT 为总效应，中介效应占比＝ACME/ATT。ACME、ATT 以及中介效应占比都通过了 5％置信水平的显著性检验。

表 7.2 的因果中介模型回归结果显示，互联网对产品出口扩展边际的平均总效应为 0.0407，企业创新行为的平均中介效应为 0.0124，中介效应占比为 30.47％，且中介效应显著。

二、互联网、创新模式与产品边际扩展

对于不同创新模式而言，产品创新和工艺创新分别在互联网与产品出口扩展边际中发挥着何种作用？两种不同模式的创新是否在"互联网→创新模式→产品边际扩展"这一链式关系中均产生了显著的中介效应？是否存在异质性？这就需要沿袭上一部分的计量模型，在中介模型的基础上对不同创新模式在链式关系中的中介效应进行进一步的剖析与检验。

表 7.3 所示的回归结果中，(1)—(3)列为对产品创新中介效应的检验结果，(4)—(6)列为对工艺创新中介效应的检验结果。具体来看，(1)列检验了互联网对产品扩展边际的影响，结论与表 7.1 的(1)列以及表 7.3 的(4)列的回归结果相同，都是对式(7.1)的回归结果。表 7.3 的(2)列检验了互联网对企业产品创新决策的影响，结果发现互联网的系数显著为正，与第三章中的回归结果一致，说明企业互联网能显著提升企业产品创新的意愿。表 7.3 的(3)列是将企业产品创新决策这一中介变量加入基准回归模型的回归结果，互联网的系数以及企业产品创新决策的系数都显著为正，且通过了 Sobel 检验，说明在互联网契入影响产品出口扩展边际的过程中，产品创新起到了重要的中介作用。比较表 7.3 的(3)列与(1)列的互联网的回归系数的大小，我们发现(3)列的回归系数较(1)列小，这进一步证明了产品创新的中介效应的存在。

对于工艺创新而言，(4)列的回归结果与(1)列一致，在此不再赘述；(5)列检验了互联网对企业工艺创新决策的影响，结果显示互联网能提升企业工艺创新的意愿，与第三章回归结果一致；(6)列为中介模型的最后一

表 7.3 互联网、创新模式与产品边际扩展：中介模型

变量	产品创新			工艺创新		
	(1)	(2)	(3)	(4)	(5)	(6)
	Var^p	Dum	Var^p	Var^p	Dum	Var^p
Int	0.0334***	0.0549***	0.0322***	0.0334***	0.0049***	0.0334***
	(0.0077)	(0.0044)	(0.0077)	(0.0077)	(0.0020)	(0.0077)
Dum			0.0212***			0.0097
			(0.0073)			(0.0104)
Controls	Yes	Yes	Yes	Yes	Yes	Yes
firm	Yes	Yes	Yes	Yes	Yes	Yes
year	Yes	Yes	Yes	Yes	Yes	Yes
Obs	38139	38139	38139	38139	38139	38139
R^2	0.3382	0.5515	0.3386	0.1924	0.5492	0.3382
Sobel 检验			6.160***			0.2057

资料来源：2004—2007 年中国工业企业数据库和海关数据。

注：括号内为标准误。*** 代表 1% 的统计显著性。

步，互联网的系数显著为正，但是企业工艺创新的系数在统计意义上并不显著，且没有通过 Sobel 检验，说明互联网仅对产品出口扩展边际产生了直接效应，而无法通过工艺创新这一渠道影响产品集合的扩张，即工艺创新在互联网与产品集合间并不存在中介效应。

为了避免传统基于线性结构的中介模型计算所带来的偏误，我们基于第三章构建的因果中介模型，对创新行为在互联网与产品边际扩展间的中介效应进行再检验。回归结果如表 7.4 所示。

表 7.4 互联网、创新模式与产品边际扩展：因果中介模型

结果变量	中介变量	ACME	ATT	中介效应占比/%
产品边际扩展	产品创新	0.0010	0.0408	2.45
	工艺创新	0.0002	0.0408	0.60

注：ACME 为平均因果中介效应，ATT 为总效应，中介效应占比＝ACME/ATT。ACME、ATT 以及中介效应占比都通过了 5% 置信水平的显著性检验。

因果中介模型的回归结果显示，总体而言，互联网对产品出口边际的扩张起着正向促进作用，其中，产品创新渠道的中介效应占 2.45%，工艺创新的中介效应占 0.60%，说明互联网主要通过产品创新模式渠道影响产品出口边际扩展。

第三节　互联网、创新决策与空间边际扩展

在本节中，我们将从空间层面考察"互联网→创新决策→出口边际"这一链式关系，深入分析企业创新行为以及不同的创新模式在互联网影响空间扩展边际、空间集约边际以及空间结构边际的过程中是否存在中介效应。

一、互联网、创新行为与空间边际扩展

为了检验创新行为在"互联网→创新决策→空间边际扩展"这一链式关系中的中介效应，在中介模型的思想上，我们构建了如下的计量模型：

$$\mathrm{Var}_{i,j,t}^{\mathrm{I/II/III}} = \alpha_0 + \alpha_1 \mathrm{Int}_{i,j,t} + \theta_1 \mathrm{Controls}_{i,t} + \theta_2 \mathrm{Controls}_{j,t} \\ + \delta_i + \delta_t + \varepsilon_{i,j,t} \tag{7.4}$$

$$\mathrm{Dum}_{i,j,t} = \beta_0 + \beta_1 \mathrm{Int}_{i,j,t} + \theta_1 \mathrm{Controls}_{i,t} + \theta_2 \mathrm{Controls}_{j,t} \\ + \delta_i + \delta_t + \varepsilon_{i,j,t} \tag{7.5}$$

$$\mathrm{Var}_{i,j,t}^{\mathrm{I/II/III}} = \gamma_0 + \gamma_1 \mathrm{Int}_{i,j,t} + \gamma_2 \mathrm{Dum}_{i,j,t} + \theta_1 \mathrm{Controls}_{i,t} + \theta_2 \mathrm{Controls}_{j,t} \\ + \delta_i + \delta_t + \varepsilon_{i,j,t} \tag{7.6}$$

式（7.4）、（7.6）中，$\mathrm{Var}_{i,j,t}^{\mathrm{I/II/III}}$ 用以表示 t 年行业 j 中企业 i 空间边际的情况，沿用第六章的思路，其中，$\mathrm{Var}_{i,j,t}^{\mathrm{I}}$ 表示 t 年行业 j 中企业 i 空间扩展边际的情况，$\mathrm{Var}_{i,j,t}^{\mathrm{II}}$ 表示 t 年行业 j 中企业 i 空间集约边际的情况，$\mathrm{Var}_{i,j,t}^{\mathrm{III}}$ 表示 t 年行业 j 中企业 i 空间结构边际的情况。空间结构边际的指标构建与测算方法沿袭第六章的计量内容，其余变量则与上一节相同，在此不再赘述。具体回归结果如表 7.5 所示。

表 7.5　互联网、创新行为与空间边际扩展：中介模型

变量	空间扩展边际			空间集约边际		空间结构边际	
	（1）	（2）	（3）	（4）	（5）	（6）	（7）
	$\mathrm{Var}^{\mathrm{I}}$	Dum	$\mathrm{Var}^{\mathrm{I}}$	$\mathrm{Var}^{\mathrm{II}}$	$\mathrm{Var}^{\mathrm{II}}$	$\mathrm{Var}^{\mathrm{III}}$	$\mathrm{Var}^{\mathrm{III}}$
Int	0.0361***	0.0709***	0.0320***	−0.0177***	−0.0167*	−0.0037*	−0.0036*
	(0.0079)	(0.0051)	(0.0079)	(0.0089)	(0.0101)	(0.0020)	(0.0017)
Dum			0.0576***		−0.0144*		0.0001*
			(0.0071)		(0.0085)		(0.00006)
Controls	Yes	Yes	Yes	Yes	Yes	Yes	Yes
firm	Yes	Yes	Yes	Yes	Yes	Yes	Yes
year	Yes	Yes	Yes	Yes	Yes	Yes	Yes

变量	空间扩展边际			空间集约边际		空间结构边际	
	(1)	(2)	(3)	(4)	(5)	(6)	(7)
	Var^{I}	Dum	Var^{I}	Var^{II}	Var^{II}	Var^{III}	Var^{III}
Obs	38121	38121	38121	38121	38121	38050	38050
R^2	0.3172	0.2275	0.3222	0.5905	0.5904	0.0540	0.0540
Sobel 检验			17.01***		5.985***		−4.117***

资料来源：2004—2007 年的中国工业企业数据库和海关数据。

注：括号内为标准误。***、* 分别代表 1% 和 10% 的统计显著性。

表 7.5 的回归结果中，(1)—(3)列为中介模型对互联网与空间扩展边际的创新行为渠道的检验，(4)、(5)列为中介模型对互联网与空间集约边际的创新行为渠道的检验，(6)、(7)列为中介模型对互联网与空间结构边际的创新行为渠道的检验。具体来看，就空间扩展边际而言，(1)列考察了互联网对企业空间扩展边际的影响，研究结果显示，互联网能够促进企业空间扩展边际的扩张，且在统计上显著，这与第六章的结论保持一致。(2)列考察了互联网对企业创新行为的影响，结果与前文一致，即支持互联网提升了企业的创新意愿，促进了更多的企业进行创新活动。(3)列则将创新行为中介变量纳入基准回归模型，从而对创新行为中介效应进行检验。我们发现，互联网的系数以及企业创新行为的系数都为正，且在统计上显著。Sobel 检验也支持创新行为是互联网影响企业空间扩展边际的重要中介变量。

对于空间集约边际而言，(4)列检验了互联网对空间集约的边际的影响，结果依然与第六章保持一致，即互联网由于提升了空间扩展边际，从而在平均意义上降低了企业的空间集约边际；中介模型中对中介变量与基本解释变量关系的检验的第二步与表 7.5 的(2)列一致，在此省略。(5)列为中介模型的最后一步，检验了创新行为在互联网影响空间集约边际过程中的中介渠道，结果显示互联网的系数以及创新行为决策的系数均为负，且至少在 10% 水平上显著，说明创新行为对于企业空间集约边际的扩张产生了抑制作用，背后的逻辑与互联网对空间集约边际的作用一致，即创新行为决策更多的是对新目的地的探寻，从而提升了空间扩展边际，降低了空间集约边际。Sobel 检验也证明了创新行为的中介效应的存在。

对于空间结构边际而言，(6)列考察了互联网对空间结构边际的影响，结果依旧与第六章结论一致，说明互联网会促使企业将产品转移到低收入国家中，从而获取当地的竞争优势。(7)列是中介模型的最后一步，结果显示互联网的系数在 10％ 水平上显著为负，企业创新行为决策的系数在 10％ 水平上显著为正，而 Sobel 检验支持创新行为作为中介渠道的存在性。这说明，企业创新活动能够在一定程度上提升企业产品的竞争优势，能够使企业在中高收入国家获取一定的利润，从而鼓励产品进入中高收入的国家。另外，在互联网对空间结构边际的作用中，创新行为是一个重要的中介渠道。互联网不仅仅直接影响企业产品的空间布局，而且还能通过创新行为推动企业对产品的空间布局进行一定的优化与升级。

为了避免传统中介模型回归结果所带来的偏误，接下来我们仍然基于因果中介模型对互联网、创新行为与空间边际扩展三者之间的链式关系进行再检验。回归结果如表 7.6 所示。总体而言，互联网能够提升企业的空间扩展边际，降低企业的空间集约边际以及结构边际。而且创新行为是互联网影响企业三层空间边际的重要中介渠道（ACME 显著）。其中，创新行为在互联网与空间扩展边际发挥的中介效应最大，占 20.26％，在空间集约边际间的作用次之，而对互联网与空间结构边际的调整作用最小。

表 7.6　互联网、创新行为与空间边际扩展：因果中介模型

结果变量	中介变量	ACME	ATT	中介效应占比/％
空间扩展边际		0.0333	0.1641	20.26
空间集约边际	创新行为	−0.0152	−0.1422	10.69
空间结构边际		−0.0003	−0.0032	9.29

注：ACME 为平均因果中介效应，ATT 为总效应，中介效应占比＝ACME/ATT。ACME、ATT 以及中介效应占比都通过了 5％ 置信水平的显著性检验。

二、互联网、创新模式与空间边际扩展

上一节对创新行为在互联网与企业空间边际扩展间的中介作用进行了检验，接下来，我们将创新决策划分为产品创新与工艺创新两种模式，分别借助中介模型对两者在互联网与空间边际间的作用进行回归检验。检验结果如表 7.7 和表 7.8 所示。

表 7.7 互联网、产品创新与空间边际扩展：中介模型

变量	空间扩展边际			空间集约边际		空间结构边际	
	(1)	(2)	(3)	(4)	(5)	(6)	(7)
	Var^{I}	Dum	Var^{I}	Var^{II}	Var^{II}	Var^{III}	Var^{III}
Int	0.0361*** (0.0079)	0.0549*** (0.0044)	0.0345*** (0.0079)	−0.0177*** (0.0089)	−0.0181 (0.0137)	−0.0037* (0.0020)	−0.0036* (0.0020)
Dum			0.0294*** (0.0072)		0.0158 (0.0130)		−0.0036* (0.0019)
Controls	Yes	Yes	Yes	Yes	Yes	Yes	Yes
firm	Yes	Yes	Yes	Yes	Yes	Yes	Yes
year	Yes	Yes	Yes	Yes	Yes	Yes	Yes
Obs	38121	38121	38121	38121	38121	38050	38050
R^2	0.3172	0.5515	0.3188	0.5905	0.5904	0.0540	0.0540
Sobel 检验			12.68***		−0.5142		−3.384***

资料来源：2004—2007 年的中国工业企业数据库和海关数据。

注：括号内为标准误。***、**、*分别代表 1%和 10%的统计显著性。

表 7.8　互联网、工艺创新与空间边际扩展：中介模型

变量	空间扩展边际			空间集约边际		空间结构边际	
	(1)	(2)	(3)	(4)	(5)	(6)	(7)
	Var^I	Dum	Var^I	Var^{II}	Var^{II}	Var^{III}	Var^{III}
Int	0.0361***	0.0709***	0.0320***	-0.0177***	-0.0184*	-0.0037*	-0.0039*
	(0.0079)	(0.0051)	(0.0079)	(0.0089)	(0.0108)	(0.0020)	(0.0017)
Dum			0.0576***		0.0144*		0.0001*
			(0.0071)		(0.0085)		(0.00006)
Controls	Yes	Yes	Yes	Yes	Yes	Yes	Yes
firm	Yes	Yes	Yes	Yes	Yes	Yes	Yes
year	Yes	Yes	Yes	Yes	Yes	Yes	Yes
Obs	38121	38121	38121	38121	38121	38050	38050
R^2	0.3172	0.2275	0.3222	0.5905	0.5904	0.0540	0.0540
Sobel 检验			17.010***		-5.985***		-4.117***

资料来源：2004—2007 年的中国工业企业数据库和海关数据。

注：括号内为标准误。***、*分别代表 1% 和 10% 的统计显著性。

对于产品创新中介作用的存在性而言，表7.7的(1)列考察了互联网对企业空间扩展边际的影响，与表7.5的(1)列回归结果一致。表7.7的(2)列考察了互联网对企业产品创新的影响，回归结果与前文第三章结论一致，说明互联网能提升企业产品创新的意愿；(3)列是中介模型的最后一步，也是本节考察的重点，回归结果显示，互联网与企业产品创新的系数都是显著为正的，且通过了Sobel检验，说明互联网不仅能直接促进空间扩展边际的扩张，而且能通过产品创新这一渠道进一步促进企业的空间集合的扩张，鼓励企业将产品出口到更多的出口目的国市场。表7.7的(4)、(5)列是对空间集约边际的考查。(4)列结果与表7.5中的回归结果一致；(5)列是考察产品创新在互联网与企业空间集约边际中作用的最后一步，回归结果显示，互联网与企业产品创新决策的系数都不显著，且没有通过Sobel检验，说明互联网对企业空间集约边际的影响仅存在直接效应，不存在通过产品创新而产生的间接影响。从空间结构边际的检验来看，表7.7的(6)列的回归结果与表7.5的(6)列的回归结果相同；(7)列的回归结果是本节考察的重点，回归结果显示，互联网的系数以及产品创新的系数都在10％水平上显著为负，且通过了Sobel检验，说明产品创新同互联网一样，能够促使企业将更多的产品分布到低收入国家中，这可能是因为就目前样本而言，所进行的产品创新仅仅属于较低层次的创新，更能迎合低收入国家消费者的偏好，这也从另一个侧面反映出，中国出口企业应该进行高质量的创新活动，实现进一步的转型升级。另外，产品创新还是互联网影响企业空间结构边际的一个重要中介渠道。互联网不仅能直接影响企业产品的空间布局，而且还能通过产品创新对其进行影响。

对于工艺创新的中介效应存在性而言，表7.8的(1)列考察了互联网对企业空间扩展边际的影响，回归结果与表7.5的(1)列以及表7.7的(1)列回归结果一致。表7.8的(2)列考察了互联网对企业工艺创新的影响，回归结果与前文第三章结论一致，说明互联网能提升企业工艺创新的意愿。(3)列是中介模型的最后一步，也是本节考察的重点，回归结果显示，互联网与企业工艺创新决策的系数都是显著为正的，且通过了Sobel检验，说明互联网不仅能直接促进空间扩展边际的扩张，而且能通过工艺创新这一渠道进一步促进企业的空间集合的扩展，鼓励企业将产品出口到更多的出口目的国市场。这可能是因为工艺创新不仅能提升企业的创新效率，而且能节约企业的创新成本，从而降低了企业进入更多出口目的国市场的门槛，促进企业空间布局的多元化。表7.8的(4)、(5)列是对空间集约边际的考查结果。(4)列与表7.7的回归结果一致。(5)列是考察工艺创新决策在互联网与企业空间集约边际间作用的最后一步,回归结果显示互联网系数在 10% 的显著性水平上为负,而企业工艺创新决策系数在 10% 的显著性水平上为正,且通过了 Sobel 检验,说明工艺创新能够提高企业的空间集约边际,这也符合经济学直觉。因为对于工艺创新的企业而言,创新成本更低,从而能获得更多的市场份额,提高企业的空间集约边际。另外,互联网对企业空间集约边际的影响不仅存在直接效应,而且还能通过工艺创新对空间集约边际产生间接的提升作用。根据 MacKinnon et al.(2000)的判定标准,工艺创新在空间集约边际中表现为遮掩效应,而非中介效应。这是因为一方面,间接效应的符号和直接效应的符号相反,另一方面,(5)列中直接效应的系数的绝对值大于(2)列中总效应的绝对值,因此,我们认为工艺创新在空间集约边际上体现为遮掩效应。从空间结构边际的检验来看,表 7.8 的(6)列的回归结果与表 7.7 的(6)的回归结果相同。(7)列回归结果是本节考察的重点,互联网的系数在 10% 水平上显著为负,而工艺创新的系数在 10% 水平上显著为正,且通过了 Sobel 检验。一方面,工艺创新通过提升企业的创新效率,降低了企业产品成本与价格,提升了企业的性价比,从而能将更多的产品出口到高收入国家;另一方面,工艺创新在互联网影响企业空间结构边际的过程中发挥了遮掩效应。

为了避免传统中介模型回归结果的偏误,我们仍然基于因果中介模型对互联网扩大降低、创新模式与空间边际扩展三者之间的链式关系进行再检验,回归结果如表 7.9 所示。总体而言,互联网能够提高企业的空间扩展边际,降低企业的空间集约边际以及结构边际。对于中介效应而言,产品创新在互联网与空间集约边际间发挥的中介效应并不显著,但互联网能通过产品创新影响企业的空间扩展边际和空间结构边际。工艺创新在互联网与空间扩展边际间发挥了显著的中介效应,但占比并不高;在互联网与空间集约边际以及空间结构边际之间,则发挥了遮掩效应。

表 7.9 互联网、创新模式与空间边际扩展:因果中介模型

创新模式	结果变量	中介变量	ACME	ATT	中介效应占比/%
产品创新	空间扩展边际	产品创新	0.0046	0.1645	2.80
	空间集约边际		−0.0091	−0.1424	6.40
	空间结构边际		−0.0005	−0.0024	20.00

续　表

创新模式	结果变量	中介变量	ACME	ATT	中介效应占比/%
工艺创新	空间扩展边际	工艺创新	0.0008	0.1646	0.46
	空间集约边际		0.0006	−0.1424	0.45
	空间结构边际		0.00004	−0.0024	1.52

注：ACME 为平均因果中介效应，ATT 为总效应，中介效应占比＝ACME/ATT。产品创新的空间集约边际的 ACME 并未通过显著性检验，其余 ACME、ATT 以及中介效应占比都通过了 5% 置信水平的显著性检验。工艺创新的 ACME、ATT 以及中介效应占比都通过了 5% 置信水平的显著性检验。

第四节　小　结

不同于第三章对互联网与创新决策的理论分析，本章着重从知识搜寻的角度分析互联网与创新决策之间的关系，并从产品边际与空间边际两个维度实证检验了"互联网→创新决策→出口边际"的链式关系。主要结论可以归纳如下。

第一，理论机制分析表明，互联网能提高知识搜寻的广度、深度与精度，从而促进企业的创新活动。

第二，从产品边际扩展来看，总体而言，企业创新行为是互联网影响产品边际扩张的中介渠道，但不同的创新模式在互联网与产品边际扩展间的中介效应存在显著的差异。其中，产品创新是互联网与产品边际扩展间的中介渠道，但是工艺创新在两者之间的中介效应并不显著。

第三，从空间边际扩展来看，总体而言，创新行为是互联网与空间扩展边际、集约边际与结构边际的重要中介渠道。在不同创新模式下的中介模型分析结果显示，产品创新在互联网与空间边际之间的中介效应仅仅体现在空间扩展边际与结构边际上，而工艺创新在互联网与空间扩展边际间起到了中介效应，在互联网与空间集约边际、空间结构边际间更多体现为遮掩效应。

本章致力于探究互联网与出口产品边际、空间边际之间的关系，以及不同的企业创新决策在两者之间的中介作用。基于以上研究结论，我们认为，应该从知识流动的视角，充分认识互联网对不同创新模式的差异化的影响。与此同时，在数字经济背景下，鼓励企业结合自身经营目的，积极同互联网相融合，极大发挥互联网整合创新知识的能力，调节自身的创新模式与出口边际，以适应不同收入水平的目的国市场的要求。

下篇 出口质量

第八章 互联网、创新决策与出口质量升级

企业出口产品质量升级是中国经济实现高质量发展的内在推动力以及关键战略支撑。与此同时,随着以互联网为代表的新一轮通信技术的发展与进步,互联网在推动产业结构转型,促进经济动力变革,深化改革开放方面起到了重要作用。那么,互联网等通信技术是否提高了出口企业产品质量水平?不同创新行为及不同创新模式对互联网影响出口产品质量是否具有调节作用?在我国出口产品质量亟待优化升级的背景下,这一学术探索具有重要的现实意义。

本章的内容安排如下:首先,构建理论框架,对互联网影响出口产品质量升级的机制进行论述;其次,对本章使用的经验数据进行说明,并介绍关键变量的测算方法,建立计量模型,使用多种计量方法对互联网的出口质量升级效应进行基准回归分析;再次,着重从企业自身创新水平的角度进一步拓展分析互联网与出口产品质量之间的关系及其创新机制的存在性;最后,对本章内容进行小结。

第一节 互联网与质量升级:理论基础

一般而言,具有通用性目的的新技术的产生都有利于企业转型升级,从而提升出口产品质量(李兵和岳云嵩,2020),但互联网由于其特殊的属性,在对出口产品质量的影响上可能存在正反两面性。本章将构建相应的理论框架,厘清互联网影响企业出口质量动态的两类机制,其中,门槛机制即"互联网→出口门槛成本降低→低质量进入",创新机制即"互联网→市场竞争加强→创新加大→质量升级"。

一、门槛机制

与国内贸易相比,国际产品贸易要历经更加复杂、曲折的搜索、比价、交易与运输过程,Samuelson(1952)率先将国际贸易运输费用归结为冰山成本并将其纳入国际贸易模型,指出最终到达进口市场 1 个产品,需要出口 $1+\tau$ 个产品,τ 为冰山成本。冰山成本作为可变成本,只是国际交易成本的内部构成之一,并随着远距离交通的技术进步在快速降低。交易成本

的另外一个主要部分则是以诸如国际市场销售网络搭建、海外市场广告推广等为内容的搜寻成本，搜寻成本以固定沉没成本形式存在，对本国企业的出口进入决策构成障碍。互联网的出现大幅减少了企业进入出口市场的成本障碍，降低了企业进入出口市场的门槛，提高了出口市场进入概率（茹玉骢和李燕，2014；刘会政和张靖祎，2022），使得海量小企业能够参与全球分工，甚至低质量的产品也能进入国际市场，从而不利于出口产品质量的升级。这就是所谓的门槛机制。

二、创新机制

随着互联网引致大量小企业进入出口市场，市场竞争不断加剧。根据有效竞争理论，当市场处于有效竞争状态时，市场主体为了缓解当前的竞争压力，保持在市场中的优势，将会改进生产技术，加大创新投入（Aghion et al.，2001；毛其淋和许家云，2019；王靖宇等，2019；李慧云等，2020），形成竞争逃离效应，从而提升企业生产率水平和出口产品质量。这种创新投入的增加一方面来源于更多的企业开始从事创新活动，即创新决策在扩展边际上的增加（田巍和余淼杰，2014）；另一方面来源于随着市场竞争程度的加剧，企业需要加大创新强度，即创新决策在集约边际上的深化（Amiti and Konings，2007）。无论是何种形式的创新决策，都能促进企业产品质量升级。这就是所谓的创新机制。

互联网影响企业出口产品质量的效应及其传导机制，可由图8.1简要显示。基于上述的理论分析，互联网与企业出口产品质量的影响关系具有不确定性。本章接下来将构建扩展的实证模型，厘清互联网影响企业出口质量的两类机制，并使用中国工业企业数据库与海关数据对两大理论机制进行效应检验，观察加总效应。

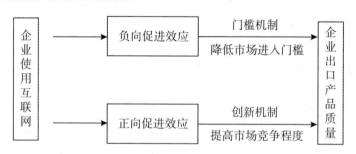

图 8.1　互联网与出口产品质量的作用机制

第二节　互联网与质量升级:实证检验

一、数据与变量

中国工业企业数据库涵盖了 1998—2007 年的所有中国国有企业和年销售收入在 500 万元及以上的非国有企业,是国内外学者在微观层面研究中国企业行为与绩效的主要数据库之一。但是,该数据库存在一定的使用问题和统计缺陷。为避免数据问题对研究结果的影响,本章借鉴 Brandt et al.(2012)和黄先海等(2015)的做法,根据通用会计准则(GAAP)的规定,删除了不符合基本逻辑关系和可能存在数据问题的观察记录。另外,在时间期限上,鉴于本章关键解释变量——企业是否建设官方主页——仅在 2004 年后才始具统计记录,并从 2008 年起统计记录消失,因此我们截取 2004—2007 年的中国工业企业微观面板数据。

中国工业企业数据库虽然提供了包括企业是否出口以及出口总额在内的企业层面的大多数观察指标,但是未能提供出口方式、出口动态等指标,而这些指标才是本章主要感兴趣的被解释变量。为此,本章将使用海关数据对企业出口产品集合、出口质量等指标进行观察或者测算。然后再将中国工业企业数据库与海关数据进行匹配。两者的企业税号属于两套编码系统,因此数据匹配涉及一系列烦琐的技术过程。我们参考黄先海等(2016)的两步匹配方法:第一步,根据企业名称匹配;第二步,在第一步的基础上,根据企业所在地的邮政编码和企业号码的后 7 位匹配。最终匹配得到的数据包含 2004—2007 年的大部分行为信息,匹配上企业的数量占到对应年份中国工业企业数据库中出口企业数量的 48.94%,出口额占到中国工业企业数据库出口额的一半左右,基本可以反映中国出口企业行为概貌。

目前测算企业出口产品质量方法主要有单位价值法(Schott,2004;Hallak,2006)和需求函数法(Manova and Zhang,2012;Hallak and Sivadasan,2013;Khandelwal et al.,2013),单位价值法虽然简单可行,但未能反映产品成本信息对产品单位价值的影响,产品质量测度可能存在严重误测。本章采用大多数文献使用的需求函数法,需求函数设定与 Hallak and Sivadasan (2013)等有类似结构:

$$\ln x_{i,k,m,t} = \ln E_{m,t} - (\sigma-1)\ln P_{m,t} - \sigma\ln p_{i,k,m,t} + (\sigma-1)\ln q_{i,k,m,t}。$$

$\ln q_{i,k,m,t}$ 为待估计的产品质量,相应的计量模型为:

$$\ln x_{i,k,m,t} = -\sigma\ln p_{i,k,m,t} + \chi_{m,t} + \delta_i + \varepsilon_{i,k,m,t} \tag{8.1}$$

其中，$\varepsilon_{i,k,m,t} = (\sigma - 1)\ln q_{i,k,m,t}$，为包含产品质量信息的残差项，$x$、$p$ 分别为可直接观察到的 HS-8 位码层面上产品的出口额与出口单位价格，i、k、m、t 分别表示企业、产品、目的国和年份，σ 为产品替代弹性，$\chi_{m,t} = \ln E_{m,t} - (\sigma - 1)\ln P_{m,t}$ 为"进口国—年份"二维虚拟变量，用以控制目的国变量，δ_i 则为企业固定效应。经过此回归，我们便可以估计出自然对数意义上的企业出口产品质量为：

$$\ln q_{i,k,m,t} = \frac{\ln x_{i,k,m,t} - \ln \hat{x}_{i,k,m,t}}{\hat{\sigma} - 1} \tag{8.2}$$

这里有两点需要说明。第一，关于产品替代弹性，Khandelwal et al.(2013)等假定所有产品替代弹性相同，即 $\hat{\sigma} = \sigma = 4$，这一假定显然忽略了产品异质性。我们借鉴 Fan et al.(2015)的方法，允许产品替代弹性在行业间变动。第二，由于 ε 含有产品质量信息，即 $\mathrm{Cov}(\ln x_{i,k,m,t}, \ln p_{i,k,m,t}) \neq 0$，以 OLS 回归模型估计式(8.1)必然存在内生性问题。部分学者建议使用企业面临的进口汇率作为产品价格的工具变量进行回归。这一思路具有启发性，但只是对非中介贸易商企业有效，而海关数据库中存在数量较多的中介贸易企业。为此，我们以出口目的国未观察到的市场需求变动为工具变量，这一需求变动会影响企业当期价格决策，但由于无法被企业预见，因此与企业当期质量选择无关。

通过式(8.2)测算出产品质量后，我们仍然需要将产品质量加总到企业层面才能最终使之进入我们的基准回归，但是不同产品的质量加总缺少经济学意义。我们首先参考 Shi(2013)的方法，对产品质量进行了标准化处理，然后按不同产品占据企业出口总额的比例赋予权重加总，最终得到了企业层面的出口产品质量：

$$q_{i,t} = \sum_{j \in \Omega} \frac{x_{i,k,m,t}}{x_{i,t}} \ln q_{i,k,m,t} \tag{8.3}$$

本章核心解释变量是企业是否使用互联网(Int)。找到精确捕捉本章解释变量含义的指标并不容易。企业建设电子邮箱被认为是通过互联网与外部世界进行信息沟通，但很显然，电子邮箱仅限于熟悉的企业之间联系，很难产生市场竞争效应。另外，大量中小企业可以通过电子商务平台如阿里巴巴、亚马逊等展示产品，但是这种使用互联网的方式使我们很难辨别互联网的贸易效应究竟是互联网自身带来的还是电子商务平台公司带来的。本章仍然利用中国工业企业数据库中提供的企业官方主页信息来测算 Int，如果企业建设官方主页，Int 将被赋值为 1，否则为 0。企业可能既建设官方主页，也在电子商务平台上进行跨境销售。幸运的是，对于中国企业来讲，2004—2007 年的跨境电子商务平台业务几乎不存在，这为我们观察互联网对企业出口的净效应提供了难得的样本。

在现有理论和实证文献的基础上，我们还收集了一些可能影响企业出口产品质量的控制变量的数据。根据异质性贸易理论，企业生产率(tfp)是企业是否出口、出口产品选择的一个重要决策变量。我们仍然沿袭前文，采用 OP 法测算企业生产率水平并将其纳入计量模型。新贸易理论认为，企业规模(scale)较大的企业无论是在规模经济的实现上，还是在产品研发、销售网络以及市场势力的维持上，都具有明显的竞争优势。我们采用企业从业人数指标刻画企业规模。另外，我们同时控制了企业资本劳动比(capital)、企业中间品投入(M)和企业支付工人工资(wage)。一般认为，相对于劳动密集型企业而言，资本密集型企业具有更加显著的技术优势。我们利用固定资产净值年平均余额与从业人数之比表示企业资本劳动比。一般而言，企业中间品投入越大，企业产品质量越高，我们利用中间品投入占工业总产值之比表示企业中间品投入。企业支付工人工资在一定程度上是企业人力资本水平的反映。工资水平越高，企业生产率越高，我们可以从中捕捉到 tfp 未能捕捉到的技术水平信息。本章还控制了行业竞争程度(hhi)对企业出口产品质量选择的影响，并利用赫芬达尔指数的倒数来衡量，该指数越大，表明行业竞争越激烈。

二、计量方法与结果分析

对于企业出口而言，首先要进入国际市场，即开始出口，然后再从两个方向进行扩张：一是横向扩张，即通过增加新出口产品扩大其出口产品集合或者通过增加出口目的国范围扩大其出口目的国集合[①]；二是垂直升级，即提升其出口产品质量。对于企业进入出口市场以及横向扩张，我们已经在前面两篇中得到了验证。在此，我们仅考虑互联网对垂直升级的影响，基准计量模型为：

$$V_{i,t} = \beta_0 + \beta_1 \mathrm{Int}_{i,j,t} + X_{i,j,t}\beta + \lambda_i + \lambda_j + \lambda_t + \varepsilon_{i,j,t} \tag{8.4}$$

其中，$X_{i,j,t}$ 为一组企业层面和行业层面的控制变量，$\varepsilon_{i,j,t}$ 是残差项。$\mathrm{Int}_{i,j,t}$ 是互联网虚拟变量，$\mathrm{Int}_{i,j,t}=1$ 表明企业建设了自己的官方主页，否则未建设官方主页。$V_{i,t}$ 表示企业出口产品质量。λ_i、λ_j、λ_t 则分别控制所有不随时间变化的企业特征、行业特征和仅随时间变化的宏观经济变量(如汇率变化等因素)。

表 8.1 的(1)—(3)列显示了基准回归结果，即互联网的贸易升级效应

---

① 这一出口行为已在第六章和第七章中进行了理论与实证检验。

回归结果。无论使用 OLS 回归模型还是 FE 模型,互联网均没有对中国企业的出口产品质量产生正向提高效应,这一结果出乎我们通常智识,但基于上述机制分析也可以理解,互联网对企业出口产品质量的影响主要表现为负向的质量升级效应。一方面可能是因为互联网使得大量低质量的产品进入出口市场,另一方面是互联网将为企业带来竞争效应,对于较低技术水平的企业,竞争效应下的最优选择并不是提高质量,而是通过低价低质方式占据低端市场。[①]

对于其他控制变量而言,较高的生产率并没有带来出口质量的提高。根据 Fan et al.(2015),生产率对中国企业的影响更多体现为价格效应,即降低产品出口价格。大多数其他控制变量对企业出口行为与绩效的影响符合我们的预期,企业支付更高的工人工资、拥有更高的资本劳动比、更大的规模、更密集的中间品投入,是企业具有更高技术水平的反映,因而促使企业拥有更高的出口质量。

三、稳健性检验

1.分所有制

广泛的所有制差异是中国企业群体的重要特征之一。我们根据中国工业企业数据库提供的企业登记类型,将全样本划分为国有企业、民营企业、外资企业三个分样本。数据显示,三类企业的总出口企业数量比例为 0.9∶33.7∶65.4,外资企业比例显著高于其他经济体(Brandt et al., 2012)。表 8.1 的(4)—(6)列展示了分样本回归结果。结果显示,虽然互联网导致中国民营企业的出口质量降低,但对外资企业的质量选择并无影响,这一方面说明东道国外资企业的质量选择受到海外总部的调节,另一方面则因为外资企业多是产品质量主导的出口模式(Baldwin and Harrigan,2011),其所处质量阶梯位置较高,竞争效应对其出口质量的负面影响并不显著,甚至可以正面促进其出口(Amiti and Khandelwal, 2013)。虽然表 8.1 的(4)—(6)列展现出互联网对不同所有制类型有差异性影响,但其作用逻辑仍然与基准模型回归结果保持一致。

2.分贸易类型

中国出口企业第二个重要的特征在于,大量出口企业为加工贸易企业,而加工贸易企业在出口行为与绩效等多个方面均与一般贸易企业存在明显差异,如加工贸易企业的生产率一般较低(李春顶,2010),对国际市场

---

① 这一点已经在第六章研究空间结构边际时被证实。

表 8.1　互联网与出口质量回归结果

变量	总样本 (1)	总样本 (2)	总样本 (3)	国有企业 (4)	民营企业 (5)	外资企业 (6)	一般贸易 (7)	加工贸易 (8)
Int	−0.0070*** (0.0010)	−0.0079*** (0.0010)	−0.0094*** (0.0016)	−0.0140 (0.0166)	−0.0102*** (0.0012)	−0.0085*** (0.0025)	−0.0048*** (0.0011)	−0.0071*** (0.0015)
tfp		−0.0069*** (0.0012)	0.0029 (0.0016)	−0.0075 (0.016)	−0.0014 (0.0016)	0.0004 (0.0024)	−0.0031* (0.0013)	−0.0036* (0.0017)
scale		0.0034*** (0.0005)	0.0075*** (0.0011)	−0.0150 (0.0188)	0.0048*** (0.0007)	0.0059*** (0.0017)	0.0008 (0.0006)	0.0094*** (0.0008)
capital		−0.0005 (0.0004)	0.0032*** (0.0007)	−0.0142 (0.0111)	−0.0006 (0.0005)	0.0003 (0.0011)	−0.0004 (0.0004)	−0.0012* (0.0006)
M		0.0023*** (0.0004)	0.0032*** (0.0006)	0.0095 (0.0095)	0.0039*** (0.0006)	0.0024** (0.0008)	0.0036*** (0.0005)	0.000372 (0.0006)
wage		0.0107*** (0.0006)	0.0018* (0.0008)	0.0022 (0.0131)	−0.0025** (0.0009)	0.0026* (0.0013)	−0.0078*** (0.0007)	−0.0011 (0.0009)
hhi		0.0032*** (0.0007)	−0.0118 (0.0263)	0.0429 (0.0737)	0.0036*** (0.0009)	−0.0080 (0.0241)	0.0031*** (0.0008)	0.0051*** (0.0011)
Cons	0.5191*** (0.0005)	0.4998*** (0.0059)	0.5179** (0.1903)	0.3011 (0.4940)	0.4502*** (0.0075)	0.5295** (0.1733)	0.4837*** (0.0068)	0.4376*** (0.0096)
firm	No	Yes	Yes	Yes	Yes	Yes	Yes	Yes
year	No	No	Yes	Yes	Yes	Yes	Yes	Yes
industry	No	No	Yes	Yes	Yes	Yes	Yes	Yes
p	0.0000	0.0000	0.0000	0.0000	0.0000	0.0000	0.0000	0.0000

续　表

变量	总样本	总样本	总样本	国有企业	民营企业	外资企业	一般贸易	加工贸易
	(1)	(2)	(3)	(4)	(5)	(6)	(7)	(8)
Obs	138005	138005	138005	1213	90283	46499	93404	44601
R^2	0.0006	0.0096	0.0222	0.0074	0.0239	0.0078	0.0092	0.0124

资料来源：2004—2007 年的中国工业企业数据库和海关数据。

注：回归结果聚类到四位码行业层面。括号内为标准误。***、**、* 分别代表 1%、5% 和 10% 的统计显著性。

需求的依赖更为强烈等。我们将全样本按照企业出口贸易登记类型划分为一般贸易（normal）与加工贸易（process）两个分样本，然后进行分样本回归。从质量效应来看，如表8.1的(7)、(8)列的结果所示，互联网使加工贸易企业的出口质量下降更多，背后是加工贸易企业国际技术竞争力更小的表现。

3. 分所在区位

企业所处区位的政治、经济、文化的特征对企业出口产品质量也存在一定的影响。为此，我们将全样本按照企业所处区位，划分为东部地区、中部和西部地区三个区位，在此基础上对基准模型进行回归。从回归结果来看，如表8.2所示，互联网使东部地区企业的产品质量下降，但是西部地区

表8.2　互联网与出口质量回归结果：基于企业所处区位

变量	东部地区	中部地区	西部地区
	(1)	(2)	(3)
Int	-0.0191^{***}	0.0444	0.0692^{**}
	(0.0066)	(0.0277)	(0.0305)
tfp	0.0717^{***}	0.0727^{*}	0.1006^{***}
	(0.0093)	(0.0381)	(0.0352)
scale	0.0773^{***}	0.0455^{***}	0.0006
	(0.0040)	(0.0159)	(0.0201)
capital	0.0086^{***}	0.0102	-0.0051
	(0.0028)	(0.0124)	(0.0140)
M	0.0037	-0.0103	-0.0053
	(0.0021)	(0.0129)	(0.0182)
wage	0.0869^{***}	0.0794^{***}	0.0860^{***}
	(0.0048)	(0.0217)	(0.0258)
hhi	0.0210^{***}	-0.0006	0.0041
	(0.0054)	(0.0223)	(0.0228)
Cons	-0.3244^{***}	-0.0272	0.1364
	(0.0005)	(0.1872)	(0.198)
firm	Yes	Yes	Yes
year	Yes	Yes	Yes
industry	Yes	Yes	Yes
p	0.0000	0.0000	0.0000
Obs	48402	2854	1937
R^2	0.0418	0.0252	0.0444

资料来源：2004—2007年的中国工业企业数据库和海关数据。
注：括号内为标准误。***、**、*分别代表1%、5%和10%的统计显著性。

企业的产品质量却有所提升。这其实与表 3.12 的回归结论相互呼应。表 3.12 的结论是互联网更多地能促进西部地区的企业进行创新活动，而且这一促进作用不仅仅体现在创新行为的选择上，还能体现在产品创新和工艺创新两种模式的选择上。因此在西部地区的企业更多地会表现出互联网的创新效应，从而在对出口产品质量的整体效应上，表现为显著的正向影响。而对于东部地区的企业而言，则更多地表现为整体的负向效应。

4. 替换解释变量

前文我们使用企业是否建设官方主页来代理企业是否使用互联网，但是企业也可以通过建设电子邮箱的方式使用互联网，与目的国市场进行信息交换，从而降低出口固定成本，调整出口产品质量。表 8.3 的（1）列展示了回归结果，其中，解释变量替换为企业是否建设电子邮箱的哑变量。结果显示，电子邮箱也同样导致了企业出口质量下降。

但是，中国企业可能同时建设官方主页和电子邮箱。为明确识别官方主页的效应，我们将所有具有电子邮箱的企业从全样本中去除，并以新的样本进行回归，结果见表 8.3 的（2）列。相比电子邮箱，官方主页对出口产品质量下降的影响力将提高约 40%。这是因为电子邮箱具有点对点性质，而官方主页具有点对面的开放性质，企业也必然面临更激烈的市场竞争，从而降低出口产品质量。

表 8.3　基于不同测算方法的稳健性检验结果

变量	电子邮箱	仅官方主页	不同质量测算方法		内生性
	出口质量		Khandelwal et al.（2013）	Fan et al.（2015）	PSM-DID
	（1）	（2）	（3）	（4）	（5）
Int	−0.0052***	−0.0071***	−0.0218*	−0.0191*	−0.0215***
	（0.0014）	（0.0020）	（0.0105）	（0.0092）	（0.0023）
tfp	0.0028	0.0045**	0.1099***	0.0955***	−0.0035*
	（0.0016）	（0.0015）	（0.0108）	（0.0098）	（0.0016）
scale	0.0075***	0.0053***	0.0746***	0.0645***	−0.0010
	（0.0011）	（0.0006）	（0.0076）	（0.0069）	（0.0011）
capital	0.0032***	0.0004	0.0096*	0.0107**	0.00002
	（0.0007）	（0.0004）	（0.0047）	（0.0043）	（0.0007）
M	0.0032***	0.0028***	0.0790***	0.0667***	0.0004
	（0.0006）	（0.0005）	（0.0039）	（0.0036）	（0.0006）
wage	0.00188*	0.0022**	0.0355***	0.0428***	−0.0082***
	（0.0008）	（0.0008）	（0.0057）	（0.0050）	（0.0008）

续 表

变量	电子邮箱	仅官方主页	不同质量测算方法		内生性
	出口质量		Khandelwal et al. (2013)	Fan et al. (2015)	PSM-DID
	(1)	(2)	(3)	(4)	(5)
hhi	−0.0118	0.0426	−0.0470	−0.0183	−0.0107
	(0.0263)	(0.0478)	(0.1765)	(0.0135)	(0.0266)
Cons	0.5172**	0.2286	−0.0366	−0.2682**	0.6335**
	(0.1904)	(0.1287)	(1.2784)	(0.1006)	(0.1929)
firm	Yes	Yes	Yes	Yes	Yes
year	Yes	Yes	Yes	Yes	Yes
industry	Yes	Yes	Yes	Yes	Yes
p	0.0000	0.0000	0.0000	0.0000	0.0000
Obs	137987	99675	138005	137987	137987
R^2	0.0221	0.1096	0.0251	0.0226	0.0091

资料来源:2004—2007 年的中国工业企业数据库和海关数据。

注:括号内为标准误。***、**、* 分别代表 1%、5% 和 10% 的统计显著性。

5. 替换被解释变量

另外一个稳健性检验是采取不同方法测算出口质量。我们采用当前的两种主要方式即 Khandelwal et al.(2013) 和 Fan et al.(2015)的方法重新测算企业出口质量,然后再进行回归。结果如表 8.3 的(3)、(4)列显示,虽然显著性有所降低,但与基准回归结果保持一致:互联网并没有提高中国企业的出口质量。

四、内生性处理

1. PSM-DID

在前文分析中,我们已经纳入了企业、行业和年份固定效应,以控制未观察到的企业特定或行业特定的不随时间变化的特征,以及可能与企业对出口产品质量变化的选择行为相关的所有企业的共同冲击。然而,如果不控制同时影响官方主页建设和出口产品质量的任何其他未观察到的企业异质性,我们对互联网的衡量就可能是内生的,并且系数可能有偏差,这是内生性的第一个可能来源,即遗漏变量。内生性的第二个可能来源是自选择问题,且可能更为严重。毕竟在样本期间,企业官方主页建设费用并不低。从官方主页建设实际来看,样本期间仅有约 20% 的企业建设官方网站,这导致建设官方主页的企业与其他企业可能存在显著差异,而这些差异同时又对企业出口质量构成影响,这就会使我们之前的估计面临选择性偏误。第三个内生性的来源是反向因果关系,如果公司的出口状态影响其使用互联网的决定,进而影响其贸易行为,则会出现这种内生性。一般来说,产品质量较低的企业可能较有激励通过互联网这种新型方式降低信息交流成本,以进入国际市场。这种互为因果效应将导致高估互联网的贸易效应。

为了解决这些问题,我们使用了 PSM-DID 方法。具体来说,我们使用"参与者平均处理效应"(ATT)来估计连接互联网对贸易的影响:

$$\mathrm{ATT} = E(Y_i^1 - Y_i^0 \mid \mathrm{Int} = 1) = E(Y_i^1 \mid \mathrm{Int} = 1) - E(Y_i^0 \mid \mathrm{Int} = 1) \quad (8.5)$$

其中,ATT 意味着企业通过建设官方主页使用互联网对其出口产品质量影响的平均处理效应。二元虚拟变量 $\mathrm{Int} = \{0, 1\}$,当企业建设有官方主页时,$\mathrm{Int} = 1$,否则 $\mathrm{Int} = 0$。$E(Y_i^1 \mid \mathrm{Int} = 1)$ 表示处理组中的企业 i 在建设官方主页后出口行为的期望值,$E(Y_i^0 \mid \mathrm{Int} = 1)$ 表示企业 i 如果未建设官方主页其出口行为的期望值,显然该值不可观测。为此,我们参考 Wagner (2007)、Girma et al. (2004) 的方法,采用 PSM 构建控制组:

$$\mathrm{Pr}(X_i) \equiv \mathrm{Pr}\{\mathrm{Int}_i = 1 \mid X_i\} = E\{\mathrm{Int}_i \mid X_i\}。$$

其中,X_i 是一组既影响企业使用互联网又可能影响企业出口产品质量的变量,我们采用企业生产率、企业规模、企业年龄、企业资本劳动比、企业支付工人工资来表征。$\mathrm{Pr}\{\mathrm{Int}_i = 1 \mid X_i\}$ 表示企业在这一组变量下建设官方主页的概率,即所谓倾向得分,然后可用该得分进行匹配。

$$\mathrm{ATT}_{\mathrm{PSM}} = \frac{1}{n} \sum_{i \in (\mathrm{Int}=1)} \Big[Y_i - \sum_{i \in (\mathrm{Int}=0)} g(p_i, p_i) Y_j \Big]。$$

其中,p_i 表示建设有官方主页的企业 i 在匹配变量组 X 下建设官方主页的二元选择 Logit 模型预测值,p_j 则表示没有官方主页的企业 j 在匹配变量组 X 下建设官方主页的二元选择 Logit 模型预测值。n 为与企业 i 匹配的企业数目。g 表示以 Y_j^0 替代 Y_i^0 时对 Y_j^0 施加的权重值。我们使用最近邻匹配规则下的标准施加权重。PSM 模型只能根据可观察的变量来匹配处理组与控制组,但仍可能存在不可观测的企业特征或者不随时间变化的因素影响企业出口行为。因此,参考 De Loecker(2007),我们进一步采取双重差分法(DID):

$$\mathrm{ATT}_{\mathrm{PSM\text{-}DID}} = \frac{1}{n} \sum_{i \in (\mathrm{Int}=1)} \Big[\Delta Y_i - \sum_{i \in (\mathrm{Int}=0)} g(p_i, p_i) \Delta Y_j \Big]。$$

其中,ΔY 表示企业通过建设官方主页使用互联网前后出口质量的变动。

随后,我们用 PSM-DID 方法对式(8.4)的基准模型进行了重新估计,结果列于表 8.3 的(5)列。具体而言,与基准回归结果相比,互联网对企业质量选择的负向影响变得更大,互联网导致的竞争效应在未克服内生性问题的先前回归中也被低估。总的来说,PSM-DID 回归结果与之前结果类似,虽然在显著性与经济性上均有所提高。这再次显示出基准回归结果的稳健性:互联网并没有正向促进中国出口企业的质量升级。

表 8.4　平衡性检验结果

变量		平均值		标准偏差	变化率	t	$p>t$
		控制组	处理组	/%	/%		
tfp	匹配前	1.4556	1.4515	1.4	39.1	2.15	0.032
	匹配后	1.4556	1.4582	−0.9		−1.06	0.288
scale	匹配前	5.5508	5.2651	19.8	99.1	30.48	0.000
	匹配后	5.5508	5.3203	−0.2		−0.20	0.841
capital	匹配前	3.8393	3.6023	19.0	97.5	27.76	0.000
	匹配后	3.8393	3.8334	0.5		0.56	0.575
wage	匹配前	2.9856	2.9102	13.0	95.0	19.54	0.000
	匹配后	2.9856	2.9894	−0.7		−0.76	0.449
age	匹配前	2.2852	2.0968	31.0	99.8	47.54	0.000
	匹配后	2.2852	2.2850	0.1		0.04	0.971

　　PSM 模型的使用需要通过平衡性检验和共同支撑的检验。对于平衡性条件(Rosenbaum and Rubin,1983),我们依据 Smith and Todd(2005)的做法,计算匹配后处理组和控制组各匹配变量的标准偏差,标准偏差越小,表明匹配效果越好,但对于标准偏差绝对值小的程度目前并无统一标准。Rosenbaum and Rubin(1985) 认为,当匹配变量的标准偏差绝对值大于 20% 时,可认为匹配效果不好。本书平衡性条件检验的结果(见表 8.4)显示,匹配后处理组和比较组的偏差均小于 5%,且 t 检验不存在显著差异,说明匹配时满足了平衡性条件。而对于共同支撑条件检验,若匹配后大多数观测值落在处理组和对照组重合的部分,则表明满足共同支撑条件。具体检验结果显示,绝大部分观测值落在了重合部分,满足共同支撑条件。

　　2. 工具变量法

　　我们还利用企业所在省份单位面积光纤长度、域名总量等反映区域互联网总体发展水平的省级层面数据作为企业是否选择使用互联网的工具变量。原因在于：第一，所在省份互联网单位面积光纤长度、域名总量等总体水平对企业是否使用互联网具有直接影响；第二，企业层面的出口产品质量变化很难对所在省份使用的互联网总体发展水平产生无法忽略的反向影响。以所在省份单位面积光纤长度以及域名总量作为反映企业 Int 的工具变量，均可以较好地满足工具变量选择条件。回归结果如表 8.5 所示。

表 8.5　内生性处理的结果：2SLS

变量	省级层面数据为工具变量		解释变量滞后项为工具变量	
	第一阶段	第二阶段	第一阶段	第二阶段
所在省份单位面积光纤长度	0.0217*** (0.0057)			
所在省份域名总量	0.4893*** (0.0532)			
L. Int			0.8536*** (0.0035)	
Int		−0.9210** (0.4459)		−0.0501** (0.0243)
tfp	−0.0355*** (0.0075)	−0.0465 (0.0352)	−0.0026 (0.0064)	−0.0468 (0.0442)
scale	0.0190*** (0.0026)	0.0325*** (0.0141)	0.0061** (0.0032)	0.0018 (0.0152)
capital	0.0111*** (0.0019)	0.0176** (0.0087)	0.0013* (0.0008)	0.0054 (0.0110)
M	0.0143*** (0.0023)	0.0074 (0.0112)	0.0031* (0.0019)	0.0023 (0.0135)
wage	0.0408*** (0.0041)	0.0731*** (0.0259)	0.0068** (0.0033)	0.0409* (0.0230)
hhi	−0.0021*** (0.0004)	−0.0011 (0.0012)	−0.0087*** (0.0033)	0.0032 (0.0023)
firm	Yes	Yes	Yes	Yes
year	Yes	Yes	Yes	Yes
industry	Yes	Yes	Yes	Yes
Cons	0.1030*** (0.0438)	0.2515*** (0.0738)	0.0147 (0.0149)	0.2371*** (0.1034)
LM 检验结果	84.69		29451.52	
Weak Ⅳ 检验结果	42.40		204.83	
Sargan 检验结果	0.651		Exactly Indentified	

变量	省级层面数据为工具变量		解释变量滞后项为工具变量	
	第一阶段	第二阶段	第一阶段	第二阶段
Obs	54189	54189	24560	24560

资料来源:2004—2007 年的中国工业企业数据库和海关数据。

注:括号内为标准误。*** 、** 、* 分别代表 1%、5% 和 10% 的统计显著性。LM 检验结果指的是不可识别检验得到的 LM 统计值。Weak IV 检验结果指的是弱工具变量检验得到的 Wald-F 统计值。Sargan 检验结果指的是过度识别检验得到的 p 值。

表 8.5 汇报了以企业所在省份单位面积光纤长度、域名总量为企业互联网的工具变量并进行 2SLS 回归的估计结果与相关检验结果。第一阶段检验结果显示,企业是否使用互联网与企业所在省份单位面积光纤长度以及域名总量呈正相关关系,即企业所在省份互联网总体发展水平对企业自身互联网行为产生积极影响。第二阶段回归结果发现,LM 统计值为 84.69,统计量的 p 值均为 0.0000,表明强烈拒绝不可识别的原假设;Weak IV 弱工具变量检验得到 Wald-F 统计值为 42.40,说明方程不存在弱工具变量;Sargan 检验结果表明并不能拒绝过度拟合原假设,表明了工具变量回归的有效性。互联网系数仍然显著为负,说明即使在控制了内生性的前提下,基准回归结果仍然稳健。受到施炳展(2016)启发,本章还使用解释变量滞后项作为其自身工具变量并进行 2SLS 估计,回归结果仍然保持一致。

第三节　拓展分析

接入互联网将降低企业进入国际市场的跨国信息搜寻成本,从而促进新企业和新产品出口,形成对出口边际正向积极的作用,这是容易理解的,也在前两章中得到了数据支撑与验证。但是互联网也使企业面临的门槛下降进而导致其出口质量下降,那么企业为什么要使用互联网? 互联网的质量效应在不同企业间存在异质性吗? 对企业的不同产品的效应存在差异吗? 这是非常值得进一步讨论的。

为深入观察互联网对中国企业出口质量的影响,我们进一步从两个方面进行分析。首先,我们将企业出口产品集合划分为在位产品集合(样本基期年已经在位的出口产品种类)和新增产品集合(样本第二期开始新增加的出口产品种类),分别计算两个集合的平均质量,并对互联网对不同集合产品质量的影响进行回归。结果如表 8.6 的(1)、(2)列所示,互联网对在位产品集合质量的影响在统计上并不显著,而对新增产品集合质量的影响在 1% 的水平上高度显著为负。这说明互联网确实降低了出口产品进入的质量门槛，同时，由此带来的竞争程度的提高并没有让企业将更多的资源配置到生产性的创新活动中，产生竞争逃离效应，而是更多地体现为熊彼特效应。利用第七章构建的企业空间结构边际指标，我们再次基于本章的样本对互联网和企业目的国结构的影响进行回归，结果如表 8.6 的(3)列所示。研究结果显示，中国企业主要通过降低新增产品出口质量来应对使用互联网后加大的竞争效应，并且因为高收入经济体的市场竞争一般更激烈，互联网促使中国企业倾向于将出口转移至低收入目的国，以进一步规避市场竞争。

其次，如果互联网导致企业出口质量下降，对其利润又有何种影响呢？如果互联网导致利润下降，企业很难有动机建设官方主页。我们将互联网与企业空间结构边际的交互项纳入回归，结果如表 8.6 的(4)列所示，交互项的回归系数显著为正，这意味着互联网带来的竞争效应使得企业降低了出口质量，但中国企业通过将出口转向低收入目的国的方式规避了竞争，同时提高了利润。这实际也是互联网存在的"产品—市场"匹配效应，相比高收入市场，低质量产品在低收入市场可能获得更大的市场竞争力，从而获得更高利润，这为企业超过建设官方主页接入互联网，降低国际市场搜寻成本提供了激励。

表 8.6　互联网与出口产品质量升级的机制检验结果

变量	产品质量		结构边际	利润
	在位产品	新进入产品		
	(1)	(2)	(3)	(4)
Int	−0.0005	−0.0031***	−0.0071*	0.0037*
	(0.0002)	(0.0002)	(0.0038)	(0.0020)
tfp	0.0006*	0.0037***	0.0061**	0.0362***
	(0.0003)	(0.0002)	(0.0028)	(0.0017)
scale	0.0017***	0.0009***	0.0055**	0.0503***
	(0.0002)	(0.0001)	(0.0026)	(0.0017)
capital	0.0004***	0.0003***	0.0037**	−0.0043***
	(0.0001)	(0.0001)	(0.0015)	(0.0008)
M	0.0006***	0.0012***	0.0022	−0.0111***
	(0.0001)	(0.0001)	(0.0015)	(0.0014)
wage	0.0006***	−0.0013***	0.0004	−0.0032***
	(0.0001)	(0.0001)	(0.0010)	(0.0008)
hhi	−0.0020	−0.0147***	0.0027	−0.0035
	(0.0013)	(0.0008)	(0.0065)	(0.0036)

变量	产品质量		结构边际	利润
	在位产品	新进入产品		
	（1）	（2）	（3）	（4）
cons	0.4213***	0.1393***	5.1354***	−0.4406***
	（0.0229）	（0.0287）	（0.0752）	（0.0409）
firm	Yes	Yes	Yes	Yes
year	Yes	Yes	Yes	Yes
industry	Yes	Yes	Yes	Yes
p	0.0000	0.0000	0.0000	0.0000
Obs	424743	403424	153750	112300
R^2	0.0729	0.0343	0.0006	0.0615

资料来源：2004—2007 年的中国工业企业数据库和海关数据。

注：括号内为标准误。***、**、*分别代表 1％、5％和 10％的统计显著性。

第四节　互联网与质量升级及其创新机制再解释

本章前三节的基准回归分析及其拓展分析其实证明了互联网对出口产品质量的门槛机制的存在。为深入观察互联网对中国企业出口质量的创新机制的存在性及其异质性，我们进一步从两个方面进行分析。

第一，根据 Aghion et al.（2005），市场竞争效应对不同技术水平企业的影响存在显著不同，低技术水平企业在较大竞争情景下将进一步减少创新，进而相对技术差距会进一步扩大，而高技术水平企业则相反。基于创新门槛效应，我们很容易可以推导出企业产品质量与市场竞争也存在类似关系，在没有充分技术水平保障的前提下，企业出于对自身未来发展以及确保一定利润的考虑，更多地通过互联网的搜寻效应向低收入国家出口低质量产品，以这一优化企业"产品—空间"布局的方式提升企业的业绩，保证企业经营不会受到影响。而在有足够技术水平保障的前提下，企业将会加大创新投入，面对市场竞争更多地表现出逃离竞争效应，为出口产品质量升级持续提供动力。为了验证这一思路，我们将企业生产率与行业内最高生产率的差距（delt）及其与互联网的交互项（Int * delt）引入模型，回归结果如表 8.7 的（1）列所示，交互项的系数显著为负，而 Int 的系数显著为正，这意味着对于生产率差距较小也即技术水平较高的出口企业而言，互联网将提升而不是降低出口质量，表现为创新效应。我们的结果印证了 Amiti and Khandelwal（2013）的结论：市场竞争对高质量企业的影响为正，对低质量的影响为负。结合基准模型回归结果，我们可以认为，互联网之所以导致中国企业出口质量降低，很可能是因为中国企业出口产品在国际市场上缺乏质量优势。

第二，前述回归结果在一定程度上证明了互联网创新机制的存在性，即创新效应之所以没有显现出来，是因为企业竞争效应存在一定的异质性，对于技术水平较高的企业而言，互联网的出口产品升级效应显现。为此，我们进一步深入思考，对于处于行业平均水平之上的高技术企业，互联网的质量升级效应是否能通过创新决策产生积极的影响？为了验证该命题，我们筛选出企业生产率高于该行业平均生产率的企业作为高技术水平企业，并根据 Mackinnon et al, (2000)、温忠麟等(2004)的中介分析方法，设计如下的计量模型：

$$\text{Quality}_{i,t} = \alpha_0 + \alpha_1 \text{Int}_{i,j,t} + X_{i,t}\alpha + \lambda_i + \lambda_t + \in_{i,t} \tag{8.6}$$

$$\text{inno}_{i,t} = \beta_0 + \beta_1 \text{Int}_{i,j,t} + X_{i,t}\beta + \lambda_i + \lambda_t + \in_{i,t} \tag{8.7}$$

$$\text{Quality}_{i,t} = \lambda_0 + \alpha_1' \text{Int}_{i,j,t} + \delta_1 \text{inno}_{i,t} + X_{i,t}\lambda + \lambda_i + \lambda_t + \in_{i,t} \tag{8.8}$$

其中，α_1 为互联网对高技术水平企业的出口产品质量的总作用效果；β_1 为互联网对中介变量企业创新决策的作用效果，也即本书第二章和第三章的回归结果；δ_1 为在控制互联网影响因素后，中介变量企业创新决策对高技术水平企业出口产品质量的作用效果，而 α_1' 为控制中介变量企业创新决策后，互联网对高技术水平企业出口产品质量的直接作用效果。回归结果如表 8.7 所示。

表 8.7 互联网与高质量企业出口产品质量:创新决策中介效应

变量	创新行为			产品创新			工艺创新	
	(1)	(2)	(3)	(4)	(5)	(6)	(7)	(8)
Int	0.0011*** (0.0003)	0.0448*** (0.0151)	0.1286*** (0.0103)	0.0410*** (0.0116)	0.0825*** (0.0095)	0.0418*** (0.0150)	0.0141*** (0.0048)	0.0446*** (0.0150)
Int * delt	-0.0043*** (0.0004)							
delt	-0.0015*** (0.0004)							
inno				0.0293** (0.0140)		0.0342** (0.0144)		0.0171 (0.0212)
tfp		0.0532*** (0.0116)	0.0060 (0.0138)	0.0576*** (0.0197)	0.0196 (0.0132)	0.0583*** (0.0197)	0.0366*** (0.0074)	0.0554*** (0.0199)
scale	0.0005*** (0.0001)	0.0500*** (0.0082)	0.0882*** (0.0062)	0.0717*** (0.0092)	0.0505*** (0.0056)	0.0710*** (0.0092)	-0.0164*** (0.0028)	0.0698*** (0.0092)
capital	0.0003*** (0.0001)	0.0122** (0.0051)	0.0518*** (0.0047)	-0.0031 (0.0070)	0.0342*** (0.0044)	-0.0035 (0.0069)	0.0062*** (0.0022)	-0.0049 (0.0069)
M	0.0013*** (0.0001)	0.0385*** (0.0041)	0.0279*** (0.0047)	0.0119* (0.0066)	0.0231*** (0.0044)	0.0119 (0.0066)	-0.0053** (0.0023)	-0.0125* (0.0066)
wage	-0.0013*** (0.0001)	0.0157*** (0.0060)	0.0364*** (0.0083)	0.0828*** (0.0115)	-0.0023 (0.0079)	0.0820*** (0.0115)	-0.0002 (0.0043)	0.0818*** (0.0115)
hhi	-0.0139*** (0.0008)	-0.0119 (0.0158)	-0.0240*** (0.0075)	0.0263** (0.0116)	-0.0175** (0.0067)	0.0265** (0.0116)	-0.0088** (0.0032)	0.0274** (0.0116)

续　表

变量	创新行为				产品创新		工艺创新	
	(1)	(2)	(3)	(4)	(5)	(6)	(7)	(8)
Cons	0.6205*** (0.0049)	-0.1065 (0.1198)	-0.6701*** (0.0684)	-0.1341 (0.1043)	0.4066*** (0.0609)	-0.1023 (0.1041)	1.1362*** (0.0292)	-0.1364 (0.1071)
firm	Yes	Yes	Yes	Yes	Yes	Yes	Yes	Yes
year	Yes	Yes	Yes	Yes	Yes	Yes	Yes	Yes
industry	Yes	Yes	Yes	Yes	Yes	Yes	Yes	Yes
p	0.0000	0.0000	0.0000	0.0000	0.0000	0.0000	0.0000	0.0000
Obs	424743	53193	9994	9822	9994	9822	9994	9822
R^2	0.0744	0.0157	0.2063	0.0384	0.4797	0.0386	0.8093	0.0366

资料来源：2004—2007年的中国工业企业数据库和海关数据。

注：括号内为标准误。***、**、*分别代表1%、5%和10%的统计显著性。

　　对于创新行为决策而言,表 8.7 中,(2)列为式(8.6)的回归结果。在控制各种不可观测的异质性和其他变量之后,互联网对企业出口产品质量产生了显著的正向升级作用。回归结果与表 8.6 结果一致,即互联网的出口产品升级效应存在异质性,在高技术水平企业中显现出显著的正向关系。(3)列与本书第三章的基准回归结果一致,即企业使用互联网能显著提升企业的创新意愿。(4)列为式(8.8)的检验结果,企业创新行为对企业出口产品质量升级显著为正,即企业的创新行为能显著提升企业的产品质量。这与施炳展和邵文波(2014)的研究结论一致。此外,互联网的系数较(2)列有所下降,根据 Mackinnon et al.(2000)关于中介效应的判断方法,可知企业创新行为中介效应存在,即对于高水平企业而言,互联网能通过企业创新行为产生质量升级效应。同理,(5)、(6)列考察了产品创新在互联网的出口升级效应中的中介作用。回归结果显示,产品创新也是互联网发挥质量升级效应的重要中间渠道。(7)、(8)列考察了工艺创新在企业互联网的出口升级效应中的中介作用,可以发现,(8)列中工艺创新的回归系数并不显著,但 Sobel 检验的 Z 值为 19.03,通过了 1% 的显著性检验,说明工艺创新依旧是互联网的出口产品质量升级效应的中介渠道。横向对比不同创新模式产生的差异性的中介效应可以发现,产品创新是互联网影响出口产品质量升级更为重要的中介渠道。

　　为了避免传统中介模型测算带来的偏误,我们参照前文对因果中介模型的设定,再次就创新行为以及创新模式对互联网与企业出口产品质量的中介效应进行回归检验,结果如表 8.8 所示。总体上,互联网能促进高技术水平企业的出口产品质量升级(ATT 为正),与前文基于线性的结构性方程的中介效应模型的回归结果一致。另外,互联网也能通过改变企业创新行为以及创新模式影响其出口行为(ACME 均显著)。横向比较两种创新模式可以发现,互联网促进企业出口产品质量升级中更加依赖产品创新。

表 8.8　互联网、创新决策与企业出口质量:因果中介效应分析

结果变量	中介变量	ACME	ATT	中介效应占比/%
出口产品质量	创新行为	0.0078	0.0575	13.47
	产品创新	0.0071	0.0572	12.35
	工艺创新	0.0001	0.0572	0.15

　　注:ACME 为平均因果中介效应,ATT 为总效应,中介效应占比 = ACME/ATT。ACME、ATT 以及中介效应占比都通过了 5% 置信水平的显著性检验。

第五节 小 结

国际金融危机以来，全球贸易增长进入持续低迷通道，而以互联网为支撑的跨境电子商务贸易却呈现高速逆势增长趋势。在此背景下，互联网与企业贸易绩效的关系研究成为最近国际贸易理论研究的前沿话题之一。本章首先理论分析了互联网影响出口质量的双重机制——门槛机制与创新机制，随后基于 2004—2007 年的中国工业企业数据库与海关数据，实证检验了互联网对企业出口产品质量升级的影响。主要研究结论可归纳如下。

第一，理论层面上，本章发现互联网影响企业出口质量动态的两类机制，门槛机制即"互联网→出口门槛成本降低→低质量进入"，创新机制即"互联网→市场竞争加强→创新加大→质量升级"。互联网对企业产品质量的综合效应取决于两种机制的大小比较。

第二，实证角度上，本章利用需求函数法测算了中国出口企业的产品质量，研究发现，互联网并没有促使中国企业出口质量升级，反而发挥了负面作用。进一步的深入研究显示，中国企业出口产品质量的下降主要是由于企业出口了更多低质量的新产品，从而拉低了企业平均出口质量，揭示出互联网的门槛效应存在性及其主导地位。这一结论在控制了内生性之后仍然稳健。

第三，对互联网影响产品质量升级的创新视角的再解释发现，对于技术水平较高的出口企业，互联网将提升出口质量，表现为创新效应。而在不同的创新模式行为下，我们发现创新行为和创新模式对互联网的质量升级效应均起到了显著的中介效应。我们还发现，使用互联网虽然降低了中国企业的出口质量，但中国企业倾向于将低质量的新增出口产品向低收入目的国转移，并获得了更高的利润率。这一结论揭示出产品质量升级具有一定的门槛性，在没有充足技术水平保障的前提下，企业出于自身未来发展以及确保一定利润的考虑，更多地通过互联网的搜寻效应向低收入国家出口低质量产品，以这一优化企业"产品—空间"布局的方式提升企业的业绩，以保证企业经营不会受到影响。

基于以上研究结论，我们认为政府应该积极推动互联网化，充分发挥互联网对创新的溢出效应，促进企业进行创新活动。企业自身应该进一步加大技术创新力度，在此基础上充分利用互联网对产品质量的提升效应，优化产品结构。

第九章　互联网与出口竞争力升级：
来自核心产品的证据

"十三五"时期,我国在贸易结构和出口产品竞争力方面取得了积极进展。继续保持我国出口产品的国际竞争力,优化出口产品质量和结构,"稳中提质"仍是"十四五"时期的主要发展目标。《国务院办公厅关于推进对外贸易创新发展的实施意见》中,明确指出"加快推进……商品结构、贸易方式等'五个优化',培育新形势下参与国际合作和竞争新优势,实现外贸创新发展"。可见,深入研究中国企业如何调整出口产品集合,优化出口产品结构具有重要的现实意义(魏浩和张宇鹏,2020)。前文已经从贸易动态、贸易边际、产品质量等视角针对互联网与出口产品结构的调整进行了研究。本章将着重从企业内部核心产品的视角研究互联网对出口贸易行为及绩效的影响。

本章的内容安排如下:首先,构建理论框架,厘清互联网影响核心产品的双重效应,即选择效应和倾斜效应;再次,构建实证模型,分析互联网对核心产品的总体效应;其次,从企业自身技术水平出发,进一步对互联网影响企业核心产品的机制进行拓展分析;最后,对本章内容进行小结。

第一节　研究基础及假设

多产品企业在国际贸易市场中的重要地位引起了国内外诸多学者的关注(Bernard et al.,2011;Chatterjee and Carneiro,2013;Mayer et al.,2014;易靖韬和蒙双,2018;钟腾龙和余淼杰,2020)。而多产品企业产品结构的调整实质上是企业内部资源配置的一种显现,也是优化企业出口结构的重要渠道。相比 Melitz(2003)基于单一产品的异质性贸易模型,Bernard et al.(2011)开放条件下基于多产品的企业异质性模型能同时解释企业间和企业内资源的配置问题,其解释内涵更为丰富,多产品企业出口已成为近几年来新新贸易理论的研究前沿问题(周康,2015;亢梅玲等,2017)。

一般而言,企业出口产品集合当中,出口额最大的产品被界定为核心产品(Chatterjee et al.,2013;Mayer et al.,2014)。既有文献基于多产品企业框架，从核心产品的视角分析了多产品企业调整产品结构的影响因素。Bernard et al. (2011)认为，多产品出口企业为了应对外部竞争环境的变化，可以通过增加或者减少核心出口产品的份额来调整企业内部的资源配置情况。Mayer(2014)同时考虑了企业间异质性和企业内异质性的特征，认为贸易开放会导致企业调整其生产产品种类的范围，即选择效应(choose-effect)，调整其生产的各类产品在总产品中的份额，即倾斜效应(skewness-effect)，实现企业内的资源优化配置。Manova and Yu(2017)基于中国的数据发现，中国多产品出口企业普遍存在具有核心竞争力的核心产品。当面临更加激烈的市场竞争的时候，企业倾向于将资源集中于该类产品的生产，从而提高企业的生产率。亢梅玲等(2017)、易靖韬和蒙双(2018)也在多产品企业的垄断竞争模型中构建了贸易自由化和多产品的分析框架，用中国数据进行了经验研究。研究结果发现，贸易自由化使得企业更倾向于生产核心产品，与之相伴随的还有产品范围的缩小。钟腾龙和余淼杰(2020)结合不同竞争策略分析了外部需求变动下多产品企业行为，发现采取质量竞争策略的企业在面对更激烈竞争的时候，会选择扩大出口产品分布离散度，而采用成本竞争策略的企业则恰好相反。这类文献主要从宏观的外部因素来分析影响多产品出口结构调整的因素，本章将从微观的内部因素，分析互联网对企业核心产品出口的影响，相对既有文献而言具有一定的边际贡献。

与本章相关的另一类文献则分析了互联网对中国多产品企业出口行为的影响。基本发现是：互联网的使用促进了企业扩展边际的增长(Niru，2014；Huang et al.，2018；岳云嵩和李兵，2018)，促进了企业绩效的提升(李坤望等，2015；刘海洋等，2020；李兵和岳云嵩，2020)，延长了企业出口持续时间(施炳展，2016；刘海洋等，2020；谢申祥等，2021；胡馨月等，2021)。然而，既有文献多是从出口边际的视角来分析互联网的贸易效应，针对企业内部产品和资源配置影响的研究相对较少。而核心产品的视角对内恰好是企业资源配置的显性表现，同时对外表现为企业核心竞争力的增强。本章以核心产品为研究对象，是对现有文献的一个有益补充。

按照传统分析，搜寻和交流成本是普遍存在的出口固定成本的主要组成部分(Anderson and Wincoop，2003)。企业通过使用互联网，在网上进行信息展示、推送与交流，可极大降低市场搜寻成本(Fink et al.，2005；Blum and Goldfarb，2006；盛丹和包群，2011；李兵和李柔，2017)，从而降低出口门槛成本，成功进入出口市场，并促进出口集合扩张，最终将降低企业核心产品出口份额，降低企业核心产品出口占比，即互联网表现为选择效应。为此，我们提出：

命题9.1：互联网具有选择效应，将降低企业核心产品出口份额。

互联网除了通过降低出口门槛成本促进出口集合扩张这一直接作用，也将产生间接作用，使企业产品暴露于国际市场的竞争环境中。而激烈的市场竞争将迫使企业放弃生产率低的边缘产品，专注于核心产品的生产和出口，从而实现更高的利润率（Bernard et al., 2011；Eckel and Neary, 2010；易靖韬和蒙双, 2017），互联网表现为以倾斜效应为主导。为此，我们提出：

命题9.2：互联网具有倾斜效应，将提升企业核心产品出口份额。

在接下来的部分，我们将利用微观企业数据对上述两个命题进行实证检验。本章为互联网与企业核心能力的研究提供了经验证据，并拓展了互联网的贸易效应的相关研究，丰富了现有研究。

第二节 互联网与核心产品出口：实证研究

一、数据来源及变量说明

本章数据主要来源于2004—2007年中国工业企业数据库和海关数据。为了达到研究目的，我们参照Brandt et al.（2012）的方法对数据进行如下处理：第一，剔除主要变量和数据缺失的样本；第二，剔除从业人数小于10的样本；第三，剔除不满足会计准则的样本。另外，根据余淼杰和袁东（2016）的方法，我们根据企业名称、企业邮政编码和企业电话号码后7位对两套数据进行匹配，最终得到一个覆盖58961家企业、包含135581条贸易记录的非平衡面板数据库。本章主要使用的变量如下。

（一）核心产品指标

借鉴Chatterjee et al.（2013）、Mayer（2014）和魏浩等（2020）对核心产品的界定，本章认为企业出口产品集合中出口额最大的产品为企业的核心产品，并采用核心产品出口额在企业出口产品集合中所占的比重作为被解释变量，来衡量企业核心度。该数值越大，表明企业核心产品在生产上所占份额越大，企业核心度越高（刘冲等, 2020）。

（二）解释变量

现有研究对微观层面上衡量企业互联网使用水平的量化指标并不存在共识。综合考虑指标的可得性、全面性以及样本期，本章和前述章节保持一致，采用李兵和李柔（2017）、Huang et al.（2018）的方法，将企业是否建设有官方主页作为衡量企业是否使用互联网的统计指标。若贸易企业 i 在第 t 期拥有官方主页，则 $\mathrm{Int}_{i,t}=1$，否则 $\mathrm{Int}_{i,t}=0$。

（三）控制变量

第一，企业层面变量，主要包括：企业规模（scale），采用员工人数的对数表示；企业资本劳动比（capital），采用企业固定资产净值年平均余额与员工人数之比的对数值表示；企业研发水平（rd），采用企业研究开发费用的对数表示；企业负债资本比（debt），采用企业总负债与企业总资产的比值的对数表示。

第二，行业层面变量，主要包括：行业竞争程度（hhi），采用四分位的行业赫芬达尔指数衡量行业的竞争程度，该指数越大，表明市场越趋于垄断，市场竞争越弱；行业出口依存度（dependent），本章使用四分位行业出口额占当年总体出口额的比重来反映行业的出口依存度的情况。

主要变量的统计特征如表 9.1 所示。

表 9.1　主要变量的统计特征

变量	变量含义	观测值	平均值	标准差	第 5 个百分比	第 95 个百分比
Core	企业核心度	135581	0.3761	0.1582	0.1389	0.6541
Int	企业互联网使用情况	135581	0.2061	0.4045	0	1
scale	企业规模	135488	5.3064	1.1416	3.5553	7.2793
capital	企业资本劳动比	135488	3.5567	1.3502	1.3160	5.6957
rd	企业研发强度	135581	0.0060	0.2540	0.0000	0.0233
debt	企业负债资本比	135427	0.5632	0.3221	0.1117	0.9410
hhi	行业竞争程度	135581	−5.3048	1.3044	−7.8923	−3.3462
dependent	行业出口依存度	135410	9.9111	2.1162	6.3617	13.4343

资料来源：2004—2007 年的中国工业企业数据库和海关数据。

注：为控制潜在的变量异方差，各变量均采用对数形式。

二、计量模型与结果分析

为检验互联网对企业出口产品集合中核心产品出口额所占比重的影响，本节构建计量模型如下：

$$\mathrm{Core}_{i,j,t}=\alpha_0+\alpha_1\,\mathrm{Int}_{i,j,t}+\alpha_2 Z_{i,t}+\alpha_3 W_{j,t}+\delta_i+\delta_t+\varepsilon_{i,j,t} \quad (9.1)$$

其中，i 代表企业，j 代表企业所在行业，t 代表年份。被解释变量 $\mathrm{Core}_{i,j,t}$ 代表行业 j 中企业 i 在 t 年的核心产品出口份额。核心解释变量 $\mathrm{Int}_{i,j,t}$ 是衡量企业是否使用互联网的指标。$Z_{i,t}$ 是一组反映企业异质性的特征变量。$W_{j,t}$ 是一组反映行业特征的变量。同时，还加入个体固定效应 δ_i 和时间固定效应 δ_t，$\varepsilon_{i,j,t}$ 表示随机扰动项。

表 9.2 汇报了 OLS 和 FE 两种模型下互联网对企业出口产品核心度的回归结果。(1)、(4) 列是仅加入解释变量后的回归结果，(2)、(5) 列是逐步加入一系列企业异质性因素后的回归结果。从这 4 列回归结果来看，不管是 OLS 模型还是 FE 模型下，解释变量互联网的估计系数均为负，且表现出高度显著性。OLS 模型中，Int 的绝对值更大。考虑到企业所在样本期内相继发生的重大年度冲击对回归结果的影响，我们在 (3)、(6) 列加入了年份固定效应，解释变量的系数仍然稳健，表明互联网的使用降低了企业的核心度，互联网的出口产品结构效应更多地表现为选择效应而非倾斜效应，与段文奇和刘晨阳 (2020) 以及钟腾龙和余森杰 (2020) 的研究结果一致。这说明互联网的影响更多地表现为企业出口产品集合的扩张，从而对核心产品份额进行稀释，这一结论也符合前文对出口边际的检验结果。但值得注意的是，互联网对核心产品出口所产生的贸易效应与贸易自由化所带来的效应并不一致。

表 9.2 基准回归结果

变量	OLS 模型			FE 模型		
	(1)	(2)	(3)	(4)	(5)	(6)
Int	−0.0078***	−0.0053***	−0.0073***	−0.0044***	−0.0043**	−0.0043**
	(0.0011)	(0.0011)	(0.0011)	(0.0017)	(0.0017)	(0.0017)
scale		−0.0160***	−0.0140***		−0.0156***	−0.0157***
		(0.0005)	(0.0005)		(0.0011)	(0.0011)
capital		0.0008	−0.0003		−0.0003***	−0.0003***
		(0.0010)	(0.0002)		(0.00003)	(0.00004)
rd		0.0497**	0.0190		0.0516**	0.0519**
		(0.0209)	(0.0209)		(0.0240)	(0.0240)
debt		−0.0114***	−0.0119***		−0.0045**	−0.0045**
		(0.0015)	(0.0015)		(0.0021)	(0.0021)
hhi			0.0142***			0.0022
			(0.0006)			(0.0017)
dependent			0.0027***			−0.0001
			(0.0004)			(0.0007)
Cons	0.3895***	0.4785***	0.5588***	0.3774***	0.4646***	0.4778***
	(0.0007)	(0.0027)	(0.0051)	(0.0006)	(0.0060)	(0.0112)
firm	No	No	No	Yes	Yes	Yes

续 表

变量	OLS 模型			FE 模型		
	(1)	(2)	(3)	(4)	(5)	(6)
year	No	No	Yes	No	No	Yes
p				0.0000	0.0000	0.0000
R^2	0.0010	0.0169	0.0270	0.0010	0.0126	0.0159
Obs	135581	135321	135321	135581	135321	135321

资料来源：2004—2007 年的中国工业企业数据库和海关数据。

注：FE 模型均执行 Hausman 检验，并列出相应，表明 FE 模型更为合适。括号内为标准误。***、** 分别代表 1%、5% 的统计显著性。

从其他控制变量来看，以(6)列为例，企业规模越大，企业资本劳动比越高，企业负债率越高，企业出口市场上核心产品出口比重越低，表明这类企业的互联网使用更多地表现为选择效应，即将企业内资源分配到更多产品集合的生产和销售中。企业研究开发费用越高，企业在出口产品集合中核心产品占比越高，表明越是创新的企业，越倾向于将生产能力集中配置到核心产品的研发与升级中，从而提升企业的核心竞争能力。

三、稳健性检验

（一）更换被解释变量

除基准回归模型中使用核心产品占出口总额的比重外，我们还构建了出口额排名前三(前五)的产品的出口额与企业产品集合总出口额的比重作为被解释变量。除此之外，我们借鉴 Lopresti(2016)的做法，引入赫芬达尔指数的构建方法对企业产品集合中的核心度进行刻画。具体形式如下：

$$\text{Herfindahl}_{i,t} = \sum_{k \in \Omega} \left(\frac{\text{Sale}_{i,k,t}}{\sum_{k \in \Omega} \text{Sale}_{i,k,t}} \right)^2$$

其中，$\text{Sale}_{i,k,t}$ 表示企业 i 在产品 k 上的 t 年的销售额，Ω 表示企业当年生产的所有产品集合。赫芬达尔指数越大，表明产品分布越集中，核心度越高；反之则表明企业生产越分散。以此三种方法计算被解释变量，我们对式(9.1)进行再估计。回归结果如表 9.3 所示。互联网的估计系数与基准回归结果一致，表明被解释变量的测度方法并不会影响回归结果，回归结果稳健。

表 9.3　稳健性检验结果:更换被解释变量

变量	排名前三		排名前五		Herfindahl	
Int	−0.0008***	−0.0007**	−0.0007***	−0.0006***	−0.0036**	−0.0036**
	(0.0003)	(0.0003)	(0.0002)	(0.0002)	(0.0017)	(0.0017)
scale		−0.0034***		−0.0021***		−0.0079***
		(0.0002)		(0.0001)		(0.0011)
capital		−0.0004***		−0.0003***		−0.0001***
		(0.00006)		(0.00003)		(0.00003)
rd		0.0075*		0.0078***		0.0029
		(0.0045)		(0.0025)		(0.0237)
debt		−0.0011***		−0.0002		−0.0032
		(0.0004)		(0.0002)		(0.0021)
hhi		0.0012***		0.0010***		−0.0006
		(0.0003)		(0.0002)		(0.0016)
dependent		0.0005***		0.0006***		−0.0018***
		(0.0001)		(0.0001)		(0.0007)
Cons	0.6513***	0.6717***	0.6725***	0.6828***	0.4523***	0.5123***
	(0.0001)	(0.0022)	(0.0001)	(0.0011)	(0.0006)	(0.0111)
firm	No	Yes	No	Yes	No	Yes
year	No	Yes	No	Yes	No	Yes
R^2	0.0011	0.0124	0.0013	0.0007	0.0007	0.0103
Obs	135581	135321	135581	135321	135581	135321

资料来源:2004—2007 年的中国工业企业数据库和海关数据。

注:括号内为标准误。*** 、** 、* 分别代表 1%、5%和 10%的统计显著性。

(二)改变计量方法

由于本章的被解释变量的取值范围为 0—1,采用 OLS 模型对其进行回归会造成一定的偏误,而 Tobit 模型估计所得结果更有效且无偏(Liu and Rosell,2013)。为此,我们使用为 Tobit 模型对其进行稳健性检验。回归结果如表 9.4(1)—(3)列所示。可以发现,互联网的回归系数均不发生系统性改变,回归结果稳健。

另外,样本的选择均为出口样本,会造成一定的偏误。为克服样本选择偏误问题,我们采用 Heckman 两阶段模型进行稳健性检验。第一阶段为出口决策模型,考察企业是否选择出口。具体形式如式(9.2)所示,变量构成与式(9.1)相同,但考虑到企业以往的出口经验会影响企业当期是否出口的决策,我们在控制变量中加入了企业是否出口的滞后项。回归结果如表 9.4(4)列所示。第二阶段为修正的企业出口核心度模型,具体形式如式(9.3)所示,我们在式(9.1)的基础上加入了逆米尔斯比率(IMR),来考察企业出口核心度受何种因素的影响。回归结果如表 9.4(5)列所示。

$$EX_{i,j,t}=\beta_0+\beta_1 Int_{i,j,t}+\beta_2 L.\,EX_{i,t}+\beta_3 Z_{i,t}+\beta_4 W_{j,t}+\delta_i+\delta_t+\varepsilon_{i,j,t}$$

$$(9.2)$$

$$Core_{i,j,t}=\beta_0+\beta_1 Int_{i,j,t}+\beta_2 IMR+\beta_3 Z_{i,t}+\beta_4 W_{j,t}+\delta_i+\delta_t+\varepsilon_{i,j,t} \quad (9.3)$$

在 Heckman 两阶段模型中,互联网对企业出口核心度的影响为负,且在 1% 水平上显著。IMR 系数为正,且通过了显著性检验,说明存在样本选择偏误。但 Heckman 两阶段模型得出的互联网对企业出口核心度的估计系数、显著性和基准模型相比没有实质性的变化,说明样本选择性偏误对该研究的影响较小,验证了结论的稳健性。

表 9.4 稳健性检验结果:替换计量方法

变量	Tobit 模型			Heckman 两阶段模型	
	(1)	(2)	(3)	(4)	(5)
L. EX				2.4592***	
				(0.0045)	
Int	−0.0078***	−0.0053***	−0.0073***	0.1835***	−0.0019***
	(0.0011)	(0.0011)	(0.0011)	(0.0054)	(0.0005)
scale		−0.0160***	−0.014***	0.1811***	−0.0096***
		(0.0005)	(0.0005)	(0.0021)	(0.0015)
capital		0.0009	−0.0003	0.0002	−0.0001***
		0.0010	(0.0002)	(0.0002)	(0.00004)
rd		0.0496**	0.0187***	0.0005	0.0281***
		(0.0209)	(0.0009)	(0.0036)	(0.0029)
debt		−0.0114***	−0.0119***	−0.0605***	−0.0085***
		(0.0015)	(0.0015)	(0.0072)	(0.0029)
hhi			0.0142***	0.4497***	−0.0029
			(0.0006)	(0.0320)	(0.0024)
dependent			0.0027***	0.0647***	−0.0021**
			(0.0004)	(0.0009)	(0.0010)
IMR					0.0040***
					(0.0010)
Cons	0.3895***	0.4785***	0.5169***	−3.0087***	0.4325***
	(0.0007)	(0.0027)	(0.0045)	(0.0140)	(0.0158)
firm	No	No	Yes	Yes	Yes
Year	No	No	Yes	Yes	Yes
Obs	135581	135321	135321	722675	94483

资料来源:2004—2007 年的中国工业企业数据库和海关数据。

注:括号内为标准误。*** 、** 分别代表 1%、5% 的统计显著性。

四、内生性处理

（一）PSM-DID

企业层面的变量可能由于存在逆向因果关系或者不可观测因素而导致内生性问题。学界普遍认为,倾向得分匹配与双重差分相结合是一种能显著降低偏差的非参数统计方法。我们采用了基于倾向得分匹配的双重差分法（PSM-DID）,以解决可能存在的内生性问题。匹配变量参考李兵和李柔（2017）的方法,我们选取企业生产率（tfp）、企业资本劳动比（capital）、企业规模（scale）、企业支付工人工资（wage）、行业竞争程度（hhi）以及企业所在行业利润率（profit）作为匹配变量,构造具有可比性的处理组（使用互联网的企业）和控制组（不使用互联网的企业）,通过双重差分方法对式(9.1)重新进行回归检验。在满足共同支持检验和平衡性检验的基础上,表9.5汇报了以四种不同的核心度为被解释变量的PSM-DID回归结果。可以发现,互联网的回归结果无论在何种回归模型下均为负,且至少在10％的水平上高度显著,与基准回归结果一致。说明在控制遗漏变量问题和选择性偏误后,相比没有使用互联网的企业,互联网企业仍然降低了中国多产品企业核心产品占比,使企业内的生产和销售在所有产品之间的分布更加分散。

表 9.5　内生性处理（PSM-DID 回归）结果

变量	排名第一		排名前三		排名前五		Herfindahl	
Int	-0.1668** (0.0563)	-0.1254* (0.0566)	-0.0706*** (0.0186)	-0.0575** (0.0187)	-0.0339*** (0.0090)	-0.0284** (0.0090)	-0.1319*** (0.0384)	-0.1021** (0.0386)
scale		-0.0124*** (0.0019)		-0.0048*** (0.0006)		-0.0025*** (0.0003)		-0.0094*** (0.0013)
capital		-0.0071*** (0.0011)		-0.0026*** (0.0004)		-0.0013*** (0.0002)		-0.0052*** (0.0007)
rd		0.0217 (0.0363)		-0.0074 (0.0112)		-0.0051 (0.0058)		0.0158 (0.0247)
debt		-0.0051 (0.0033)		-0.0024* (0.0011)		-0.0004 (0.0005)		-0.0043 (0.0023)
hhi		-0.0025 (0.0025)		0.0014 (0.0008)		0.0007 (0.0004)		-0.0013 (0.0017)
dependent		-0.0032** (0.0011)		0.0003 (0.0004)		0.0006** (0.0001)		-0.0018* (0.0007)
Cons	0.7132*** (0.0118)	0.8201*** (0.0221)	0.6560*** (0.0039)	0.6952*** (0.0073)	0.6824*** (0.0019)	0.6980*** (0.0035)	0.4684*** (0.0081)	0.5464*** (0.0150)
firm	No	Yes	No	Yes	No	Yes	No	Yes
year	No	Yes	No	Yes	No	Yes	No	Yes
R^2	0.0012	0.0018	0.0012	0.0037	0.0011	0.0020	0.0010	0.0021
Obs	128082	128077	128082	128077	128082	128077	128082	128077

资料来源：2004—2007 年的中国工业企业数据库和海关数据。

注：括号内为标准误。***、**、* 分别代表 1%、5% 和 10% 的统计显著性。

（二）工具变量法（2SLS）

另外，我们还利用企业所在省份单位面积光纤长度、域名总量等反映省份互联网总体发展水平的省级层面数据作为企业是否使用互联网的工具变量。原因在于：第一，所在省份互联网单位面积光纤长度、域名总量等总体发展水平对企业是否使用互联网具有直接影响；第二，企业层面的出口核心产品比重变化很难对所在省份的互联网总体发展水平产生无法忽略的反向影响。以所在省份单位面积光纤长度以及域名总量为反映企业 Int 的工具变量，可以同时较好地满足工具变量选择条件。回归结果如表 9.6 所示。

表 9.6　内生性处理的结果：2SLS

变量	省份层面数据为工具变量			解释变量滞后项为工具变量		
	排名第一	排名前三	Herfindahl	排名第一	排名前三	Herfindahl
Int	−0.3497*	−0.7912***	−0.1466***	−0.0266***	−0.0616***	−0.0034**
	(0.0207)	(0.2067)	(0.0630)	(0.0165)	(0.0093)	(0.0017)
scale	−0.0996***	−0.0252***	−0.0518***	−0.0108***	−0.0044***	−0.0094***
	(0.0511)	(0.0054)	(0.0179)	(0.0006)	(0.0003)	(0.0006)
capital	0.0001	0.0131***	0.0221***	0.0013***	0.0061***	−0.0007
	(0.0001)	(0.0036)	(0.0098)	(0.0003)	(0.0027)	(0.0005)
rd	0.0477***	0.0974***	0.1948***	0.0971***	−0.0259	0.0504***
	(0.0279)	(0.2543)	(0.0824)	(0.0382)	(0.0207)	(0.0040)
debt	−0.1459**	−0.0406***	−0.0681***	−0.0224***	−0.0040***	−0.0069***
	(0.0763)	(0.0105)	(0.0281)	(0.0020)	(0.0011)	(0.0021)
hhi	0.0528***	0.0007	−0.0012	0.0168***	0.0179***	0.0295***
	(0.0411)	(0.0044)	(0.0130)	(0.0006)	(0.0003)	(0.0007)
dependent	0.0580**	0.0075***	0.0111**	0.0049***	0.0032***	0.0059***
	(0.0320)	(0.0027)	(0.0070)	(0.0004)	(0.0003)	(0.0005)
firm	Yes	Yes	Yes	Yes	Yes	Yes
year	Yes	Yes	Yes	Yes	Yes	Yes
F 检验结果	538.61	765.05	578.91	29451.52	23534.93	29429.55
Sargan 检验结果	0.1916	0.7537	0.3300	Exactly Identified		
Obs	135321	108022	135239	71879	55820	71840

资料来源：2004—2007 年的中国工业企业数据库和海关数据。

注：括号内为标准误。***、**、* 分别代表 1%、5% 和 10% 的统计显著性。

表 9.6 汇报了以企业所在省份单位面积光纤长度、域名总量为企业互

联网的工具变量并进行 2SLS 回归的估计结果与相关检验。无论是以排名第一表示的核心产品份额,还是以排名前三表示的核心产品份额,抑或是用 Herfindahl 表示的核心产品份额,其 F 统计量的 p 均为 0.0000,表明并不存在弱工具变量问题,而 Sargan 检验结果表明并不能拒绝"所有变量均是外生"的原假设,表明了工具变量回归的有效性。从回归结果来看,任何形式表示的核心产品份额对解释变量 Int 的回归系数均与前文基准结果保持一致,但回归的经济性和统计显著性均获得提升。其他控制变量也基本与基准回归结果保持一致。受到施炳展(2016)启发,我们还使用解释变量滞后项作为其自身工具变量进行了 2SLS 估计,回归结果仍然保持一致。

五、异质性检验

为厘清企业互联网对出口核心产品的异质性影响,我们借鉴余淼杰和袁东(2016)、Fan et al. (2015)等的一致做法,根据企业登记注册类型将出口企业划分为国有企业、民营企业、港澳台资企业以及外资企业四种类型,然后依据式(9.1)进行分样本回归。结果如表 9.7(1)—(4)列所示,仅外资企业表现出与基准模型类似的选择效应,而对于国有企业、民营企业以及港澳台资企业,互联网的产品结构调整效应均不显著。这可能是因为外资企业相较于非外资企业而言,对国外销售网络的掌握能力更强,使得互联网的效应更多地表现为选择效应,而非外资企业则更多地表现为倾斜效应。

考虑到我国出口企业主要采用两种截然不同的贸易方式即一般贸易和加工贸易,表 9.7(5)、(6)列进一步汇报了根据不同贸易模式进行分类的分样本回归结果。值得指出的是,与加工贸易企业相比,一般贸易企业的互联网的系数并不显著,意味着加工贸易企业使用互联网对产品结构调整的选择效应大于一般贸易企业。这可能是因为我国加工贸易属于"两头在外"的生产模式,国外市场上竞争加剧对其的影响远逊于一般贸易,互联网所带来的间接负向竞争效应对其的影响较小,从而造成核心产品占比下降。这一结论与既有文献对加工贸易与一般贸易效应的研究结论也基本一致,均表明一般贸易的竞争效应远高于加工贸易(刘冲等,2020)。

表 9.7　互联网对核心产品出口影响的回归结果：异质性检验

变量	国有企业 (1)	民营企业 (2)	港澳台资企业 (3)	外资企业 (4)	一般贸易 (5)	加工贸易 (6)	东部地区 (7)	中部地区 (8)	西部地区 (9)
Int	-0.0095	0.0041	-0.0014	-0.0054***	-0.0032	-0.0058*	-0.0136***	-0.0021	-0.0015
	(0.0079)	(0.0062)	(0.0045)	(0.0020)	(0.0021)	(0.0034)	(0.0013)	(0.0051)	(0.0063)
scale	-0.0301***	-0.0105***	-0.0145***	-0.0142***	-0.0161***	-0.0118***	-0.0138***	-0.0104***	-0.0118***
	(0.0072)	(0.0037)	(0.0030)	(0.0013)	(0.0013)	(0.0025)	(0.0006)	(0.0022)	(0.0027)
capital	-0.0001	-0.0006***	-0.0003***	-0.0002***	-0.0003***	-0.0002***	0.0006	0.0029*	0.0033
	(0.0001)	(0.00002)	(0.00008)	(0.00003)	(0.00004)	(0.00005)	(0.0004)	(0.0018)	(0.0021)
rd	0.0455	-0.1282	-0.0008	0.0547	0.0542**	-0.1082	-0.0037	-0.0044	0.1848
	(0.0615)	(0.0856)	(0.0433)	(0.0410)	(0.0252)	(0.1679)	(0.0301)	(0.0916)	(0.1784)
debt	-0.0127	-0.0085	-0.0043	-0.0047	-0.0030	-0.0060	-0.0129***	0.0052	-0.0081
	(0.0150)	(0.0073)	(0.0050)	(0.0025)	(0.0026)	(0.0041)	(0.0016)	(0.0065)	(0.0093)
hhi	0.0008	-0.0056	-0.0036	0.0043*	0.0019	0.00975**	0.0152***	0.0140***	0.0046
	(0.0118)	(0.0059)	(0.0048)	(0.0020)	(0.0019)	(0.0039)	(0.0006)	(0.0027)	(0.0034)
dependent	-0.0062	0.0003	-0.0011	0.0011	0.00001	0.0004	0.0040***	0.0044***	0.0008
	(0.0040)	(0.0023)	(0.0019)	(0.0008)	(0.0008)	(0.0015)	(0.0004)	(0.0017)	(0.0020)
cons	0.6469***	0.3924***	0.4410***	0.4734***	0.4683***	0.5224***	0.5169***	0.4942***	0.4997***
	(0.0722)	(0.0377)	(0.0302)	(0.0135)	(0.0129)	(0.0273)	(0.0056)	(0.0223)	(0.0276)
R^2	0.0238	0.0054	0.0061	0.0229	0.0176	0.0425	0.0314	0.0221	0.0175
firm	Yes	Yes	Yes	Yes	Yes	Yes	Yes	Yes	Yes
year	Yes	Yes	Yes	Yes	Yes	Yes	Yes	Yes	Yes
Obs	5105	33321	41505	93816	107555	27766	124741	6446	4052

资料来源：2004—2007 年的中国工业企业数据库和海关数据。

注：括号内为标准误。***、**、*分别代表 1%、5% 和 10% 的统计显著性。

中国东部、中部、西部地区经济发展程度的差异进而带来的数字鸿沟现象，可能也是影响企业出口产品核心度的一个重要因素。因此在表 9.7 的(7)—(9)列，我们进一步汇报了东部、中部、西部三大地区的子样本的回归结果，检验了互联网对企业出口产品核心度影响的区域差异性。回归结果显示，仅有东部地区企业使用互联网会对企业出口核心度表现为明显的选择效应，中部地区和西部地区的企业其回归系数虽然为负，但并不显著。这可能是因为东部地区仍然是经济最活跃的地区，企业可以通过互联网进行大量的产品创新研发，从而增加了企业出口的扩展边际，平摊了企业出口核心产品的份额，表现为更显著的选择效应。

第三节　进一步拓展分析

为了进一步证明基准回归模型的结论取决于互联网降低出口门槛成本导致的出口集合扩张的选择效应和市场竞争增强产生的倾斜效应的综合结果，本节借鉴 Aghion et al.(2005)，对每个二位码行业企业的生产率进行中位数划分，将企业分为高生产率组和低生产率组，并用式(9.1)进行回归检验。结果如表 9.8(1)、(2)列所示，高生产率组的回归系数与基准模型一致，而低生产率组的回归系数则为正，且通过了 10% 的显著性检验，说明越接近行业内生产前沿的企业越有可能表现出选择效应，而越远离行业内生产前沿的企业则越有可能表现出倾斜效应，将资源集中于核心产品的生产。这一结论与易靖韬和蒙双(2018)的研究结果一致。这可能是因为高技术企业本身具有较强的竞争能力，不仅有能力维持现有产品集合，而且还可能培养出其他优势产品，在应对竞争加剧的市场的时候采用的是多样化的竞争策略。这一效应与贸易自由化中中间品关税的下降所带来的产品结构调整效应一致(亢梅玲等，2017)。对于低技术企业而言，竞争不断加剧的市场使得其不得不放弃生产边缘产品，从而减少出口产品集合，将更多的资源投放给核心产品的生产，从而提升核心度，更加专业化，且偏向于采用专业化的竞争策略。另外，核心产品比重的提升代表了企业内部资源的有效配置，因此这一结论也间接表明了互联网对于出口企业而言并不具有马太效应，而是能够在一定程度上使得低技术企业追赶高技术企业，从而实现出口企业包容性增长。

表 9.8 还设置了行业最优生产率与企业生产率的差异变量 Gap，并将其与互联网变量 Int 交互，再次进行回归。回归结果仍然显示，越是远离行业生产率前沿的企业，越有可能表现出倾斜效应；反之，则越表现为选择效应。

表 9.8 进一步检验结果:基于不同生产前沿的回归

变量	高生产率	低生产率	OLS 模型	FE 模型	
	(1)	(2)	(3)	(4)	(5)
Int	−0.0060**	0.0047*	−0.0215***	−0.0117***	−0.0052*
	(0.0025)	(0.0030)	(0.0022)	(0.0029)	(0.0029)
Int * Gap			0.0327***	0.0182***	0.0088*
			(0.0043)	(0.0054)	(0.0053)
scale	−0.0116***	−0.0181***	−0.0145***	−0.0217***	−0.0136***
	(0.0017)	(0.0025)	(0.0006)	(0.0013)	(0.0013)
capital	−0.0048***	−0.0079***	−0.0009*	−0.0113***	−0.0061***
	(0.0010)	(0.0014)	(0.0004)	(0.0007)	(0.0008)
rd	0.0528*	0.0584	0.0249	0.0595**	0.0604**
	(0.0295)	(0.0510)	(0.0216)	(0.0248)	(0.0247)
debt	−0.0035	−0.0073**	−0.0132***	−0.0058**	−0.0052**
	(0.0031)	(0.0037)	(0.0016)	(0.0023)	(0.0023)
hhi	0.0012	0.0039	0.0138***	0.0004	0.0027*
	(0.0025)	(0.0030)	(0.0006)	(0.0017)	(0.0017)
dependent	0.0008	0.0011	0.0019***	−0.0018**	0.0011
	(0.0011)	(0.0013)	(0.0004)	(0.0007)	(0.0008)
Cons	0.4653***	0.5309***	0.5282***	0.5548***	0.4887***
	(0.0181)	(0.0250)	(0.0056)	(0.0131)	(0.0134)
firm	Yes	Yes	Yes	Yes	Yes
year	Yes	Yes	Yes	Yes	Yes
R^2	0.0127	0.0104	0.0273	0.0092	0.0119
Obs	72631	62690	128300	128300	128300

资料来源:2004—2007 年的中国工业企业数据库和海关数据。
注:括号内为标准误。***、**、*分别代表 1%、5%和 10%的统计显著性。

第四节 小 结

在多产品异质性企业的框架下,本章基于 2004—2007 年的微观数据,从核心产品的视角深入分析了互联网对企业出口产品结构的调整的综合影响。本章主要结论可以归纳如下。

第一,理论层面上,我们发现互联网对核心产品的影响存在逆向的双重作用,即选择效应与倾向效应。其中,选择效应将会减少核心产品出口份额,而倾斜效应则会增加核心产品出口份额。互联网对企业核心产品的综合效应取决于两种效应的大小比较。

第二,实证层面上,我们发现互联网效应降低了企业核心产品出口的比重，表现为选择效应。这一过程伴随着企业产品种类的丰富和新产品的进入。通过引入所有制和贸易模式的异质性，本章发现互联网的选择效应在外资企业和加工贸易企业中更为显著。另外，处于行业不同生产率水平的企业在应对外部竞争时采取的策略具有差异性。前沿企业更倾向于采取多样化竞争策略，而远离生产前沿的企业则倾向于采取专业化竞争策略。

基于以上结论，本章具有如下政策意义。在宏观层面上，应该持续推进新一代互联网基础设施的建设，加强出口企业合理配置内部资源的倾向，进而提高企业的竞争力；在微观层面上，企业应充分考虑互联网所带来的选择效应和倾斜效应，使其生产率水平与产品结构相匹配。在生产率提高的初期，可以采取专业化的竞争策略，将资源集中于核心产品的生产，提升企业核心能力，获得较高的市场份额，进而提高赢利能力。在生产率不断提升之后，应适当扩大产品范围，采取多样化的竞争策略。

第十章 "互联网＋"赋能企业转型升级的案例研究

本书前面几章从理论和实证的角度,研究了互联网与出口动态、出口边际、出口质量之间的关系,以及创新决策在其中发挥的中介渠道作用。本章将从实践的角度出发,以鲁泰纺织股份有限公司以及海康威视数字技术股份有限公司为例,整理并分析"互联网＋"背景下的企业转型升级之路,并分析互联网如何通过改变企业创新决策助力企业出口转型升级,为前文研究提供现实支撑。

本章内容安排如下:首先,以鲁泰纺织股份有限公司(以下简称鲁泰纺织)为例,主要从互联网使用、工艺创新活动以及企业出口转型的视角对公司进行分析,并讨论三者之间的链式关系在企业转型升级中的作用;其次,以海康威视数字技术股份有限公司(以下简称海康威视)为例,主要从公司数字化转型、产品创新活动以及企业出口转型的视角分析三者之间的链式关系,并分析海康威视如何应对当前不确定性提升的市场环境;最后,对本章内容进行小结。

第一节 智能化工艺流程升级:鲁泰纺织

经过多年的发展,中国纺织业已经在国际市场上形成了较为明显的竞争优势,但纺织业在我国属于劳动密集型产业,且对外依存度较大。在国际市场上,绝大部分纺织业企业为了不断扩大市场规模,长期以低廉的价格将产品销售到海外市场,对我国纺织业长期发展产生了不利的影响,也不符合当今我国经济高质量发展的核心原则。在当前错综复杂的外部环境下,纺织业进行了一次行业洗牌。鲁泰纺织面对日趋复杂的发展环境,利用"互联网＋"背景下的各种信息技术,积极转型升级,转变发展模式,不断依靠纺织工艺的技术创新,特别是工艺创新,形成了一定的规模经济效应,提高了资源的配置效率,带动了纺织业企业发展。

一、公司简介与发展历程

作为全球高档色织面料生产商和国际一线品牌衬衫制造商,鲁泰纺织拥有从纺织、染整、制衣生产直至品牌营销的完整产业链。截至2023年12月，鲁泰纺织拥有纱锭70万枚，线锭10万枚，具备年产色织面料22000万米，印染面料9000万米，衬衣3000万件的产能。在国际化视野和全球化布局驱动下，鲁泰纺织在中国、美国、意大利、日本、越南等8个国家设立了17家控股子公司、3个办事处和40多个生产工厂，是一家集研发设计、生产制造、营销服务于一体的产业链集成、综合创新型、国际化的纺织服装企业。

图10.1展示了鲁泰纺织2012—2022年的营业收入和营业利润。我们可以发现，由于新冠疫情的蔓延，市场需求持续低迷，叠加中美贸易摩擦的不利影响，鲁泰纺织的营业收入在2020年有所下滑，但在国家积极有效的防控措施和稳经济、稳出口政策的支持下，2021年和2022年，鲁泰纺织的营业收入有所回升。

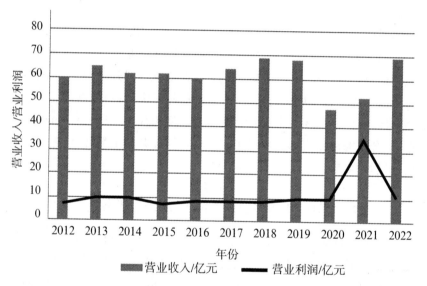

图10.1　2012—2022年鲁泰纺织营业收入与营业利润

注：根据企业年报数据整理。

鲁泰纺织是一家出口导向型企业，公司产品70%左右销往美国、欧盟、日本等30多个国家和地区。图10.2展示了鲁泰纺织2014—2022年的出口收入情况。从图10.2中我们发现，鲁泰纺织出口收入比重也常年维持在50%以上。

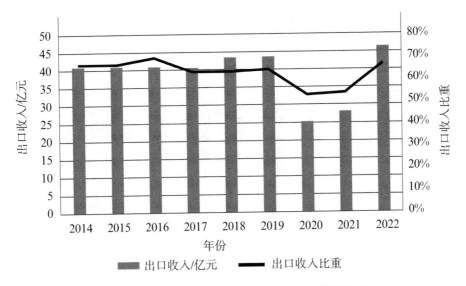

图 10.2 2014—2022 年鲁泰纺织出口收入及其占比

注:根据企业年报数据整理。

二、"互联网＋"、工艺创新与企业出口

(一)鲁泰纺织的互联网之路

为了适应互联网时代的个性化需求的特征,早在 2014 年,鲁泰纺织就成立了北京鲁泰优纤电子商务股份公司,依托 3D 建模及互联网等新型技术,通过线上和线下营销网络相结合的方式,为消费者提供定制化的服务,特别是高级定制服务。比如,"线上下单,上门量体"的 O2O 模式就通过君奕官网、微信商城、京东旗舰店和 400 电话等多种方式便捷地预约和下单,为消费者提供高品质的衬衫定制服务。这一新型模式为鲁泰优纤电子商务股份公司的品牌推广开辟了新途径,并为公司赢得了大批忠诚的客户。随后,鲁泰纺织在关键工序、重点装备、特殊环节全面进行自动化、智能化升级。2021 年,鲁泰纺织牵手阿里巴巴旗下的犀牛智造,对服装加工厂进行全方位、智能化生产改造,推动工厂数字化、信息化升级,进一步提升了生产效率、降低了运营成本,致力于打造新型服装制造工厂。

(二)"互联网＋"赋能企业工艺创新

鲁泰纺织长期坚持自主创新,依托信息技术以及国家级企业技术中心、国家级引智示范基地等技术平台,加强与科研院所、高校、战略客户、重要供应商的技术合作,长期致力于前沿的技术研究,特别是对工艺创新的研究,增强企业发展的动力和活力,推动产业升级。图 10.3 和图 10.4 显示了公司在 2014—2022 年的研发投入。可以发现,鲁泰纺织长期在研发投入上维持较高的水平。

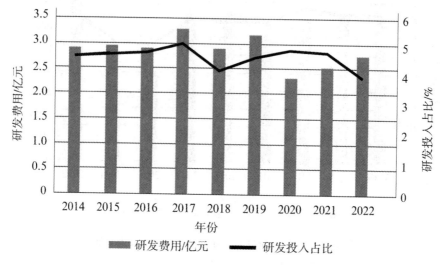

图 10.3　企业研发费用及占比

注:根据企业年报数据整理。

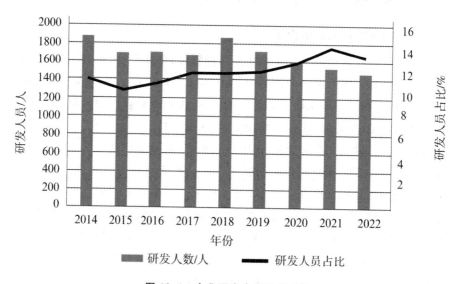

图 10.4　企业研发人员及其占比

注:根据企业年报数据整理。

2014 年,鲁泰纺织开始数字化转型,借助互联网平台、大数据、物联网等新一代信息技术,与中国机械科学研究总院、山东康平纳集团联合研制出筒子纱数字化自动染色成套技术与装备这一绿色新工艺,实现了从原纱到色纱成品全流程数字化、智能化生产。这一工艺创新是我国纺织印染行业数字化、智能化制造的重大突破,并获得国家科技进步奖一等奖。随后,鲁泰纺织还在制衣工厂引进了制衣 3D 测量、MTM 自动样板定制、CAM自动裁剪系统,在信息技术的支持下积极推进各种生产工艺的智能化升级,形成了互联网技术和工艺创新相辅相成的良性循环。

随着互联网技术的不断发展,鲁泰纺织通过互联网平台,引进瑞士、德国、日本智能化工序,并对自身完整的纺纱智能生产线进行全面升级和整合,大大提升了纺纱生产效率。其中,与山东康平纳集团合作开发的全国首个筒子纱数字化车间,实现了纱线经轴的中控染色和智能配送,并通过推广自动穿箱机,提高了织造生产效率,使织布智能化生产获得新进展。

(三)"互联网+"助力绿色发展,促进企业转型升级

鲁泰纺织围绕低碳、绿色、循环发展等整体战略目标,借助信息技术的发展,增强了企业发展的动力和活力,优化了产品结构,推动了自身出口转型升级。一方面,鲁泰纺织依照"源头治理、过程管控、末端治理"的模式,大力开展氨、碱、PVA(聚乙烯醇)的回收综合利用,异味与废弃协同治理等,大大改善了企业周边环境质量与现场工作环境;另一方面,鲁泰纺织长期致力于污水处理设施的技术改进,以减少单位产品水资源消耗,确保企业出口产品的绿色、低碳与可持续发展。

第二节　智能化产品创新升级:海康威视

随着国外经济环境不确定性的提高,不仅传统的劳动密集型企业遭受了严重的打击,资本与技术密集型的企业也在内忧外患中求生存。如何维持增势并打造全新的增长极?如何通过数字化转型来驱动企业技术创新,抵御国外贸易政策不确定性带来的风险,进而实现业务增长?这些问题都急需行业领头羊的成功案例来提供相应的参考。

一、公司简介与发展历程

海康威视成立于 2001 年,是一家生产安防产品以及提供行业解决方案的企业。截至 2022 年,海康威视在海外设有 66 个销售分支和服务机构,也在海外设立了 3 个制造工厂和 11 个物流中心,在 155 个国家和地区开展业务。海康威视是一个专注技术创新的公司,现有研发人员和技术服务人员超 2.8 万人(截至 2022 年),研发投入占全年营业收入的 11.80%(截至 2022 年),绝对数额占据业内前茅。海康威视是博士后科研工作站单位,建立了以杭州为中心,辐射北京、上海、武汉、西安、成都、重庆、石家庄、蒙特利尔、伦敦的全球研发体系。

2007 年,海康威视调整海外市场战略,希望通过互联网平台走产品定制化的道路,并试图提高品牌的推广度和客户信任度。2014 年,随着大数据、云计算等新型信息技术不断成熟,海康威视整合全球资源,提升供应链和技术水平,逐渐建立起了具有竞争优势的品牌形象。2019 年,在全球安防贸易网品牌供应商板块,海康威视排名首位,成为世界知名的以视频为核心的物联网解决方案提供商,面向全球提供综合安防、智慧业务与大数据服务。

图 10.5 以及图 10.6 分别显示了海康威视在 2010—2022 年的境内外营业收入情况以及 2010—2022 年净利率和毛利率的情况。可以发现总体而言,虽然海康威视大部分收入来源于境内,但近几年来境外营业收入占比也在不断提高。另外,在计算机设备行业中,海康威视的净利润率和毛利率也处于行业领先水平。

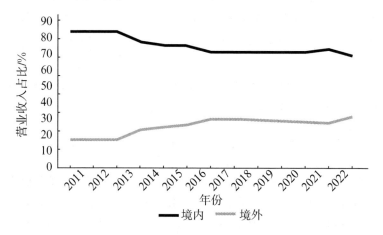

图 10.5　海康威视境内外营业收入占比

注:根据企业年报数据整理。

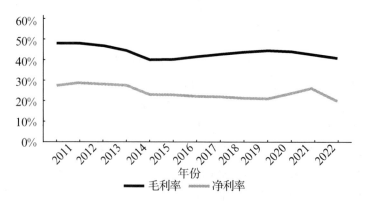

图 10.6　海康威视毛利率与净利率

注:根据企业年报数据整理。

二、"互联网＋"、产品创新与企业出口

(一)"互联网＋"与海康威视数字化转型之路

国内外环境的变化在一定程度上为海康威视数字化转型提供了一定的契机。一方面,在海康威视转型初期,世贸中心触发的全球反恐浪潮以及难民大量涌入欧美国家等现象,使得全球对安防设备的需求大大增加;另一方面,在海康威视转型期间,我国发布了《中国制造 2025》,突出了技术创新驱动的主导地位。为了顺应内外部环境的变化,海康威视数字化转型似乎成了必由之路。

在"互联网＋"背景下,多数贸易流程依托互联网和数字技术完成,这对贸易流响应速度提出了较高的要求。传统的供应渠道、营销渠道由于环节烦琐、效率低下而逐渐被忽视,甚至被淘汰。海康威视在转型前期订单分散,运营效率较低。也正是基于此,海康威视借助互联网优势,在拓展线下网络渠道的同时,更加重视虚拟网络的构建,这使其在供需响应速度方面远快于其竞争对手。另外,互联网平台的搭建也让海外市场和客户能够快速了解海康威视,为海康威视品牌真正"走出去"提供了机会。

对于海康威视而言,互联网优势不仅仅体现在贸易效率的提升与产品推广上,更多的价值溢出体现于技术本身。互联网技术一方面能对海康威视产品进行一定的技术支持,另一方面也促进了公司进行产品创新。海康威视成立之初,产品主要集中在摄像头和监控器等基础设备上,但是随着近几年以互联网为代表的新兴通信技术的发展,海康威视牢牢抓住 AI、大数据、云计算、边缘计算等新技术的发展方向,不断向智能化方向拓展。

(二)软硬融合:软硬件产品创新良性互动

海康威视自 2001 年成立以来,始终坚持以自主创新为企业发展的核心和重点。随着销售规模的不断扩大,以及人工智能技术的普及融合和应用,海康威视不断扩展产品边界、技术边界,为用户提供适配于不同应用场景的产品和解决方案。自 2010 年 5 月上市以来,海康威视累积研发投入达 354 亿元。特别是在产品创新方面,海康威视通过不断整合多年技术积累,夯实技术基础能力,不断扩充产品线,提高产品的更新换代速度。①

海康威视总共有 5 类软硬产品,包括物联感知产品、IT 基础产品、平台服务产品、数据服务产品和应用服务产品。这些产品并不是通过兼并得

---

① 海康威视拥有全球领先的监控摄像水平,摄像头以 8 个月为周期进行更新迭代。

到的,而是在坚实的技术基础上通过产品创新而来。近年来,海康威视统一了软件研发体系,规范了硬件研发流程,为各类型的设备提供了统一的嵌入式软件平台,为各类设备的接入联网和运维管理提供了统一的接口规范。海康威视软硬件产品创新进入了一个良性互动的循环迭代流程:以软件需求带动硬件研发,以硬件能力带动软件研发。

多年来,海康威视较高水平的研发投入使之能够长期保持研发资源投入,良好的运作体系使得研发团队能够不断攻克前沿技术难题,推出引领行业的创新产品。图 10.7 和图 10.8 分别汇报了海康威视 2010—2022 年的研发投入以及研发人员情况。我们可以发现,海康威视每年的研发经费投入约占销售收入的 7%—11%,研发人员占比也持续攀升,2022 年达到了近 50%。

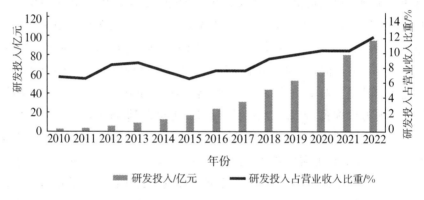

图 10.7　海康威视历年研发投入及其占比

注:根据企业年报数据整理。

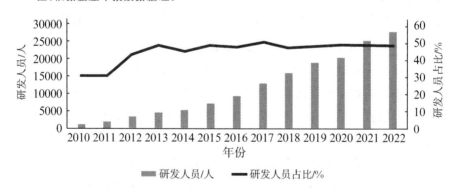

图 10.8　海康威视历年研发人员及其占比

注:根据企业年报数据整理。

同时,海康威视又能借助互联网等信息优势,高效快速地根据市场反馈和服务总结调整产品重点,提升产品功能和性能,形成面向市场的有效研发,并能顺利完成由研发到专利的跳跃。图10.9和图10.10分别展示了海康威视2021年以及2020年的三种专利情况。可以发现,在研发上的坚持让海康威视获得了大量的专利,大量的研发投入与专利为海康威视持续发展不断注入了新动力。

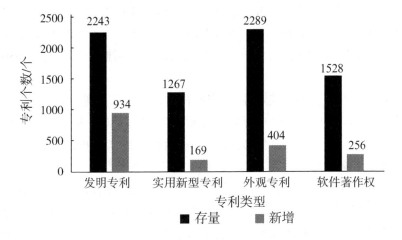

图 10.9　2021 年海康威视专利情况

注:根据企业年报数据整理。

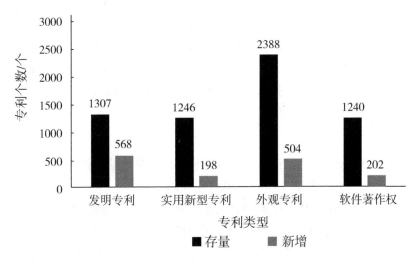

图 10.10　2020 年海康威视专利情况

注:根据企业年报数据整理。

三、不确定性中成长:从安防龙头到科技巨人

近几年来,逆全球化趋势加剧,中美贸易摩擦、新冠疫情突发、俄乌冲突等使得全球不确定性持续上升。海康威视作为安防行业的龙头企业,同

样面临着沉重的压力,特别是中美贸易关系的不确定性给其带来了巨大挑战与变化。

2018 年 3 月,中美贸易摩擦初期,国内安防行业就受到了严重的冲击。美国对中兴实施制裁的同时,也顺带将海康威视一并列入了制裁清单。2019 年 10 月,美国将中国两大监控摄像头供应商列入"实体名单"①,其中一家就是海康威视。2021 年,美国联邦通信委员会再次以国家安全威胁为由,禁止海康威视、华为等企业的电信及视频监控设备用于美国电信网络。

面对如此巨大的不确定性,海康威视的发展并未受到太大影响。从数据上来看,2020 年海康威视营收同比增长了 10%,2021 年同比大幅增长了28%。面对中美贸易摩擦带来的不确定性,海康威视积极应对,在不确定性中寻找确定性。首先,海康威视从 2017 年开始就逐步在视频芯片中引进华为海思、富瀚微电子等伙伴,布局芯片的国产化替代,以部分抵消国际政经形势变动对公司业绩的影响,对禁令做了相关预案。其次,海康威视一直认为底层的技术突破才是公司持续发展的主要手段,为此其特别重视研发投入。上市 10 余年,海康威视累计研发投入达 354 亿元。2017—2021 年,海康威视的研发投入占营业收入比重分别为 7.62%、8.99%、9.51%、10.04%、10.13%,研发投入占比逐年提高。对于海康威视来说,未来的变数依旧很多,国内外环境下的多重竞争还会持续,中美关系的不确定性导致的海外市场不确定性仍将持续,未来,海康威视会继续依托互联网平台,持续加大研发投入,由传统安防龙头向全球科技巨人迈进。

第三节　小　结

本章选取两个不同行业、不同创新模式的案例对前文的相关理论与实证研究进行了实践检验。本章主要结论可以归纳如下。

第一,鲁泰纺织作为中低端制造业企业,在错综复杂的环境中,借助互联网等新型信息技术,加大对工艺创新的投入,特别是对绿色工艺的投入,从而提升企业的生产效率,优化企业的产品结构,实现企业的长期稳定增长。

第二,海康威视作为中高端科技型企业,面对国内外复杂多变的经济环境,同样借助互联网等新型信息技术,更多地通过软硬件等产品线的拓宽、技术边界的拓展实现业务创新,并不断加大研发投入,获取研发专利,维持企业的领先地位。

---

① 即美国商务部发布的出口管制"黑名单"。

结　论　主要观点与政策启示

本章对全书主要观点进行梳理与总结,在此基础上对我国出口企业特别是在"互联网＋"发展背景下的出口结构升级及其动能转化给出系统性建议,并指出本书研究的局限性以及未来工作进一步努力的方向。

第一节　本书主要观点

数字经济技术在重塑企业贸易行为基本面、提升创新能力方面的比较优势越来越引人注目,有必要从信息不对称、搜寻效应、知识创新成本等新视角深入讨论互联网对企业出口动态、出口边际、出口质量的影响及机制。现有大量文献分别从企业规模、生产率、出口集群、汇率变动方面讨论企业贸易行为,未能从互联网等通信技术新视角形成理解企业贸易行为的总体框架。全书围绕一条主线展开,即探讨互联网对中国企业的出口动态、出口边际以及出口质量三个维度的影响效应,挖掘互联网贸易效应背后的创新机制,着重讨论产品创新、工艺创新两种最为广泛利用的创新模式在互联网背景下对出口动态、出口边际以及出口质量的异质性影响及其在出口动态、出口边际以及出口质量方面与互联网的协同作用,力图为数字经济背景下中国企业出口结构升级以及相应的动能转换提供系统的理论基础和新的洞察。

第一,在出口动态维度上,互联网的使用能优化跨国信息不对称结构,促进出口进入,延长出口持续时间,增强出口稳定性。具体而言,互联网通过促进创新要素的流动以及加大知识搜寻的广度、深度与精度,促进了企业的创新活动,并存在时间累积效应和研发累积效应。创新行为无论是在企业层面还是在产品层面均有助于提高出口进入概率、延长出口持续时间,并且是影响互联网与企业出口动态的重要中介渠道。在不同创新模式下,互联网、创新决策以及出口动态三者关系存在异质性。互联网更能促进企业的产品创新。产品创新因蚕食效应更有助于提高产品进入市场的概率,工艺创新则在抑制产品退出以及延长产品出口持续时间上具有更加显著的优势。中介模型显示,产品创新在互联网与出口动态之间的中介作用并不体现在产品退出上,而工艺创新在互联网与出口动态之间的中介作用并不体现在新产品进入上。另外，创新决策带来的学习吸收能力是企业出口动态效应的重要中坚力量，并能通过出口学习广度、出口学习强度以及出口学习累积三个渠道影响企业的出口动态效应，对企业出口与生产率之间的关系具有关键的调节作用。产品创新所产生的探索型的学习吸收能力在出口学习广度上对企业出口动态效应的作用更显著，而工艺创新所产生的利用型的学习吸收能力在出口学习强度以及出口学习持续时间上对企业出口动态效应的作用更显著。

第二，在出口边际维度上，互联网存在双面的搜寻效应，对出口产品扩展边际以及出口空间扩展边际均存在两面性。一方面表现为降低企业出口门槛成本，促使扩展边际增加；另一方面表现为降低跨国信息不对称性和加剧出口市场竞争，促使企业淘汰出口产品，退出出口市场，降低扩展边际。中国数据表明，互联网对出口扩展边际具有正面作用。另外，我们发现互联网也存在"空间—产品"匹配效应。企业通过互联网的使用，可依据自身质量水平将产品与目的国市场偏好、收入水平进行贸易匹配。基于创新决策视角的进一步探讨发现，企业创新行为以及产品创新是互联网与产品扩展边际、空间扩展边际的中介渠道，工艺创新在空间集约边际以及结构边际上表现出显著遮掩效应。

第三，在出口质量维度上，互联网对产品质量的影响存在两类双向机制。门槛机制即"互联网→出口门槛成本降低→低质量进入"，创新机制即"互联网→市场竞争加强→创新加大→质量升级"。我们基于中国数据的研究发现，互联网总体上会导致出口竞争趋于激烈，对产品质量升级的影响产生分化，高生产率企业将进一步加大创新力度。高技术水平企业可通过创新，有效克服竞争阻力，获得正向的质量升级效应；低技术水平企业则可能选择低质量产品出口。另外，互联网使得多产品企业在出口市场上根据自己的创新水平选择不同的竞争策略以维持其竞争力，处于前沿的高技术企业倾向于采取多样化竞争策略，而远离生产前沿的低技术企业则倾向于采取专业化竞争策略，即表现为产品核心度的下降。

第二节　主要创新点

首先，本书吸收信息经济学理论成果，跳出单一的出口成本思维，从信息不对称和风险规避视角，深入分析互联网对企业出口贸易动态的影响机制及效应，揭示出互联网的出口动态效应两大机制：风险匹配与风险分散。国际市场不确定性是国际贸易的新型贸易壁垒，信息不对称进一步加剧了企业在国际不确定性环境中的脆弱性。现有文献已从贸易政策变化、关税约束承诺可信性方面指明外部不确定性对企业出口风险的恶化效应，但这些因素属于宏观经济层面的变量，企业极难施加影响。本书则从信息不对称视角，揭示出企业可通过使用互联网便捷获得国际市场信息并提前做出风险规避的贸易安排，即互联网降低出口市场信息搜寻成本，使企业可根据产品异质性，选择"风险—产品"匹配度高的市场进行出口，从而在事前降低出口"失败"风险。

其次，本书吸收市场搜寻理论成果，突破出口生产率门槛思维，从搜寻效应以及多产品企业面临的蚕食效应两大效应以及产品与目的国两个层次，深入分析互联网影响企业出口边际的理论机制与效应。互联网存在双面性的市场搜寻效应，直接表现为降低企业出口门槛，使企业出口更多产品、进入更多市场，但间接引致更激烈的出口市场竞争，使多产品企业面临更强烈的蚕食效应。本书发现企业使用互联网对出口边际具有复杂的异质性作用。

再次，本书吸收外部性理论和熊彼特主义竞争理论成果，拓展知识溢出和竞争压力双重维度，分析互联网对出口质量升级的异质性效应。出口质量的升级是出口竞争力的表现，出口竞争力增强终究依靠出口技术水平提升（Melitz，2003；Melitz and Redding，2015），进而又依赖企业创新行为。本书从多个层次展开互联网对出口质量的影响，并归纳总结出两大逆向机制：互联网的使用降低出口门槛成本，一方面使更低质量的产品进入市场，因而导致平均产品质量下降；另一方面使国际知识溢出与创新学习成本下降，因而激励创新决策，但是由于出口贸易竞争的同步趋强，低竞争力企业与高竞争力企业将获得不同贸易份额，进而有不同创新行为与质量行为选择。

最后，本书构建出互联网影响贸易行为的体系化分析框架，即"动态—边际—质量"框架，实质是出口"进入—数量—质量"秩序，并通过提炼的搜寻效应、溢出效应、竞争效应三大底层机制，力求系统揭示互联网与贸易行为及其创新的关系的整体交互图景。现有研究鲜少全面关注互联网对出口动态行为、边际行为、质量行为的影响及其机制。这一框架遵循如下逻辑：互联网的使用首先是否有助于企业进入出口市场并保持在位，其次是否有助于在位出口企业的贸易规模扩张，最后是否有助于企业提升出口质量。在该过程中，互联网的使用将因正面的创新效应、搜寻效应和负面的竞争效应，对企业的创新行为、模式选择产生异质性影响，进而对企业出口的"动态—边际—质量"行为产生交互效应。

第三节　政策启示与进一步拓展建议

一、政策启示

基于本书研究结论，我们不难得出如下政策启示。

（一）进一步加强互联网基础设施建设，实现互联网、技术创新、出口行为与生产率提升之间的良性循环

从互联网与创新决策的关系来看，互联网已成为我国企业创新的动力之源；从创新与企业出口行为的关系的研究来看，创新是重塑我国贸易结构的核心驱动力；从企业出口动态效应的研究结果可以发现，中国企业能否充分利用经济开放所带来的机会和利益，本质上还是依赖于自身的创新水平（刘振兴和葛小寒，2011）。而不少文献又指出创新水平的提高能够促进企业对互联网等新一代通信技术的投资，因此，互联网的使用、采用创新决策、出口与生产率之间存在良性的循环。据此，政府应该进一步加强互联网基础设施建设，鼓励企业积极接入互联网平台，在开放条件下充分利用互联网增强对外部新知识和新技术的搜寻能力，充分发挥数字技术作用，以实现更快的技术进步与出口转型升级。

（二）形成互联网产业政策、创新政策与出口导向政策三位一体良性互动的政策体系

本书的研究结果显示，互联网的使用促进了创新要素的流动，扩大了知识流动的宽度、广度以及精度，从而促进了企业的创新行为。据此，我们可以推断，在政府利用互联网产业政策提升互联网发展水平的同时，出口企业的创新水平也得到了提升；同样，从企业创新对企业出口行为的影响来看，企业的创新决策不仅促进了企业进入出口市场，也提升了企业的出口竞争力，延长了其在出口市场上的持续时间。据此，我们同样也可以推断在利用创新政策提升企业的创新能力的同时，企业的出口也得到了增加。而且创新政策的作用不仅局限在出口规模的扩大上，也体现在提升企业的出口产品质量与出口产品的竞争力上，从而实现出口的持续发展。因此，政府在坚持对外开放的基础上，应该同时重视加大对互联网投入以及对企业技术创新的支持，形成互联网产业政策、创新政策与出口导向政策三位一体良性互动的政策体系。

（三）利用互联网优势，依据国际市场环境及企业出口周期适时调整产品组合及其合适的技术创新类型

本书研究表明，使用互联网能够优化跨国信息不对称结构，促进出口进入，延长出口持续时间，增强出口稳定性。越是不确定性风险大的出口市场，使用互联网的稳出口效应越显著。互联网通过风险分散机制，即通过出口产品种类多样化和出口市场多元化，允许企业对特定目的国的不确定性冲击实现"软着陆"。数年来，国际经贸环境的不确定性导致了较高的出口企业国际贸易壁垒，企业应该充分发挥互联网的稳出口效应，提前预测并评估国际市场环境，调整出口产品集合，提高"产品—空间"匹配度，增强对国际贸易不确定及其风险的预判与提早规避能力，持续保持在国际市场的竞争优势。另外，就目前中国企业的状况而言，企业应根据自身所处的出口状态以及竞争形势确定创新的类型。若企业属于潜在的出口企业或者产品属于潜在的出口产品，那么企业应根据标的消费者的需求偏好生产满足固定消费者的新产品从而进入出口市场；若企业或产品属于在位企业或者在位产品，当差异化竞争不再是主导时，企业应该标准化其生产流程，实施旨在降低生产成本的工艺创新行为，以适应以价格为主导的竞争环境。

（四）加大互联网技术升级的硬投入，构建普惠且开放的互联网发展的一流软环境

不断升级的互联网技术以及开放竞争的互联网环境是激励企业高水平使用互联网，进而充分发挥互联网创新溢出效应的必要条件。政府应该充分关注互联网资本的积极作用，加快新一代互联网基础设施的建设，持续加大对互联网技术的研发投入，促进互联网技术的升级改造。同时优化互联网发展环境，合理分配与利用互联网资本，减少市场分割，保护市场公平竞争，为互联网发展提供"软硬兼施"的措施体系。

（五）完善企业技术创新管理体系

目前大部分学者都是以企业的研究开发费为基础构建企业创新的指标。产品创新和工艺创新的界定标准的模糊性使得在实际运行中很少有企业能够清楚地区分所进行的创新活动的模式。但不同的创新模式对企业的出口行为以及生产率水平都具有显著不同的差异性影响效果，因此，如果企业不能准确判断其所进行的技术创新的模式，那么也不能根据不同的目的，制定科学合理的创新策略。所以企业在技术创新管理过程中应该有效区分不同的创新模式，为制定更加合理的创新政策提供有力的依据。

二、进一步拓展建议

全书从创新决策维度为互联网与中国出口企业的出口动态、出口边际以及出口质量的关系提供了一个新的分析框架，在一定程度上丰富了中国互联网、创新与出口之间的相关理论与实证研究。当然，本书的研究还存在一些不足和需要改进的地方，有待后续进一步的研究。

首先，囿于数据的可获得性，本书在对工艺创新与产品创新的测度上存在一定的偏差。虽然利用生产效率指数衡量工艺创新，利用新产品产值衡量产品创新能在一定程度上区分两种创新的差异化的性质，但是往往忽略了两种创新可能带来的交叉性的影响，比如产品质量的提升可能有一部分是生产效率提升或者新设备的引进所带来的，从而造成了对工艺创新的低估以及对产品创新的高估等问题。因此，后续的研究应该尝试探讨代理工艺创新与产品创新的更为准确和客观的指标。

其次，考虑到篇幅的限制，本书对互联网与出口动态、出口边际以及出口质量之间关系的研究主要基于创新行为以及不同创新模式的视角展开。然而，互联网对出口企业的影响不仅存在于创新渠道，还可能体现在其他方面。这就需要我们对互联网和企业出口行为之间的关系进行进一步的微观探索。因此，本书的研究视角还有待进一步拓宽。

再次，本书在互联网与创新决策关系的机制分析上采用的是对既有文献和理论进行梳理的方法，而这种历史文献研究的方法缺乏一定的严谨性，从这一角度来看，以上两方面的理论分析还仅仅是一个初步的理论框架。如何利用严谨的数理模型对相关机制进行分析，还有待进一步的探讨与深入。

最后，在对核心问题的分析上，本书主要运用定量分析的方法，定性分析相对不足。本书主要采用计量模型回归的方式对核心命题进行验证，虽然在一定程度上能够反映本书研究的核心问题，但也在一定程度上影响了本书研究的时效性以及对不同行业的个案分析。因此，后续研究中进一步采用实地调研的方法探访相关企业，对本书研究的进一步深入具有重要的现实意义。

参考文献

[1] 安同良,闻锐. 中国企业数字化转型对创新的影响机制及实证[J]. 现代经济探讨, 2022(5):1-14.

[2] 鲍晓华,朱达明. 技术性贸易壁垒与出口的边际效应——基于产业贸易流量的检验[J]. 经济学季刊, 2014(4):1393-1414.

[3] 毕克新,孙德花. 制造业企业产品创新与工艺创新协同发展博弈分析[J]. 管理评论, 2010(5):104-111.

[4] 陈恒,侯建. 自主研发创新、知识积累与科技绩效——基于高技术产业数据的动态门槛机理研究[J]. 科学学研究, 2016(9):1301-1309,1425.

[5] 陈婷,向训勇. 人民币汇率与中国出口的二元边际:基于多产品企业的研究视角[J]. 国际贸易问题, 2015(8):168-176.

[6] 陈晓华,沈成燕. 出口技术复杂度研究回顾与评述[J]. 浙江理工大学学报, 2015(10):371-379.

[7] 陈勇兵,陈宇媚,周世民. 贸易成本、企业出口动态与出口增长的二元边际——基于中国出口企业微观数据:2000—2005[J]. 经济学(季刊), 2012(4):1477-1502.

[8] 陈勇兵,付浪,汪婷,等. 区域贸易协定与出口的二元边际:基于中国—东盟自贸区的微观数据分析[J]. 国际商务研究, 2015(2):21-34.

[9] 陈勇兵,李梦珊,赵羊,等. 中国企业的出口市场选择:事实与解释[J]. 数量经济技术经济研究, 2015(10):20-37.

[10] 陈勇兵,李燕,周世民. 中国企业出口持续时间及其决定因素[J]. 经济研究, 2012(7):48-61.

[11] 陈勇兵,钱意,张相文. 中国进口持续时间及其决定因素[J]. 统计研究, 2013(2):49-57.

[12] 陈勇兵,王晓伟,谭桑. 出口持续时间会促进新市场开拓吗?——来自中国微观产品层面数据[J]. 财贸经济, 2014(6):9-99.

[13] 陈紫若,刘林青. 企业跳跃距离、出口多样性对出口二元边际的影响研究[J]. 国际贸易问题, 2022(2):140-157.

[14] 戴觅,余淼杰. 企业出口前研发投入、出口及生产率进步——来自中国制造业企业的证据[J]. 经济学(季刊),2011(1):211-230.

[15] 董洁林,陈娟. 无缝开放式创新:基于小米案例探讨互联网生态中的产品创新模式[J]. 科研管理,2014(12):76-84.

[16] 杜明威,耿景珠,刘文革. 企业数字化转型与中国出口产品质量升级:来自上市公司的微观证据[J]. 国际贸易问题,2022(6):55-72.

[17] 段文奇,刘晨阳. 贸易便利化、企业异质性与多产品企业出口[J]. 国际贸易问题,2020(5):72-88.

[18] 冯华,陈亚琦. 平台商业模式创新研究——基于互联网环境下的时空契合分析[J]. 中国工业经济,2016(3):99-113.

[19] 冯蕊. 创业活动对区域创新效率的影响研究[D]. 广州:华南理工大学,2019.

[20] 高展军,李垣. 企业吸收能力研究阐述[J]. 科学管理研究,2005(6):66-69.

[21] 耿伟,杨晓亮. 互联网与企业出口国内增加值率:理论和来自中国的经验证据[J]. 国际经贸探索,2019(10):16-35.

[22] 关祥勇,王正斌. 区域创新环境对区域创新效率影响的实证研究[J]. 科技管理研究,2011(21):16-19,23.

[23] 韩璐,陈松,梁玲玲. 数字经济、创新环境与城市创新能力[J]. 科研管理,2021(4):35-45.

[24] 韩先锋. 互联网对中国区域创新效率的影响研究[D]. 西安:西北大学,2018.

[25] 韩先锋,宋文飞,李勃昕. 互联网能成为中国区域创新效率提升的新动能吗?[J]. 中国工业经济,2019(7):119-136.

[26] 韩兆安,吴海珍,赵景峰. 数字经济驱动创新发展——知识流动的中介作用[J]. 科学学研究,2022(11):2055-2064+2101.

[27] 贺灿飞,陈韬. 外部需求冲击、相关多样化与出口韧性[J]. 中国工业经济,2019(7):61-80.

[28] 何郁冰,陈劲. 企业技术多元化战略影响因素的实证研究[J]. 技术经济,2010(11):1-7,90.

[29] 胡翠,林发勤,唐宜红. 基于"贸易引致学习"的出口获益研究[J]. 经济研究,2015(3):172-186.

[30] 胡馨月,黄先海,李晓钟. 产品创新、工艺创新与中国多产品企业出口动态:理论框架与计量检验[J]. 国际贸易问题,2017(12):24-35.

[31] 胡馨月,宋学印.互联网与中国出口集合扩张——搜寻效应及其双面性[J].国际商务,2020(5):53-70.

[32] 胡馨月,宋学印,陈晓华.不确定性、互联网与出口持续时间[J].国际贸易问题,2021(4):62-77.

[33] 黄江圳,谭力文.从能力到动态能力:企业战略观的转变[J]经济管理,2002(22):13-17.

[34] 黄先海,宋学印,诸竹君.中国产业政策的最优实施空间[J].中国工业经济,2015(4):57-69.

[35] 黄先海,诸竹君,宋学印.中国中间品进口企业"低加成率之谜"[J].管理世界,2016(7):23-35.

[36] 霍丽,宁楠.互联网发展对区域创新效率影响的动力机制研究[J].西北大学学报(哲学社会科学版),2020(3):144-156.

[37] 霍丽,宁楠.互联网对区域创新效率的影响研究:一个文献综述[J].西北大学学报(哲学社会科学版),2021(1):117-123.

[38] 蒋灵多,陈勇兵.出口企业的产品异质性与出口持续时间[J].世界经济,2015(7):3-26.

[39] 蒋冠宏,蒋殿春,蒋昕桐.我国技术研发型外向FDI的"生产率效应"——来自工业企业的证据[J].管理世界,2013(9):44-54.

[40] 蒋仁爱,李冬梅,温军.互联网发展水平对城市创新效率的影响研究[J].当代经济科学,2021(4):77-89.

[41] 江小涓.服务经济理论的引进借鉴和创新发展——《服务经济译丛》评介[J].经济研究,2013(5):154-156.

[42] 金详义,戴金平.有效信息披露与企业出口表现[J].世界经济,2019(5):99-122.

[43] 金详义,施炳展.互联网搜索、信息成本与出口产品质量[J].中国工业经济,2022(8):99-117.

[44] 金详义,张文菲.注意力配置、贸易不确定性与出口持续时间[J].国际贸易问题,2021(7):108-124.

[45] 亢梅玲,李涛,袁亦宁.贸易自由化、产品组合与中国多产品出口企业[J].国际贸易问题,2017(7):52-64.

[46] 李兵,李柔.互联网与企业出口:来自中国工业企业的微观经验证据[J].世界经济,2017(7):102-125.

[47] 李兵,岳云嵩.互联网与出口产品质量——基于中国微观企业数据研究[J].东南大学学报(哲学社会科学版),2020(1):60-70,147.

[48] 李柏洲,尹士,罗小芳.集成供应链企业合作创新伙伴动态选择研究 [J].工业工程与管理,2018(6):123-131.

[49] 李长英,刘璇,李志远.美国加征关税如何影响了中国产品出口[J]. 国际贸易问题,2022(7):1-18.

[50] 李春顶.中国出口企业是否存在"生产率悖论":基于中国制造业企业 数据的检验[J].世界经济,2010(7):64-81.

[51] 李峰,刘爽,赵毅,孙伯清.互联网普及、知识溢出与区域创新空间演 进[J].科技管理研究,2021(20):24-34.

[52] 李锋,刘杨.互联网使用、社会信任与患方信任——基于因果中介模 型的分析[J].中国社会心理学评论,2020(18):81-94.

[53] 李慧云,刘倩颖,欧倩,符少燕.产品市场竞争视角下信息披露与企业 创新[J].统计研究,2020(7):80-92.

[54] 李佳钰,周宇.互联网对中国工业技术创新效率的影响:基于阶段异 质效应的分析[J].人文杂志,2018(7):34-43.

[55] 李坤望,邵文波,王永进.信息化密度、信息基础设施与企业出口绩效 [J].管理世界,2015(4):52-65.

[56] 李珊珊,徐向艺."互联网＋"是否有效促进了小微企业创新[J].山东 社会科学,2019(2):149-154.

[57] 李胜文,杨学儒,檀宏斌.技术创新、技术创业和产业升级——基于技 术创新和技术创业交互效应的视角[J].经济问题探索,2016(1): 111-117.

[58] 李文莲,夏健明.基于"大数据"的商业模式创新[J].中国工业经济, 2013(5):83-95.

[59] 李雪,吴福象,竺李乐.互联网发展水平、知识溢出与区域创新能力 [J].经济经纬,2022(3):15-25.

[60] 李玉红,王皓,郑玉歆.企业演化:中国工业生产率增长的重要途径 [J].经济研究,2008(6):12-24.

[61] 李朝明,黄丽萍.动态能力、协同知识创新和企业持续竞争力的关系 研究[J].科技进步与对策,2010(21):17-21.

[62] 李仲武,冯学良.互联网使用改善了女性家庭地位吗?[J].中国经济 问题,2022(4):184-196.

[63] 梁俊伟,代中强.发展中国家对华反倾销动因:基于宏微观的视角 [J].世界经济,2015(11):90-116.

[64] 林峰,林淑佳,李宏兵.互联网＋、城市智能化与中国企业技术创

新——来自腾讯研究院大数据与专利微观数据的分析[J].南方经济,2022(9):75-96.

[65] 刘超,李瑞.互联网与企业出口模式[J].中南财经政法大学学报,2020(3):127-136.

[66] 刘冲,张辉,吴群锋.进口竞争与企业产品专业化[J].国际贸易问题,2020(3):22-39.

[67] 刘刚,张泠然,梁晗.互联网创业的信息风向机制研究[J].管理世界,2021(2):107-125.

[68] 刘海洋,高璐,林令涛.互联网、企业出口模式变革及其影响[J].经济学(季刊),2020(1):261-280.

[69] 刘会政,张靖祎.互联网化能提升制造业企业出口产品质量吗?[J].东北财经大学学报,2022(3):62-75.

[70] 刘金焕,万广华.互联网、最低工资标准与中国企业出口产品质量提升[J].经济评论,2021(4):59-74.

[71] 刘欣,陈松.工艺创新影响因素研究——基于我国制造业上市公司的实证分析[J].软科学,2015(4):53-56,62.

[72] 刘阳绪.我国互联网企业创新模式的选择模型研究——基于TOPSIS 法[D].四川:西南财经大学,2022.

[73] 刘振兴,葛小寒.进口贸易 R&D 二次溢出、人力资本与区域生产率进步——基于中国省级面板数据的经验研究[J].经济地理,2011(6):915-919.

[74] 卢剑峰,陈思.外部知识搜寻、大数据能力与企业创新[J].科研管理,2021(9):175-183.

[75] 鲁晓东,刘京军.不确定性与中国出口增长[J].经济研究,2017(9):39-54.

[76] 罗超平,胡猛.互联网对制造企业创新的影响机制及实证研究[J].科技进步与对策,2022(3):96-106.

[77] 罗珉,李亮宇.互联网时代的商业模式创新:价值创造视角[J].中国工业经济,2015(1):95-107.

[78] 马淑琴,谢杰.网络基础设施与制造业出口产品技术含量——跨国数据的动态面板系统 GMM 检验[J].中国工业经济,2013(2):70-82.

[79] 马述忠,张道涵,潘钢健.互联网搜索、需求适配性与跨境电商出口[J].国际贸易问题,2023(9):52-70.

[80] 马涛,刘仕国.产品内分工下中国进口结构与增长的二元边际——基

于引力模型的动态面板数据分析[J]. 南开经济研究,2010(4)：92-109.

[81] 毛其淋. 贸易自由化、异质性与企业动态：对中国制造业企业的经验研究[D]. 天津：南开大学,2013.

[82] 毛其淋,盛斌. 贸易自由化、企业异质性与出口动态[J]. 管理世界,2013(3)：48-67.

[83] 毛其淋,许家云. 贸易自由化与中国企业出口的国内附加值[J]. 世界经济,2019(1)：3-25.

[84] 梅姝娥. 技术创新模式选择问题研究[J].东南大学学报(哲学社会科学版),2018(3)：20-24,126.

[85] 聂辉华,江艇,杨汝岱. 中国工业企业数据库的使用现状和潜在问题[J]. 世界经济,2012(5)：142-158.

[86] 钱学锋,熊平.中国出口增长的二元边际及其因素决定[J].经济研究,2010(1)：65-79.

[87] 任曙明,张静. 补贴、寻租成本与加成率——基于中国装备制造企业的实证研究[J]. 管理世界,2013(10)：118-129.

[88] 任跃文. 政府研发资助、互联网发展与中国创新效率[J].当代财经,2022(7)：38-51.

[89] 茹玉骢,李燕.电子商务与中国企业出口行为：基于世界银行微观数据的分析[J].国际贸易问题,2014(12)：3-13.

[90] 邵军. 中国出口贸易联系持续期及影响因素分析——出口贸易稳定发展的新视角[J]. 管理世界,2011(6)：24-33,187.

[91] 邵敏,包群. 政府补贴与企业生产率——基于我国工业企业的经验分析[J].中国工业经济,2012(7)：70-82.

[92] 沈国兵,袁征宇. 企业互联网化对中国企业创新及出口的影响[J].经济研究,2020(1)：33-48.

[93] 沈国兵,袁征宇. 互联网化、创新保护与中国企业出口产品质量提升[J].世界经济,2020(11)：127-151.

[94] 盛丹,包群,王永进.基础设施对中国企业出口行为的影响："集约边际"还是"扩展边际"[J].世界经济,2011(1)：17-36.

[95] 盛丹,王永进. 中国企业低价出口之谜——基于企业加成率的视角[J].管理世界,2012(5)：16.

[96] 施炳展.中国出口增长的三元边际[J].经济学(季刊),2010(7)：124-143.

[97] 施炳展. 互联网与国际贸易——基于双边双向网址链接数据的经验分析[J]. 经济研究,2016(5):172-187.

[98] 施炳展,邵文波. 中国企业出口产品质量测算及其决定因素——培育出口竞争新优势的微观视角[J]. 管理世界,2014(9):90-106.

[99] 苏理梅,彭冬冬,兰宜生. 贸易自由化是如何影响我国出口产品质量的? ——基于贸易政策不确定性下降的视角[J]. 财经研究,2016(4):61-70.

[100] 苏振东,洪玉娟. 中国出口企业是否存在"利润率溢价"？[J]. 管理世界,2013(5):12-34.

[101] 孙晓华,王昀. 企业所有制与技术创新效率[J]管理学报,2013(7):1041-1047.

[102] 汤超,祝树金. 大股东退出威胁、短视行为与出口产品质量升级[J]. 财贸经济,2022(6):160-173.

[103] 田朔,张伯伟,陈立英. 汇率变动与出口扩展边际——兼论企业异质性行为[J]. 国际贸易问题,2015(2):168-176.

[104] 田巍,余淼杰. 中间品贸易自由化和企业研发:基于中国数据的经验分析[J]. 世界经济,2014(6):90-112.

[105] 汪淼军,张维迎,周黎安. 信息技术、组织变革与生产绩效——关于企业信息化阶段性互补机制的实证研究[J]. 经济研究,2006(1):65-77.

[106] 王维国,付裕,刘丰. 生育政策、生育意愿与初育年龄 [J]. 经济研究,2022(9):116-136.

[107] 王春燕,张玉明. 开放式创新下互联网应用对小微企业创新绩效的影响[J]. 东北大学学报(社会科学版),2018(1):27-35.

[108] 王弘扬. 基于互联网的科技型企业技术创新模式变革研究[D]. 哈尔滨:哈尔滨工程大学,2017.

[109] 王靖宇,付嘉宁,张宏亮. 产品市场竞争与企业创新:一项自然实验[J]. 现代财经,2019(12):52-66.

[110] 王开,佟家栋. 自由贸易协定、贸易稳定性与企业出口动态[J]. 世界经济研究,2019(3):68-80,136.

[111] 王可,李连燕. "互联网＋"对中国制造业发展影响的实证研究[J]. 数量经济技术经济研究,2018(6):3-20.

[112] 王明益. 内外资技术差距与中国出口质量升级研究——基于中国7个制造业行业数据的经验研究[J]. 经济评论,2013(6):59-69.

[113] 魏浩,张宇鹏.融资约束与中国企业出口产品结构调整[J].世界经济,2020 (6):148-172.

[114] 魏自儒,李子奈.进入顺序对企业出口持续时间的影响[J].财经研究,2013(8):51-63.

[115] 温忠麟,张雷,侯杰泰,等.中介效应检验程序及其应用[J].心理学报,2004(5):614-620.

[116] 谢申祥,范鹏飞,郭丽娟.互联网对企业生存风险的影响与异质性分析[J].数量经济技术经济研究,2021(3):140-159.

[117] 徐欣.技术升级投资与产品成本优势效应的实证研究——基于产品技术生命周期与工艺创新的视角[J].科研管理,2013(8):82-89.

[118] 闫林楠,邰鹿峰,钟昌标.互联网如何影响企业出口二元边际——基于贸易成本与本地市场效应视角[J].国际经贸探索,2022(4):38-52.

[119] 杨德明,刘泳文."互联网＋"为什么加出了业绩?[J].中国工业经济,2018(5):80-98.

[120] 杨林,陆亮亮,刘娟."互联网＋"情境下商业模式创新与企业跨界成长:模型构建与跨案例分析[J].科研管理,2021(8):43-58.

[121] 杨媛.技术创新对我国出口二元边际的影响机制及实证检验[D].杭州:浙江大学,2013.

[122] 叶祥松,刘敬.异质性研发、政府支持与中国科技创新困境[J].经济研究,2018(9):116-132.

[123] 易靖韬,蒙双.多产品出口企业、生产率与产品范围研究[J].管理世界,2017(5):41-50.

[124] 易靖韬,蒙双.贸易自由化、企业异质性与产品范围调整[J].世界经济,2018(11):74-97.

[125] 殷德生.中国入世以来出口产品质量升级的决定因素与变动趋势[J].财贸经济,2011(11):31-38.

[126] 尹士,李柏洲,周开乐.基于资源观的互联网与企业技术创新模式演化研究[J].科技进步与对策,2018(6):93-98.

[127] 余长林.知识产权保护与中国企业出口增长的二元边际[J].统计研究,2016(1):35-44.

[128] 余淼杰.中国的贸易自由化与制造业企业生产率[J].经济研究,2010(12):97-110.

[129] 余淼杰,袁东.贸易自由化、加工贸易与成本加成——来自我国制造

业企业的证据[J].管理世界,2016(9):33-43.

[130] 余泳泽,刘凤娟,庄海涛.互联网发展与技术创新:专利生产、更新与引用视角[J].科研管理,2016(6):41-48.

[131] 岳云嵩,李兵.电子商务平台应用与中国制造业企业出口绩效[J].中国工业经济,2018(8):97-115.

[132] 张凤,冯等田,刘迪.中国出口增长的四维动态结构分解及影响因素研究[J].数量经济技术经济研究,2019(9):61-80.

[133] 张慧,彭璧玉,杨永聪.政策不确定性影响企业生存的效应与机制研究[J].上海对外经贸大学学报,2022(3):5-24.

[134] 张会清,唐海燕.人民币升值、企业行为与出口贸易——基于大样本企业数据的实证研究:2005—2009[J].管理世界,2012(12):23-34,45,187.

[135] 张杰,李勇,刘志彪.出口促进中国企业生产率提高吗?——来自中国本土制造业企业的经验证据:1999—2003[J].管理世界,2009(12):11-26.

[136] 张杰,郑文平.政府补贴如何影响中国企业出口的二元边际?[J].世界经济,2015(6):22-48.

[137] 张鹏杨,李众宜,毛海涛.产业政策如何影响企业出口二元边际?[J].国际贸易问题,2019(7):47-62.

[138] 张鹏杨,刘蕙嘉,张硕,等.企业数字化转型与出口供应链不确定性[J].数字经济技术经济研究,2023(9):178-199.

[139] 张骞.互联网发展对区域创新能力的影响及其机制研究[D].济南:山东大学,2019.

[140] 张骞,吴晓飞.信息化对区域创新能力的影响——马太效应存在吗[J].科学决策,2018(7):1-21.

[141] 张夏,汪亚楠,汪莉.汇率制度、要素错配与中国企业出口绩效[J].中南财经大学学报,2019(6):132-141.

[142] 张勋,万广华,张佳佳,等.数字经济、普惠金融与包容性增长[J].经济研究,2019(8):71-86.

[143] 张永凯.企业技术创新模式演化分析:以苹果、三星和华为为例[J].广东财经大学学报,2018(2):54-61,111.

[144] 赵放,刘禹君.寻租、创业与区域创新效率[J].浙江学刊,2017(4):102-109.

[145] 赵涛,张智,梁上坤.数字经济、创业活跃与高质量发展——来自中

国城市的经验证据[J].管理世界,2020(10):65-76.

[146] 赵瑞丽,孙楚仁,陈勇兵.最低工资与企业出口持续时间[J].世界经济,2016(7):97-120.

[147] 赵瑞丽,孙楚仁,陈勇兵.最低工资与企业价格加成[J].世界经济,2018(2):121-144.

[148] 赵瑞丽,谭用,崔凯雯.互联网深化、信息不确定性与企业出口平稳性[J].统计研究,2021(7):32-46.

[149] 郑慕强.FDI技术外溢与本地企业技术创新:吸收能力的影响[J].科研管理,2011(3):1-8.

[150] 钟腾龙,余淼杰.外部需求、竞争策略与多产品企业出口行为[J].中国工业经济,2020(10):119-137.

[151] 周定根.贸易自由化对出口持续时间的影响研究[D].长沙:湖南大学,2019.

[152] 周定根,杨晶晶,赖明勇.贸易政策不确定性、关税约束承诺与出口稳定性[J].世界经济,2019(1):51-75.

[153] 周康.政府补贴、贸易边际与出口企业的核心能力[J].国际贸易问题,2015(10):48-58.

[154] 朱勤.城市互联网发展对出口企业市场势力的影响研究[J].商业经济与管理,2021(7):87-96.

[155] 朱希伟,金祥荣,罗德明.国内市场分割与中国的出口贸易扩张[J].经济研究,2005(12):68-76.

[156] 庄彩云,陈国宏,黄可权,等.互联网对企业知识创造过程的影响机制[J].科技管理研究,2021(12):123-130.

[157] Abello R, Prichard G. Exploring Business Use of IT and Innovation Using Linked Firm-Level Data[J]. Australian Bureaus of Statistics, Working Party of National Experts on Science and Technology Indicators, 2008(7):16-19.

[158] Agarwal R, Audretsch D B. Does Entry Size Matter? The Impact of the Life Cycle and Technology on Firm Survival[J]. Journal of Industrial Economics,2001(1): 21-43.

[159] Aghion P, Bloom N, Blundell R, et al. Competition and Innovation: An Inverted-U Relationship[J]. Quarterly Journal of Economics,2005(2): 701-727.

[160] Aghion P, Harris C, Howitt P. Competition, Imitation and

Growth with Step-by-Step Innovation [J]. Review of Econimc Studies,2001(3):467-492.

[161] Albornoz F, Calvo-Pardo H, Corcos G, et al. Sequential Exporting: How Firms Break into Foreign Markets[J]. Journal of International Economics, 2012(1): 17-31.

[162] Alvarez R, Görg H. Multinationals and Plant Exit: Evidence From Chile [J]. International Review of Economics & Finance, 2009(1): 45-5.

[163] Alvarez R, López R. Entry and Exit in International Markets: Evidence from Chilean Data [J]. Review of International Economics, 2008(4):692-708.

[164] Amiti M, Khandelwal A K. Import Competition and Quality Upgrading[J]. Review of Economics and Statistics, 2013(2): 476-490.

[165] Amiti M, Konings J. Trade Liberalization, Intermediate Inputs, and Productivity: Evidence from Indonesia[J]. American Economic Review, 2007(5):1611-1638.

[166] Anderson J E. Consistent Trade Policy Aggregation[J]. International Economic Review, Department of Economics, 2009(3):903-927.

[167] Anderson J E, Marcouiller D. Trade, Insecurity and Home Bias [J]. Review of Economics and Statistics,2002(2):345-352.

[168] Anderson J E, Wincoop E. Gravity with Gravitas: A Solution to the Border Puzzle[J]. American Economic Review,2003(1):170-192.

[169] Anderson J E, Wincoop E. Trade Costs[J]. American Economic Association, 2004(3):691-751.

[170] Araujo L, Giordano M. Ormelas E. Institutions and Export Dynamics[J]. Journal of International Economics, 2016(1):2-20.

[171] Arnold J, Hussinger K. Export Behavior and Firm Productivity in German Manufacturing: A Firm-Level Analysis [J]. Review of World Economics, 2005(7):219-243.

[172] Arrow K J. Permanent and Transitory Substitution Effects in Health Insurance Experiments[J]. Journal of Labor Economics, 1984(2):259-267.

[173] Auboin M, Ruta M. The Relationship between Exchange Rates and International Trade: A Literature Review[J]. World Trade

Review，2013(3)：577-605.

[174] Audretsch D B, Heger D, Veith T. Infrastructure and Entrepreneurship [J]. Small Business Economics,2015(2):219-230.

[175] Aw Y B, Roberts J M, Xu Y D. R&D Investment, Exporting, and Productivity Dynamics[J]. The American Economic Review, 2011(4):1312-1344.

[176] Baldwin R, Harrigan R. Zeros, Quality, and Space: Trade Theory and Trade Evidence[J]. American Economic Journal: Microeconomics, 2011 (2):60-88.

[177] Baldwin R, Jaimovich D. Are Free Trade Agreements Contagious? [J]. Journal of International Economics, 2012(1):1-16.

[178] Bao X H, Qiu L D. Do Technical Barriers to Trade Promote or Restrict Trade? Evidence from China[J]. Asia-Pacific Journal of Accounting&Economics, 2010(3):253-280.

[179] Baptista R, Swann P. Do Firms in Clusters Innovate More? [J]. Research Policy, 1998(5):525-540.

[180] Bas M, Strauss-Kahn V. Input-trade Liberalization, Export Prices and Quality Upgrading[J]. Journal of International Economics, 2015(2):250-262.

[181] Baum C F, Schäfer D, Talavera O. The Impact of The Financial System's Structure on Firms' Financial Constraints[J]. Journal of International Money and Finance, 2011(4):678-691.

[182] Beck S O, Egger P. Endogenous Product versus Process Innovation and Firm's Propensity to Export[J]. Empirical Economics, 2013(44): 329-354.

[183] Berhou A, Fontagne L. How Do Multiproduct Exporters React to A Change in Trade Costs? [J]. Scandinavian Journal of Economics,2013(2):326-353.

[184] Bellone F, Musso P, Nesta L, et. al. Financial Constraints and Firm Export Behaviour [J]. The World Economy, 2010 (3): 347-373.

[185] Berman N, Hericourt J. Financial Factors and the Margins of Trade: Evidence from Cross-Country Firm-Level Data[J]. Journal of Development Economics, 2010(93):206-217.

[186] Bernard A B, Jensen J B. Entry, Expansion, and Intensity in the US Export Boom[J]. Review of International Economics, 2004(4):662-675.

[187] Bernard A B, Jensen J B, Redding J S, et al. The Margins of US Trade[J]. American Economic Review,2009(2):487-493.

[188] Bernard A B, Jensen J B, Redding J S, et al. Intrafirm Trade and Product Contractibility[J]. American Economic Review, American Economic Association, 2010(2):444-448.

[189] Bernard A B, Redding J S, Schott K P. Multi-Product Firms and Product Switching[J]. Amenican Economic Review, 2010(1):70-97.

[190] Bernard A B,Stephen J R, Schott K P. Multiprodujct Firms and Trade Liberalization[J]. The Quaterly Journal of Economics,2011 (3):1271-1381.

[191] Bertschek I. Product and Process Innovation as a Response to Increasing Imports and Foreign Direct Investment[J]. Journal of Industrial Economics,1995(4):341-357.

[192] Besedes T. Search Cost Perspective on Formation and Duration of Trade[J]. Review of International Economics, 2008(5):835-849.

[193] Besedes T, Prusa T J. Ins, Outs, and the Duration of Trade[J]. Canadian Journal of Economics, 2006(1): 266-295.

[194] Beveren I V, Vandenbussche H. Product and Process Innovation and the Decision to Export: Firm-Level Evidence for Belgium[J]. Journal of Economic Policy Reform, 2010(1):3-24.

[195] Bloom N, Bond S, Van Reenen J. Uncertainty and Investment Dynamics[J]. The Review of Economic Studies, 2007(2): 391-415.

[196] Bloom N, Garicano L, Raffaella S, et al. The Distinct Effects of Information Technology and Communication Technology on Firm Organization[J]. Management Science: Journal of the Insitute of Management Science,2014(12):14-41.

[197] Blum B, Goldfarb A. Does the Internet Defy the Law of Gravity? [J]. Journal of International Economics, 2006(2): 384-405.

[198] Brambilla I, Depetris C N, Porto G. Examining the Export Wage Premium in Developing Countries [J]. Review of International Economics, 2017(3):447-475.

[199] Brandt L, Biesebroeck V, Zhang Y. Creative Accounting or Creative

Destruction? Firm-Level Productivity Growth in Chinese Manufacturing [J]. Journal of Development Economics,2012(2):339-351.

[200] Brynjolfsson E, Hitt M L. Beyond Computation: Information Technology, Organizationl Transformation and Business Performance[J]. Journal of Economic Perspectives, 2000(4):23-48.

[201] Bustos P. Trade Liberalization, Exports, and Technology Upgrading: Evidence on the Impact of MERCOSUR on Argentinian Firms [J]. American Economic Review, 2009(1):304-340.

[202] Caldera A. Innovation and Exporting: Evidence from Spanish Manufacturing Firms[J]. Review of World Economics, 2010(4):657-689.

[203] Cassiman B, Golovko B, Martinz-Rose E. Innovation, Exports and Productivity [J]. International Journal of Industrial Organization,2010(4):372-376.

[204] Caves D, Christensen L, Diewert W E. The Economic Theory of Index Numbers and the Measurement of Input, Output and Productivity[J]. Econometrica, 1982(6):1393-1414.

[205] Cefis E, Marsili O A. Matter of Life and Death: Innovation and Firm Survival[J]. Industrial and Corporate Change,2005(6):1167-1192.

[206] Chaney T. Distorted Gravity: The Intensive and Extensive Margins of International Trade[J]. The American Economic Review,2008 (4):1707-1721.

[207] Chatterjee A, Carneiro R D. Multi-Product Firms and Exchange Rate Fluctuations [J]. American Economic Journal: Economic Policy,2013(2):77-110.

[208] Clarke R G. Has the Internet Increased Exports of Firms from Low and Middle-Income Countries? [J]. Information Economics and Policy, 2008(1): 16-37.

[209] Coe D T, Helpma E, Hoffmaister A W. International R&D Spillovers and Institutions[J]. European Economic Review, 2009 (7):723-74.

[210] Coe D T, Hoffmaister W W. North-South Trade: Is Africa Unusual? [J]. Journal of African Economies, 1999, 8 (2): 228-256.

[211] Cohen W M, Klepper S. Firm Sizde and the Nature of Innovation

Within Industries: The Case of Process and Product R&D[J]. Review of Economics and Statistics,1996(2):232-243.

[212] Cottrell T, Nault B R. Product Variety and Firm Survival in the Microcomputer Software Industry [J]. Strategic Management Journal,2004(10):1005-1025.

[213] Cox D R. Regression Models and Life-Tables[J]. Journal of the Royal Statistical Society(Seriers B), 1972(1):187-220.

[214] Crespi F, Pianta M. Demand and Innovation in European Industries[J]. Economia Politica, 2007(1):79-112.

[215] Crino R, Epifani P. Productivity, Quality and Export Behavior [J]. Economic Journal,2012(12):1206-1243.

[216] Cui T, Ye H J, Teo H, et al. Information Technology and Open Innovation[J]. Information & Manegement,2015(3):348-358.

[217] De Blas B, Russ K. Understanding Markups in the Open Economy under Bertrand Competition [J]. American Economic Journal: Macroeconomics, 2015(2):157-180.

[218] Delgado M A, Farinas J C, Ruano S. Firm Productivity and Export Markets: A Non-Parametric Approach[J]. Journal of International Economics, 2002(2):397-422.

[219] De Loecker J. Do Exports Generate Higher Productivity? Evidence from Slovenia[J]. Journal of International Economics, 2007(1): 69-98.

[220] Dhingra S, Perla J. Economic Development, Technological Change, and Growth[J]. Journal of Economic Literature, 2013(4):1203-1206.

[221] Dixit A. Entry and Exit Decisions under Uncertainty[J]. Journal of Political Economy,1989(3):620-638.

[222] Dosi G, Freeman C, Nelson R, et al. Technical Change and Economic Theory[J]. Economica,1993(31):330-348.

[223] Dutt P, Mihov I, Zandt T V. The Effect of WTO on the Extensive and the Intensive Margins of Trade[J]. Journal of International Economics,2013(2):204-219.

[224] Eaton J, Eslava M, Kugler M, et al. The Margins of Entry into Export Markets: Evidence from Colombia [M]. Cambridge: Harvard University Press,2008.

[225] Eckel C. International Trade, Flexible Manufacturing, and Outsourcing

[J]. Canadian Journal of Economics,2009(4):1449-1472.

[226] Eckel C, Iacovone L, Javorcik B, et al. Multi-Product Firms at Home and Away: Cost-Versus Quality-Based Competence[J]. Journal of International Economics,2015(2): 216-232.

[227] Eckel C, Neary J P. Multi-Product Firms and Flexible Manufacturing in the Global Economy[J]. Review of Economic Studies,2010(1):188-217.

[228] Evenson R E, Westphal L E. Technological Change and Technology Strategy[J]. Handbook of Development Economics, 1995(5):2209-2299.

[229] Fan H, Li Y A, Yeaple S R. Trade Liberalization, Quality, and Export Prices[J]. The Review of Economics and Statistics,2015 (5):1033-1051.

[230] Fare R, Grosskopf S, Lindgren B, et al. Productivity Changes in Swedish Pharamacies 1980—1989: A Non-Parametric Malmquist Approach[J]. Journal of Productivity Analysis,1992(3):85-101.

[231] Feenstra R, Kee B H L. Export Variety and Country Productivity: Estimating the Monopolistic Competition Model with Endogenous Productivity[J]. Journal of International Economics, 2008(2):500-518.

[232] Feenstra R, Romalis J. International Prices and Endogenous Quality[J]. Quarterly Journal of Economics, 2012(2): 477-527.

[233] Feng L, Li Z, Swenson D L. Trade Policy Uncertainty and Exports: Evidence from China's WTO Accession[J]. Journal of International Economics,2017(5):20-36.

[234] Fernandes A M, Tang H W. Learning to Export from Neighbors[J]. Journal of International Economics, 2014(1): 67-84.

[235] Fink C, Mattoo A, and Neagu C. Assessing the Impact of Communication Costs on International Trade [J]. Journal of International Economics, 2005(2):428-445.

[236] Forés B, Camisón C. Does Incremental and Radical Innocation Performance Depend on Different Types of Knowledge Accumulation Capabilities and Organizational Size[J]. Journal of Business Research,2016(2):831-848.

[237] Freund C, Weinhold D. The Effect of the Internet on International Trade[J]. Journal of International Economics, 2004(1):171-189.

[238] Gangopadhyay K, Mondal D. Does Stronger Protection of

Intellectual Property Stimulate Innovation? [J]. Economics Letters, 2012(1):80-82.

[239] Geroski P A. What Do We Know About Entry? [J]. International Journal of Industrial Organization, 1995(4):421-440.

[240] Gervais A. Product Quality, Firm Heterogeneity and Trade Liberalization [J]. Journal of International Trade & Economic Development, 2015(6): 523-541.

[241] Girma S, Greenaway A, Kneller R. Does Exporting Increase Productivity? A Microeconometric Analysis of Matched Firms [J]. Review of International Economics, 2004(2):467-9396.

[242] Giram S, Gong Y, Gorg H, et al. Can Production Subsidies Explain China's Export Performance? Evidence from Firm-Level Data[J]. The Scandianavian Journal of Economics, 2010 (4): 863-889.

[243] Goldfarb A, Tucker C. Digital Economics [J]. Journal of Economic Literature, 2019(1):3-43.

[244] Gorg R, Kneller R, Murakozy B. What Makes A Successful Export? Evidence from Firm-Product-Level Data [J]. Canadian Journal of Economics, 2012(11):1332-1368.

[245] Greenaway D, Kneller R. Firm Heterogeneity, Exporting and Foreign Direct Investment [J]. The Economic Journal, 2007 (517):134-161.

[246] Grossman M G, Helpman E. Trade, Knowledge Spillovers, and Growth[J]. European Economic Review, 1991(2):517-526.

[247] Grossman M G, Helpman E. The Politics of Free Trade Agreements[J]. The American Economic Review, 1995(4):667-690.

[248] Hagsten E, Kotnik P. ICT as Facilitator of Internationalisation in Small-and Medium-sized Firms [J]. Small Business Economics, 2017(2):431-446.

[249] Hallak J C. Product Quality and the Direction of Trade[J]. Journal of International Economics, 2006(1):238-265.

[250] Hallak J C, Sivadasan J. Product and Process Productivity: Implications for Quality Choice and Conditional Exporter Premia [J]. Journal of International Economics, 2013(1):53-67.

[251] Handley K. Exporting under Trade Policy Uncertainty: Theory

and Evidence[J]. Journal of International Economics, 2014(1):
50-66.

[252] Hausmann R, Hwang J, Rodrik D. What You Export Matters[J].
Journal of Economic Growth,2007(12):1-25.

[253] Heckman J. Sample Selection Bias as A Specification Error[J].
Econometrica, 1979(47):153-161.

[254] Hellmanzik C, Schmitz M. Virtual Proximity and Audiovisual
Service Trade[J]. European Economic Review,2015(7): 82-101.

[255] Hess W, Persson W. The Duration of Trade Revisited[J].
Empirical Economics, 2012(30):1083-1107.

[256] Hirano K, Imbens G W. The Propensity Score with Continuous
Treatments[M]. New Jersey :Wiley-Blackwell,2004.

[257] Huang X H, Song X Y, Hu X Y. Does Internet Plus Promote New
Export Space for Firms[J]. China & World Economy, 2018(6): 50-71.

[258] Hwang W S, Shim D. Measuring the Impact of ICT-driven
Product and Process Innovation on the Korean Economy [J].
Global Economic Review, 2021(3):235-253.

[259] Imai K, Keele L, Tingley D. A General Approach to Causal Mediation
Analysis[J]. Psychological Methods,2010(4):309-334.

[260] Imai K, Keele L, Tingley D, et al. Unpacking the Black Box of
Causality: Learning about Causal Mechanisms from Experimental
and Observational Studies[J]. American Political Science Review,
2011(4):765-789.

[261] Imbens G W. The Role of the Propensity Score in Estimating Dose-
Response Functions[J]. Biometrika, 2000(3):706-710.

[262] Ivanov D, Dolgui A, Sokolov B. The Impact of Digital Technology and
Industry 4. 0 on the Ripple Effect and Supply Chain Risk Analytics[J].
International Journal of Production Research,2019(3):829-846.

[263] Jaud M, Kiendrebeogo Y, Veganzones-Varoudakis M A. Financial
Vulnerability and Export Dynamics [J]. World Economy, 2018(4):
264-278.

[264] Jovanovic B. Selection and the Evolution of Industry[J]. Econometrica,
1982(3):649-670.

[265] Kafouros M, Buckley P. The Role of Internationalization in Explaining

Innovation Performance[J]. Technovation, 2008(28):63-74.

[266] Katharine W. Innovation and Export Behavior at the Firm Level [J]. Research Policy,1998(7):829-841.

[267] Khandelwal A K, Schott P K, Wei S J. Trade Liberalization and Embeded Institutional Reform: Evidenc from Chinese Exporters [J]. The American Economic Review, 2013(6): 2169-2195.

[268] Koellinger P. The Relationship between Technology, Innovation, and Firm Performance—Empirical Evidence from E-Business in Europe [J]. Research Policy,2008(8): 1317-1328.

[269] Kohn D, Leibovici F, and Szkup M. Financial Frictions and New Exporter Dynamics[J]. International Economic Review, 2016(2): 453-486

[270] Kugler M, Verhoogen E. Prices, Plants Size, and Product Quality[J]. Review of Economics and Statistics, 2012(1): 307-339.

[271] Kuznets M. Economy Growth and Income Inequality[J]. American Economic Review, 1955(45):1-28.

[272] Lawless M. Deconstructing Gravity: Trade Costs and Extensive and Intensive Margins[J]. Canadian Journal of Economics, 2010(4): 1149-1172.

[273] Lechner M. Testing Logit Models in Practice[J]. Empirical Economics, 1991(16):177-198.

[274] Lee N, Rodriguez-Pose A. Innovation and Spatial Inequality in Europe and USA[J]. Journal of Economic Geography,2012(7):1-22.

[275] Li H, Zhou L A. Political Turnover and Economic Performance: The Incentive Role of Personnel Control in China[J]. Journal of Public Economics,2005(9):1743-1762.

[276] Lim J J, Saborowski C. Export Diversification in A Transitioning Economy: The Case of Syria[J]. Economics of Transition, 2012 (2):339-367.

[277] Limao N, Venables A J. Infrastructure, Geographical Disadvantage, Transport Costs, and Trade [J]. The World Bank Economic Review, 2001(3):451-479.

[278] Liu R, Rosell C. Import Competition, Multi-Product Firms, and Basic Innovation[J]. Journal of International Economics,2013(2):220-234.

[279] Lopresti J. Multiproduct Firms and Product Scope Adjustment in

Trade [J]. Journal of International Economics，2016（100）：160-173.

[280] Lucas R E J. On the Mechanics of Economic Development[J]. Journal of Monetary Economics，1988(22)：3-42.

[281] Lyytinen K，Yoo Y，Boland R J. Digital Product Innocation within Four Classes of Innovation Networks[J]. Information Systems Journal，2016 (1)：47-75.

[282] Mackinnon D P，Krull J L，Lockwood C M. Equivalence of the Mediation，Confounding and Suppression Effect[J]. Prevention Science，2000(4)：173-181.

[283] Mackinnon D P，Lockwood C M，Williams J. Confidence Limits For the Indirect Effect：Distribution of the Product and Resampling Methods[J]. Multivariate Behavioral Research，2004 (1)：99-128.

[284] Manova K. Credit Constraints，Equity Market Liberalizations and International Trade [J]. Journal of International Economics，2008（1）：33-47.

[285] Manova K，Zhang Z. Export Prices Across Firms and Destinations[J]. Quarterly Journal of Economics，2012(1)：379-436.

[286] McAFee A，Brynjolfsson E. Big Data：The Management Revolution[J]. Harvard Business Review，2012(10)：61-68.

[287] Melitz M J. The Impact of Trade on Intra-Industry Reallocation and Aggregate Industry Productivity[J]. Econometrica，2003(6)：1695-1725.

[288] Melitz M J，Ottaviano G I P. Market Size，Trade，and Productivity [J]. Review of Economic Studies，2008(3)：985.

[289] Melitz M J，Redding J S. New Trade Models，New Welfare Implications [J]. American Economic Review，2015(3)：1105-1114.

[290] Manole V，Spatareanu M. Exporting，Capital Investment and Financial Constraints[J]. SSRN Electronic Journal，2009(2)：1-28.

[291] Manova K，Yu Z. Multi-Product Firms and Product Quality[J]. Journal of International Economics，2017(109)：116-137.

[292] Masso J，Vahter P. The Link Between Innovation and Productivity in Estonia's Services Sector[J]. The Service Industries Journal，2012(16)：2527-2541.

［293］Mayer T，Melitz M J，Ottaviano G I P. Market Size，Competition and the Product Mix of Exporters[J]. American Economic Review，2014(2)：495-536.

［294］Mayer T，Melitz M J，Ottaviano G I P. Product Mix and Firm Productivity Responses to Trade Competition[J]. The Review of Economics and Statistics，2021(5)：874-891.

［295］Minetti R，Zhu S C. Credit Constraints and Firm Export：Microeconomic Evidence From Italy[J]. Journal of International Economics，2015 (2)：109-125.

［296］Montinari L，Riccabonii M，Schiavo S. Innovation，Trade and the Size of Exporting Firms[J]. Documents De Travail De Lofce，2015 (1)：83-88.

［297］Musiolik J，Markard J，Hekkert M. Networks and Network Resources in Technological Innovation Systems：Towards A Conceptual Framework for System Building[J]. Technological Forecasting & Social Change，2012 (6)：1032-1048.

［298］Nagaraj P. Financial Constraints and Export Participation in India[J]. International Economics，2014(140)：19-35.

［299］Nelson R R，Winter S G. An Evolutionary Theory of Economic Change[J]. Administrative science Quarterly，1982(2)：487-493.

［300］Nguyen D X. Demand Uncertainty：Exporting Delays and Exporting Failures[J]. Journal of International Economics，2012 (2)：336-344.

［301］Niru Y. The Role of Internet use on International Trade：Evidence from Asian and Sub-Saharan African Enterprises[J]. Global Economy Journal，2014(1)：14-26.

［302］Novy D，Taylor A M. Trade and Uncertainty[J]. The Review of Economics and Statistics，2020(4)：749-765.

［303］Olley S，Pakes A. The Dynamics of Productivity in the Telecommunications Equipment Industry[J]. Econometrica，1996 (6)：1263-1297.

［304］Pakes A，Ericson R. Empirical Implications of Alternative Models of Firm Dynamics[J]. Journal of Economic Theory，1998(1)：1-45.

［305］Pakes E L，Wooldridge M J. Econometric Methods for Fractional Response Variables with an Application to 401 (K) Plan Participation

Rates[J]. Journal of Applied Econometrics,1996(6):619-632.

[306] Paunov C, Rollo V. Has the Internet Fostered Inclusive Innovation in the Developing World? [J]. World Development,2016(78):687-609.

[307] Pradham R P, Sarangi A K, Sabat A. The Effect of ICT Development on Innovation: Evidence from G-20 Countries[J]. Eurasian Economic Review, 2022(12):361-371.

[308] Rahu S. The Role of Uncertainty for Export Survival: Evidence from Estonia[J]. Social Science Electronic Publishing, 2015(5):1821-1848.

[309] Ranjan P, Lee Y J. Contract Enforcement and International Trade [J]. Economics & Politics, 2007(2):191-218.

[310] Rauch J E, Networks Versus Markets in International Trade[J]. Journal of International Economics,1999(1):7-35.

[311] Rauch J E, Watson J. Starting Small in an Unfamiliar Environment[J]. International Journal of Industrial Organization, 2003(1): 1021-1042.

[312] Rogers M. Firm Size and Innovation [J]. Small Business Economics, 2004(22):141-153.

[313] Roller L H, Waverman L. Telecommunications Infrastructure and Economic Development: A Simultaneous Approach[J]. American Economic Review, 2001(4): 909-923.

[314] Rope S, Love H J. Innovation and Export Performance: Evidence from the UK and German Manufacturing Plants[J]. Research Policy,2002(7):1087-1102.

[315] Rosenbaum P R, Rubin D B. The Central Role of the Propensity Score in Observational Studies for Causal Effects[J]. Biometrika, 1983(1): 41-55.

[316] Rosenbaum P R, Rubin D B. Constructing a Control Group Using Multivariate Matched Sampling Models That Incorporate the Propensity Score[J]. American Statistician, 1985(1):33-38.

[317] Rubin D B. Estimating Causal Effects of Treatments in Randomized and Nonrandomized Studies [J]. Journal of Educational Psychology, 1974(5):688-701.

[318] Ruhl K J, Willis J L. New Exporter Dynamics[J]. International Economic Review, 2017(3):703-725.

[319] Samuelson P A. Probability, Utility, and the Independence Axiom

[J]. Econometrica,1952(4): 670-678.

[320] Schott P. Across-Product Versus Within-Product Spectialization in International Trade[J]. Quarterly Journal of Economics, 2004 (2): 647-678.

[321] Schumpeter A J. Theory of Economic Development[M]. New Jersey:Transaction Publishers,1911.

[322] Schumpeter A J. Schumpeter's Business Cycles[J]. The American Economic Review, 1940(2):257-271.

[323] Schumpeter A J. Business Cycles: A Theoretical, Historical and Statistical Analysis of the Capitalist Process[J]. The Economic Journal,1942(1):223-229.

[324] Shi, B Z. The Product Quality Heterogeneity of China Firm's Export: Measurement and Facts[J]. China Economic Quarterly, 2013(1): 263-284.

[325] Simonetti R, Archibugi D, Evangelista R. Product and Process Innovations: How Are They Defined? How Are They Quantified? [J]. Scientometrics, 1995(32):77-89.

[326] Skilton P F, Bernardes E. Competition Network Structure and Product Market Entry[J]. Strategic Management Journal, 2015 (11):1688-1696.

[327] Smith P J. Are Weak Patent Rights a Barrier to US Exports? [J]. Journal of International Economics, 1999(48):151-177.

[328] Smith P J,Todd E P. Does Matching Overcome Lalonde's Critique of Nonexperimental Estimators? [J]. Journal of Econometrics, 2005(1):305-353.

[329] Soderbom M,Weng Q. Multi-Product Firms, Product Mix Changes and Upgrading: Evidence from China's State-Owned Forest Areas [J]. China Economic Review, 2012 (4):801-818.

[330] Spiezia V. Are ICT Users More Innovative? [J]. OECD Journal Economic Studies, 2011(3):1-21.

[331] Tang L H. Communication Costs and Trade of Differentiated Goods[J]. Review of International Economics,2006(1):54-68.

[332] Taylor M S. TRIPS, Trade and Technology Transfer [J]. Canadian Journal of Economics, 1993 (3): 625-637.

［333］ Tavassoli S，Karlsson C. Innovation Strategies and Firm Performance：Simple or Complex Strategies［J］. Economics of Innovation and New Technology，2016(7)：631-650.

［334］ Triplett J E. The Solow Productivity Paradox：What Do Computer Do to Productivity? ［J］. Canadian Journal of Economics，1999 (1)：309-334.

［335］ Turco A L，Maggioni D. Imports，Exports and the Firm Product Scope：Evidence From Turkey［J］. The World Economy，2014(7)：984-1005.

［336］ Utterback J M，Abernathy W J. A Dynamic Model of Process and Product Innovation［J］. Omega，1975(6)：639-656.

［337］ Vandenbussche H，Zanardi M. The Chilling Trade Effects of Antidumping Proliferation［J］. European Economic Review，2010 (6)：760-777.

［338］ Varian H R. The Economics of Communication and Information［J］. Journal of the American Society for Information Science，2010 (12)：1151-1152.

［339］ Vernon，R. International Investment and International Trade in the Product Cycle［J］. The Quarterly Journal of Economics，1966 (80)：190-207.

［340］ Wagner A D. IT and Education for the Poorest of the Poor：Constraints，Possibilities，and Principles［J］. TechknowLogia，2001(7)：48-50.

［341］ Wagner F J. Exports and Productivity Growth：First Evidence from a Continuous Treatment Approach［J］. Review of World Economics，2008(144)：695-722.

［342］ Wheatley W P，Roe T L. The Effect of the Internet on US Bilateral Agriculture Trade ［J］. Journal of International Agricultural Trade and Development，2008(2)：231-253.

［343］ Wooldridge M J. Econometric Analysis of Cross Section and Panel Data［M］. Cambridge：The MIT Press，2002.

［344］ Wooldridge M J. Introductory Econometrics：A Modern Approach ［M］. Cincinnati：South-Western College Publishers，2015.

［345］ Yunis M，Tarhini A，Kassar A. The Role of ICT and Innovation in

Enhancing Organizational Performance: The Catalysing Effect of Corporate Entrepreneurship [J]. Journal of Business Reseach, 2018(7):344-356.

[346] Yadav N. The Role of Internet Use on International Trade: Evidence from Asian and Sub-Saharan African Enter-prises [J]. Global Economy Jounal,2014(2):189-214.

[347] Yeaple R S. A Simple Model of Firm Heterogeneity, International Trade and Wages[J]. Journal of International Economics,2005(1): 1-20.

[348] Yu M J. Processing Trade, Tariff Reductions and Firm Productivity: Evidence from Chinese Firms[J]. Economic Journal, 2015(586):943-988.

[349] Zhang J, Zheng W, Zhai F. Has China's Export Quality Been Increasing? [J]. Economic Research Journal,2014(10):46-59.

附　录　Malmquist 指数测算方法

Malmquist 生产率指数最早由马尔奎斯特(Malmquist)于 1953 年提出,并由 Caves et al. (1982)运用于生产率的测算中。基于 Fare et al. (1992)定义的 Malmquist 生产率指数,我们有:

$$M_0^t = D_0^t(x^{t+1}, y^{t+1})/D_0^t(x^t, y^t) \tag{1}$$

其中,D_0^t 表示基于产出的距离函数。该式测算了在时间 t 的技术条件下,从 t 期到 $t+1$ 期的技术效率变化。同理,我们定义在时间 $t+1$ 的技术条件下,从 t 期到 $t+1$ 期的技术效率变化指数:

$$M_0^{t+1} = D_0^{t+1}(x^{t+1}, y^{t+1})/D_0^{t+1}(x^t, y^t) \tag{2}$$

其中,当且仅当(x^t, y^t)位于生产技术前沿时,$D_0^t(x^t, y^t)=1$。

为了避免时期选择带来的偏差,我们利用式(1)和式(2)的几何平均值共同构建 Malmquist 指数,来测算从 t 期到 $t+1$ 期的生产率变化。

$$M_0(x^{t+1}, y^{t+1}, x^t, y^t) = \left[\frac{D_0^t(x^{t+1}, y^{t+1})}{D_0^t(x^t, y^t)} \frac{D_0^{t+1}(x^{t+1}, y^{t+1})}{D_0^{t+1}(x^t, y^t)} \right]^{1/2} =$$

$$\frac{D_0^{t+1}(x^{t+1}, y^{t+1})}{D_0^t(x^t, y^t)} \left[\frac{D_0^t(x^{t+1}, y^{t+1})}{D_0^{t+1}(x^{t+1}, y^{t+1})} \frac{D_0^t(x^t, y^t)}{D_0^{t+1}(x^t, y^t)} \right]^{1/2} = \text{EFFC} \cdot \text{TECH} \tag{3}$$

式(3)将 Malmquist 综合生产率指数分解为效率变化 EFFC 以及技术变化 TECH。其中,效率变化测度了从 t 期到 $t+1$ 期生产效率的变化,而技术变化则反映了从 t 期到 $t+1$ 期生产前沿的移动。在本书中,我们将生产效率指数作为衡量企业工艺创新指标的基础。